教育政策与法律

教育越来越成为社会公正的焦点，公正离不开政策与法律。

黄明东 主编

武汉大学出版社

图书在版编目(CIP)数据

教育政策与法律/黄明东主编．—武汉：武汉大学出版社，2007.6
ISBN 978-7-307-05623-7

Ⅰ.教… Ⅱ.黄… Ⅲ.①教育政策—研究 ②教育法令规程—研究
Ⅳ.F510 D912.104

中国版本图书馆 CIP 数据核字(2007)第 072215 号

责任编辑：舒 刚　　　责任校对：黄添生　　　版式设计：詹锦玲

出版发行：**武汉大学出版社**　（430072　武昌　珞珈山）
　　　　　（电子邮件：wdp4@whu.edu.cn　网址：www.wdp.com.cn）
印刷：湖北恒泰印务有限公司
开本：720×1000　1/16　印张：26.5　字数：431 千字　插页：1
版次：2007 年 6 月第 1 版　　2007 年 6 月第 1 次印刷
ISBN 978-7-307-05623-7/G·966　　定价：35.00 元

版权所有，不得翻印；凡购我社的图书，如有缺页、倒页、脱页等质量问题，请与当地图书销售部门联系调换。

内 容 提 要

　　教育在现代社会中的重要性越来越突出，教育自身的复杂性程度也随之增加。因此，政府能不能有效地管理教育、指导教育改革，在很大程度上取决于教育政策与法律水平的高低，取决于教育政策与法律对教育发展方向的准确把握。由此也就凸显了学习和研究教育政策与法律的重要性。

　　本书立足于我国当前的教育实际，广泛吸收了最新教育政策与教育法律研究成果，从教育政策与教育法律的角度出发，分析了教育政策的运行过程，教育政策的制定、实施、管理和评估，教育法律原理，教育法律的解释、监督、责任、制裁，教育法律的救济等问题。既具有一定的理论性，又具有较强的实际意义。

目 录

序　言 ··· 1

第一章　导论 ··· 1
　第一节　教育政策 ··· 1
　　一、政策的概念、作用和分类 ································· 1
　　二、教育政策的含义和作用 ···································· 5
　　三、教育政策的体系 ·· 15
　第二节　教育政策的研究概况 ···································· 21
　　一、国外教育政策的研究 ······································· 21
　　二、我国教育政策研究 ·· 24
　第三节　教育法律的研究概况 ···································· 31
　　一、国外教育法律研究的发展及现状 ························ 31
　　二、我国教育法律的研究 ······································· 34
　第四节　教育政策与法律的研究方法 ··························· 40
　　一、研究教育政策和法律的意义 ······························ 40
　　二、研究教育政策和法律的指导思想 ························ 41
　　三、研究教育政策和法律的具体方法 ························ 41

第二章　教育政策的运行过程 ····································· 50
　第一节　教育政策运行过程的含义 ····························· 50
　　一、教育政策运行过程的环节 ································· 50
　　二、教育政策运行过程的周期 ································· 53
　　三、教育政策运行过程的特点 ································· 54
　第二节　教育政策运行过程的内容 ····························· 61

一、教育政策的完善…………………………………………… 61
　　二、教育政策的发展…………………………………………… 64
　　三、教育政策的新陈代谢……………………………………… 65
　第三节　教育政策运行过程的环境………………………………… 66
　　一、政策环境…………………………………………………… 66
　　二、教育政策运行的环境……………………………………… 67
　第四节　教育政策运行过程的原则………………………………… 72
　　一、严肃性与变通性相结合…………………………………… 72
　　二、实事求是与开拓创新相结合……………………………… 73
　　三、目标统一性与途径多样性相结合………………………… 73
　　四、合法性与合理性相结合…………………………………… 74
　　五、迅速果断与注重效益相结合……………………………… 75
　　六、强制执行与说服宣传相结合……………………………… 76
　第五节　教育政策运行过程的条件………………………………… 77
　　一、教育政策的合法性………………………………………… 77
　　二、准确把握正确的教育政策目标…………………………… 79
　　三、健全教育政策运行的机制………………………………… 84
　　四、教育政策的协同性………………………………………… 88
　　五、把握好教育政策运行的节奏和力度……………………… 90
　　六、教育政策运行时的资源投入……………………………… 91
　　七、教育政策运行者的素质和能力…………………………… 93
　第六节　教育政策运行过程的作用………………………………… 95
　　一、推动教育理论不断向教育实践转化……………………… 95
　　二、推动教育政策不断得到创新……………………………… 99
　　三、推动教育资源合理配置，调节教育利益关系…………… 101

第三章　教育政策制定………………………………………………… 105
　第一节　教育政策问题的认定……………………………………… 105
　　一、发现问题…………………………………………………… 106
　　二、认定问题…………………………………………………… 107
　第二节　教育政策目标的确立……………………………………… 108
　　一、教育政策目标的界定……………………………………… 108

二、教育政策目标确立的原则 …………………………………… 109
　第三节　教育政策信息的收集 ………………………………………… 110
　　一、教育政策信息收集的必要性 ………………………………… 111
　　二、教育政策信息收集的方法 …………………………………… 111
　　三、教育政策信息的内容 ………………………………………… 112
　　四、收集教育政策信息的注意事项 ……………………………… 113
　第四节　教育政策的规划 ……………………………………………… 114
　　一、教育政策方案的设计 ………………………………………… 114
　　二、教育政策方案设计中的注意事项 …………………………… 116
　　三、教育政策方案的选择 ………………………………………… 118
　　四、教育政策的试行 ……………………………………………… 119
　第五节　教育政策的出台 ……………………………………………… 119
　　一、教育政策合法化的含义与作用 ……………………………… 120
　　二、教育政策合法化的程序 ……………………………………… 121
　　三、教育政策法律化 ……………………………………………… 122

第四章　教育政策实施 …………………………………………………… 127
　第一节　教育政策宣传 ………………………………………………… 127
　　一、教育政策宣传的范围 ………………………………………… 128
　　二、教育政策宣传的内容 ………………………………………… 128
　　三、教育政策宣传的手段 ………………………………………… 128
　　四、教育政策宣传应收到的预期效果 …………………………… 129
　第二节　教育政策执行 ………………………………………………… 132
　　一、教育政策执行模式 …………………………………………… 132
　　二、我国教育政策的执行模式 …………………………………… 133
　第三节　教育政策监督 ………………………………………………… 137
　　一、对教育政策实施监督的必要性 ……………………………… 137
　　二、对教育政策执行实施监督的主体与监督的对象 …………… 137
　　三、对教育政策执行实施监督的结果 …………………………… 138
　　四、加大对教育政策执行的监督 ………………………………… 138
　第四节　教育政策总结 ………………………………………………… 142
　　一、教育政策总结的现状 ………………………………………… 142

二、加强对教育政策的总结…………………………………… 143

第五章　教育政策管理……………………………………………… 146
第一节　教育政策管理的指导思想………………………………… 146
　　一、坚持理论联系实际、实事求是的思想…………………… 146
　　二、坚持止于致用、提高效率的思想………………………… 148
　　三、坚持统领全局、灵活运用的思想………………………… 152
　　四、坚持相互支持、和谐运行的思想………………………… 153
第二节　教育政策管理的机构设置………………………………… 154
　　一、教育政策管理机构设置的基本原则……………………… 154
　　二、教育政策管理机构设置的方法…………………………… 158
　　三、教育政策管理机构设置的趋势…………………………… 160
第三节　教育政策管理的人员配备和经费投入…………………… 163
　　一、教育政策管理的人员配备………………………………… 163
　　二、教育政策管理的经费投入………………………………… 167

第六章　教育政策评估……………………………………………… 173
第一节　教育政策评估的含义……………………………………… 173
　　一、政策评估的含义…………………………………………… 173
　　二、教育政策评估的含义……………………………………… 176
第二节　教育政策评估的价值取向………………………………… 178
　　一、教育政策的价值…………………………………………… 179
　　二、教育政策的价值取向……………………………………… 181
　　三、教育政策评估的价值取向………………………………… 182
第三节　教育政策评估的标准……………………………………… 183
　　一、教育政策评估标准的含义及研究概况…………………… 184
　　二、教育政策评估的标准……………………………………… 185
　　三、使用教育政策评估标准时需要注意的问题……………… 191
第四节　教育政策评估的方法……………………………………… 192
　　一、政策类型决定政策评估的方法…………………………… 192
　　二、主要的教育政策评估方法………………………………… 194
第五节　教育政策评估的作用……………………………………… 198

一、教育政策评估是检验教育政策运行效果的基本途径 ········· 199
　　二、政策评估是决定政策未来走向的重要依据 ················· 199
　　三、教育政策评估是合理配置政策资源的基础 ················· 200
　　四、教育政策评估是实现政策科学化、民主化的必由之路 ····· 200
　　五、教育政策评估是社会公众对教育政策形成正确认识的重要指南 ········· 201

第七章　教育法律原理 ··· 205
　第一节　教育法律含义 ··· 205
　　一、法律的概念、作用和分类 ·· 205
　　二、教育法律的含义 ·· 208
　　三、教育法律的作用 ·· 213
　　四、教育法律视野中的教育 ·· 216
　第二节　我国教育法律的法源 ··· 217
　　一、法的渊源 ·· 217
　　二、我国教育法律的法源 ·· 222
　第三节　教育法制与教育法治 ··· 226
　　一、法制与法治 ··· 226
　　二、教育法制与教育法治 ·· 229
　第四节　教育法律在我国法律体系中的地位 ························ 232
　　一、教育法律与其他法律的关系 ···································· 232
　　二、教育法律是独立的部门法 ······································ 235
　　三、教育法律的体系 ··· 237

第八章　教育法律的解释 ··· 246
　第一节　法律解释的概念 ··· 246
　　一、法律解释的理解 ··· 246
　　二、法律解释的必要性 ··· 248
　第二节　教育法律解释的种类 ·· 249
　　一、按照法律解释的主体和效力分类 ······························ 249
　　二、按照法律解释的方法和尺度不同分类 ························ 250
　第三节　教育法律解释的原则和方法 ································ 251
　　一、教育法律解释的原则 ·· 251

二、教育法律解释的方法 ……………………………………………… 252
第四节　教育法律解释的必要性 …………………………………………… 254
　　一、我国教育法律解释现状 …………………………………………… 254
　　二、教育法律解释的必要性 …………………………………………… 254
　　三、案例展示 …………………………………………………………… 256

第九章　教育法律的监督 ………………………………………………… 265
第一节　法律监督概说 ……………………………………………………… 265
　　一、法律监督的含义与特征 …………………………………………… 265
　　二、法律监督的构成 …………………………………………………… 269
第二节　教育法律监督的含义 ……………………………………………… 270
　　一、教育法律监督的含义 ……………………………………………… 270
　　二、教育法律监督的构成 ……………………………………………… 270
第三节　教育法律监督的作用 ……………………………………………… 275
　　一、保障教育发展的首要战略地位 …………………………………… 275
　　二、规范了教育权力的有效运行 ……………………………………… 277
　　三、实现教育管理科学化 ……………………………………………… 278
　　四、保障教育者与受教育者的合法权益 ……………………………… 278
　　五、深化教育改革,使其有法可依 …………………………………… 280
第四节　教育法律监督的体系 ……………………………………………… 281
　　一、权力机关的法律监督和工作监督 ………………………………… 281
　　二、司法机关的司法监督 ……………………………………………… 284
　　三、行政机关的行政监督 ……………………………………………… 285
　　四、执政党的监督 ……………………………………………………… 286

第十章　教育法律责任 …………………………………………………… 289
第一节　法律责任的概说 …………………………………………………… 289
　　一、法律责任的含义与特点 …………………………………………… 289
　　二、法律责任与权力、权利与义务的关系 …………………………… 291
　　三、法律责任的目的与功能 …………………………………………… 292
　　四、法律责任的种类 …………………………………………………… 295
第二节　法律归结与免除 …………………………………………………… 302

一、法律责任的归责的含义和基本原则 …………………………… 302
　　二、法律责任的免除 ………………………………………………… 304
第三节　教育法律责任概述………………………………………………… 307
　　一、教育法律责任的概念和特征 …………………………………… 307
　　二、教育法律责任制度的意义 ……………………………………… 309
　　三、教育法律责任的种类 …………………………………………… 310
第四节　教育法律责任主体………………………………………………… 313
　　一、行政机关违法时所应承担的法律责任 ………………………… 314
　　二、学校违法应承担的法律责任 …………………………………… 319
　　三、受教育者违法应承担的法律责任 ……………………………… 321
　　四、社会违法应承担的法律责任 …………………………………… 324

第十一章　教育法律制裁 …………………………………………… 330
第一节　法律制裁概述……………………………………………………… 330
　　一、守法与违法 ……………………………………………………… 330
　　二、法律制裁 ………………………………………………………… 334
　　三、法律制裁的类型 ………………………………………………… 336
　　四、法律责任与法律制裁的关系 …………………………………… 340
第二节　教育法律制裁……………………………………………………… 344
　　一、教育法律关系概述 ……………………………………………… 345
　　二、教育法律关系主体 ……………………………………………… 346
　　三、教育法律关系客体 ……………………………………………… 347
　　四、教育法律关系内容 ……………………………………………… 348
　　五、教育法律关系的产生、变更和消灭 …………………………… 349
　　六、教育法律制裁 …………………………………………………… 350
第三节　教育法律制裁的目的……………………………………………… 354
　　一、我国教育法律的实施现状 ……………………………………… 354
　　二、教育法律制裁的目的 …………………………………………… 356
第四节　教育法律制裁的意义和作用……………………………………… 358
　　一、教育法律制裁的意义 …………………………………………… 358
　　二、教育法律制裁的作用 …………………………………………… 359
　　三、案例展示 ………………………………………………………… 360

第十二章 教育法律救济 … 368

第一节 教师和学生的申诉制度 … 368
一、申诉制度的内涵 … 368
二、教师的申诉制度 … 369
三、学生的申诉制度 … 370

第二节 教育行政复议制度 … 371
一、行政复议的概念 … 371
二、申请复议的范围 … 372
三、行政复议的管辖 … 372
四、行政复议程序 … 373

第三节 教育行政诉讼 … 375
一、行政诉讼的概念 … 375
二、行政诉讼的范围 … 375
三、行政诉讼的管辖 … 376
四、行政诉讼的程序 … 378
五、案例展示 … 380

第四节 教育民事诉讼 … 387
一、民事诉讼的概念 … 387
二、民事诉讼的管辖 … 388
三、民事诉讼的程序 … 388
四、案例展示 … 390

第五节 教育刑事诉讼 … 393
一、刑事诉讼的内涵 … 394
二、刑事诉讼的管辖 … 394
三、刑事诉讼的程序 … 395
四、案例展示 … 396

后 记 … 404

序　言

　　目前国内出版的教育政策和教育法律的教材或专著，大多将教育政策与教育法律（或教育法学）分成两个独立的问题来撰写，这些教材或专著在国内已经产生了一定的影响，为培养教育政策和教育法学的专门人才做出了积极的贡献。但是，到目前为止，还没有将教育政策与教育法律这两个问题结合在一起来写作的著作，所以，本人试图为此进行大胆探索。之所以将教育政策与教育法律放在一起来编写，主要出于以下几点考虑：

　　首先，政策与法律是两个关系十分密切、难以分割的社会现象，是国家现代化程度的象征。它们同属于社会的上层建筑领域，在管理现代国家中共同发挥作用。现代发展中国家已经意识到政策和法律的重要作用，并为此逐步进入现代国家。简单地说，政策是政党或社会组织为完成一定时期的特定任务所制定的行动准则和规范。而法律则是通过一定程序和机构制定的对社会关系所做的规范性和强制性要求。两者在本质上都是为了规范社会关系，更好地调整社会各阶层的利益分配，反映的是占统治地位的社会集团的政治意图，为巩固其政治地位服务。教育政策和教育法律是国家管理现代教育的必要手段，是依法治国在教育领域的必然选择。今天，我们很难想象，在一个没有教育政策和教育法律的国度，教育却可以顺利发展。所以，将教育政策和教育法律放在一起来编写，或许对于学习者来说更容易接受，更容易形成一个整体的概念。

　　其次，在我国，政策与法律在实际制定和运行过程中难以彼此分割，而是相互制约相互促进。目前，学界在讨论政策与法律关系时，对于政策和法律的产生过程谁先谁后的问题，也是见仁见智。这也许从一个侧面反映出政策和法律之间的密切关系。实际上，我国的政策和法律在研究制定过程中，往往是先制定政策，待这些政策运行并逐步成熟之后，再将其中的一部分政策抽取出来，或者将相关政策融合起来，按照严格的立法程序立法，于是，这些政策便转变成为法律。而这些法律一旦颁布并实施后，也有不少政策便可以依据这些法律制定出来，所谓依法治国、依法执政就是这个道理。这个时候，法律又可以转变为政策。教育领域的情况也是如此，从这个意义上讲，将教育政策与法律分开来进行研究，也许会对各自的研究带来不利的影响。

至少在北美国家的教育学界，学者们在研究教育政策与教育法律问题时，并没有对它们进行严格的区分。2006年2月13～17日，来自美国Seton Hall University的教育专家Martin J. Finkelstein教授应邀到武汉大学教育科学学院进行学术讲座。他在介绍美国教育政策时，所列举的案例文本都是诸如《莫里尔法》、《1944年军人再适应法》、《国防教育法》等教育法律，并没有讲到如我们现在通常所理解的教育政策。本人从2006年10月份开始在国家留学基金委的资助下，到加拿大多伦多大学教育研究院（OISE/UT）做为期一年的留学访问学者。利用这个机会，我专门选听了教育研究院教育理论与政策系的教育政策方面的一些课程，也与相关专家进行过访谈。我发现他们在讨论教育政策问题时，也都是把教育法律结合起来讨论，并没有严格区分什么是教育政策、什么是教育法律，而实际上讨论的都是法律问题。由此可知，教育政策与教育法律两者之间的密切程度。当然，我这样说，并不是说国内学者将教育政策与教育法律作为两个相对对立的内容来研究是不对的。因为，我们有自己的特殊国情和管理体制，如果一味地强调共同性而忘记了它们之间的差异性，也会导致走向另一个极端的可能性。

最后，本人主编的这本《教育政策与法律》是作为教育学专业硕士研究生教材来使用的，所以，将两者结合起来编写方便于研究生对于这两个问题的认识。从20世纪80年代中后期开始，在我国部分师范大学的教育系博士生中，有少数人开始关注和研究教育法律问题，随后便逐步成立相应的研究机构。20世纪末，这些师范大学的教育系（学院）开始设置教育法学或教育政策与法律研究方向，并开始招收硕士研究生。近年来，研究教育政策和教育法律的学者越来越多，该方向的研究生规模也越来越大。同时，类似于教育法学研究中心的学术机构也如雨后春笋，在几乎所有包括高等学校的教育研究机构中相继成立。2006年8月，武汉大学教育法学研究中心成立。该中心依托武汉大学法学学科研究的优势，结合教育学的研究力量，发挥着交叉学科的作用。相信这个研究中心能够为我国的教育法学研究独辟蹊径，做出特有的贡献。

近年来，把教育政策与教育法律作为研究方向和毕业论文选题的硕士研究生和博士研究生也层出不穷，在各类期刊上发表的学术论文数以千计，对我国教育政策和教育法律的研制起到了积极的推动作用。这就向我们提出了一个问题：既然需要培养教育政策与教育法律的研究生，那么就应该编写一本教材作为培养这些研究生的参考用书。正是出于这一目的，本人决定组织人员编写《教育政策与法律》一书，权当作为教学参考之用。

目前，我国的教育政策与教育法律研究到了最为关键的时期，我们必须抓住机会，推进这项研究工作的顺利进行。作出这样的判断主要有这样几点依据：

首先，我国社会正处于转型时期，需要制定大量的政策和法律，规范社会行为，合理分配社会资源，科学调节社会各阶层的利益。教育领域也是如此，制定和完善教育政策与教育法律已成为当务之急。十一届三中全会的召开标志着我国社会转型的开始，经过几十年的变革与努力，目前的社会转型将更多地体现在政治体制及管理体制的转型上。例如，在国家各类资源的分配上，将更多依赖市场机制来合理调控，行政干预和计划要求将会越来越少。教育也是一种重要的社会资源，而且随着社会的发展，社会各阶层对这种资源的需求会更加迫切，争夺会更加激烈。如果要平稳实现教育资源分配方式的合理转型，并不是政府放任自流、毫不理会，而是要求政府（代表社会各阶层的利益）制定各种可以平稳实现市场调配教育资源的规则，这些规则就是所谓的教育政策和教育法律法规。既然社会转型进入到这种关键时期，那么制定教育政策、法律法规也就必然变得更为重要，所以，对教育政策、法律法规的研究也就成了十分关键的事情。

其次，国际教育界正形成对教育政策和法律研究的浪潮。自 20 世纪 70~80 年代以来，国际教育学界对于教育政策问题开始关注并逐步形成一种研究浪潮。而我国对于教育政策和教育法律的大规模研究则开始于 20 世纪 90 年代末，起步比较晚。研究当代高等教育的人们也许都知道，西方主要发达国家高等教育在"二战"以后，进行了大规模的变革，颁布了一系列的教育法律和法规，极大地促进了这些国家高等教育的发展。因此，20 世纪 50 年代到 70 年代，这些国家大多很快实现了高等教育的大众化。少数国家，如美国，甚至包括战败的日本等，不仅完成了高等教育的大众化过程，而且很快实现了高等教育的普及化。史称这一时期为世界高等教育发展的"黄金时期"。而此时的我们却在"以阶级斗争为纲"的思想号召下开展着如火如荼的"大跃进"、"反右"和"文化大革命"。高等教育的发展完全停顿，几乎到了崩溃的边缘，也使我国的高等教育失去了与世界先进国家高等教育同步发展的黄金时机。今天，我们在研究教育政策和法律法规这个问题上，与世界学界的差距还不是很大，我们必须把握时机赶上这个潮流，否则等到大潮退去之时，我们又只能望洋兴叹了。所以，我们认为，我国的教育政策和法律法规的研究处于关键时期。如果这一次我们把握好机会，也就有了与发达国家在教育政策、法律法规研究方面的共同平台和平等的学术交流基础，反之，则失之交臂，再度遗憾。

最后，我国教育政策与法律研究过程中还存在着一些令人担忧的现象。相对于发达国家对教育政策和教育法律的研究，我国的研究起步较晚，因而在研究方法、研究方向以及研究内容等方面必然会带有一些先天不足。这些不足主要表现为：

研究方法单一。在教育政策和教育法律的研究方法上，我们通常所用的仍然是定性研究，习惯于对文献的概括和总结，从概念到概念，从理论到理论。这种理性的思考对于教育政策和教育法律的研究固然必要，因为没有必要的理论就难以有正确的实践。但是在我国，长期的定性研究所带来的结果就是，我们中的一些学者比较喜欢简单搬用国外的相关理论并给予过高的评价和期望，导致这些理论与我国教育实际的脱节（"洋"理论与"土"① 实践的关系难以处理好）。此外，过于注重定性研究也会导致理论对实践的指导效果不佳，进而使理论变得苍白无力，这也是我国学术界长期以来面临的难题。教育政策与教育法律研究需要理论，但是教育政策与教育法律本身更是一个实践性的过程，显然，仅有理论无益于教育政策与教育法律的制定和运行。

研究方向偏窄。在教育政策与教育法律研究方向的选择上，一方面，我们往往更为重视的是宏观的问题，而对微观的问题却关注得不够。记得有一位教授在给教育学本科生讲授教育管理学时对学生说："我的这门课其实是给部长级领导干部讲的，因为这个课程内容都是宏观的教育管理问题。"教育政策与法律问题既有宏观问题也有微观问题，而大多数情况下微观问题的研究可能会更有价值，更具有实际意义。另一方面，在学科研究倾向上，由于早期研究教育政策与法律的学者大多为教育学知识背景的学者，法学和政

---

① "土"乃"本土"之意，绝无贬低之色彩，特此声明。

治学知识背景的学者比较少，由此导致了教育政策和教育法律研究中的教育学色彩过浓，而与法学、政治学等学科的交叉性和融合性不够，这就影响了对教育政策和教育法律问题研究的深度和广度。

研究内容过窄。在研究内容上，长期以来，从事我国的教育政策和教育法律研究的学者大多比较关注对普通教育领域中的政策和法律的研究，而对于在整个教育体系中处于重要地位的高等教育领域的政策和法律问题却关注得不够。从现行出版的教育政策或教育法学著作来看，很少有专门论述高等教育领域中政策和法律的著作。国家的教育是由各级各类教育构成的一个整体，教育的发展也是一个整体的、协调的发展过程。所以，仅仅关注基础教育领域的政策和法律或仅仅关注高等教育领域的政策和法律都是不全面的，对于我国教育的全面协调发展是不利的。

由于我国教育政策和法律在研究过程中还存在着上述这些问题，所以，我们要清醒认识这种现状的严重性，加强对这些问题的研究，尤其是要善于拓新，开辟新的研究领域。为此，我们首先必须给予教育政策和教育法律这两个密切相关领域以较为准确的定位，确定其基本研究范畴。至少，教育法学在研究领域定位或研究范畴上要考虑这个问题。

教育法学作为一门相对独立的研究领域，应当构成一个具有开放性的结构体系，需要从不同角度加以研究。因此，教育法学学习和研究就不可能是一门课程所能解决的，而是多门课程共同合作构成的一个体系，这些课程体系的主要内容至少应当包括以下五个方面：

第一，教育法学产生的理论基础。主要探究教育法学产生的法学理论基础、教育科学的理论基础以及相关学科的理论基础。主要在于说明如果没有这样一些理论作为铺垫，教育法学是无论如何也不能生存和发展下去的，尽管教育法学也是一门应用性学科，但是我们在发展教育法学学科时，一刻也离不开理论思维，因为没有理论的学科是没有发展前景的，最终也会迷失自己的方向。这类科目可以包括教育法学概论、教育法学基础、教育法学导论等。

第二，教育法学产生的实践基础。旨在说明教育法学产生于社会和政治经济发展的实际需要，否则，教育法学就只能成为一门理性思维的空中楼阁而无实际应用意义，这种情况对于我国的教育实践和该学科自身的建设来说都是十分不利的，只有把理论和实际有机地结合起来，运用理论研究实践中提出的紧迫问题，或对解决实际问题的经验加以总结并上升为理论，教育法学就充满了活力。这类科目可以包括教育法指导、教育法规汇编等。

第三，学校教育内部和外部的教育法律关系。这是教育法学研究的核心内容，没有这一部分内容的研究，教育法学也就失去了存在的基础。其中学校外部行政管理中的法律关系问题又是重中之重，因为，很多法律关系问题的最终解决，要通过行政法规等手段才能实现，研究并完善教育管理工作中的法律关系问题是实现以法治教的必经途径。这类科目可以包括义务教育法律关系、中等专业教育法律关系、高等教育法律关系、成人教育法律关系、民办教育法律关系等。

第四，教育法律关系的比较研究。从总体上看，我国的教育法律还不健全，而一些发达的西方国家则有许多成功的经验，我们完全有必要借鉴他们的经验，以便完善我国的教育法律。此外，回顾历史，关注教育部门法，将历史与现实、教育部门法进行比较也是一条不可或缺的思路。所以，这类科目可以包括国别教育法制研究（如美国教育法制研究、英国教育法制研究、法国教育法制研究、日本教育法制研究等）、多国教育法制比较、我国教育法制史、多国教育法制史、高等教育法与义务教育法比较、义务教育法与职业教育法比较，等等。

第五，要运用一定数量的案例说明问题。案例不仅生动，便于学习者的记忆，而且也更能帮助学习者正确理解教育法律，提高他们的学习兴趣和分析解决教育法律实际问题的能力。

同样，对于教育政策的研究也要考虑类似的问题，这样，两个研究方向就可以逐步构成相对完善的体系，为以后的进一步研究提供基本的平台。此外，由于教育政策和教育法律与教育实践关系极为密切并且在教育理论和教育实践中发挥着桥梁作用，因而，建立相应的基本数据库也是非常必要的。在这一点上，至少北美的美国、加拿大和欧洲的英国已经走在了我们的前面，他们不仅建立了相应的专门为研究目的而设置的数据库（其中包括相关的研究论文、案例及其研究、基本统计数字、政府的政策或法律文本，等等），而且数据更新的频率也很高（大多数统计数表是每月更新一次）。这就为教育政策和教育法律的研究提供了极为便利的条件。我们要利用现有研究的基础（包括研究人员、研究成果、研究机构、学术组织以及国家的经费支持），建立我国的教育政策与教育法律研究的数据库，以加强研究的科学性，提高研究水平。

本书只是一本教材，所以，其构建体系只是一种探索，是否合理，还有待检验。但是，不可否认的是，我们在编写过程中，也进行了很多研究和思考，并不是简单地用编写教材的方式搬用国内外的研究成果，这些内容几乎体现在每一个章节之中。尽管我们的研究和思考可能有很多值得商榷的地方，不过我们确实是在努力创新，试图为读者提供一些新鲜的东西。

第一章 导　论

由于教育在现代社会生活、国际竞争中的重要性越来越突出，而教育的复杂性和深刻性的程度又越来越高，政府能不能有效地规划教育的发展、指导教育的改革，在很大程度上取决于教育政策与法律水平的高低，取决于教育政策与教育法律对教育发展方向和目标的准确把握，由此也就凸显了教育政策与教育法律的重要性。本章从介绍政策和法律的一般知识入手，详细地阐述了教育政策的含义、作用和体系，并着重介绍了教育政策与教育法律的研究现状以及研究方法。

第一节　教育政策

一、政策的概念、作用和分类

学习教育政策或进行教育政策研究，首先要界定政策的含义，分析政策的作用，并对政策进行分类。这是建立教育政策学理论体系的起点。

（一）政策的概念

政策概念的形成，要比政策实践滞后得多。西方国家，最初没有"政策"一词。现在的英文 Policy（政策）是随着近代资本主义的发展，从 Politics（政治）中派生出来的。古代中国也无"政策"一词，但有类似的概念。例如：（1）策画。[南朝]梁萧统编选《〈文选·晋纪总论〉注》："每谋策画，多善。"意思是为国家大事善于出谋划策。（2）策略。[三国·魏]刘邵撰《任务志·接识》："术谋之人，以思谟为度，故能成策略之奇。"意指计策谋略的能力。（3）国策。[西汉]刘向编《战国策》，记载了当时一些谋臣、策士游说各国时所提出的政治主张和斗争谋略。

中国人使用"政策"一词是近代的事。据有关考证，大约在19世纪60

年代末开始的日本维新运动期间,由于西方政治、科技的影响,政策（Policy）一词传到了日本。日本人从汉字中选择了与 Policy 含义相近的"政"与"策"而加连用,译为"政策",以后又传入中国。中国人写文章公开使用"政策"一词的首推梁启超。他在1899年写的《戊戌政变记》中记叙"推翻新政"时说,"按中国之大患,在教育不兴,人才不足,皇上政策首注意于学校教育之事,可谓得其本矣。中国地广人众,非各省府州县遍设学校,不能广造人才,今一切停止,盖不啻秦始皇愚民之政策也"。① 自此以后,"政策"一词就在我国的政治生活中逐步流行。

政策作为一门科学,是从20世纪50年代开始发展起来的。在政策科学的发展过程中,国内外学者关于政策的定义有十几种之多。这些定义纷繁复杂,从不同的角度对政策的本质进行了解释或假设。我们可以大致把这些定义分为三类:一是认为政策是某种行为准则、计划、文件、法规、谋略、方案或措施等,即某种由人们来执行或遵守的"文本"。如美国学者伍得罗·威尔逊就认为,"政策是由政治家即具有立法权者制定的而由行政人员执行的法律和法规"。② 国内的王福生、林德金、张金马、陈振明以及《辞源》等都是这样来解释政策。二是认为政策是某种有目的地进行价值分配、以处理问题或实现既定目标。如加拿大学者戴维·伊斯顿（D. Easton）说:"公共政策是对全社会的价值作有权威分配"③,政策科学的倡导者哈罗德·拉斯韦尔（Harold Lasswell）和亚伯拉罕·卡普兰（A. Kaplan）的政策定义是"一种含有目标、价值与策略的大型计划"④,哈曼（G. Harman）以及国内的孙光等都是这样来解释政策。三是认为政策是一个"动态"的、不断发展的、复杂的过程。如詹姆斯·安德森就认为,"政策是一个有目的的活动过程,而这些活动是由一个或一批行为者,为处理某一问题及其有关事物的有目的的行为过程"。⑤

---

① 梁启超:《戊戌政变记》,中华书局1954年版,第87页。
② 伍启元:《公共政策》,商务印书馆1989年版,第4页。
③ D. Easton. The Political System. New York: Kropf, 1953: 129.
④ H. D. Lasswell and A. Kaplan. Power and Society. New Haven: Yale University Press, 1970: 71.
⑤ 詹姆斯·E. 安德森:《公共政策》,华夏出版社1990年版,第4页。

> **相关链接 1-1：**
>
> ### 政策科学的产生和发展
>
> 政策科学是一门以制订什么政策和怎样制订政策为研究对象的科学。
>
> 政策科学的概念最早是由美国著名政治学家拉斯韦尔（Harold Lasswell）在《政策科学：在范围和立法上的最新发展》（1951）一书中提出来的。20世纪60年代初，美国科学哲学家库恩（Thomas Kuhn）在《科学革命的结构》一书中提出了学科"非常规发展"的观点，于是使政策研究者们开始意识到政策科学要创造一种与一般社会科学不同的新规范，包括它的学科结构、学科本质、研究方法等。20世纪60年代末70年代初，以色列学者德罗尔（Yehezhel Drop）在美国出版了被称为政策科学三部曲的重要著作：《重新审查公共政策的制订过程》（1968），《政策科学探索》（1971），《关于政策科学的构想》（1971）；作为兰德公司的高级研究员，他又与该公司的库德（E. Quade）合办了《政策科学》杂志，并定期举办国际性的高级决策人员国际培训班，为政策科学的发展奠定了基础。
>
> 20世纪70年代中期以后，推进政策科学研究的一个重要人物、美国人南格尔（Stuart S. Nagel）教授，先后写了《政策研究和社会科学》（1975），《政策评价》（1982），《当代公共政策分析》（1984）等一大批专著，又组织了47名政策科学家组成国际性写作小组，编辑出版了《政策科学百科全书》（1983），确立了政策科学独立地位。与此同时，专门的研究机构，大学里的有关课程，政策研究的书籍、论文、杂志，也如雨后春笋般地涌现出来，于是进入了政策科学的繁荣时期。
>
> ［资料来源］袁振国：《教育政策学》，江苏教育出版社2001年版，第3～4页。

综上所述，对"政策"下一个确切的定义并不是一件容易的事，众多的政策学家分别从各自的角度对政策作了描述和界定。综合大多数学者的观点，我们认为比较完整的定义是：政策是以某个政治系统或组织（如国家政府、社团组织等）在特定时期为实现或服务于一定的政治、经济、文化等目标而进行的决策过程。

（二）政策的作用

政策的作用就是政策的制定及其实施所发挥的功效。我们认为，政策是政策主体实现其利益和愿望的工具和手段，对社会行为主要起到一个导向、调节和控制的作用。

1. 导向作用

政策的导向作用是指政策能够引导人们行为和事物发展的方向。一项政策的出台或废止，会导致人力、财力、物力资源在空间布局和流向上的变动。例如，制定并实施提高教师社会地位和生活待遇的政策，会影响人们的就业选择，对高中毕业生报考师范院校起到一个积极的导向作用。

2. 调节作用

政策的调节作用是指政策能够协调人与社会、人与事物、事物与事物之间的相互关系，保证社会各方面持续、快速、健康地发展。例如，环境保护政策，是调节人与自然之间的关系，以使人和自然能和谐相处。

3. 控制作用

政策是一种控制措施。任何一项政策，都是为了解决一定的社会问题或预防某种社会问题而制定出来的，以对人们的行为和事物的发展起到制约或促进作用，从而实现对整个社会的控制。例如，我国制定的计划生育政策，就是对我国的高人口出生率进行管理，以把人口增长控制在经济和社会所允许的范围内。

（三）政策的分类

由于政策涉及的范围十分广泛，内容非常丰富，表现形式多种多样，因此，我们必须对政策加以分类，以对政策的总体框架有一个轮廓式的了解。按照不同的标准和依据，我们可以把政策分为若干种类：

按纵向层次，可分为总政策、基本政策、具体政策。

按横向部门，可分为经济政策、军事政策、外交政策、文化政策、教育政策、科技政策等。

按影响范围，可分为中央政策和地方政策，全局政策和局部政策等。

按专门程度，可分为一般性政策和特殊性政策。

按重要程度，可分为重点政策和非重点政策。

按详简程度，可分为概括原则的政策和详细规定的政策。

按效用特点，可分为积极性政策和保守性政策，鼓励性政策和限制性政策等。

按时间要求，可分为短期政策、中期政策和长期政策。

还可以按照其他标准分类。

上述分类，在某种意义上讲，都是客观存在的。但是现实社会中的许多具体政策，如果同时按各种标准来分类，则会产生许多交叉重合的现象。如2006年2月颁布的《教育部关于当前中外合作办学若干问题的意见》，从影响范围的角度来看，属于中央政策；按专门程度来看，则属于特殊性政策；按时间要求，我们则可以把它划归为中期政策或短期政策。从不同的角度按不同的标准进行政策分类是必要而有意义的，但这并不等于说某项政策只能机械地仅仅归属于某一种分类。在我国，最常用的是两种分类：一是按纵向层次分类，可分为总政策、基本政策、具体政策。二是按不同领域分类，可分为经济政策、军事政策、外交政策、文化政策、教育政策、科技政策等。

二、教育政策的含义和作用

"在近代国家出现之前，教育被看成是私事，因而不时兴教育政策、随着近代国家公共教育制度的确立，国家的教育政策变得重要了。"① 教育事业的繁荣与发展有赖于良好的教育政策。学习教育政策，首先要对教育政策的基本含义有清晰的认识与理解。何谓教育政策？教育政策的手段有哪些？教育政策具有怎样的特点和作用？教育政策体系的内容是什么？

（一）教育政策的含义

1. 教育政策的概念

关于教育政策的概念是仁者见仁，智者见智，人们往往根据不同的实际需要对其含义有不同的界定。国外的学者大多是从广义的政策意义上来理解，如卡尔·弗雷德里奇认为，教育政策是"在某一特定的环境下，个人、团体或政府有计划的教育活动"。② 霍根也认为制定教育政策的主体包括官方主体和非官方主体。官方主体包括："（1）国家层次，如国家元首、国会、政府首脑、执政党、内阁；（2）教育部长、教育主管部门及其下属机构；（3）负责考试、课程设置与发展等活动的其他教育机构；（4）咨询机

---

① ［日］筑波大学教育学研究会编：《现代教育学基础》，钟启泉译，上海教育出版社1985年版，第195页。

② J. R. Hough. Educational Policy: An International Survey. Groom Helm London & Sydney, New York: Martin Press, 1984：18-21.

构;(5)中介组织。非官方的政策制定主体包括各种利益集团、在野政治党派和大众传媒组织"。按照这种说法,教育政策涵盖的范围很广,既有官方的教育政策,也有非官方的教育政策。在国内,研究者们一般对教育政策作狭义的理解,如罗宏述、米桂山在其主编的《教育政策法规》中提出"教育政策是一个政党或国家为实现一定历史时期的教育任务而制定的行为准则"。吴志宏、陈韶峰和汤林春在其所著的《教育政策与教育法规》一书中认为"教育政策就是政府有关部门为解决特定教育问题而表明的行动意图或如何行动的计划"。

我们认为,教育政策的含义可以从政策的含义演绎而来,根据我国《辞海》对政策的诠释,我们可以把教育政策定义为:教育政策是某个政治系统(如政党、国家政府、地方政府等)在特定时期为实现特定的教育发展目标和任务而作出的关于教育的决策的过程。它是国家政策的一部分,也是由政党、政府及其机构和官员制定的,调整教育领域社会问题和社会关系的政策。例如,我国在1992年实行高校收费的教育政策,学生上大学要交纳一定的学费。但在其运行的过程中,低收入家庭的学生却因为付不起学费而忧心忡忡。针对这一问题,在广泛调研和征求意见的基础上,政府出台了向高校学生贷款的教育政策,从而在一定程度上缓解了上学与缴费的矛盾。随后,政府又针对这一政策在运行过程中出现的问题,对该政策进行了补充和修正。所以,我们认为,教育政策应该是动态的,应该是一个过程,一个不断解决在教育实践活动中出现的问题的过程,一个不断对已运行的政策进行补充和修正的过程,一个不断在特定时期为实现特定的教育发展目标和任务而作出的关于教育的决策的过程。

相关链接 1-2:

2004年美国总统竞选中的教育政策交锋

2004年美国总统大选的竞争日趋白热化,争夺白宫宝座的决战在即。现任总统小布什早已竖起了"连任"的战旗,民主党方面马萨诸塞州资深参议员约翰·克里也志在必得。美国总统大选的传统是"重内不重外",两位总统候选人在近几个月的交锋中都把国内的政策作为角逐的重点,其中反恐和提升经济是焦点议题。但是由于教育政策历来在总统大选中扮演重要角色，直接影响到选情，因此他们在竞选纲领中也着力宣传他们的教育主张（政策）。

一、乔治·布什的教育政策

在多次拜票演说中，布什反复提到他在2002年1月8日签署的《不让一个孩子掉队》法案，并使其成为了法律。他说该法案从法律上保证了每一个美国孩子都能接受公平、优质的教育，是他这一届政府对美国人民的一个承诺。联邦政府为实施这一法案大幅度增加了拨款，是教育改革的一大成就。他的政府将继续全面贯彻实施《不让一个孩子掉队》法案。

这部长达700多页的议案在2002年1月8日获得通过并成为法律。它的主要内容是：1. 支持早期教育；2. 评估学生的能力；3. 为家长提供信息；4. 学生有择校的权利；5. 保证学校得到更多的资源。

二、约翰·克里的教育主张

美国民主党总统候选人约翰·克里，对上述法案实施一年多来的社会效果进行了抨击。他指出布什总统是说一套做一套，仅会装腔作势与学生照相出风头的总统。他在很多场合批评布什签署了《不让一个孩子掉队》法案后，并没有兑现他的诺言，让学校陷入了困境。今年的教育经费缺口有60亿美元，明年会达到80亿美元。为此他提出了他当选后修改《不让一个孩子掉队》法案和一揽子教育改革的设想。克里提出的教育改革方案旨在加强公立学校实力、提高教育水平和改善教育工作者的待遇。他提出了建立国家教育信托基金、改善义务教育和提高教师待遇的三点主张：1. 建立新的国家教育信托基金，保证联邦政府履行全额教育资金的优先拨付职责。2. 改进《不让一个孩子掉队》法案，保证学校向所有的孩子提供高水准的教育，改变以考试为主要目的的现状。他提出每一个孩子都应该有接受高等教育的权利，通过改善教学让每个孩子都获得上大学的水准。3. 提高教师的工资待遇，稳定教师队伍。他主张提高教学水平的前提是要有稳定的教师队伍，对落后地区教师水平的提高要首先有资金的保证，同时对教师的收入实行减税，而不是减少有钱阶层的税收，以此来扩大和稳定教师队伍。此外，克里还认为学校领导者队伍的老化和后继乏人也是困扰美国教育的主要问题之一。为此他提出用国家教育信托基金来进行学校领导者的大规模培训和培养。未来

> 几年每年会提供1.2亿美元用于落后地区学校校长的培训和培养项目。另外他还就校舍改造和课外活动等问题提出了一揽子计划。
>
> [资料来源] 徐家海：《2004年美国总统竞选中的教育政策交锋》，《世界教育信息》（中国驻休斯敦总领事馆教育组），2004年第10期。

教育政策可以有不同的分类。根据教育政策制定者的不同，教育政策可分为某个政党的教育政策、国家政府的教育政策、地方政府的教育政策，等等。但在我国，中共中央、国务院作为一个国家的政治系统经常对教育工作（联合）发布指示、决议、通知，其中关于教育政策方面的内容，既是党的教育政策，也是国家的教育政策；根据教育政策涉及的范围的不同，教育政策可以有不同的类别。就我国来说，教育政策可分为基本的教育政策与具体的教育政策。基本的教育政策有普遍指导意义，如我国20世纪90年代乃至21世纪初重要的教育政策，基本写入了《中国教育改革和发展纲要》（1993），它对我国教育的战略地位，教育发展的总目标，教育体制改革的原则，各类教育的办学体制，中等教育、高等教育体制改革的要求，提高教师的社会地位，增加教育投资等，都作了基本的政策规定。具体的教育政策是针对教育工作的某一方面而制定的，是基本的教育政策的具体化。如：基础教育政策、中等教育政策、职业技术教育政策、高等教育政策、民办教育政策、出国留学政策，等等。

2. 教育政策的形式

教育政策还有很多表现形式。如在我国，教育政策多为有关机关发布的决议、决定、命令、指示、通知、意见以及党和国家领导人的报告、谈话、讲话等，有时还通过党报党刊的社论传达党和国家的教育政策。

(1)党的有关教育的政策文件。包括：中国共产党章程、中国共产党全国代表大会的决议、党中央制定和批准的文件、党的地方各级领导机关的决议等。(2)全国人民代表大会所制定和批准的有关教育的政策性文件。(3)党的领导机关和国家机关联合发布的有关教育的各种决议、文件、通知等。包括：党中央和国务院联合发布的决议和指示；党中央的各部门与国务院所属部委所制定和批准的政策性文件。(4)国家行政机关制定、发布的有关教育的政策文件。包括：国务院及所属各部委所制定和批准的有关教育的政策性文件，县以上地方各级人民政府依照法律规定的权限制定的有关教育的政策性文件。(5)党和国家领导人在某个场合作的有关教育的报告以及谈话、讲话等。

相关链接 1-3：

2006 年起西部农村义务教育学杂费全免

国务院总理温家宝 23 日主持召开国务院常务会议，研究加强农村义务教育和深化农村义务教育经费保障机制改革问题。会议听取了财政部、教育部关于加强农村义务教育和深化农村义务教育经费保障机制改革的汇报。会议认为，党中央、国务院历来高度重视农村义务教育事业发展，特别是农村税费改革以来，各级政府进一步加大对农村义务教育的投入力度，实施了国家贫困地区义务教育工程、农村中小学现代远程教育工程、西部地区"两基"攻坚计划，以及农村贫困家庭中小学生"两免一补"政策，农村义务教育事业发展取得了显著成效。但也要看到，我国农村义务教育还存在教育经费保障机制不够完善，农村学校教育质量和师资水平偏低，农村学生辍学率较高等问题，普及和巩固农村义务教育的任务十分艰巨，需要通过深化改革、创新机制加以解决。

会议要求，各地区、各部门要切实把农村义务教育摆在优先发展的战略地位，努力解决制约农村地区普及九年义务教育投入问题，保障农村义务教育持续健康发展。

会议提出了深化农村义务教育保障机制改革的主要内容。一是从 2006 年开始，全部免除西部地区农村义务教育阶段学生学杂费，2007 年扩大到中部和东部地区；对贫困家庭学生免费提供教科书并补助寄宿生生活费。二是根据农村中小学公用经费支出的合理需要，提高农村义务教育阶段中小学公用经费基本标准。三是建立农村义务教育阶段中小学校舍维修改造长效机制，校舍维修改造所需资金，中西部地区由中央和地方共同承担，东部地区主要由地方承担，中央适当给予奖励性支持。四是对中西部及东部部分地区农村中小学教师工资经费给予支持，确保农村中小学教师工资按照国家标准及时足额发放。会议强调，深化农村义务教育经费保障机制改革涉及面广，政策性强，任务艰巨。各地区、各有关部门要按照"明确各级责任、中央地方共担、加大财政投入、提高保障水平、分步组织实施"的原则，加强领导，周密部署，密切配合，协调推进，确保农村义务教育经费保障机制改革工作顺利进行。

[资料来源] 新华网，http://news.sina.com.cn，2006-2-24.

3. 教育政策的本质

（1）教育政策是有关教育的政治措施。教育政策的制定和实施本身既是一种重要的政治行为，同时又是各种政治行为综合影响的产物。它从根本上反映了掌权集团的教育愿望和要求。教育政策之所以是一种重要的政治措施，关键是由教育政策作为一种阶级意志的基本表达形式这一性质所决定的。不同的集团、阶级有不同的阶级意志，教育政策通常被不同集团、阶级用来表达各自集团、阶级的教育意志。

作为一种有关教育的政治措施，教育政策通常以如下方式来发挥自己的独特作用：一是宣传一定的政治观点、理论、路线、方针。譬如，我国的《中共中央关于进一步加强和改进学校德育工作若干意见》（1994）就明确要求，新时期加强和改进学校德育工作的首要任务和根本措施就是学习和掌握邓小平同志建设有中国特色社会主义理论。二是规定教育的性质，指明教育的任务，确保教育向年轻一代传授统治集团的意识形态和价值观念，促使他们积极参与社会政治活动，使其接受和拥护现存的政治制度和经济制度。三是制定相关措施和办法，确保统治集团及其子女接受良好教育。四是制定教育发展规划，为经济和社会的全面发展和进一步输送各种各样的人才，为巩固现有的经济制度、维护掌权者的经济利益服务。

（2）教育政策是有关教育的权利和利益的具体体现。无论是在古代还是近、现代，教育始终都与人们的权利和利益休戚相关。而教育政策就像一面镜子，真实地记录和反映了不同历史时期不同阶级、集团所受教育的基本情况。

相关链接 1-4：

美国的"新经济"教育政策

20世纪90年代（克林顿政府执政时期），美国经济出现了第二次世界大战后罕见的持续性的高速度增长，与此同时却伴随着低通胀和低失业，人们把这种现象称之为"新经济"。美国的经济增长与完整、系统、务实且有远见的一系列教育政策（"新经济"教育政策）是分不开的，克林顿政府的"新经济"教育政策可概括为三大目标、七大原则。

1. "新经济"教育政策的三个目标：（1）每位8岁儿童必须能读书；（2）每位12岁少年必须懂计算机；（3）每位18岁的青年必定能进大学，并且每位成人能获得终身教育的机会。

2. "新经济"教育政策的七大原则：(1) 国家制定出教育标准，反映全体学生所必须懂得的在21世纪的"知识经济"中的内容。制订了全国教育的"国家标准详细说明"，具体规定了学生在升学之前应该学到些什么，老师教什么，孩子学什么。(2) 建立全国通用的教师许可证制度，要求一流的学校必须有一流的教师。按照"21世纪教师倡议"，10万名教师将培训50万名以上的教员，使之学会如何利用电脑、软件和因特网教学。克林顿还签署了《2000年目标：美国教育法案》，授权教师、校长和家长通过运用尖端技术，通过父母对学校以及孩子的日常功课的参与，来改进学校的工作。(3) 充分认识早期教育的重要性，在青少年中广泛开展阅读运动。建立一支由百万公民自愿组成的辅导队伍，确保美国学生在二年级结束前能够独立看书。(4) 校舍更新，构建校园文明。政府拨出了50亿美元以带动社区筹措200亿美元来改善学校建设。政府要学校是安全的、有纪律的、没有毒品并洋溢着美国价值观的，要提倡规模更小的学校，倡导公正且执行严格的纪律。政府还给予家长为孩子选择合适公立学校的权利。学生择校将推动竞争和改革，从而使公立学校办得更好。(5) 普及大学教育。全美要求普及13年和14年的教育，其中包括不少于2年的大学教育。为了实现这个目标，克林顿提出了两项新的家庭减税方案，它的费用全部由联邦预算平衡案中的经费削减部分来提供。一是要求国会通过一项使一个家庭每年税额减免高达1万美元的法案，以帮助支付中学以后的所有教育费用。其二，提出一项每人每年1500美元的税收减免计划，为社区大学或四年制大学学生提供头一年的费用。(6) 重视继续教育，要让所有的人，都有机会学习新的技能。1997年立法的终身学习课税减免，瞄准那些想回到学校、改变职业或选修一两个课程以提高自己的技术的成年人，也包括大学低年级和高年级毕业生以及有专门学位的学生。(7) 美国所有的学校和图书馆都要进入信息网络。为了使教育适应因特网的时代要求，克林顿政府制订了一个四年计划，到2000年，要使本国各地的每一间教室和图书馆都与因特网相联结。这个计划由政府倡导，并在企业、学校、家庭密切配合下实施。

[资料来源] 祝小兵：《美国"新经济"教育政策对我国的启示》，《成人教育》，2004年第10期。

在奴隶社会，教育的权利完全为奴隶主阶级所垄断。教育只是奴隶主阶级所享有的一种特权，奴隶被完全排斥在教育之外。封建社会的教育政策较之奴隶社会虽然宽松了一些，受教育的对象和范围也有所扩大，但根本上仍是为维护封建主阶级的利益服务的。我国是无产阶级领导的社会主义国家，各劳动阶级和各个社会阶层的人民都是国家的主人，他们之间已没有根本的利益冲突，教育成为全体人民所拥有的共同权利和利益。但由于历史的原因和现实中众多因素的影响，特别是改革开放以来，我国东、中西部地区差异的扩大，使得不同的社会阶层和集团、甚至不同地区的同一阶层人们所能分享的教育资源和得到的教育机会也不尽相同，人们的教育权利和利益因地区差异、行业差异等原因而受到了不同程度的损害。

4. 教育政策的手段

教育政策是某个国家在特定时期为实现特定的教育发展目标和任务而作出的关于教育的决策的过程。而教育发展目标和任务则是通过一定的行为或方式、方法、措施、途径等手段来实现的。为实现教育发展目标和任务所采取的手段，称为教育政策的手段。在我国，教育政策的手段一般有行政手段、财政手段和货币手段。

（1）行政手段。我国教育政策的行政手段主要有政府对教育活动的管制以及改革和完善教育管理制度。政府对教育活动的管制是指政府有关部门对教育活动进行规范和治理；改革和完善教育管理制度这一政策手段主要包括改革和完善学校管理制度、招生制度、收费制度、教师工资制度等。

（2）财政手段。我国教育政策的财政手段主要有三类：政府年度教育支出预算、政府对教育的财政转移支付和教育附加税。政府年度教育支出预算是指国家或地方政府按年度作出的用于教育的财政支出计划；政府对教育的财政转移支付一般是指国家政府对经济落后地区或某些特别地区的教育所给予的额外援助；教育附加税一般是指国家为筹措教育经费而开征的一种税费。

（3）货币手段。我国教育政策的货币手段主要是指商业银行向地方政府、学校和学生个人提供的用于教育的贷款。

（二）教育政策的作用

1. 教育政策的一般作用

教育政策的作用是指教育政策对教育活动所发挥的效力。教育政策的作用是客观存在的，同时也是主观追求的。制定与实施教育的政策，总是着眼于教育改革和发展的实践需要，并且也是直接地为教育实践服务的。教育政策究竟有着怎样的作用？有关教育政策学的专著与教科书中对这一问题的分析似乎较为缺乏，所以也难有直接的借鉴。在这里，我们就借鉴政策科学与法理学教科书中关于政策功能的论述，把教育政策的一般作用概括为：导向作用、协调作用、控制作用和规范作用等。

（1）导向作用。导向作用是指教育政策对人们的教育行为和教育活动的发展方向具有引导作用。导向作用的作用形式表现为直接导向和间接导向两种：直接导向是指教育政策对其调整对象的直接作用；间接导向是指教育政策对非直接调节对象的影响。

（2）协调作用。协调作用是指教育政策对教育发展过程中的各种失衡状态的制约和调节能力。教育政策协调作用的主要特征是：一是多维性，教育政策协调的对象是多方面的；二是动态性，协调的过程是在教育活动发展中由不协调到协调的发展转化过程；三是适度性，教育政策在协调各利益主体之间不平衡关系时，应掌握利益需求的最佳满足界限。

（3）控制作用。控制作用是指教育政策制定者通过教育政策对人们的教育行为和教育活动发展的制约和促进，以实现对整个社会教育活动的控制。教育政策控制作用的主要特征表现在：一是具有强制性；二是具有惩罚性。

（4）规范作用。教育政策是社会规范的一种，规范作用是其最基本的作用。依法治教并不否定教育政策的规范功能。相反，由于教育政策和教育法律具有各自不同的特点和不同的调整范围，使得两者在调整教育领域中的社会关系时具有各自特有的优势。在不便或不能运用教育法律进行调整的某些领域，或者尚无教育法律调整的某些领域，就要根据教育政策的特点，充分发挥教育政策的规范作用。

2. 在目前条件下教育政策的作用发生了一些新的变化

目前，随着市场机制不断地介入教育领域，政府、学校、受教育者之间的关系具有了新的内涵，学校成为具有自主权的独立的办学主体，受教育者成为自主选择的教育消费者。与此同时，教育政策的运行环境相应发生了根本性的变化，教育政策的作用也不可避免地被赋予了新的意义，这就需要重新认识教育政策的作用。

（1）保障教育公平。保障教育公平是教育政策最基本的作用。在市场经济条件下，无论是从教育资源配置还是学校之间的关系来说，学校将成为独立的、面向社会和面向市场的竞争者,政府应从保护学校转向保护受教育者的利益,最大限度地追求教育利益分配的社会公平。所以,政府对社会和公众的责任是保障社会公平,追求教育领域的社会公平是政府基础性的、永恒的责任。政府的教育决策活动也应从"受益人缺席"状态转变为允许教育利益相关者参与决策活动,使教育政策能够体现最大多数人的要求和利益。教育政策应针对教育资源短缺、选择教育、学校竞争、弱势群体和基本的教育质量标准等问题做出公平制度安排。

> **相关链接 1-5:**
>
> ### 教育政策理念的转变——"教育公平"
>
> 教育公平是社会公平的重要内容,是社会公平在教育领域的延伸,也是达到社会公平的重要手段和途径。教育不公平是社会的最大不公平,严重危及一个社会最基本的公平底线。围绕公平目标,教育政策要实现三方面的理念转向。首先,教育政策要从"精英教育"转向"大众教育"。教育的精英化取向与教育公平是根本对立的。一方面,城市拥有国家财政投入的教育经费,投入雄厚资金,兴办的重点学校具备师资和教学设备诸多优势;另一方面,落后地区尤其农村地区教育经费由县级财政筹集,连起码的教师工资都不能保证,教学设备、师资力量严重不足。"教育精英化"对于农村地区、贫困地区、城市贫困家庭和父母文化水平较低的家庭的子女产生了不利的影响。政府的主要职责应该是为大众提供均衡的、公平的受教育机会,而不应该去追求精英教育。其次,教育政策要从"城市中心"转向"均衡发展"。均衡发展是现代教育的本质要求,更是社会主义制度的必然要求。基础教育均衡化发展,事关千家万户群众的切身利益,事关社会的安定、社会群体之间的融合以及整个社会的协调发展。在义务教育与高等教育的关系上,政府的财政资源应当优先保证义务教育的基本条件,实现基础教育的机会均等;同时,在此基础上,政府尽可能扩大自身和社会的财力资源,最大限度地满足社会对高等教育的需求。在农村教育与城市教育的关系上,政府的投资取向和政策选择,首先是不扩大城乡教育的差距,然后逐步缩小城乡之间的差距,目前则需要特别增加政府对农村教育的投入,解决农村教育

面临的严重的生存性危机。再次，教育政策要从"市场产业化"转向"公共利益性"。教育是一项崇高的社会公益事业，不应产业化。如果政府提倡"教育产业化"，就会导致追求教育投资利润的最大化，会对教育的社会功能产生负面影响，也可能削弱政府的宏观调控和保证社会公平的作用。强调"教育产业化"，容易造成政策上的误解和执行上的偏差，出现部分地方政府由此推卸增加教育投入的责任，甚至出现"把教育推向市场"的倾向，将有可能阻碍教育事业的健康发展。

[资料来源] 朱金花：《公平视角下教育政策理念转向》，《吉林日报》，2005-11-23。

（2）提供新的游戏规则。教育政策要针对新的政府、市场、学校与受教育者关系提供新的游戏规则。针对引入市场机制的教育改革中所产生的新的活动主体和新的活动领域，需要教育政策制定和安排新的游戏规则，做出新的制度安排，以加强对教育活动的规制和监管，如对于民办学校、教育中介组织要加强监管，对于学校自主办学要加强监督，对家长和学生选择教育的行为要进行引导和规范等。在由政府控制的公共教育权力走向市场领域的时候，会存在"一放就乱"的可能性。如我国改革开放以来的某些教育政策屡屡陷入"放、乱、收、死"的怪圈就是证明。所以，在权力转移的同时，政府的教育政策应该谋求建立相应的新体制，如建立针对新的教育社会关系、教育问题和教育活动领域的信息管理系统，对教育活动过程的起点和终点进行质量控制的教育结果监控制度，以及相应的审计体制和违规操作的惩处体制等。"如果在引入市场机制的教育改革过程中，针对教育中新的活动主体和活动领域制定新的游戏规则时，出现政府'缺位'现象，教育的公益性就会受到损害。"①

三、教育政策的体系

教育政策的体系问题，是教育政策理论研究中的一个重要课题，也是一个国家教育改革、发展中所必须要明确的问题。

---

① "教育政策的作用"部分主要参照：刘复兴：《审视教育政策选择的新视野——市场经济背景下的教育改革》，http://www.jky.gxnu.cn/jyxlx/Article_Show，2006-05-13。

(一) 教育政策的体系的含义

所谓教育政策的体系，从广义上讲，它包括一个国家教育改革与发展所需要的所有的教育政策，是由国家针对影响教育改革与发展方方面面的问题而制定的教育政策所组成的体系。它也是一国先行教育政策所构成的完整的、内部协调一致的、有机联系的政策的整体系统。

哪些政策是一个国家教育改革与发展所需要的呢？要回答这一问题，简单的做法是借用一般政策的分类方法，将教育政策分成总政策（或元政策）、基本政策和具体政策三部分。以我国为例，教育的总政策指的是宪法中有关教育的政策规范和教育方针；基本政策指的是《中国教育改革和发展纲要》（1993年）和《中华人民共和国教育法》（1995年）中的政策规范；具体政策指的是一些具体的法规中的政策规范。但这种分法很难把总政策、基本政策和具体政策的内容说清楚。我们知道，宪法中只对我国的教育性质、受教育权、公民的基本素质等方面作出了规定，而这作为教育的总政策是不够的；教育方针应属于教育的总政策，但它又写在了教育法中，而教育法是基本政策；《中国教育改革和发展纲要》中既有事关全局的总政策，又有各个方面的基本政策；而教育的具体政策很多，更是难以说清楚。解决这一问题的另一种思考的方法就是，有多少种教育，国家就要制定多少种教育政策，因为只有制定了各级各类教育的政策，才能满足一个国家教育改革与发展的需要。国家教育政策的体系就是由各级各类教育的政策所组成的。这种方法构建的教育政策体系似乎非常全面，然而细究起来，这一思考方法也未免简单了一点。因为国家制定教育政策，不会停留在就教育而谈教育政策的水平上，而要从更深的层次上进行政策策划，即"一方面要从总体上明确从哪些方面作出一些政策上的规定才能保证各级各类教育改革的顺利发展；另一方面在各级各类教育改革与发展的具体运作上，也要考虑到底从哪些方面作出一些政策上的规定才能保证某一级教育或某一类教育改革的顺利进行。因此，制定一个国家教育政策的重要前提是，必须要明确从哪些方面作出政策规定"。[①] 国家教育政策体系有广义和狭义之分。

---

① "教育政策的体系"部分主要参照孙锦涛：《关于国家教育政策体系的探讨》，《教育发展研究》，2001年第6期。

> **相关链接1-6：**
>
> 构建促进教育和谐发展的教育政策体系的十大措施
>
> 一、加快城乡一体化进程，消解城乡二元结构；
> 二、建立公共教育财政制度，改变公共教育财政制度缺位状况；
> 三、建立义务教育基准，满足办学基本条件；
> 四、制定教育均衡发展系数，及时掌握教育差距情况；
> 五、构筑公平竞争平台，提高教育整体竞争力；
> 六、建立多元评价制度，改变单一评价标准；
> 七、建立激励民间资金投入机制，扩大教育经费来源；
> 八、更新农村教育观念，促进农村人口向城市转移；
> 九、设立国家教师岗位，解决农村教师有效需求不足问题；
> 十、转变政府职能，调整越位，弥补缺位。
>
> [资料来源] 《教育差距：中国教育政策的重大命题》，http://info.edu.hc360.com, 2005-07-06.

广义的国家教育政策体系，是由国家针对影响教育改革与发展方方面面的问题而制定的教育政策所组成的体系。但是，由于影响国家教育改革与发展的问题太多，要从这一角度研究国家教育政策体系是相当困难的。但在这些众多的问题中，有一些关键性的或基本的问题，它们对一个国家教育的改革与发展起着决定性的作用。国家如果对这些问题作出政策上的规定，国家教育的改革与发展就会有了根本的保证。由于这一角度只是从影响教育改革与发展的基本问题进行研究，相对来说困难就会小一些，因此我们主张从这一角度去研究国家教育政策的体系。

国家针对影响教育改革与发展的基本问题而制定的教育政策所形成的体系，称之为狭义的国家教育政策体系。本书所要探讨的就是狭义的国家教育政策体系。

(二) 国家教育政策体系的划分

"美国学者佛兰德柯伯恩认为，'教育经费政策、课程政策、学生政策、教师政策、教育管理政策是一个国家教育改革与发展的基本的教育政策。'"[①] 教育经费政策所要解决的是谁出钱，出多少钱，为什么出钱的问

---

① 孙锦涛：《关于国家教育政策体系的探讨》，《教育发展研究》，2001年第6期。

题；课程政策所要解决的是教什么的问题；学生政策所要解决的是向谁教的问题；教师政策所要解决的是由谁教的问题；教育管理政策所要解决的是由谁管的问题。中国学者孙锦涛则把教育质量政策、教育体制政策、教育经费政策、教师政策这四大政策作为一个国家教育改革与发展所必需的基本的教育政策。教育质量政策所要解决的是人才培养的质量标准问题。教育体制政策要解决的是各级各类教育的发展问题。教育经费政策要解决的是如何筹措教育经费，如何分配教育经费，以及如何使用教育经费的问题。教师政策所要解决的问题是如何建设一支数量充足、质量高的教师队伍。

上述两种看法大体上相近，只不过是概括的方式在某些方面有些不同而已。在这两种看法中，教育经费政策与教师政策是一样的。而佛兰德柯伯恩所说的学生政策和课程政策实际上可以包含在我们所说的教育质量政策之中，因为我们所说的质量主要是指学生的质量，而实现质量标准的核心是课程，教育质量政策当然要包括学生政策和课程政策。佛兰德柯伯恩所说的教育管理政策则可以包括在我们所说的教育体制政策当中，因为我们所说的教育体制政策已经包括了教育管理政策。由于我们所说的基本的教育政策比佛兰德柯伯恩所说的基本的教育政策集中一些，因此我们认为，国家的教育政策，根据所要解决的有关教育的基本问题的不同，可以作以下划分：

1. 教育体制政策

教育体制政策在教育政策中占有重要位置，是与国家的政治、经济体制和制度联系最密切的政策。包括办学体制政策、管理体制政策、学校领导体制政策、教育投入体制政策、教育人事管理体制政策、学校内部管理体制政策等六个方面的内容。

教育体制政策决定着教育的政治方向，规定着由谁来办学、谁来管理学校的问题。教育体制政策在教育政策体系中起着全面性、基础性作用和政治保障性作用。

随着经济社会发展以及经济体制、政治体制和人事制度的变革，首先需要变革、调整的是教育体制政策。

教育体制政策又是与教育法律关系最密切的一类教育政策。教育体制往往既要通过政策来进行调整，又要通过法律来予以强化。

教育体制政策要解决的是各级各类教育的发展问题。为此，国家要制定政策去协调各级各类教育之间的关系，协调各种教育管理之间的关系，从各级各类教育之间的关系来看，在各级教育上，教育体制政策就是要协调学前教育、初等教育、中等教育、高等教育，以及高等教育中的专科教育、本科教育、研究生教育（研究生教育中的硕士生、博士生教育）之间的关系；在各类教育上，教育体制政策就是要协调普通教育与职业技术教育，儿童教育与成人教育，学校教育、家庭教育与社区教育，公立教育与私立教育等各类教育之间的关系。从各种教育管理的关系来看，教育体制政策就是要协调中央办学与地方办学的关系，政府与教育行政部门的关系，教育行政部门与其他部门的关系（在我国主要是指政府教育行政部门与大型厂矿企业的教育行政部门的关系，政府部门中教育系统的教育行政部门与政府其他部门中的教育行政部门的关系），政府与学校的关系，以及学校与学校之间的关系。

2. 教育质量政策

教育质量政策是导向性目标性教育政策。它要解决的是各级各类教育培养目标和教学质量标准、人才培养类型和标准的问题。教育质量政策是最基本最重要的教育政策之一，对教育的改革与发展起着规定培养目标、确定培养方向和人才规格、决定培养模式、课程结构和教学内容等方面的作用。国家要制定出最基本的学生培养的质量标准，以及实现这些标准的基本要求，为此，国家就应该对学生的有关问题和学校课程的标准、体系与结构及课程的实施等作出政策规范。

3. 教育经费政策

教育经费政策，包括国家财政性教育经费投入增长政策，国家财政拨款政策、学校收费政策、征收城乡教育费附加政策、教育集资政策、社会捐资表彰奖励政策、学校预算外资金管理政策、学校公用经费政策、教师工资政策、低收入家庭子女入学资助政策等。教育事业赖以发展的基础之一是教育经费投入。如在我国，教育事业的发展与教育投入不足的矛盾将会长期存在着。因此，研究制定并不断调整教育经费政策，加强教育经费的管理，对教育事业的发展起着保障性作用。教育经费政策与国家的经济制度、经济政策和社会公共保障政策密切相关。教育经费政策要解决的是如何筹措教育经费，如何分配教育经费，以及如何使用教育经费的问题。就如何筹措教育经费而言，教育经费政策所要处理的问题是，如何处理好政府主渠道与其他渠道之间的关系，在政府主渠道中，如何处理好中央政府出钱办教育和地方政府出钱办教育之间的关系。就如何分配教育经费而言，在教育经费的平面结构上，就是要处理好教育事业费与教育基本建设费之间的关系，在教育事业费中，要处理好人头费与其他费用之间的关系。在教育经费分配的对象结构上，要处理好各级各类教育经费分配之间的关系。

4. 教育人事政策

教育人事政策，包括教师资格制度政策、教师任用、调配政策，教师聘用制政策，教师职务政策，教育行政人员政策，校长任用、管理政策等。教育人事政策是教育基本政策之一，是调整校长与教师、教师与学生、教师与政府关系的重要手段，是建设一支高素质教师队伍的基本保证。教育人事政策主要解决的问题是如何建设一支数量充足、质量高的教师队伍，为此，要处理好对教师的严格要求与对教师优厚待遇之间的关系。就对教师的严格要求来说，教师政策就是要对教师的"进"（包括编制、资格、聘用），"用"（包括进修、考核），"出"（包括退离休、转任等）作出规定。就对教师的待遇来说，教师政策就是要对教师的职称、工资、奖惩和其他福利等作出规定。

5. 国家学制政策

国家学制政策，包括学前教育、初等教育、中等教育、高等教育的各级各类学校的学制，如义务教育的"五四"制、"六三"制，高等学校的二年制、三年制专科，四年制、五年制、六年制本科，研究生教育中的三年制、以两年为基础的弹性学制等。

6. 课程与教学政策

课程与教学政策，包括各级各类学校的课程标准政策、课程计划政策，教材的编写、核准、审定、发行、使用等政策，教学计划的实施政策等。

7. 学历与学位政策

学历与学位政策是指我国实行学历证书制度、学业证书制度和学位证书制度，对人们接受学历教育，获得学业证书和学位证书而制定了一系列的相关政策。

8. 教师教育政策

包括师范教育政策、教师继续教育政策等。

9. 考试与评价政策

包括各级各类学校的学年考试、毕业考试、升学考试都有相关政策，学校评估、教师评估、学生评估、学科评估、区域教育评估等相关政策，学校督导政策等。

10. 招生与就业指导政策

包括普通高考政策、成人高考政策、自学考试政策、中考政策、研究生考试政策、职业资格考试政策、国家包分配政策、面向社会自主择业政策、双向选择政策等。

11. 学校语言文字政策

包括学校普及普通话政策、普通话水平测试政策、少数民族地区双语教学政策等。

在上述教育政策体系中,教育体制政策、教育质量政策、教育经费政策、教育人事政策、课程与教学政策、学制政策是最基本最重要的教育政策。这些教育政策所要解决的是一个国家教育改革与发展中最关键、最基本的问题。

此外,教育政策体系还可以从以下角度进行划分:

如果依照政策制定的时间来划分,则有过去教育政策、现行教育政策和指向未来的教育政策。但要注意,过去政策不等于过时、无用的政策;指向未来的教育政策亦称未来政策,是指将来可望实行但目前不能兑现的超前政策。依照教育政策制定的主体来划分,则有政党的教育政策、国家政府的教育政策、地方政府的教育政策和社团组织的教育政策。按教育政策的阶段性过程划分,有长期教育政策、中期教育政策、短期教育政策和即时性教育政策。长期教育政策一般包括在相当一段历史时期内起作用的根本政策、宏观政策或战略性政策;中、短期教育政策是相对于长期政策而言,是对长期政策目标、措施作出的阶段性分解;即时性教育政策是针对个别情况、特殊问题采取的个别政策,等等。

第二节 教育政策的研究概况

教育政策研究是教育政策这一学科,在某种意义上来说也是社会科学20世纪60年代以来进展最快的一个学科领域。目前,教育政策研究正成为国际教育研究中最突出的内容和最令人关注的焦点,下面我们可以分别从国外和国内两个方面来了解教育政策的研究概况。

一、国外教育政策的研究

国外的教育政策研究起步于第二次世界大战后,目前正在成为国际教育研究中最突出的内容和最令人关注的热点领域。

20世纪50年代初美国政治学家拉斯韦尔(Harold Lasswell)提出政策科学的概念,并与人合著了《政策科学》,首次对政策科学基本内涵、研究方法作了规定,奠定了政策科学的基础。60年代后,政策科学在西方兴起,诞生了著名的兰德公司和罗马俱乐部，政策研究一派繁荣景象，学科发展亦相对成熟。教育政策学作为政策科学的重要分支学科之一，其蓬勃发展与政策科学的繁荣几近同步。瑞典比较教育研究专家胡森（Torsten Husen）的贡献尤为突出，他在20世纪80年代初召集了部分教育政策理论研究专家与教育决策者首次对话。此举既开了教育政策科学发展的先河，也在很大程度上左右了其后教育政策研究的方向。国外教育政策研究无论是作为一种实践活动还是作为一门独立的学科，虽然历史不长，但发展势头迅猛，逐渐进入教育研究的核心区域。

从实践和理论两个维度看，国外的教育政策研究已凸显不少独有的特点：
第一，教育政策研究得到许多国家政府的空前重视。

加强教育政策的研究，进而推进国家教育决策的科学化和民主化，对一个国家教育事业的健康、可持续发展起着至关重要的作用。"如韩国政府十分重视教育政策的研究，以促进国家教育决策的科学化与民主化。韩国教育开发院（KEDI）作为专业性研究机构，在宏观教育政策研究与开发及中长期教育发展规划等方面发挥着重要的作用。政府每年拨付120亿韩元（相当于1000多万美元）用于该院的运营和科研，其中人员经费与科研经费各占50%。此外，该院每年还能通过教育咨询和培训服务等得到8亿韩元的事业收入，用于补充研究开发经费。除教育政策的研究开发外，韩国教育部还将一些具有垄断性的项目，交给开发院经营，并赋予开发院组织教育培训和对教育项目进行评估的职能。如韩国教育部在该院设有'终身教育中心'，承担着'学分银行'的组织运营工作，负责与此有关的教育机构的资格审查和学习者个人的学分认定。"[①]

第二，教育政策研究组织机构的设置立体网络化。

自20世纪70年代末80年代初起，教育政策研究机构如雨后春笋般涌现。发展至今，机构层次已包括国家级、州（省）级、区（行政大区）县级，与一国的行政层次结构基本对应；性质上可分为官方、半官方和民间三大类别；归属关系上有的为独立的专门研究机构，有的则作为二级组织从属于某一机构（如公共政策研究机构等）。这些组织机构条块结合，既互相独立又密切联系，形成了一个多层次、多渠道、多目标的比较科学完整的立体

[①] "国外教育政策的研究"部分主要参照谢少华：《当今国外教育政策研究特点述要》，《新华文摘》，2000年第8期。

交错网络。此外,国外几乎所有著名大学都新增设了与教育政策研究有关的学院、系或研究方向,有的干脆将原来的教育学院、教育系改名为教育政策研究学院、教育政策研究系或类似的名称。

第三,教育政策研究种类多样化。

综观当代国外教育政策研究现状,有侧重理论探讨的政策研究(Policy Studies),也有侧重应用研究的政策分析(Policy Analysis)。其研究种类呈多样化趋势,目前大致可归结为如下四大类:"第一类是研究一项教育政策是怎样制定出来的。第二类是研究怎样才能制定出一项较为理想的教育政策。第一类和第二类虽然同是对教育决策过程的研究,但二者截然不同。前者属于动态教育政策分析,偏重于教育决策过程的描述和分析,而后者主要研究影响教育决策过程的各种主客观因素、策略和方法等,简言之,即决策过程的科学化与民主化等问题,偏重于教育决策过程的技术层面,属于教育决策的应用研究,以如何制定好的教育政策为目标。第三类是具体研究某一项教育政策,属于教育政策分析和评价,偏重于教育政策本身内容的分析及其实施后社会效果的评价。第四类是对左右教育政策走向、统摄教育决策过程并体现在教育政策内容中的科学和社会理论的研究,亦即通常人们所说的指导思想或理论基础的研究,它偏重于教育政策理论框架的分析,着重解决贯穿于教育决策过程中指导思想的理论定位问题,并以此来判别教育政策的性质。当然,一些大型的、综合性的教育政策研究课题,常常是融合两类以上的研究而进行的。"

第四,教育政策研究方法的日趋综合化、灵活化。

国外教育政策研究的方法繁多。以研究对象来划分,有个案研究和综合性研究;从认识论角度看,有思辨性研究和实证性研究;就研究规模或层次而言,有宏观研究和微观研究;按研究方法的性质来区别,有定性研究和定量研究。具体研究方法和方式主要有文献法、实验法、比较法、访谈法、历史法、人种学方法以及博弈论方法,等等。但是,就某一项具体的研究而言,各种方法及其变式总是依据课题的规模、性质、目标、各种与课题有关的主客观条件等而被灵活组合在一起综合运用。

第五,教育政策研究主体相对独立和自主性日趋强化。

教育政策研究主体相对独立和自主性日趋强化,使研究能够挑战权威,求真求实,保持中立客观。随着教育政策研究地位的确立与提升及其作用的日益显露,教育政策研究成果越来越受到教育决策者或机构的关注和接纳,然而研究主体却表现出愈来愈强烈的独立性和自主性。这种不断强化的独立性和自主性既有其存在的政治、经济和文化等方面的现实基础，也是研究主体的一种刻意追求。这是因为：其一，研究主体获得的研究环境越来越宽松，言论自由度不断增大，学术争鸣气氛日益浓厚，研究禁区日渐减少，有关决策过程的信息获取难度下降、渠道增多；其二，教育政策研究的体制也为研究者发挥其独立性和自主性提供了保障。除半官方和"民间"以及一些"独立自由人"对教育政策的相对或比较独立的研究以外，教育决策部门在对其政策进行诊断、评价和分析过程中，往往也采用委托第三者方式进行。主要表现为以下两方面：决策者、执行者和政策的直接影响者尽可能回避；评价采用国际国内投标的方式。正因为有了教育政策研究机构和研究者地位的相对独立性，研究者才有了挑战权威、求真求实的勇气和追求严谨、踏实、有理有据的治学精神，以便能确保研究者独立自主的立场。

第六，教育政策研究理论与实践发展的相互促进。

教育政策研究实践活动的拓展和深入积累了丰富的经验，成果相继问世。对这些经验和成果的概括与提升使得教育政策研究作为一门独立的学科能在较短的时间内从公共政策学中剥离出来。就目前的发展水平而言，教育政策学的理论基础比较扎实，学科结构相对完整、层次较分明，方法论体系业已确立，学科地位已经巩固。现在教育政策研究的学术刊物增多，教育政策学已纳入教育管理学科群而在众多高等院校的各层次得以开设，等等。

二、我国教育政策研究

（一）我国教育政策研究的产生和发展①

毛泽东曾有一个著名论断，"政策和策略是党的生命"，极其深刻地说明了政策的极端重要性。在改革开放年代，我国教育处于重大改革和快速发展中，教育民主和法制建设逐步推进，教育政策研究的作用日益突出。在一定意义上可以说，教育改革的历史，就是教育政策不断调整的历史，也是教育政策研究不断发展的历史。

在计划经济体制向市场经济体制的转变过程中，在粗放型经济增长方式向集约型经济增长方式的转变过程中，相对滞后的、计划色彩痕迹比较严重

---

① "我国教育政策研究"的产生和发展部分主要参照王宪廷：《教育政策咨文》，http://www.qdedu.gov.cn/jks/admin/admin_fileshow, 2006-03-12。

的教育事业必须加快改革。现代教育已经发展成为一个日益复杂的社会系统，成为仅次于经济部门的文化产业，涉及社会各方面的不同利益，也使各级各类教育处于复杂的相互关系之中，所面临的需要、关系和问题难以计数，从正常运转到改革发展都离不开正确的教育政策，而适时适当的教育政策必须在民主和科学的轨道上进行及时调整，才能适应经济社会发展和公众的需求变化，从1985年的《中共中央关于教育体制改革的决定》到1999年《中共中央国务院关于深化教育体制改革全面推进素质教育的决定》，这期间我国教育事业的一系列重大改革持续快速发展，突出了教育政策研究的重要性和紧迫性。

在国内社会经济形势以及国外教育政策研究的影响和推动下，我国教育政策研究应运而生，在20世纪80年代以后快速发展起来，成为教育科研新的生长点。到了20世纪90年代中期以后，中央和地方制订的教育改革大政方针，都有教育科研机构的直接参与，并在不同程度上吸纳了教育科研的成果，如《面向21世纪教育振兴行动计划》、《中共中央关于深化教育改革全面推进素质教育的决定》，以及高教管理体制改革、高校扩招、中小学"减负"、教学内容和课程体系改革计划等。

这个时期的研究成果方面主要表现在：素质教育研究走向深入；教育国史研究不断推进；《邓小平科学教育思想与"科教兴国"战略》研究取得重要进展；《21世纪初中国教育结构体系研究》取得重要成果；高教研究异常活跃，有代表性的如《中国高等教育结构布局调整的研究与实践》、《社会主义市场经济条件下高等教育的运行机制研究》；基础教育研究深化，创新教育兴起，出现了《基础教育若干热点问题研究》、《面向21世纪中国基础课程教材改革研究》、《北京市21世纪基础教育课程改革研究》等一大批成果；职业成人教育研究围绕职业成人教育改革和发展的重大问题，积极为决策服务，其中关于办学体制和管理体制改革的研究是一大重点，如《面向21世纪中国成人教育发展研究》、《经济发达地区多元办学体制问题研究》；区域教育研究成为一大热点，如《不同区域教育现代化的理论与实践研究》、《中国贫困地区教育发展报告》、《特贫困农村地区教育综合改革研究》，等等。

（二）我国教育政策研究的现状

1. 队伍建设逐步壮大

（1）政府方面：伴随政府机构改革和教育体制改革走向深入，政府职能发生重要转变，由微观管理转向宏观管理，由行政管理为主转向以服务为主,越来越多地从事政策研究,形成了以政府职能机构和专门政策研究部门为主导的研究队伍。

(2) 科研机构:建立了政府和学校所属的以教育政策研究为主的科研机构,如教育部直属的国家教育发展研究中心、中央教科所教育战略研究室,地方教育行政部门直属的如上海教科院教育发展研究中心、智力开发研究所,北京教科院教育发展研究中心,以及以北京大学教育学院为代表的高校教育科研院所等。到20世纪90年代末期,这类研究机构有了进一步的发展,对教育政策的影响力加大,并逐渐形成不同特色和优势。

(3) 学会组织和专门研讨会:自1997年起,我国先后成立了全国教育管理研究会、全国教育战略研究会、全国教育政策与法律研究会,聚合了全国的研究力量。如2000年10月14日,中国教育学会教育政策与法律研究专业委员会成立暨学术研讨会在国家高级教育行政学院召开,来自国务院有关部门、教育部有关单位以及部分高等学校和地方政府部门的代表60余人参加了会议。他们就教育政策与法律专业委员会成立的有关事宜发表了各自的意见,审议并通过了专业委员会章程,选举了理事会及其负责人,并展开了热烈的学术研讨。这次大会是中国教育政策与法律研究发展进程中的一个里程碑。此后,理事会每年都在不同的地方主办一次年会。自2002年起,由北京师范大学袁振国教授主编、教育科学出版社不间断出版的《中国教育政策评论》,在教育决策部门和理论界产生了越来越大的影响。

2. 课题项目和经费投入不断增加

伴随国家教育科研立项和投入经费不断增加,教育政策研究的分量随之也不断增加,并在整个教育规划课题中的比重不断提高。"据20世纪90年代初的调查统计,80年代共有582个主要研究机构开展的各类科研课题总数达到4337个,其中教育发展战略与宏观管理有481个,占总数的11.1%。'八五'期间五类课题(系指国家社科基金、中华社科基金、青年社科基金、国家教委重点和青年专项基金),教育发展战略类有19个,占课题总数的6.3%,资助经费实数为27.4万元,占资助经费总数的6.6%。'九五'期间,仅五类教育发展战略课题项目就达到30个,占课题总数的4.7%,资助经费增加到56万元,约占资助经费总数的6.8%。"①

---

① 王宪廷:《教育政策咨文》,http://www.qdedu.gov.cn/jks/admin/admin_fileshow,2006-03-12.

3. 学科建设正在起步

教育政策研究的学科规范正在建立,理论建构和研究方法与技术正在确立,出现了《教育政策学》等学科建设成果。吸引了战略学、行政学、管理学、政治学、经济学等多学科的学者参与,形成跨学科多部门参与的综合优势,开展理论与实践的双向探索。

4. 研究成果层出不穷

自"六五"以来,产生了一批有影响的研究成果,其中有些成果对国家或地方政府决策产生了重要影响,提高了这些决策的科学性,促进了教育工作实践的健康发展。

(三) 推进教育政策研究的展望

一项好的、符合客观实际的政策可以在没有直接投资的情况下,产生经济效益和社会效益;反之,可以使直接投资化为乌有、得不偿失,甚至还带来负面效应。这已被大量的事实所证实。因此,随着我国政治、经济体制改革的不断深入,必须把重视和加强教育政策研究作为教育事业发展的重要推动力。一则有利于教育行政机关改变工作作风,深入调查研究;二则有利于优化和营造教育政策研究的外部环境,拓宽政策研究的广度和深度,活跃教育政策研究中的争鸣,提高研究成果的质量;三则有利于确立教育政策导向的工作机制,把教育政策研究作为政府教育行政工作的重要组成部分。

1. 构建符合社会主义市场经济体制的现代教育政策研究机构

目前,我国教育政策研究的机构主要在政府部门、隶属政府管理的专门研究机构和部分高校,其归属的性质呈"官方"和"半官方"。这一研究体系与西方发达国家相比,存在较大的缺陷。西方发达国家以民间或以"独立自由人"形态的研究机构不仅数量多,规模也较大。如美国的兰德公司、布鲁金斯研究所,日本的野村综合研究所等等,使政策研究机构呈多样化形态,研究主体有很强的独立性和自主性,不为决策者的意图和倾向所左右。而我国这类民间的研究机构十分鲜见。对此,在建立社会主义市场经济体制的过程中,首先国家应当允许和支持民间政策研究机构的建立,允许"官方"、"半官方"和"民间"三大类别政策研究机构的并存。事实上,民间研究机构的成立,对与政府机构进行人员交流,与"官方"、"半官方"研究机构共同竞争承接研究项目均将起到十分积极的作用。其次,要逐步推进和实施教育政策研究系统的行业管理,制定"行规",规范研究主体与决策主体的关系,规范研究成果的评价指标和评价方式,使"官方"、"半官方"、"民间"的教育政策研究机构在竞争和承接研究项目处在同一起跑线上。再次,全面实施教育重大政策研究项目的招、投标制度,公正、公平、公开地让不同形态的研究机构参加竞标,公正、公平、公开地让行业评估研究结果,从而实现政策研究制定的民主化。①

2. 逐步拓宽教育政策研究的范围

我国教育政策研究应在以往国内、外教育政策研究的基础上,逐步拓宽研究的范围。王宪廷在《教育政策咨文》一文中则从理论和实践两个维度考虑,认为目前教育政策研究范围应包括以下四大类别:"第一类是研究怎样才能制定出一项较为理想的教育政策,具体内容包括:怎样科学地发现、界定和陈述教育问题;怎样确定科学完整、切实可行的决策目标或目标体系;怎样有效地控制和利用影响教育决策过程的各种内外因素,如社会的政治、经济、文化等宏观环境因素,教育的传统与现状、教育理念和价值取向、教育政策倾向等中观环境因素,教育决策者以及教育决策组织结构形式等微观因素;什么样的决策活动形式更有利于科学民主地制定好的教育政策,这既包括对现存决策模式的选择和利用,也包括研究如何综合、完善各种模式,同时也包括结合实际创造出新的更合理更有价值的教育决策模式;如何制定、优选备选方案,决策之间的临界线怎样设定等这些教育决策过程中的技术层面上的理论性和应用性问题。第二类是研究一项教育政策是怎样制定出来的,它偏重于教育决策过程的描述和分析。这类研究常常涉及到教育政策背景、教育政策制定者、决策机构的组成部分、工作结构、决策人员的职责与权限、相关人员的参与程度、何种实施方案才能确保政策目标的顺利达成;建立怎样的信息反馈机制有利于政策执行信息反馈的及时、准确、完整;修改、补充、完善方案与追踪与度等。第三类是具体研究某一项教育政策。它属于教育政策分析和评价的范畴,偏重于教育政策本身内容的分析与其实施后社会效果的评价。它的主要任务是为后续政策的调整与完善或废止现存政策提供参考和建设性意见。第四类是对左右教育政策走向、统摄教育决策过程并体现在教育政策内容中的科学和社会理论,即通常人们所说的指导思想或理论基础的研究。它偏重于教育政策理论框架的分析,着重解决贯穿于教育决策过程中指导思想的理论定位问题,并以此来判别教育政策的

---

① "推进教育政策研究的展望"部分主要参照徐钦福:《教育政策研究改善和加强的基本构想》,《教育发展研究》,2001年第6期。

性质。"① 此外，还应研究"教育政策的解制与规制的问题、教育政策的公平与效率问题、教育政策合法性与合理性问题、教育政策制定者自身素质问题以及当前我国有关教育政策的一些热点问题等"②。

> **相关链接 1-7：**
>
> **当前我国教育政策研究的若干热点问题**
>
> 　　教育政策研究的一个基本条件或者说是教育政策研究人员的一个基本素质，是对国家教育政策研究需要的关注。"九五"期间我国教育突破了我国教育发展中长期存在的一些瓶颈障碍，取得了跨越式的发展。当前，我国教育改革和发展面临着许多需要研究的新情况、新问题、新任务。就教育政策议题而言，还存在如下需要研究的重大问题：
> 　　1. 如何处理好高等教育的发展规模与办学条件保障的关系，如何规划相应高中阶段教育发展的规模问题；
> 　　2. 高校扩招以后毕业生的就业状况和拓宽就业渠道的研究；
> 　　3. 进一步提高高等学校教学质量和保障教学秩序、规范教学的研究；
> 　　4. 高校后勤社会化中的公寓管理、学籍管理、网络管理、大学城、并校及分校或异地办学管理等引发的办学秩序与学生思想教育工作问题的对策研究；
> 　　5. 高等教育宏观管理与进一步增强地方、高校自主权和依法自律的关系研究；
> 　　6. 高等教育新的拨款体制与科学评估体系研究；
> 　　7. 各地在贯彻落实全国基础教育工作会议精神和《国务院关于基础教育改革与发展的决定》中出现的带有普遍性的难点、热点问题研究；
> 　　8. 进一步改进高校招生、录取、考试与收费制度等问题的研究；

---

　　① 王宪廷：《教育政策咨文》，http://www.qdedu.gov.cn/jks/admin/admin_fileshow, 2006-03-12.
　　② 黄明东：《关于教育政策创新若干问题的理性思考》，《武汉大学学报》（社会科学版），2004年第3期。

9. 规范小学、初中、高中升学、择校、收费的问题,促进义务教育均衡发展的问题研究;

10. 落实西部地区教育发展措施及教育对口支援工作的研究;

11. 新形势下职业教育发展趋势和机制研究;

12. 教育依法行政所面临的形势与相关建议研究;

13. 加入世贸组织对我国教育的影响及相关对策的研究,包括研究制定《中外合作办学条例》、台湾机构和个人在大陆投资合作办学等问题的研究;

14. 进一步促进民办教育健康发展的政策研究;

15. 我国教师教育的转型研究。

[资料来源] 袁振国:《教育政策分析与当前教育政策热点问题》,《复旦教育论坛》,2003年第3期。

3. 提高研究者素质水平,壮大教育政策研究队伍

应大力提升教育政策研究的地位,积极鼓励和吸纳相关领域的研究者加入教育政策研究行列。通过学术会议、研讨班、讲座和在研究实践中学习与锻炼等,多形式、多渠道、多层次、大面积提高研究者的能力和素养。一般而言,教育政策研究者应基本具备以下能力和素质:(1)对政策的敏感性;(2)历史使命感和社会责任感;(3)沟通与合作能力;(4)较宽厚的多学科知识和技能;(5)全方位获取信息的能力;(6)求真求实独立自主的研究立场,等等。此外,要大力发展教育政策研究的学科建设,在完善学科体系的同时,加快培养教育政策研究的专门人才,积极鼓励、吸纳有工作实践经验的人员和相关领域的研究者参加有关教育政策的学习和研究,有效扩大教育政策研究者的队伍。

4. 丰富教育政策研究的理论基础

拓展教育政策研究的理论基础,我们应以马克思主义为指导,批判地吸收国外先进理论,为我所用。比如,"贝若尔和摩根(Burrell & Morgan)的社会理论分析四模式说不失其参考和利用价值。他们认为,社会科学观上的定位和分析一般可从本体论、认识论、人的本质意义以及方法论四个层面上着眼,而对社会本质的假设可分为稳定和急进改革两大社会学派别。如果我们把主观主义的社会科学本质观和客观主义社会科学本质观作为纵坐标,而将稳定和急进改革两大社会学派别对社会本质的假设作为横坐标,即可对各

种各样的社会理论进行定位"。① 它为分析和把握诸如教育政策的指导思想、教育政策目标以及教育政策运行过程中的价值取向乃至思想意识形态等问题提供了多元化的理论参考。

5. 完善教育政策研究的方法论体系

构建本学科的方法论体系并综合地加以运用,既是学科发展的需要,也是研究活动本身对研究者提出的要求。"教育政策研究方法繁多,以研究对象范围来划分,有个案研究和综合性研究;从认识论角度看,有思辨研究和实证研究;就研究规模或层次而言,有宏观研究和微观研究;按研究方法的性质来区别,有定性研究和定量研究。具体研究方法和方式主要有文献法、实验法、比较法、访谈法、历史法以及人类学方法,等等。具体到某项研究,这些方法又决不是孤立地运用。研究者应依据研究课题的规模、性质、目标、各种与课题有关的主客观条件等创造性地将诸多方法及其变式灵活组合、综合运用。"②

此外,我们应本着借鉴与创新相结合的原则,立足我国实际,以广泛深入的实践为依托,严肃认真地构建具有我国特色的教育政策研究理论平台,使政策研究尽快走出盲目"附和"或情绪化"议论"与牢骚的误区,步入理论研究与实践相对同步发展的健康轨道。

第三节 教育法律的研究概况

教育法律研究是以教育法律和教育法律现象为重要研究对象,并揭示其基本规律的一门科学。目前,教育法律研究跟教育政策研究一样,成为国际教育研究中的一个非常突出的内容,下面我们也分别从国外和国内两个方面来了解教育法律的研究概况。

一、国外教育法律研究的发展及现状

教育法律学是一门新兴的学科,它是随着教育法律制度的建立和发展逐步产生和发展起来的。19世纪,西方资本主义国家在发展工业生产、管理经济和社会以及维护资产阶级政治统治的过程中,越来越深刻地认识到国家

---

①② 参见徐钦福:《教育政策研究改善和加强的基本构想》,《教育发展研究》,2001年第6期。

控制教育的重要性，纷纷通过教育立法推动教育的普及和发展，于是出现了教育国家化的趋势。到19世纪末，随着教育国家化的发展，法国著名行政学家施泰因提出以法的形式规定教育制度和教育行政。他认为教育作为公众的事业，国家应以立法的形式对其进行干预，并提出这种干预的原理、内容和界限，由此开创了教育法律学的先河。早期的教育法律学研究就其性质而言，基本上没有超出行政法学的范围，属于行政法学的一个分支。教育法律学研究从行政法学中分离出来，形成一个独立的研究领域是从20世纪50年代开始的。这是因为第二次世界大战以后，科学技术迅猛发展，许多国家为了发展科学，振兴经济，都特别重视教育，出现了新的教育立法高潮。随着教育法律的增多和立法范围的扩大，在制定和实施教育法律的过程中出现的问题越来越复杂，因而也越来越难以被行政法完全包容。由此，以教育法律为特定研究对象的教育法律学也应运而生，并在德国、美国、日本等一些国家逐渐形成了一个独立的研究领域，现分述如下。

（一）德国的教育法律研究

德国是立法最早的国家，也是较早研究教育法律问题的国家。前面提到的行政管理学家施泰因是率先研究教育法律问题的学者。德国国际教育研究所的汉斯·赫克尔教授（H. Heckel）与西普教授（P. Seipp）在1957年合作研究并出版了《学校法学》，该书被认为是世界上第一本系统的教育法学专著，它对学校制度的法律构成及其管理、教师的法律关系、学生的权利与义务、学校的权利与职责等方面的法律问题进行了系统的论述。20世纪60年代以来，由于教育法治的进一步深化，又出版了不少的教育法学著作。如赫克尔在1967年出版的《学校法与学校政策》，原联邦德国著名的宪法学家克莱因（F. Klein）在1969年与他人合著的《教育权利以及在人口稠密区的实现》，亨内克（F. Henecke）在1972年发表的《国家与教育》等。这些著作对一系列的教育法律问题进行了广泛研究，如国家的教育责任、教师的权利、学生及其家长的教育权等。

德国的教育法律学研究侧重于教育立法理论以及对事实与法律的分析与评价，主要围绕教育法律关系主体的权利和义务进行论述，从理论上为国家的教育立法提供可行的依据，从而起到积极的作用。

（二）美国的教育法律研究

美国属于以判例法为主要法律渊源的普通法系（英美法系）国家，因而其教育法学十分重视判例的汇编、解释与研究。因此，美国的教育法主要形式是判例法。1933年爱德华兹(N. Edward)的《法院与公立学校》被认为是最早的学校判例法的研究著作之一。但第一部系统的教育法律学著作是1963年诺尔特(M. C. Nlot)和林恩(J. P. Linn)所著的《学校法教师手册》，该书建立了教育法律学的理论体系。类似的教育法学著作还有不少，如高克尔(W. E. Gauerke)的《学校法》(1965年)、约翰逊(G. M. Johnson)的《教育法》(1969年)、瓦伦特的《学校法》(1970年)等。美国教育法律学突出了对判例法的研究，还体现出了实证主义精神。20世纪50年代以来，美国许多大学的教育学院把教育法律作为一门正式的课程来开设。1954年"全美教育法律问题研究会"(NOLPE)成立，这是世界上最早的教育法学组织。1972年，美国杰斐逊法律图书公司还出版了《教育与法律季刊》杂志，扶持教育法研究。

从美国近年来出版的教育法律学著作来看，其显著特点是理论研究、法律研究和判例研究并重，适应了社会实践的需要。例如，瓦伦特(Valente)的《学校法》一书，系统地论述了法律、政治与教育之间的关系。公立学校和私立学校的法律地位、学校组织管理法律制度，宗教与教育，职工、学生的权利和义务，教育机会均等，教育经费的筹措与发放等方面的问题。该书既有理论分析，又有法律解释，同时每章又都附有判例介绍，体现了美国教育法学研究的理论、法律、判例三者并重的特点。

（三）日本的教育法律研究

在第二次世界大战以后，日本由"战争兴国"转向教育兴国，重视教育立法和教育法学教育。1954年修改《教员许可证法》(1949年)时规定不但取得校长和教务长的一般许可证必须懂得教育法，而且取得教师普通许可证也要了解教育法，由此推动一些学校编写了不少教育法学教材，教育法学成为重要的课程；一些教育行政官员也开始编写教育法讲义，构思新的教育法体系，如相良惟一著的《教育行政法》和安藤尧雄著的《教育法规》等书。20世纪50年代随着教育法律的健全，掀起了教育法律建设的高潮。一开始，教育法律学方面的著作主要是对教育法规的解释和汇编，50年代后期到60年代初，随着教育法律问题的复杂化，对一些问题研究的专著开始出现，如1961年宗像诚的《教育与教育政策》、仓辽吉的《教育与法律》、星野安的《宪法与教育》等。这些著作主要讨论了国家管理教育的原则问题、教育行政法制化问题、学校的自治权利问题等等。1963年，兼子仁著的《教育法》提出了教育法律学的基本体系，对国民的教育权、教育行政、学校管理的条件等问题进行了研究。1970年日本成立了"日本教育法学会";并出版了《日本教育法律学会年报》,进一步推动了教育法律学的研究。此后,日本教育法学研究开始全方位推进,不仅重视判例法的研究,也重视部门教育法学的研究,而且在研究方法上非常重视把教育学和法学结合起来,特别是重视国民的教育权研究,出了一大批有关教育权的论著。

从日本近年来出版的教育法律学著作来看,其显著特点是扩展了教育法学的研究内容,涉及教育机会均等、国民教育自由、教师的权利义务与责任、公民的学习权利等重大问题。

此外,英、法、韩国等国的教育法学研究也从20世纪60年代兴起,目前也形成各具特色的教育法学。

随着教育法制建设的加强,对相关的理论研究也日益繁荣。美国、日本、韩国等都设立了全国性的教育法学研究会,创办了有关教育法学研究的期刊,发表了大量有关教育法制建设的理论研究论文,出版了不少教育法学专著,在大学中开设教育法学课程或讲座,定期或不定期编纂教育法律法规汇编。

二、我国教育法律的研究

(一) 我国教育法律研究的产生和发展

我国对教育法律学的研究起步较晚,20世纪70年代末和80年代初才开始了对教育法律问题的研究。对教育法律问题的研究最初主要是在教育理论界进行的,如在外国教育史的研究中零散地介绍国外的一些重要的教育法律,还有在教育行政学和学校管理学的研究中,把教育法律作为一个部分进行概括的论述。由此可以认为,在最初阶段对教育法律的研究只是从属于其他学科的研究,还没有作为一种特定的研究对象专门进行研究。80年代中期以后,随着我国社会主义现代化建设的不断发展和改革开放的不断深入,教育的地位和作用日益显得重要,加强教育法律的建设、实行依法治教被提到了党和国家的重要议事日程。1985年我国开始了教育基本法的起草工作,并着手制定"七五"期间教育立法规划。1986年《中华人民共和国义务教育法》的颁布和实施,使人们开始重视对教育法律问题的研究,我国教育法律的理论研究开始起步。

从我国教育法律学研究的起步一直到20世纪90年代中期以前,我国教育法学的研究与探讨从总体上看,侧重于教育立法成果的阐释与说明,侧重于教育法学思辨层面上的研究。上海市教育科学研究院的谭晓玉将这一阶段的教育法律学研究概括为"四多四少":"对教育法律法规本身的关注多,而从教育法律现象赖以产生和存在的更为广泛的社会背景中考察教育法的运行少;对教育法律法规条文规范的诠释多,而考察教育法在教育活动中的实际运作少;对国外教育法的理论研究与实践译述成分多,而结合我国实际分析、借鉴者少;囿于教育法律现象本身内部要素的静态描述多,而从影响和制约这一特殊社会现象的深层文化渊源和国际比较中加以考察少。"①

(二) 我国教育法律研究的现状

20世纪90年代中期以后,我国加快了教育立法的工作,进一步推动了对教育法律问题的研究,开始出现了一批兼职和专职的教育法律研究者,并且取得了一些研究成果,出版了不少有关教育法律研究的论著。进入21世纪以后,随着教育立法进程的加快,在研究制定一个个具体教育法律的过程中,由教育立法机关把教育工作者、法律研究者组织起来进行调查研究、收集资料、理论探讨等合作研究。在教育立法和研究的实践中逐步形成了一支既懂教育又懂法律的教育法律学研究者队伍,涌现了一批教育法律学专家。队伍由小到大,研究的问题也由浅到深,从研究某一个法律的具体问题逐步向研究一些教育法律的基础理论问题发展。如近几年来研究教育纠纷、学校的法人地位、学生与学校的法律关系、教育法律体系等。研究成果也日益增多,发表了不少有关教育法律学研究的论文和一些教育法律学的专著或教材。师范院校和一些综合类院校已陆续开设了教育法律学的课程或讲座。近几年以来,在国家民主和法制建设的推动下,在中共中央、国务院"加快教育法制建设,建立和完善执法监督系统,逐步走向依法治教的轨道"方针的指引下,我国教育界、法学界的理论研究者和实际工作者对于教育法律的研究越来越重视,越来越广泛,呈现出日益繁荣的趋势。

第一,在研究范围上,既对国外教育法制的理论与实践进行翻译、转述,又更加注重国外教育法制建设中的实践动态及与我国教育法制现实的比较分析;既对教育法学学科抽象理论进行纯思辨性研究,又更加注重对我国教育法制实践中产生问题的分析;既对已经出台的教育法律法规进行注释性诠释外,又更加注重对这些教育法律法规制定以及实施中存在的问题进行适切性的探讨。

第二,在研究队伍上,不仅有学校教育管理者、专家学者,而且一大批

---

① 谭晓玉:《当前中国教育法学研究中的若干理论问题探讨》,《教育研究》,2004年第3期。

在校和毕业的高等院校硕士、博士研究生成为教育法学研究队伍中的生力军。例如，在2000年，"全国教育政策与教育法规专业委员会"在全国高级教育行政学院成立并召开了第一次全国学术年会，以后每年召开一次年会，每次年会均有60多位以上的专家到会。这说明我国有了一支专门研究教育法律问题的专业队伍，有了自己的专业学术团体。

第三，在学科建设上，教育法学研究的专业组织和机构应运而生，师范高等院校普遍开设了教育法学课程，培养出一批以教育法学为研究方向的硕士、博士。目前中国人民大学中有了全国第一个教育法学硕士学位点；成立了教育法制研究与咨询专业研究机构和专业网站，有了自己的学术机构——全国教育政策与法律研究专业委员会。以往单枪匹马的研究方式正在向着有组织的专业化"教育法学研究共同体"目标接近。

相关链接 1-8：

教育政策与法律研究的新平台

中国教育政策法规信息网正式开通，网站注册域名：www.cnepl.net。此网站是以北京师大国家级重点学科（教育学原理）、教育政策与法律研究所、虚拟教育研究中心以及全国教育政策与法律研究专业委员会为依托，集服务、科研与教学为一体的教育政策法规类专业网站，网站的研究团队汇集了此领域高水平的专家学者。网站共分为三大类八个栏目。第一类为资料汇集类，下设法规中心、文献中心和案例说法栏目，内容主要有教育政策、法规数据库（包括中央及地方、全国人大及地方人大、各教育部门制定的法规、命令、文件）；国内外千余篇学术论文；中外教育、法律类经典著作导读及新书介绍；教育法案例库包含有大量教育领域的案例及部分经典案例的专家详解。第二类为学术研究类，下设学术动态和教育法学期刊栏目。第三类为网络互动类，下设咨询中心、大众论坛和学习社区。内容主要由咨询员利用专业资源为咨询者定做个性化法律咨询服务；构建研究性社区，为研究者提供在教育学、法学等多学科间探索、聆听不同声音、进行学术交流的网络平台；同时也为初学者提供教育法学及各相关领域课程。其中子栏目——"当代学术思潮"博士论坛，更是为研究者呈现新近研究成果以及进行前沿性学术讨论的主要阵地。

[资料来源] 蒋建华：《教育政策与法律研究的新平台》，《中国教育报》，2003-03-22。

第四，在研究重点上，不再是围绕某一个时期颁布的某一部教育法律的解释性研究，更多的是针对教育改革与发展出现的新问题、新矛盾加以探索。

第五，从涉及的法域看，不仅仅是法理学研究，还从民事、行政、刑事法律领域展开；不仅从实体法上探讨教育法制所涉及的内容，而且也开始注重程序法的研究。

综上所述，我国现阶段开展的教育法学研究，从过于偏向对教育立法成果的研究而轻视对教育法制现实问题的探讨，到深入教育教学活动中的实际问题重视教育主体权利义务的研究，并紧紧围绕教育法律相关主体的权利保障和义务履行展开。我国目前教育法律学研究的重点和热点具体体现在以下几个方面①：

1. 社会转型期间我国教育法律面临的新问题研究

社会转型是我国当前社会发展所呈现的一个典型的时代特点，政府作为传统社会中一元力量的代表，其权威已经受到新兴的多元因素的挑战，特别是市场和第三部门力量的壮大，与政府共同构成了制约教育发展的新三维结构，促使我们不得不重新对教育进行认识和定位，寻求教育新的出路。如北京师范大学教育政策与法律研究所劳凯声教授在《社会转型与我国教育法制建设面临的新问题》一文中认为，影响教育活动的主导因素正在发生深刻变化，教育领域正逐步形成影响教育运行的三种制衡力量，这就是学术力量、政府力量和市场力量，其中市场力量是一种新兴的、对教育构成巨大影响的力量。市场正在重新审视教育的性质，教育在当前社会转型的过程中正在遭遇极大的挑战。在这种情况下，如何使这三种力量达到适度的平衡，如何在教育、政府、市场的复杂关系中给教育做出新的社会定位，并根据这种定位对教育做出新的制度安排，就是当前教育法律研究所面临的一个新课题。

2. 公民受教育权及其实现的研究

---

① "我国教育政策法律研究的现状"部分主要参照苏林琴、马晓燕：《全国教育政策与法律研究专业委员会第四届年会会议综述》，http://www.cnepl.net/update/Article_ Show.asp? Art, 2006-02-28；王亚芳、苏林琴：《中国教育学会教育政策与法律研究专业委员会第二届年会综述》，http://www.Scholar-ship scholarship /nianhuizongsh, 2005-10-28。

有关受教育权利的研究也成为了我国当前教育法律研究中的热点问题。随着几个重要相关案件的审理,有关受教育权利的性质及法律保护问题正受到愈来愈多的关注。如中国人民大学胡锦光教授在《公民受教育权利的法律救济》一文中,阐述了公民受教育权成为宪法权利的原因,并重点分析了我国行政法上公民受教育权的法律救济问题,包括行政复议和行政诉讼。并结合刘燕文、齐玉苓这两起典型的受教育权被侵犯案例,具体分析了当前公民受教育权实现过程中存在的各种问题及对策。由于我国当前对受教育权利的程序保障还显得很薄弱,以至于现实生活中受教育权利受损而得不到法律保护的现象屡屡出现,北京师范大学教育政策与法律研究所的尹力博士对这一问题作了专门的阐述。她在《论公民受教育权利的程序法保护》一文中提出了相应的立法建议,也给教育法律研究者一定的启发。另外,对公民受教育权利的平等及其保障、对未成年人及其他弱势群体受教育权利的法律保护等问题的研究,也成为我国目前教育法律研究的重点。

3. 政府与学校的法律关系研究

自从我国改革开放以来,尤其是随着市场经济的逐步发展与完善,市场精神在教育领域中的逐步渗入,使得传统上我们对教育的理解、对教育的界定以及对政府与学校关系的定位都在发生着巨大的变化。如何在市场经济的发展条件下,重新界定教育的性质和地位,进一步理顺政府与学校的法律关系,从而通过法律的作用更有效地促进教育的发展,这已经成为我国当前教育法律研究面临的一个重要课题。中国人民大学教科所的申素平博士在《政府与学校的法律关系》一文中提出了一些新颖的观点。如她认为从我国高等学校与政府关系的传统来看,高等学校作为政府的隶属单位,没有独立的法人地位,它与政府的关系只能是内部行政法律关系。她提出了有关高等学校与政府之间的权力划分的三种理论:公务分权理论、间接行政理论和学术自由理论。她认为我国高等学校与政府的分权适用间接行政理论。此外,她提出高等学校应该具有自主权力、与政府共有的权力以及经政府授权或委托而获得的权力等方面的权利。这些观点在理论上为我们重新理解和界定政府与学校的法律关系提供了一个崭新的视角。

4. 学校事故及其法律责任研究

学校事故是当前教育法律研究人员关注的一个热点问题。学校和学生之间存在着一定的法律关系,它是分析学校事故问题的一个基本的理论基础,对此存在很多看法,如监护权转移说、部分监护权说、委托监护说、监护代理说、合同关系说等。劳凯声教授借鉴了民事侵权行为的分析框架，认为学校不是未成年学生的监护人，从故意和过失的角度界定了学校事故的概念，并分析了学校事故的违法性特征，明确了学校事故的侵权民事责任及其归责原则，即一般适用过错原则，以及特殊情况适用过错推定原则。另外，学者谭晓玉在《关于中小学生伤害事故的八个问题》、《校园伤害事故立法及其意义》中也分析了当前我国中小学生伤害事故的现状及研究中存在的问题，就学校与学生之间法律关系的定位、学校责任承担的归责原则、赔偿原则及其范围、学校管理职责的内涵与外延、学校与家长纠纷解决的途径、赔偿资金来源、司法和媒体介入、立法的价值取向等争议较大的问题提出了自己的看法，就如何防范和处理这类事故进行了对策性的研究。

5. 教师法律地位研究

对教师法律身份的定位直接影响到教师权利、义务的内容及其实现方式。有学者认为教师权利义务根据其法律身份的不同可以分为以下几类：基于专业身份的专业权利和义务，包括专业自主权、专业成长权、承担教学之义务、教育引导学生之义务、分担学校工作之义务、专业服务社会之义务等；基于公务员身份的权利义务，包括职业保障权、执行职务权、工资福利权、参加培训权、申诉控告权等；基于雇员身份的权利义务，主要由双方聘任合同约定；基于公务员和雇员双重身份的权利义务，既享有公务员的某些权利义务，同时又通过合同的形式确定教师在教学过程中的权利和义务内容，并提出我国应同时确认教师的专业身份和公务员身份，在此基础上重构教师权利义务体系。也有学者指出教师权利义务属于职业权利义务的范畴，教师权利义务的确定不仅要有利于提高教师的社会地位和保障教师的权利，同时也要有利于规范教师自身教育行为，并认为教师的权利义务体系应包括教师的基本权利义务和教师的特殊权利义务。也有一些学者对教师的教育教学权、教育惩戒权等给予了重点关注。

6. 学生隐私权研究

随着教育法律研究的深入，人们对权利也有了更多的认识和研究，因而对学生权利的研究也逐步走向深入。隐私权是学生人身权利的一项重要内容，如何切实保护学生的隐私权已经成为一个广泛被关注的热点问题。如沈阳师范学院的张维平教授在理论上阐明中小学生隐私权的若干理论问题（《中小学生隐私权的理论思考》），诸如中小学生隐私权的特点与基本内容、隐私与隐私权二者的概念、隐私权法律关系的形成以及中小学生隐私权的特点和内容。在理论分析的基础上，他又对常见的中小学校侵害学生隐私权的行为类型及其法律保护进行了分析，认为中小学目前存在以学生的隐私信息为客体的侵害行为、以学生的隐私领域为客体的侵害行为、以学生的通信自由与通信秘密为客体的侵害行为、以学生的个人生活情事为客体的侵害行为等侵权类型。张维平教授同时分析了侵害中小学生隐私应承担的法律责任与法律救济途径及学校侵害中小学生隐私权行为的预防与建议。这些论述，在理论和实践上都为教育法律工作者、研究者提供了全新的思路。

第四节 教育政策与法律的研究方法

教育政策与法律研究方法是教育政策与法律这门学科的重要组成部分。加强对教育政策与法律研究方法的研究，对于提高教育政策与法律的运行水平，促进教育政策与法律运行的科学化，有着十分重要的理论意义和迫切的现实意义。

一、研究教育政策和法律的意义

教育政策与法律是理论与实践、理想与现实的重要结合点，教育政策与法律研究是实现教育理论服务教育实践（决策）的重要途径，其生命力在于对教育实践（决策）的指导能力。从认识论的角度来看，一方面，教育认识来自实践经验，教育政策与法律是经验的总结，是实践的需要；另一方面，教育政策与法律正确与否及适用程度，均需要教育实践的检验。

教育政策与法律的研究对教育决策有潜在的重要影响，它能给决策者提供有用的信息、被选方案和后果预测，能够使决策者确定国家教育需求，评估解决问题的方法和评价教育政策与法律的效力。一般而论，教育政策与法律研究具有以下几点重要意义：第一，作为国家意志的集中体现，教育政策与法律是调整和平衡社会各个阶层利益的产物，是发展教育的指南，是管理教育的最重要的手段，是调动教育工作者积极性的重要手段，是调整教育事业与其他事业关系的基本手段。教育政策与法律研究有助于提高教育决策的科学化，带动教育事业的健康发展，从而有利于促进经济社会的发展。第二，教育政策与法律研究具有对颁布实施的教育政策与法律的解释作用。现代教育的改革与发展面临着诸多的重大选择，随着教育的普及，教育的公平问题越来越突出，社会对教育政策与法律调整的反响会越来越大，要赢得公众的支持并减少人为的阻力，必须对颁布实施的教育政策与法律加强研究，向社会公众作出科学的解释。第三，教育政策与法律的研究具有论证抉择的作用。世界上的一切事物都有正、反两个方面，每项改革方案都存在着风险和效益，不可能面面俱到，尽善尽美。每一项教育政策与法律的颁布和实施都是权衡利弊得失后的选择，除了有教育政策与法律的投入、产出比较，还要计算其改革成本，这些当然都离不了教育政策与法律研究的作用。第四，教育政策与法律研究还具有预测的作用。凡事预则立，不预则废，教育政策与法律研究要预测教育政策与法律实施的效果及公众可能的反应。

二、研究教育政策和法律的指导思想

任何一个类别的研究都是在一定的指导思想下进行的，教育政策与法律的研究也不例外。如我国的教育政策与法律是在马列主义、毛泽东思想、邓小平理论以及"三个代表"重要思想的指导下制定的，因而对我国教育政策与法律的研究必须坚持以马列主义、毛泽东思想、邓小平理论以及"三个代表"重要思想为指导，这是建立我国社会主义教育政策与法律学的首要问题。邓小平指出："我们的现代化建设，必须从中国实际出发。"① 我国教育政策与法律学的研究也必须从中国的实际出发，运用马克思主义哲学的思想方法，正确解决我国教育政策与法律建设中的种种问题。掌握马克思哲学的思想方法，就是要学会运用辩证唯物主义和历史唯物主义的世界观与方法论来研究教育政策与法律这一社会现象。比如，研究教育政策与法律的本质，必须运用马克思主义的阶级观点和阶级分析的方法；研究教育政策与法律的产生与发展，必须运用历史唯物主义的观点和方法；研究教育政策与法律的制定和实施，必须运用理论联系实际的方法。总之，我国教育政策与法律的研究必须坚持马克思主义的科学世界观与方法论的统一、唯物论与辩证法的统一、理论与实践的统一。

三、研究教育政策和法律的具体方法

马克思主义的哲学思想方法，对教育政策与法律的研究具有普遍的指导意义。但教育政策与法律学还有自身的具体研究方法。目前教育法律与政策研究通常使用的方法，大体上可归纳为以下几种：

---

① 《邓小平文选》（第3卷），人民出版社1995年版，第2页。

（一）调查研究法

调查研究法是坚持唯物主义，一切从实际出发的最根本的研究方法。调查研究法就是深入实际，对教育政策与法律建设的实际状况做系统的考察，收集种种事实，加以分析研究，从而提出当前教育政策与法律建设中需要解决的重要理论问题和实际问题，并提出解决问题的途径和方法。

教育政策与法律学研究需要调查的内容极为广泛，涉及教育政策与法律的制定、实施等方面。具体的调查内容要依调查的目的和计划而定，诸如：实现教育均衡发展、推进教育公平需要制定哪些教育政策与法律；已经制定的教育政策与法律是否适应教育改革与发展的需要；教育政策有效运行需要什么条件；怎样构建完善的教育法律监督的体系，等等。

调查的对象依据调查内容的需要而定，可以向学校调查，向教育行政机关调查，向社区调查，向新闻媒体调查，等等。调查的形式，可以采访有关人员、收集有关资料、参加有关会议，有条件的还可参加教育政策、法律的规划和起草等实际工作。总之，要尽可能掌握第一手的资料，力求准确、完整。同时调查应该是比较全面的。在实际的研究工作中，一般采取重点调查、典型调查与广泛调查相结合的方法，力求反映全面的情况。

（二）历史研究法

一切事物都有其产生、发展的过程，因此对教育政策与法律的研究对象进行历史的考察是很必要的。

对教育政策与法律这一社会现象进行历史的考察、研究，主要是研究教育政策与法律的制定与实施，总结历史的经验，研究教育政策与法律变化的特点和规律，借以指导现在和未来的教育政策与法律建设。

历史研究法的步骤，首先要确定研究的问题和范围；其次要寻找史料并鉴定史料的真实性；再次是评鉴史料的意义和价值。在此基础上，组织与所研究问题相关的史料进行研究分析，作出结论。例如，对某个国家古代以及近代教育政策与法律沿革的研究等，均属与教育政策与法律学的历史研究。

（三）比较分析法

分析教育政策与法律，一般是对教育政策与法律的内容进行解释。教育政策与法律都是一种概括性的规范，要理解、实施教育政策和法律就会产生教育政策与法律的解释问题。例如要正确贯彻实施我国颁布《民办教育促进法》（2002），就需要对该法的立法目的和依据、适用范围、基本原则、具体规范的含义、实施的要求等进行分析和解释。分析和解释教育政策与法律，既是教育政策学与教育法律学研究的一项任务，又是教育政策学与教育法律学研究的一种研究方法。

对教育政策与法律的比较研究，也是教育政策学与法学研究的一种研究方法。运用正确的政策学与法学思想对不同国家的教育政策与法律或本国不同时期的教育政策与法律进行比较研究，借鉴其中科学的、有益的东西，对加快教育政策与法律建设，发展和提高教育政策学与教育法律学的理论水平具有重要的作用。我们在对教育政策与法律进行比较研究时，不能局限于政策、法律条文本身的分析比较，还应注意对制定和实施这些政策与法律的社会政治、经济背景、条件及其社会效果的分析比较。

对不同国家的教育政策与法律进行比较研究，方法很多。就拿教育法律学研究来说，常用的就有以下三种方法：一是不同法系或不同法律传统的教育法律比较研究，如大陆法系（又称罗马法系）和海洋法系（又称英美法系）的比较研究，前者以成文法为重要特征，后者以判例法为重要特征。二是不同国别的教育法律研究，包括同一法系内的国家之间的比较和不同法系国家之间的比较。三是单项法律制度的比较研究，比如对各国教育经费筹措的法律的比较研究、对教师法律的比较研究，等等。无论采取哪一种比较研究方法，都应注意把握不同国家教育政策与法律的本质特征，对比较课题所涉及的各种因素进行全面的、客观的分析，坚持实事求是的精神，既要看到可供借鉴的有益之处，也要分析其弊端。只有抓住事物的本质，从总体上进行全面客观的比较和评价，才能真正达到比较研究的目的。

（四）案例研究法

案例是对现实生活中某一具体事件或现象的客观描述。它在许多科学领域的研究中被广泛应用，教育政策与法律案例仅是其中的一种。教育政策与法律案例研究是对教育政策与法律活动中具有典型意义的、能够反映其内在规律的具体事件的客观描述、评鉴和分析。现实生活中大量的教育政策与法律案例蕴藏着丰富的、生动的教育政策与法律问题，收集、整理、挖掘、总结教育政策与法律案例，给予科学的、理论的分析，对于丰富和发展教育政策与法律理论，指导教育政策与法律的实践活动具有重要的意义。

教育政策与法律案例的研究大体上可以分为三步：第一步，采集案例。采集的办法和渠道很多，可以自我采集，将亲身的经历、亲眼目睹的事件记录下来作为素材；可以向他人采集，采访有关事件的当事人和知情者；可以收集书报刊物上发表的案例；还可以通过互联网扩大收集案例的信息渠道。

第二步，精心筛选和编写案例。平时收集的案例是零星的、分散的，有些是粗糙的，必须依据研究的课题和使用的目的，对案例素材进行整理分析、合理的取舍和精心的加工编排，形成系统的整体案例。第三步，深入分析案例。对案例进行深入解剖，以搞清其现象和本质、个性与共性的相互联系，从而找出规律性的东西，阐发理论，得出结论。对案例分析的要求，不仅仅是得出明确的结论，还应该搞清得出结论的思维过程和理由，达到"举一反三，触类旁通"的效果。

（五）系统研究法

教育政策与法律是事关一个国家发展全局、影响民族未来和涉及社会各方面的复杂系统。建设有本国特色的教育政策与法律学并不是封闭型的，而是开放型的理论，它要求继承和借鉴国内外教育政策与法律学理论研究中一切有价值的成果。因此，要学会运用系统的理论和方法来分析和研究教育政策与法律现象及其发展规律。例如近年来，我国一些教育法律学研究者运用现代技术和系统理论来研究教育法律学，把我国在一定时期内颁布的各种教育法律作为一个整体，分门别类地加以考察，分析各种教育法律在整个教育法律体系中的地位和作用以及它们之间的相互关系，剔除其过时的内容，排除相互重复、相互矛盾的规定，进行全面的整理和编纂，同时找出教育立法中的空白点和不够完善之处。这样从部分到整体，系统、全面地研究教育法律体系的结构、形式和内容，对我国教育立法的标准化、系统化具有重要的指导作用。

此外，教育法律与政策研究使用的方法还有语义法，人种学研究法，博弈论法，等等。

相关链接1-9：

"博弈论方法"在教育政策与法律研究中的运用

博弈论（Game Theory）最早由德国数学家莱布尼兹（C. W. Von Leibniz）于1710年提出。20世纪20年代，波雷尔（Borel）用最佳策略的概念研究了弈棋和其他领域的具体决策问题并试图把它们作为应用数学的分支加以系统研究，但最终没能完成博弈论理论体系的完整建构。"二战"时期，博弈论思想与方法被应用于军事决策，显示了巨大的威力与作用。1944年，数学家冯·诺依曼（Von. Neumann）和经济学家摩根斯坦（O. Morgenstem）通过长达 8 年的合作，在《博弈论和经济行为》一书中首次把博弈论应用于经济分析并获得成功。以后通过纳什、贝叶斯、海萨尼等学者的努力，博弈论完成了自身理论体系的架构，并最终成为微观经济学的重要分支和经济学的一个重要研究方法。

在教育事业跨越式发展的今天，系统内利益主体日益多元，矛盾冲突日益复杂，教育决策难度日益增大。因此，要想制定一项好的教育政策与教育法律，除了要具备正确的政策、法律理念和可靠的事实信息以外，还必须采取科学的理性的政策与法律研究的方法。一般认为，在教育领域，除了归纳演绎、定性定量等传统方法之外，人种学研究方法是值得称道的科学方法，它充分强调综合的、自然的、本土的、折中的与过程的研究理念，具有较高的有效性。但是，它的显著功能主要局限在充分了解现实的层面上，用来处理事实材料并开展有效决策则显得有些不足。由此看来，在教育政策与法律研究中引进经济学领域的博弈论研究方法意义重大，其研究方法简要阐释如下：

（1）系统的方法。所谓系统的方法，也就是通常所说的"通盘考虑"，是弈棋的首要原则。教育系统是一个主体多元，层次复杂，利益交叉，权力互补的巨系统，系统内各主体之间相互联系，相互依赖，相互制约，相互作用。国家权力、院校权力与市场权力三者之间此消彼长，国家利益、集体利益与个人利益难以分界。所以，任何一项教育政策与法律的制定，无论是微观层面，还是中观层面甚至宏观层面的，都要把它放在整个系统内来考查，才能有效地发挥教育政策与法律的协调能力与导向作用，否则，将会导致系统内要素间利益冲突以及系统功能失范。

（2）模糊的方法。模糊法也就是有限理性决策法。政策与法律研究的过程既是一个理性的过程，也是一个实证的过程。尽管我们努力追求决策理性化，但事实上，任何领域的任何一项决策要实现完全理性是无法企及的。教育决策尤其如此，主要在于两个方面原因：①目标的自然模糊性。教育，尤其是高等教育的目标很难界定：大学的目标究竟是为发展纯学术还是为社会服务？是为国家利益还是个人利益？是为个性发展还是社会变革？对于上述问题几乎没人能做出清晰的回答。正如迈克尔·D. 科恩（Michael D. Cohen）和詹姆士·G. 马奇（James G. March）指出的："几乎任何一位有识之士都可以作一次题为《大学的目标》的讲座，也几乎没有一个人愿意去听这种讲座……制定规范的大学目标陈述的努力往往不是提出毫无意义的目标，就是提出的目标十分令人怀疑。"由于目标是如此广泛含糊，以致大学或高等教育系统不可能实现目标或者不可能实现不了目标。目标的含糊，必然要求采用模糊数学的决策方法，模糊的却恰恰是精确的，过于"精确"化的决策反而导致结果的无所适从。②决策的有限理性。没有一个决策者能够完全掌握决策所需的有关事实信息，也没有一个决策者能对决策的结果做到完全确定的把握。正如棋手对弈，一方不可能完全预测另一方的抉择反应一样，决策的理性是有限度的，因此，绝对清晰的决策实际上不可能做到，只有采取适度模糊的留有余地的弹性决策才是减少决策失误的明智选择。

（3）互动的方法。信息互动是博弈论的基本方法。棋手对每一步棋的走法决策都建立在充分的信息互动基础之上，虽然双方棋手掌握对手的信息不可能完全对等，但信息交换始终是即时互动的。因此，教育决策主体与对象之间也必须开辟便捷有效的信息通道，为决策提供足量的即时的理论信息、事实信息与价值信息，防止由于主体与对象之间的信息不对称造成的决策失误。具体地说，就是要积极创造条件开辟政府、学校、公众与市场之间的信息通道，提高决策的效度与信度。

（4）开放的方法。弈棋是一个千变万化的动态过程，教育活动也是如此。教育主体之间的利益分配与需求关系处于不断变化之中，因此，教育政策与法律必须尽可能准确地描述主客体之间动态关系，准备多种可供选择的预设方案，在开放原则指导下制定富有弹性的柔性政策与法律，尽可能减少刚性决策失误造成的纠错成本与代价。

（5）平衡的方法。博弈可分为二人博弈与多人博弈，二人博弈中的零和博弈在现实中普遍存在，"零和"意味着双方的利益冲突与抵消，也就是说，竞争双方中一方的成功必然以另一方的失败为基础。很明显，教育决策中难免出现利益倾轧与抵消的状况，问题在于我们如何规避此类现象的发生，如何在多元主体（教育系统属于多人博弈）之间寻找其利益的平衡点（纳什平衡与贝叶斯平衡），应该成为教育政策与法律研究的重要课题与关注焦点。平衡的方法要求教育决策尽可能追求"共赢"的政策与法律效果，实现竞争各方的利益最大化。

[资料来源]李承先：《博弈论方法与教育政策研究》，《交通高教研究》，2004年第3期。

【本章小结】

　　教育政策的含义可以从政策的含义演绎而来。教育政策是某个政治系统（如政党、国家政府、地方政府等）在特定时期为实现特定的教育发展目标和任务而作出的关于教育的决策的过程。教育政策有很多表现形式，如在我国，教育政策多为有关机关发布的决议、决定、命令、指示、通知、意见以及党和国家领导人的报告、谈话、讲话等。教育发展目标和任务是通过一定的行为或方式、方法、措施、途径等手段来实现的，为实现教育发展目标和任务所采取的手段，称为教育政策的手段。在我国，教育政策的手段一般有财政手段、货币手段和行政手段。教育政策的作用是指教育政策对教育活动所发挥的效力，其作用可概括为导向作用、协调作用、控制作用和规范作用等。教育政策的体系，从广义上讲，它包括一个国家教育改革与发展所需要的所有的教育政策，是由国家针对影响教育改革与发展方方面面的问题而制定的教育政策所组成的体系，它也是一国先行教育政策所构成的完整的、内部协调一致的、有机联系的政策的整体系统；从狭义上讲，它是指国家针对影响教育改革与发展的基本问题而制定的教育政策所形成的体系。

　　教育政策与法律的研究方法主要有调查研究法、历史研究法、比较分析法、案例研究法、系统研究法等。教育政策与法律的研究，从某种意义上来说也是社会科学进展20世纪五六十年代以来最快的一个学科领域，它是随着教育政策与法律制度的建立和发展逐步产生和发展起来的。随着教育政策、法律的增多和调控范围的扩大，在制定和实施教育政策与法律的过程中出现的问题越来越复杂，因而以教育政策与法律为特定研究对象的教育政策与法律学的研究得到了广泛的重视，同时也相应出现了大量的研究成果。

【思考题】

1. 正确理解教育政策和教育政策体系的含义。
2. 教育政策在一个国家的教育改革与发展中具有哪些作用？
3. 我国目前在教育政策与法律方面的研究成果有哪些？
4. 上网搜一搜外国有关教育政策与法律的网站，了解一下当前美国、德国、英国以及日本国内有关教育政策与法律研究的重点和热点是什么。

5. 有两篇义章,一篇文章讲政策是立法的基础,另外一篇文章是说政策不能违反法律,法律是最基本的,政策不能超过法律。政策和法律之间到底是什么关系?你是怎样理解的?
6. 政策对于研究者来说它有一个信息垄断的问题,从政策议事到决策过程,外人很难讲。所以,在作政策研究过程中,研究者怎样才能进入现场?

【参考文献】

1. 伍启元著:《公共政策》,香港商务印书馆1989年版,第4页。
2. D. Easton. *The Political System.* New York:Kropf,1953:129.
3. H. D. Lasswell and A. Kaplan. *Power and Society.* New Haven:Yale University Press,1970:71.
4. 詹姆斯·E. 安德森:《公共政策》,华夏出版社1990年版,第4页。
5. [日] 筑波大学教育学研究会编,钟启泉译:《现代教育学基础》,上海教育出版社1985年版,第195页。
6. Carl J. Friedrich. *Man and His Government.* New York:Mcgraw-Hill,1963:79.
7. J. R. Hough. *Educational Policy:An International Survey.* Groom Helm London & Sydney, ST. New York:Martin Press,1984:18-21.
8. 刘复兴:《审视教育政策选择的新视野——市场经济背景下的教育改革》,宁波教科网,2003-12-05。
9. 孙锦涛:《关于国家教育政策体系的探讨》,《教育发展研究》,2001年第6期。
10. 沈宗灵主编:《法理学》,高等教育出版社1994年版,第23-28页。
11. [奥] 凯尔森:《法与国家的一般理论》,中国大百科全书出版社1996年版,第11页。
12. 郑立,王作堂主编:《民法学》,北京大学出版社1995年版,第11页。
13. 彭和平等编译:《国外公共行政理论精选》,中共中央党校出版社1997年版,第14-15页。
14. 中国教育政策考察组:《韩国和日本教育政策考察报告》,http://274334.lanyue.com/,2005-09-05。
15. 谢少华:《当今国外教育政策研究特点述要》,《新华文摘》,2000年第8期。

16. 王颖：《刍议教育政策与法规》，《广西教育》，2002 年第 15 期。
17. 徐钦福：《教育政策研究改善和加强的基本构想》，《教育发展研究》，2001 年第 6 期。
18. 苏林琴，马晓燕：《全国教育政策与法律研究专业委员会第四届年会会议综述》，http：//www. cnepl. netupdate/Article _ Show. asp，2006-02-28。
19. 王亚芳，苏林琴：《中国教育学会教育政策与法律研究专业委员会第二届年会综述》，http：//www. naea. edu. cn/ scholarship/nianhuizongsh，2005-10-28。
20. 刁田丁，兰秉洁，冯静：《政策学》，中国统计出版社 2000 年版，第 4 页。
21. 萧宗六：《教育方针、教育政策和教育法规》，青岛市教育科研网，2005-09-05。
22. 胡鸿雁：《论我国教育政策与教育法规的异同及应注意的问题》，《湖南人文科技学院学报》，2005 年第 2 期。
23. 余晓莹：《教育政策法规》（上），贵州人民出版社 1998 年版，第 11～13 页。
24. 张乐天：《教育政策法规的理论与实践》，华东师范大学出版社 2002 年版，第 8 页。
25. 肖昊：《教育发展》，武汉大学出版社 2004 年版。
26. 郭献功：《我国政策运行过程中存在的问题及对策》，《学习论坛》，2000 年第 2 期。
27. Gregory J. Cizek. *Handbook of Educational Policy*. Academic Press，1999.
28. 孙锦涛等著：《教育政策论》，华中师范大学出版社 2002 年版，第 13～14 页。
29. 谭晓玉：《当前中国教育法学研究中的若干理论问题探讨》，《教育研究》，2004 年第 3 期。

第二章 教育政策的运行过程

教育政策运行又叫教育政策运动或教育政策循环,是指包括教育政策制定、教育政策实施、教育政策管理、政策评估等在内的政策活动过程。教育政策的运行过程是一项完整的公共政策的重要组成部分,它也是我们理解教育政策本质的一个重要维度,任何一项教育政策都必须在其运行过程中才能确定和实现它的价值,因为,教育政策必须解决特定的政策问题,实现它既定的目标,才能体现政策存在的意义,而解决政策问题,实现政策目标则是通过动态的、连续的、主动选择的政策运行过程来完成的。

第一节 教育政策运行过程的含义

一、教育政策运行过程的环节

任何一项教育政策的运行都是由若干前后相互衔接的环节构成的。为了使教育政策的运行程序化,我们必须对教育政策运行的环节进行研究。教育政策运行的环节是一个相对的概念,其包含的内容可多可少。各国的政治制度、文化传统和具体国情不一样,教育政策运行过程中的影响因素不同,从而教育政策运行过程的环节也会产生某些差异性;另外,相对于一个大的教育政策活动来说,内部所包含的步骤都可称为环节,而对于每一个环节来说,还可以根据需要再分出更小的环节。为了便于解决实际问题,在对教育政策运行的分析中并不需要将教育政策活动中的任何一个步骤都称作是环节,凡是要进行分析的环节必须是相对独立的活动步骤。

那么,我们怎样来划分教育政策运行所需的环节(步骤)呢?教育政策运行环节的划分要服从于教育政策的目的,即教育政策运行环节必须以教育政策在运行过程中所要解决的问题及完成的任务为标准来划分。教育政策运行环节的划分并不是机械的，可依据教育政策的具体要求作出随机变动。关于教育政策运行的过程有多少个环节、有多少个步骤，有许多不同的说法，有的说6个，有的说5个、3个，最多的有12个。为了便于说明问题，我们一般把教育政策的运行过程划分为4个最基本的环节：政策制定环节、政策实施环节、政策管理环节和政策评估环节（见图2-1）。任何活动的过程总有一个开始的环节，或称为过程的起点，教育政策运行过程也有其起始环节。那么，究竟以什么来充当教育政策运行过程的起始环节呢？这不能凭主观需要来确定，而必须依据教育政策活动的实际情况和实际需要来确定。有些学者将教育政策问题的发现作为最初环节来看待，也有的学者将教育政策议程作为第一个教育政策运行环节来分析。为了便于理解，我们就将教育政策的制定作为教育政策运行过程的起始环节，这样做不仅符合教育政策运行的逻辑要求，也同人们的认识过程相吻合。

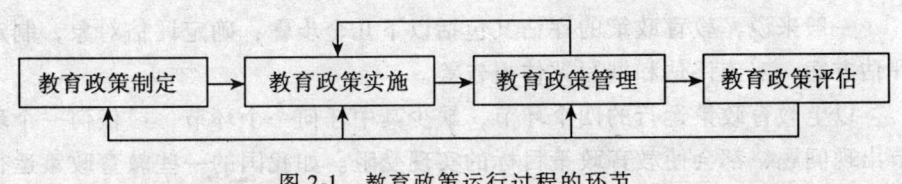

图 2-1 教育政策运行过程的环节

1. 教育政策的制定环节

教育政策制定是教育政策运行过程的首要环节，是教育政策成败的基础。教育政策制定是教育政策决策者根据面临的教育问题，提出解决方案，并使其转化为教育政策规范的过程。

教育政策的制定又包括五个步骤：教育政策目的的确定，教育政策的规划，教育政策信息的收集，教育政策的起草，教育政策的完善。

2. 教育政策的实施环节

教育政策的实施环节是教育政策运行过程中最重要的环节，教育政策实施的有效与否关系到整个教育政策的成败。教育政策制定出来以后，必须通过实施，才能达到教育政策目标。所以，政策实施环节是将教育政策方案付诸实施，把政策内容变成现实以达到政策目标的动态过程。

教育政策的实施环节作为一种行为过程，具有一定的逻辑顺序。一般来说，整个教育实施环节又可以划分为四大步骤：教育政策的颁布，教育政策的宣传、教育政策的推行和教育政策的适用。

3. 教育政策的管理环节

教育政策的管理是整个教育政策运行过程中不可缺少的环节,是在教育政策的实施过程中,对教育政策进行传递、组织实施、指导协调、监控,并进行相应的调整,及时纠正教育政策的失误或偏差,使教育政策更好地达到政策目标的动态过程。

一般来说,教育政策的管理又包括四个步骤:教育政策指导思想的确定,教育政策组织机构的设置,教育政策人员的配备,教育政策的资金投入。

4. 教育政策的评估环节

教育政策评估也是教育政策运行过程中的重要环节。一个完整的教育政策运行过程,除了科学合理的制定和有效的实施外,还需要对教育政策实施、管理以后的效果进行判断,以确定教育政策的价值。

一般来说,教育政策的评估又包括以下几个步骤:确定评估对象,制定评估方案,实施评估和撰写评估报告等。

以上教育政策运行的四个环节,缺少其中任何一个环节,或任何一个环节出现问题,都会使教育政策目标的实现受阻。如我国的一些教育政策运行不力,其深刻的原因之一,正是在于教育政策运行的流程不全。其表现是:"(1)教育政策传递缺少规范,不能及时、准确地把教育政策问题、教育政策传达到教育政策运行者和广大群众的手中;(2)缺少积极可靠、切实可行的实施计划,没有明确具体的执行政策的目标责任和准则要求;(3)教育政策管理者既缺乏对教育政策实施者的切实有效的指导,也缺乏对各个政策实施主体之间的关系、人与事之间的关系、事与事之间的关系的协调;(4)对于教育政策运行活动是否有效,运行的结果是否达到了预期的目标,缺乏认真而全面的评估。"[1] 评估就是教育政策主体对教育政策的整个运行过程以及教育政策对象进行监督、核查和调控的过程。严格的评估不仅有助于强化教育政策的合理性和权威性,而且是确保教育政策有效运行的重要前提。目前,由于我国尚未建立起较为完善的教育政策运行的评估系统,"上有政策、下有对策"等问题仍然存在。

---

[1] 庞学光:《加强教育政策执行初探系列》,中国校园网,2001-08-17。

二、教育政策运行过程的周期

新的教育政策往往不是凭空产生的，它常常是原有教育政策的延续，是为了适应新情况对原教育政策加以修改或调整，从而形成教育政策运行的一个新周期，实现新老教育政策的交替循环。这说明要把握好教育政策的运行规律，除了对其环节和系统作考察外，还要研究其周期。

研究教育政策的运行周期有两种途径。一种研究途径是将教育政策周期与经济发展周期联系起来思考。任何一个国家的经济发展总带有周期性的特征，当经济发展从一个周期向另一个周期转变时，整个教育政策也会发生改变。教育政策运行周期的另一种研究途径是对具体领域中新旧教育政策过程的思考。对于同一个领域中的具体教育政策来说，它从制定阶段开始，经过实施阶段、管理阶段到政策评估，就经历了一个周期。旧的教育政策的贯彻，解决或改变了旧的教育问题，又会产生出新的教育问题。同一个教育领域中的旧问题与新问题并不是毫无关联的，新问题是从旧问题中延伸出来的，因此，解决新问题的新政策与旧政策就存在必然联系。新旧教育政策在形式上的连续性表现为，旧政策的终结也就是新政策的开端。从旧政策过程的某个具体阶段到新政策过程的对应阶段，就构成了教育政策的周期性循环。这种教育政策周期循环的链条有多种：从旧政策的制定阶段到新政策的制定阶段；从旧政策的实施阶段到新政策的实施阶段；从旧政策的管理阶段到新政策的管理阶段；从旧政策的评估阶段到新政策的评估阶段。（如图2-2所示）

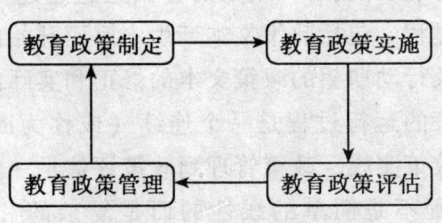

图 2-2 教育政策运行周期

于是，教育政策运行的周期就有这三个方面的含义：一是指一组相关的旨在解决某一教育问题的政策从开始运行到最终结束的过程；二是指某一项具体的教育政策从开始制定到最终评估终止的起讫过程；三是与经济社会发展阶段相适应的具体时期的教育政策体系运行的起讫过程。

认识教育政策运行的周期现象，对于完整地系统地把握教育政策运行具有重要意义。一方面它要求我们从纵向的角度认识与对待教育政策，把握教育政策的新旧关联，从而在教育政策运行中实现沿承与革新的统一；另一方面它要求我们从横向角度认识与对待教育政策，把握此政策与彼政策之间的互动关系，从而使各项教育政策能协调运行，相得益彰。

三、教育政策运行过程的特点

教育政策的运行跟其他国家公共政策的运行一样，也有自己的一些特点：

（一）教育政策运行过程是一个动态、连续的过程

教育政策的运行过程是一个动态的过程，它具有如下两重含义：一是指任何具体的教育政策都是一种完整的动态过程，它内在地包含着政策制定、政策实施、政策管理、政策评估等环节。一个具体的教育政策的运行，要求教育政策主体思考教育政策的全过程并注意把握与处理好教育政策运行过程中各个环节的关系。二是指教育政策在总体上会形成一种动态的周期现象。如前所述，教育政策周期现象是指教育政策经过制定、实施、管理、评估这几个阶段后形成了一个周期；同时它还表明：新的教育政策往往不是凭空产生的，它常常是原有教育政策的延续，是为了适应新情况对原教育政策加以修改或调整，从而形成教育政策的一个新周期，实现新老教育政策的交替循环。"认识教育政策运行过程的动态过程性质是理解教育政策本质的重要维度，正如S.泰勒等人认为的，'政策的含义远远超越了政策文本，它还包括先于文本的政策过程，包括政策文本产生之后而开始的政策过程，以及对作为一种价值陈述及行动期望的政策文本的修正和实际的行动'。"①

同时，教育政策的运行过程是一个连续（或称为断续）的过程。一方面，从政策制定经政策实施、政策管理到政策评估是一个前后顺序相接的连续过程，但这个过程不是简单的线性的而是复杂的和多层次的，是一个"政策圆圈"；另一方面，"一个政策圆圈结束以后，并不代表政策过程完全的终结，而是在政策过程与政策环境相互作用下开始对政策结果新的评价和

---

① 刘复兴：《教育政策的四重视角》，《清华大学教育研究》，2002年第4期，第12页。

政策文本的修正,在此基础上开始新的政策过程,戴维·伊斯顿在对社会政治生活进行系统分析时就曾使用一个简明的图形来表达这个过程"。① (见图2-3)按照这样的理解,教育政策实际上是一个由众多的政策圆圈所构成的一个生生不息的连续(或称为断续)过程。

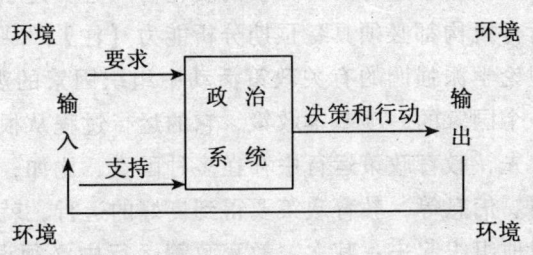

图 2-3 戴维·伊斯顿的政策过程图

(二)教育政策运行过程是政策实践主体的一种主动的集体选择的过程

教育政策的运行过程是教育政策实践主体的一种主动的集体选择的过程。不论是政策制定、政策实施、政策管理还是政策评估都是教育决策主体主动选择、教育利益主体主动参与的过程。从哲学意义上来讲,教育政策实际上是一个主观条件与客观条件相统一,主体与客体相适应的过程,是一个教育政策实践主体在诸多的教育政策问题中不断进行选择的过程。因此,从教育政策问题认定、教育政策信息筛选、教育决策活动、教育政策手段的使用到教育政策评价标准的确定乃至教育政策分析方法与技术的采用,整个教育政策过程实际上就是教育政策实践主体不断主动选择的活动。

从理想的意义上说,教育政策运行过程中的"选择"是个人选择与集体选择的辩证统一;从政策选择的结果来看,教育政策选择是集体选择,或称为政府选择的结果;从政策选择的过程来看,教育政策选择则是个人选择与集体选择相互作用的一个多方合作博弈的过程。

(三)教育政策运行过程是一个有组织的活动过程

"教育政策的运行过程决不是单个人的、无序的活动,而必须是有组织的活动系统。对于这一点,组织理论学派作了很好的研究。这一学派的代表

---

① 刘复兴:《教育政策的四重视角》,《清华大学教育研究》,2002年第4期,第12页。

人物 J. 弗瑞斯特认为组织问题是政策活动中的关键环节，没有专门的组织，没有组织的努力，任何政策目标都只能停留在构想的阶段。传统的政策运行强调的是政策执行机构及其人员对政策目标的顺应行为（conformity），强调依法行政，基本上忽视政策运行组织及人员对政策的预期分析能力。由于政策的运行是在现实社会中进行的，社会的变化与风险决定了政策的规划者以及政策的各个运行机构都必须具备预期分析能力【注】。"①

根据组织理论学派强调的有关政策活动中组织因素的观点，我们认为，教育政策作为一个国家的一项基本政策，它的运行过程从根本上来说也是一个组织过程。首先，教育政策运行中存在多种因素，比如，人员、物资、经费、范围、时间、信息等，教育政策要得到良好的运行，就必须将这些因素最科学、最合理地组织起来；其次，教育政策运行中必须设立专门的组织，只有通过组织才能将教育政策运行者（制定者、实施者、管理者和评估者）的才能、知识、行为有机地结合起来，服务于同一个教育政策目标；第三，教育政策运行中的组织特性最集中地表现在对教育政策运行的危机预测与有效防范上。教育政策运行不可能一帆风顺，常常会遇到不确定性、风险和危机，只有借助于有组织的过程，才能有效地预测风险、建立防范机制。

（四）教育政策运行过程是一个利益协调的过程

政策的本质就是运用权威对社会利益进行公正的协调，因此，政策运行过程实质上就是政策运行者与政策目标群体在相互作用中对利益加以选择的过程。对此，公共选择学派作了研究。这一学派在"经济人"假设的基础上建立了一种公共选择理论。他们认为在市场经济中，人都是以追求个人经济利益为动机的。一个有理性的"经济人"必定是一个效用最大化的追求者。在政治领域活动的人，同样是"经济人"，无论是政策的制定者还是政策的执行者，都会遵循"经济人"规则。

---

① 刘复兴：《教育政策的四重视角》，《清华大学教育研究》，2002年第4期，第13页。

【注】所谓预期分析（anticipatory analysis）能力是指在危机事件或事态发生之前就能预感到，并能采取相应的适当步骤和程序加以有效对付的能力。这种预期分析能力是政策能得到有效运行的关键。组织理论学派认为，预期分析能力主要包括三个依次相进的阶段：能够估计政策活动后在制度文化等方面可能出现的特征；能够预备和管理诸多方案的论证；能够准确和有效地提出自己有关最终方案与替代方案的正式分析。预期分析能力是建立在组织行为理论、规范理论基础之上的创新能力。

在政策的运行过程中，政策的制定者、政策的实施者、政策的管理者以及目标群体等组织和团体归根到底都是由个人构成的，而作为一个普通"经济人"都会关心新政策能为自己带来多少好处，同时也会考虑要为此付出多少代价。这种个人的理性化的"经济人"行为决定了政府的行为。因此，决不可以将政府行为过分理想化，政府同样存在"经济人"的缺陷。当政府的利益与政策目标群体的利益发生冲突时，政府同样会起来维护自身的利益。

这种对政策运行时的看法也是博弈理论的观点。博弈论本来是用来研究游戏规则的。它是20世纪20年代由E.傅雷尔建立起来的。在40年代以前一直被作为一种有趣的智力游戏来练习。到50年代，政治学家才运用来研究国际政治中的结盟行为、司法行为与冲突局势。政治科学中的博弈论认为，在冲突与竞争的情况下，每一个参加者都力求获得最大收益而将损失减少到最低限度。

美国公共政策学者E.巴得什（Eugene Bardach）以博弈理论来研究公共政策的活动问题。他认为政策活动的核心在控制上。因而政策活动过程就会在"议价"、"劝服"、"策划"这三种不稳定的条件下进行。因此，可以将政策活动视为一种赛局，它包括：竞赛者（政策执行人员与相关人员）、利害关系、策略与技术、竞赛的资源、竞赛的规范（取胜的条件）、公平竞赛的规则（不得作弊）、竞赛者之间的信息沟通性质、所得结果的不稳定程度等。政策活动的成功与否，取决于参加者的策略选择。

与选择理论相近的观点是将政策运行视为是一种交易过程。这种理论认为，政策运行过程就是政治上讨价还价（Bargaining）的过程。"在政策运行中，政策制定者、政策实施者、政策管理者、政策评估者以及目标群体之间需经过一系列的政治交易。各种力量在互动中达成某种妥协、退让、默契。在政治交易的情况下，政策的目标与方案的重要性与可靠性都要大打折扣。因为政策目标与方案原先是以政策制定者、政策实施者和政策管理者都讲究理性作为假设条件确定下来的，一旦在实际执行中出现了政治交易，目标与方案就会出现某种程度的扭曲。"[①]

---

① 关于"教育政策运行"的内容主要参照：中国地质大学（武汉）网络教育课件《公共政策学》，http://course.cug.edu.cn，2005-12-6.

相关链接 2-1：

"择校费征税"——维护了谁的利益？

"既然税务总局明确规定要收这部分营业税，本人建议按500%的比例征收好了，不然，真是气死人了！"这是一名网友在获知国家将对赞助费、择校费等收入征收营业税后，在网上开的一句玩笑话。让他生气的原因源于一种担忧："从此，学校可以更加理直气壮、肆无忌惮地收取择校费了。"

国家税务总局等部门日前下发通知规定："从事学历教育的学校超过规定收费标准的收费以及学校以各种名义收取的赞助费、择校费等超过规定范围的收入，须缴纳营业税。"2月13日，记者在百度网输入关键词"择校费征税"，相关网页达到了2.57万个。对这一征税行为，有善意的理解，认为其初衷可能在于遏制愈演愈烈的择校风。但更多的人则担心：择校费会因此披上合法的外衣，受苦的还是老百姓。

一、义务教育阶段的公办学校收择校费是违规行为？

"我是个差生"，"我死了可以帮您节约10万元"，这是宁夏银川市13岁的小学毕业生秀秀（化名）在遗书中的两句话。2005年7月10日，秀秀在家中自杀身亡，成为这一年度有关择校费最令人痛心的记录。

2005年12月23日，教育部新闻发言人王旭明做客新华网，在回答网友提问时再次强调："在义务教育阶段的公办学校收取择校费是违规行为。"但上级教育主管部门的三令五申显然成了许多学校的"耳旁风"，择校热继续"攻城掠地"，从城市蔓延到农村，从高中蔓延到初中、小学甚至部分幼儿园。家长们因而处于集体恐慌之中。在有的大城市，要上一所好的小学，得交纳10万元。

严重破坏教育公平和教育均衡化的择校费，在老百姓的眼中，就如同过街的老鼠，人人喊打，却人人打不着，反而被其咬。

二、学校违规收费有了合法保障？

如今，国家税务总局等部门的一纸通知让原来是非分明的事情变得复杂了。不管其初衷如何，这一税收政策的出台都难以避免地会被不少公众解读为"违规收取的择校费获得了合法性保障"。

因此，一位叫莫林浩的读者在《东方早报》撰文批评这一税收政策

"是财税部门只考虑税收收入,不考虑社会后果,把部门利益凌驾于公共利益之上的表现"。他认为,公立学校收取赞助费、择校费,实质是把教育公共资源按照市场价格出售给教育需求者,是有悖于公共利益的寻租行为。"对其进行征税,等于政府也要从教育乱收费中分一杯羹,结果是公立学校的寻租行为被政策化、合法化了。"

"既然择校费屡禁不止,与其徒劳地三令五申,不如让它合法化,用纳税来调控学校收取的高额收入。"一位名叫张红蕊的教师这样理解国家对择校费征税的逻辑。她将这一政策的出台视为"我们的主管部门已经对学校乱收费行为表示了妥协"——学校收了钱,国家也收了税,主管部门也有了交代,看起来似乎实现了某种"三赢"的局面。但她接着发问:"这种'三赢'为何要把择校费的埋单者即广大的家长排除在外?难道人们痛斥择校费就是因为它没有依法纳税?"

《税收征收管理法》第八条第二款规定:"纳税人、扣缴义务人有权要求税务机关为纳税人、扣缴义务人的情况保密。税务机关应当依法为纳税人、扣缴义务人的情况保密。"

有网友因而担心征税会成为学校违规收取择校费的"保护伞":如果学校对所收"择校费"照章纳税,行政教育部门在接到举报后对学校进行调查时,会不会因为学校要求"保密"而遭到税务机关的拒绝呢?

三、对学校乱收费征税,只是增加财政收入的举措?

只要教育资源存在优劣之别,就一定会有择校行为的发生。"在一时还难以彻底叫停的情况下,至少不能让择校费在破坏了教育公平的同时,还享受着事实上的免税待遇。"有网友认为,对择校费征税至少表明,"国家要改变对乱收费放任自流的现状。既然要征税,就要搞清数字,而摸清乱收费的底细,对于国家将要行使的监管乃至取缔是有好处的"。

认为征税有利于遏制学校乱收费行为发生的观点,显然过于乐观。"学校绝不可能因为3%或5%的营业税就放弃那笔巨大收入,即使学校把这点成本转嫁给那些到处找门路给孩子择校的家长,恐怕也难以让他们知难而退。"九鼎公共事务研究所研究员秋风认为。

他不赞成对择校费征税,也不同意"征税就合法化"的观点。"这种担心有点多余。征税本身并不意味着政府承认应税收入的合法性,说到底，对学校乱收费征税，其实就是财税部门增加财政收入的一项小小举措而已。"他举了个简单的例子："三陪"女的收入很可能也缴纳了个人所得税，但这并不意味着政府承认其获得收入的方式是合法的。

有人援引税收学界有关人士的观点进行辩护：税法并不具备审查某种行为"合法性"的功能。在税法面前，只存在所得的概念，而不存在"非法"与"合法"的划分，即使是对"非法所得"征税，也并没有改变其非法的本质。"对教育乱收费征税并非让其'合法化'，而只能看做是税收在这个方面'有所为'，至于如何制止让群众强烈不满的教育乱收费，则是政府及其他有关部门应该为之的。"

有评论者认为：凡收取择校费，均应上缴国家；倘若违规收费，则应没收，而不是征税。属于国家配置的教育资源，决不能成为学校牟取利润的工具。

有人还有这样一种设想：对于择校费、赞助费等费用，应由政府统一支配、专款专用，通过政府的"转移支付"，将这笔款项"对口"应用到当地的薄弱学校，以改善办学条件、吸引优秀人才。

但政策已经出台了，下一步就会落到实处，收钱的事，哪个部门都会有积极性。只是，不知择校收费的歪风会因此变弱还是变狂。《东方早报》

[资料来源] 李斌：《择校费征税：是遏制还是纵容》，http://www.edu.cn，2006-02-21.

所以，教育政策作为一个国家的一项基本政策，它的运行过程从实质上来讲也是一个利益协调与交易的过程。由于教育政策的运行是由多元主体参与的，所以要保证教育政策有效地运行，必须明确教育政策主体，即哪些人能够参与政策运行，他们以何种身份参与政策运行，他们是站在某一利益群体的立场上还是站在公共政策的立场上来参与教育政策的运行，如何克服各自的偏见和身份局限性，然后通过民主协商与对话达成一定程度上的共识，同时保证教育政策内部合理的张力。

此外，教育政策的运行过程也是一个价值观和权力重新分配的过程。"理查德·D. 范科德等人认为，'教育政治学即通过政府活动合法地借助社会权力在社会上分配（或分派）教育价值（或资源）的过程'"①。"Kogan

---

① 成有信：《教育政治学》，江苏教育出版社1993年版，第71页。

也认为，政策是对价值观进行权威性配置。Prunty并进一步指出价值观的权威性配置把我们的注意力集中到了政府概念中权力和控制的中心上……政策突出对理想社会的构想，教育政策突出教育的真正含义"①。

总之，教育政策中存在着各种利益和权力之争，也存在着许多价值冲突和争论，其中不能简单地说谁的教育政策绝对好、谁的教育政策绝对不好，只能说是站在谁的立场上以什么样的价值观为指导去考虑问题，或者说谁的教育政策更合理些。因此，我们在运行教育政策时，首先需要对教育政策背后的各种价值观和意识形态进行辩论和澄清，然后达成某种共识，同时使教育政策内部保持合理的张力。只有这样，制定的教育政策才能得到健康、有序的运行。

第二节 教育政策运行过程的内容

教育政策运行是教育政策存在的基础。在本章的第一节，我们了解到，任何一项教育政策都不是凭空产生的，它常常是原有教育政策的延续，是为了适应新情况对原教育政策加以补充、修改或调整的结果，从而在其运行过程中，既保证了教育政策存在的必要性和旺盛的生机，又不断地引导、规范着教育实践活动，促进教育目标的顺利实现。而要想了解一项新的教育政策的具体产生过程，就必须对教育政策运行过程的内容进行分析。那么，教育政策的运行过程包括哪些方面的内容呢？根据教育政策在运行过程中所采取的手段（如补充、修改、调整、废止等），我们可以从教育政策的完善、教育政策的发展和教育政策的新陈代谢等三个层面来把握教育政策运行过程的内容。

一、教育政策的完善

教育政策要在运行过程中逐步完善，这是教育政策运行过程的主要内容。所谓教育政策的完善，是指教育政策在贯彻执行过程中，不断总结经验教训，反复进行修改补充，使之日益符合客观实际，真正成为教育活动的指针和准绳。逐步完善教育政策是一个国家的教育事业发展的需要，因而是一个国家的一项重大责任，尤其是国家的决策者和领导者的一项重大责任。

---

① ［英］斯蒂芬·鲍尔著：《政治与教育政策制定——政治社会学探索》，王玉秋、孙益译，华东师范大学出版社2003年版。

（一）教育政策完善的必要性

完善教育政策决不是随人的主观意志任意改变教育政策，而是根据客观实际的要求，在教育政策的运行过程中不断对政策进行补充、修正或调整，使之不断趋于完美。完善教育政策的必要性在于：（1）教育政策与客观实际基本上符合，只是在局部上有偏差。因此，教育政策必须作局部的修改和调整，使其进一步适合于客观实际的教育活动。（2）有关教育的客观情况发生了变化，这时，要根据新的情况进行调整，及时修改完善教育政策。（3）有关教育的客观情况的变化有利于提高教育政策的社会效益，这时，需要充分利用现有的客观情况，对教育政策进行调整，使其发挥出更好的社会效益。（4）教育政策与客观实际基本不符，出现这种情况，就要采取必要措施，实施应急方案，尽快修改原来的教育政策，从而保证教育政策目标得以顺利实现。

相关链接 2-2：

我国"海归"政策逐步完善

我国吸引留学人才回国工作的政策逐步完善，20年来共有17万多人归国服务。据人事部负责人介绍，随着我国留学人员回国工作、为国服务的政策体系的不断完善，越来越多的青年在走出国门学有所成之后，纷纷回国建功立业，留学回国人员已经成为国家经济社会发展的一支重要力量。从1978年到2003年，我国各类出国留学人员总数已达70.02万人，分布在世界上100多个国家和地区，到目前为止，累计回国留学人员达到17.28万人，仅2003年回国人数就达2.01万人，比上年度增长12.3%。

2003年，中央在"支持留学，鼓励回国，来去自由"的留学工作方针的基础上，又提出了"拓宽留学渠道，吸引人才回国，支持创新创业，鼓励为国服务"的要求。近年来，有关部门相继出台了鼓励高层次留学人员回国工作的意见和鼓励留学人员为国服务的意见，在高层次留学人才回国任职条件、工资津贴水平、科研经费资助以及住房、保险、家属就业、子女入学等方面做了较大突破。

人事部制定了留学人员创业园管理办法和留学回国人员资助办法，各地区也出台了相应的优惠政策。据人事部统计，20年来人事部累计拨款近2亿元；择优资助了4 000多名留学回国人员的科研项目，资助了3 000多名海外留学人员短期回国服务。2003年，人事部又增设了吸引海外高层次留学人才专项经费。

随着国内对留学人员回国工作资助力度的不断加大，作为留学人员回国创业载体的留学人员创业园取得了丰硕成果。到2003年底，全国已建立留学人员创业园110个，入园企业已达6 000多家，吸引了留学人员约15 000人，技工贸总收入327亿元。目前，中央政府的10多个部门建立了全国留学人员回国工作部际联席会议制度，各地区的协调机制也正在建立之中。此外，各级人事部门逐渐形成了包括各地留学人员服务中心、留学人员创业园、留学人员工作站、留学人员联谊会等在内的较为全面的服务体系。中国广州留学人员智力交流会、北京高新技术产业国际周、中国辽宁海外学人创业周等，都是我国组织留学人员为国服务而打造的"名牌产品"。仅2003年，回国参加大中型科技交流活动的留学人员就有3 000多人。人事部还开通了"中国留学人才信息网"，为留学人员为国服务搭建信息平台。

人事部专业技术人员管理司司长刘宝英介绍说，当前我国将实施留学人才回归计划，重点吸引高层次人才和紧缺人才。有关部门将研究完善留学人才的评价认定制度。同时，国家将研究设立留学人员回国创业基金，进一步加大对留学人员回国工作的资助力度。

[资料来源]《我国海归政策体系逐步完善》，《新民晚报》，2004-05-17。

（二）完善教育政策的途径

教育政策在其运行过程中修改完善，实际上是一个教育信息反馈、追踪决策的过程。因此，修改、完善教育政策的基本原则和方法主要有：（1）进行理论探讨。教育政策付诸实践，这是检验教育政策及制定教育政策所依据的理论是否正确的惟一标准。如果出现教育政策与实际教育活动不符，教育政策所依据理论与实际不一致的情况，就应进行广泛的理论探讨，研究其不一致的原因，进而改变这一状况。（2）检查总结，及时发现新问题。在教育政策运行过程中，发现新情况，解决新问题，总结新经验，丰富充实教育政策，是完善教育政策的重要环节。（3）全面比较。教育政策运行过程中要力求找出差距，进行有效的全面比较。一种是研究性的比较，就是将教育政策实施的结果与教育政策目标相比较；另一种是实际性比较，就是收集各方面信息,根据这些信息与同类的其他目标相比较。从上述两种比较中找出差距,最后权衡不同目标的优劣,对教育政策进行调整。(4)回溯分析。它是指对原教育政策的产生机制和产生环境进行客观分析,找出已制定的教育政策产生失误的原因,找出合理因素和不利因素,制定对策,使教育政策的修改建立在现实可靠的基础之上。(5)双重选优。修改教育政策,不能只从特定的角度观察分析问题,而要全方位、多视角、多层次的思考,同时制定几个方案,运用对比选优原理,从中选取最优良的方案。(6)注意社会心理效应。修改、完善教育政策时,不仅要力求能够在最大程度上防止人们产生抵触、怀疑和消极不满的情绪,而且要力求使教育政策本身能够激起人们对它的更高的行动热情。(7)要及时迅速。这是指要有灵活有效的反馈机制和沟通多路反馈信息渠道,通过及时迅速有效的教育政策修改和完善,确保国家的教育政策的旺盛生机。

完善教育政策具有重要的意义:第一,逐步完善教育政策,能够提高教育政策水平和确保国家的教育政策的旺盛生机;第二,逐步完善教育政策,能够进一步取得人们的信赖,鼓舞人们投身教育的热情;第三,逐步完善教育政策,能够不断地引导、规范着教育实践活动,促进国家教育目标的顺利实现。

二、教育政策的发展

教育政策是在教育活动的进程中不断发展的。随着客观历史形势的发展而不断发展教育政策,是社会历史发展的需要,也是一个国家教育事业发展的需要。所谓教育政策的发展,是指教育政策依据客观形势的发展而变化,以适应客观历史形势发展的要求。教育政策的发展,不是后一个教育政策对前一个教育政策的完全否定,而是后一个教育政策对前一个教育政策的积极"扬弃",所以教育政策发展是教育政策运行过程连续性的表现。

(一)教育政策发展的必要性

(1)客观形势发展的要求。只要社会的政治、经济形势发生了变化,教育政策就要随之发生变化。教育政策作为一个国家政策体系中的重要组成部分,必须像其他的国家政策一样,能迅速而正确地反映国家政治、经济形势发展的要求。(2)人们教育实践的要求。人们的教育实践是连续进行的,人们教育实践的连续性,决定了教育政策要在相对稳定中不断发展,并且表现为每一个教育政策的制定和实施,以及前一个教育政策的实施与后一个教育政策的制定是一个统一的过程。(3) 教育政策本身的系统性要求。教育政策是一个完整的体系,整个体系建立的过程,就是教育政策发展的过程。教育政策要真正成为一个有机的整体,就必须在其运行中不断地发展。

(二) 发展教育政策的途径

教育事业的发展要求教育政策给以反映和指导,而教育政策的发展是对教育事业发展方向的选择和确定。因此,发展教育政策的原则和方法在于:(1) 要不断发展教育理论。只有发展了有关教育的理论才能指导教育政策的发展,因为理论是教育政策的基础。(2) 要认真总结经验。在严密的科学分析的基础上总结历史经验和教训,是对教育政策的认识深化的环节。(3) 要不断紧跟形势的发展。发展教育政策必须紧系于社会历史发展阶段,紧系于世界经济、政治发展形势,紧系于时代要求。(4) 要面对未来社会的发展。由于当今社会发展迅速,所以不仅要注意面对未来决策,而且必须注意面对现在决策未来。

发展教育政策具有重要意义:(1) 只有发展教育政策,才能开创历史的新篇章,推动教育的新发展;(2) 只有发展教育政策,才能调动人们投身教育事业的积极性。

三、教育政策的新陈代谢

教育政策的完善与发展构成了教育政策的矛盾运动,也构成了教育政策的新陈代谢。

(一) 旧的教育政策的完结与新的教育政策的开始

根据事物的矛盾法则,当一项旧的教育政策完成使命而终结时,便开始了新的教育政策的运动过程。新的教育政策不会无缘无故地产生,也不会无缘无故地消失,它和旧的教育政策之间有着内在的必然联系。

(二) 一切新的教育政策都是对旧的教育政策的扬弃

一切新的教育政策的出现,都是对历史上某些教育政策的继承和延续,都是对旧的教育政策的扬弃。新教育政策必须以吸收旧教育政策的合理内核和排除旧教育政策的不合理外壳为存在条件。

(三) 教育政策的生命在于运动、发展

新旧教育政策造成了矛盾运动,形成了教育政策运行过程的新陈代谢,由此推动了教育政策的发展。一方面,客观事物或客观情况的变化必然导致教育政策的发展;另一方面,人们认识的发展变化必然导致教育政策的发展。这两种情况是教育政策发展的外部原因。教育政策发展的内因在于教育政策的内部矛盾运动，在于教育政策运行过程的新陈代谢，在于新旧教育政策之间的交替。

第三节 教育政策运行过程的环境

教育政策环境是教育政策运行的外部条件，对教育政策运行具有非常重要的作用。教育政策环境主要由自然环境、政治环境、经济环境、文化环境、人口环境、体制环境、国际环境等构成，它们都从不同的侧面，以不同的方式对教育政策的运行产生影响。

一、政策环境

人们对环境的理解有两种："一是指某事物发生、存在或某种活动进行时的生态条件或背景，这是人们常用的定义；二是从系统论的观点来看，任何事物都可以被看作是相对独立的系统，而任何系统又处于更大的系统之中，这个更大的系统则成为该子系统的生态环境。"[①]

何谓政策环境？政策运行的要求产生于政策环境，并从政策环境传到政策系统。与此同时，政策环境限制和制约着政策主体的行动。政策环境包括自然环境、政治环境、经济环境、文化环境、人口环境、体制环境、国际环境等。"政策环境是指围绕政策运行的外部情况，它是直接或间接影响和作用于政策活动的各种客观因素的总和。从系统论的角度来看，凡是影响政策的存在、发展及其变化的因素皆构成政策环境。政策环境对政策起着直接、重要的影响、制约，甚至是决定性的作用。"[②]

各个国家或同一个国家的各个地区的情况不同，政策运行的环境也就各有差异，因而政策运行的实际情况就有所不同。例如，我国各地区社会、政治、经济、文化各方面发展很不平衡，对政策的影响也各不相同。沿海地区比较发达，中西部地区则落后很多。尤其是市场经济发展缓慢的西部地区，人们观念变革滞后，虽有丰富资源，但由于种种原因，没有得到合理的开发利用。所以，我们要从实际出发，根据不同的地区状况，因地制宜地制定

---

① 郑敬高：《政策科学》，山东人民出版社2005年版，第104页。
② 郑敬高：《政策科学》，山东人民出版社2005年版，第105页。

政策。

二、教育政策运行的环境

教育政策作为一个国家政策体系中的重要组成部分，也总是处于一定的环境之中，任何一项教育政策的运行都要受到所处环境的影响和制约。适宜的环境无疑有助于教育政策的有效运行，反之，不良的环境则必然有碍于教育政策的顺利运行。影响教育政策运行的环境因素主要有：自然环境、政治环境、经济环境、文化环境、人口环境、体制环境、国际环境等。

（一）教育政策运行的自然环境

自然环境是指一个国家所处的地理位置和自然状况，包括地形、地貌、气候、土壤、水系、矿藏、动植物分布等自然构成。由于各国所拥有的自然环境千差万别，其教育政策运行也拥有不同的资源条件，并受到自然环境的制约。

自然环境是各种社会活动不可缺少的、经常的条件，教育活动作为一种重要的社会活动，其政策的运行必然受到自然环境的影响。自然条件的差异性，是人类社会活动的自然基础，它造成了各地域、各国家、各地方有不同的物质生产方式和生活方式。不同的自然环境提供不同的条件，关键在于各国政府是否能够根据自身面临的自然条件，扬长避短，创造优良的环境，做出可行的决策，发展教育事业，满足人们的教育需要。例如，我国在实际操作义务教育政策时，根据少数民族地区特殊的地理、自然环境，办起了流动小学、帐篷小学、水上（船上）小学，解决了适龄儿童的入学问题，为发展我国的义务教育事业，提高民族素质作出了贡献。

因此，在运行一个国家或地区的教育政策时，必须考虑到本国和本地区的自然条件的优劣，做到扬长避短，充分利用本国或本地区有限的自然资源条件，促进本国或本地区教育事业的快速、健康发展。

（二）教育政策运行的经济环境

教育政策运行的经济环境是指一定社会中影响教育政策运行的物质资料生产、分配、交换和消费的情况，以及资源、人口、生产力发展水平，人们生活水平等内容。教育政策在运行过程中所需要的资源不仅和一定的经济状况有关联，而且还与经济结构、经济运行状况直接相关。因此，在运行教育政策时，必须考虑其所处的经济环境。

经济环境对教育政策运行的影响主要存在于以下两个方面：

1. 经济环境是教育政策运行的基础

教育政策的制定和实施环节都要涉及教育资源的配置问题。任何一个国家的政府都只能对教育资源的存量加以合理配置，而绝不可能进行超量配置。同时，教育政策对教育资源配置又必须在既定的经济制度和体制框架内进行，离开了一定的经济结构、制度和体制去制定和实施某种教育政策，必然要引起经济制度、体制的反弹。因此，资源的分布与既定的存量、既成的经济制度和体制是教育政策运行的基础。

2. 经济环境是教育政策运行的必要条件

经济环境是教育政策运行的必要条件。教育政策的运行跟其他政策的运行一样，都要耗费一定的人力、物力和财力，并需要一定的经济制度作为支撑。这些就构成了教育政策运行过程的成本。因此，要想使教育政策得到正常运行，就需要一定的资源和经济条件。资源的多少和经济条件的好坏对教育政策的质量和运行状况具有较大的影响。如我国在1996年就推行素质教育政策在东部经济比较发达的地区落实起来就比较容易，而在中、西部经济比较落后的地区则难以付诸实施。

此外，经济环境影响教育政策运行的目标和方向。国家或政府在制定和实施教育政策时，不可能仅仅凭自己的主观愿望，而只能依据本国、本地的经济情况、资源状况来制定和实施适当的教育政策。

（三）政策运行的政治环境

教育政策运行的政治环境是指在运行具体的教育政策时，可能面对的总的政治状态，它是一个国家或一个地区政治体制、政治结构、政治关系的总和。任何教育政策目标的设定，都必须具有政治可行性，都必须和现实政治制度和政治目标相吻合。

政治环境对教育政策运行的影响主要存在于以下三个方面：

1. 政治环境决定了教育政策运行的政治方向

在美国，既然商团英才们控制了国家财富和经济命脉，那么他们也能够控制包括教育行政机构在内的主要社会机构，制定、实施出符合他们自己利益的教育政策。比如美国的商团英才们就是通过设立教育拨款委员会来影响和控制教育政策的发展方向的。

2. 政治环境决定教育政策运行的民主化程度

现代政治生活的核心问题是政治制度的民主化。如果一定社会中政治组织和公民的成熟程度较高，民主化程度较高，利益配置的原则与机制合理，那么，该社会中各种利益群体的利益表达就较为充分，既定的政策（包括教育政策）就能较为充分地代表不同利益群体的利益。在一个专制社会中，政策的制订与实施完全是由少数官僚和政客操纵的，国家政策（包括教育政策）不是实现社会公平的途径，而是成为维护少数特权阶层利益的工具。

3. 政治环境影响教育政策运行的合法化程度

一项好的教育政策必须是合法的。教育政策的合法化程度是由整个社会的政治状况决定的。只有在一个司法独立、法律制度健全、真正做到依法治国、依法行政的社会中，教育政策才可能从内容到形式都合法化。有了合法化的教育政策，再有完善的法治环境，教育政策才能得到顺利贯彻和实施。

（四）教育政策运行的文化环境

教育政策运行的文化环境是指教育政策在运行时，可能会面临的总的文化状况，也可以理解为一定社会中外在于教育政策而存在的社会精神财富和社会意识形态状况。如教育、科学、文艺、新闻出版、广播影视等的发展情况，以及专门的教育价值观和经验、特定的政治文化背景等状况。

文化环境对教育政策的影响是十分深刻的，主要体现在以下几个方面：

1. 文化环境影响着教育政策运行的智力条件

教育政策运行主体的受教育程度如何，掌握现代科技手段的情况怎样，已经积累起来的教育政策经验的丰富与否以及教育政策赖以运行的科技教育载体的现状等，均影响到教育政策的运行质量和效果。一个教育、科技、文化比较发达的社会，就能在教育政策运行的各个环节上，配备高知识、高素质的人员，提供各种现代化的科技手段，准备周全和齐整的资讯条件。反过来，教育不发达，科技水平不高，高素质人才缺乏，没有现代化的技术手段，教育政策的运行效率必然低下。

2. 文化环境是教育政策运行的精神动力

这种制约作用主要体现在文化环境的政策价值观和政治文化的层面上。在我国，当我们强调"三个代表"重要思想指导作用的时候，也包括了在运行教育政策时，坚持以"三个代表"重要思想所体现的价值观和政治理念作指导，这对于确定教育政策运行时的动机、基本目标、方向和原则等，均有重要的影响。毫无疑问，一种以大多数人的利益为价值取向的教育政策，肯定能够满足社会的基本教育心理需求，从而使该教育政策能顺利运行，并收到较为理想的效果。

3. 文化环境是教育政策运行的伦理前提

一个社会有讲究伦理道德的传统，风气良好，秩序井然，制定教育政策的人有正义感，实施、管理、评估教育政策的人有责任感，教育政策目标群体的成员有良好的文化素质，不仅制定的教育政策能够体现公正、合理，而且操作起来也较为顺畅。相反，如果制定教育政策的人没有道德观念，实施、管理、评估教育政策的人缺乏责任心，就会让教育活动失序，人心浮动，不仅好的教育政策制定不出来，即使有好的教育政策，运行的效果也不佳。

（五）政策运行的体制环境

教育政策跟一个国家的其他政策一样，总是在一定的体制环境下运行的。教育政策运行的状况如何，在很大程度上受制于现行体制。这里所谓体制，是指国家机关、企业事业单位的机构设置、隶属关系和权责划分等方面的体系和制度的总称。体制不健全，不合理，很难设想能制定出正确的教育政策，即使有了正确的教育政策也难以组织实施。因此，无论是教育政策的制定、实施、管理还是评估，都需要一个合理而健全的体制环境。

具体来说，体制环境对教育政策运行过程的影响主要体现在以下几个方面：

1. 体制环境对教育政策的制定环节具有制约作用

作为教育活动的决策者，要考虑到教育政策的实施及其要达到的预期目标，这就必须要考虑到各实施机关与决策机关的关系及它们的管理权限等。因为，体制制约着教育政策的选择，在现行体制下可行的教育政策方案往往容易选中；相反，与现行体制相抵触的教育政策方案往往容易被搁置。

2. 体制环境对教育政策的实施环节具有制约作用

如中华人民共和国成立以来，党和国家制定了许多指导具体教育工作的教育方针政策，但由于当时高度集中的行政管理体制的原因，限制了下级部门实施工作积极性的发挥，因而不能得到顺利实施。此外，教育政策方案与实施机构的利益是否协调也在很大程度上影响教育政策的实施。二者利益一致时，政策实施机构的积极性就高，政策实施就会很顺利；相反，政策的实施就会受阻，教育政策难以落实。

3. 旧的体制环境对新的体制具有否定作用

现实中，旧的体制常常制约着新的教育政策的运行。如在一些西方国家，实行官僚体制，即使政府更迭，也很难改变行政机构的惰性和过去养成的习惯。体制上的限制和惰性，使得教育政策不可能发生快速的实质性的变化。一项重大的教育政策的变革不只是某个政党和政府按照自己的意愿和思想做出的选择,而必须伴随体制上的变革,才有可能实现。

(六) 教育政策运行的国际环境

教育政策跟其他政策一样,它运行时的国际环境指的是对一个国家或地区的生存和发展产生影响的,由国家、国际组织相互间的竞争、合作、冲突所形成的,带有一定稳定性的,世界政治、经济、文化运行的秩序与格局。对于一个国家来说,政府制定和实施教育政策,不仅要冷静地面对国内的环境,而且还需要认真分析和估计现实的国际环境,以对教育活动存在和可能发生的新情况做出实事求是的判断。只有这样才能避免教育政策的失误,在教育资源的国际竞争中占据主动地位。

国际环境对教育政策运行的影响主要表现在以下几个方面:

1. 国际环境影响着教育政策运行的价值选择

当代世界和平与发展的主题要求各国政府应当把教育摆在重要的位置上,尤其是发展中国家和民族,更应下大力气把教育搞上去。但是,合理的、多极化的世界格局和秩序还没有完全建立起来,发展中国家,特别是像中国这样一个大国,在制定和实施对内、对外的教育政策时,既要维护本国的国家利益,又必须坚决反对教育上的霸权主义。

2. 国际环境影响着教育政策运行的目标选择

当今世界的全球化趋势为各国教育事业的发展、教育资金的引进提供了难得的机遇,这就要求一个国家在运行教育政策时,要把目标放在积极参与国际教育的分工和教育资源的流通上。同时,全球化又是一把双刃剑,它也会对一个国家,特别是发展中国家的教育发展带来巨大的冲击。因此,国家在制定、实施相关教育政策时,不得不考虑捍卫国家的教育主权、维护国家教育安全等方面的目标。

3. 国际环境影响着教育政策运行的途径选择

在既充满机遇,又潜伏危机的国际环境中,各国政府在制定和实施教育政策时,一方面要选择加强国际合作的政策途径,通过双边的、多边的参与合作,发展本国的教育;另一方面,又要利用以有的国际教育规则,依靠实力参与竞争,在竞争中发展自己的教育事业。

第四节　教育政策运行过程的原则

在许多时候和场合，人们常常碰到科学、合理的教育政策无法贯彻，或好的教育政策一实施就走样的情况。此问题就出在教育政策的运行组织和个人没有能遵循政策运行时的原则，或者是教育政策客体与教育政策环境的干扰，使他们无法依据一定的原则将教育政策有效地运行下去。因此，无论是教育政策的主体，还是教育政策的客体，都必须了解教育政策运行过程时的一些主要原则。

一、严肃性与变通性相结合

教育政策是具有合法性与权威性的行为规范，因此，教育政策在贯彻时，必须保持必要的严肃性。教育政策运行的组织和人员必须认真、全面地理解教育政策内容，坚决瞄准教育政策所确定的目标，分阶段地组织实施。即使发现实际情况与原定的教育政策措施、手段有一定的差距，也必须经过适当调整和完善，让教育政策最终得到落实。能否严肃地运行教育政策，是关系到教育能否有序地发展、关系到教育资源能否得到合理配置、关系到执政党和政府能否取信于民的大问题。

因此，在教育政策的运行过程中，必须坚决反对那些对政策采取不严肃、不负责任的态度。如有的部门、有的地方或有些人，往往从个人私利出发，从地方本位出发，从小团体利益出发，对上级教育政策各取所需，合意的就执行，不合意的就不执行或拖着不执行；对上级教育政策任意曲解，借口特殊性，搞对策，搞土政策。凡此种种，都是违背严肃性原则的。

但是，严肃执行决不是不动脑筋地生搬硬套。教育政策是用来解决教育中出现的政策问题的。教育政策问题在社会各个层面的影响不一样，在社会各个区域、领域的表现也不一样，而且，从教育政策制定出来到付诸实施，再到反馈、调整，也存在着时间上的滞后问题，即教育政策运行时的政策条件、环境已不可能完全相同。因此，要严肃地运行教育政策，就必须采取灵活运用的原则。

对教育政策的灵活运用，突出地表现在运行教育政策时，能善于变通。这种变通是指不偏离教育政策的精神实质，只是对实现目标的方式、时间、阶段结合现实情况进行合理调整。教育政策变通与教育政策调整不同。教育政策调整是指政策运行了一段时间后,对教育政策目标、内容、适用范围等方面作出的修改。教育政策变通是在教育政策运行的过程中,结合实际情况对政策作出的适度调整。

二、实事求是与开拓创新相结合

教育政策是依据教育的实际情况在一定的环境条件下出台的,其本身就是实事求是的产物。因此,在实施、管理、评估教育政策时,必须遵循实事求是的原则。在教育政策运行上讲实事求是,就是要从教育政策运行过程的规律出发,处理好教育政策运行中制定、实施、管理、评估各个环节、步骤的关系。

在运行教育政策时遵循实事求是的原则,还要求运行教育政策的组织和人员,能时刻从教育政策运行时的具体环境、可能的条件、可以获得的资源以及各种现实的技术、手段出发,量力而行。决不可贪大求全,弄虚作假,搞一些不切实际的"虚架子"和人为地制造各种"泡沫"效应。

但是,实事求是地运行教育政策不等于无所作为。教育政策的运行,就是要解决教育问题,就是要不断革除旧的状态,形成教育发展的新局面。因此,运行教育政策的原则就是要不断突破旧的东西,开拓创新。教育之所以在一定的时期出现问题,就是因为旧的秩序、旧的思维已经不能适合教育发展的需求了,必须弃旧图新,才能使发展延续下去。运行教育政策,正是为了给人们新的行为规范,给教育政策的实践主体以创新开拓的机会。

在运行教育政策的过程中提倡创新,就是要将旧状态、旧政策与新政策、新局面加以对照,以新的精神面貌去思考问题,以新的思路、新的措施去理解教育政策,并以创造性的方法去争取有利条件,克服不利条件,以保证教育政策落到实处。

三、目标统一性与途径多样性相结合

教育政策的运行是通过教育政策主体的行为,运用教育政策资源实现教育政策目标的能动过程。在教育政策运行中,坚持目标是至关重要的,如果教育政策在运行时偏离了原定的目标,那么教育政策就失去意义。但教育政策目标有时不止一个,可以是一个体系,有主要目标,有次要目标,有整体目标,有局部目标,还有不同领域的目标,等等。多层次、多类型的目标构成了一个系统。坚持目标不是坚持目标系统中哪一层次、哪一类型的目标,而是把各个目标看成一个整体,坚持目标的统一性。

教育政策目标是一个整体,但目标系统内部的子目标间有时是有冲突的,在教育政策运行过程中,有些分目标不可能同时实现。要坚持教育政策目标的统一性,就必须能动地协调分目标之间的关系,让一些分目标先实现,让另一些分目标后实现。

要坚持教育政策目标的统一性,就需要采取多样性的途径。世界是纷繁复杂的,它为人们达到既定的目标准备了许多不同的途径,人们常常用一句生活中的格言来说明这一点,即"条条大路通罗马"。在教育政策运行中,我们应当从实际出发,利用现实条件,寻找不同的方式、方法、手段和途径来实现既定的教育目标。比如,为了提高我国的民族素质,增加综合国力,我们可以发展义务教育,也可以通过发展职业教育、高等教育、各种民办教育等形式。但是,创造和利用多种途径的目的也是为了坚持政策目标的统一性,它们之间的关系是辩证统一的。

四、合法性与合理性相结合

所谓教育政策运行的合法性原则是指教育政策的制订、实施、管理诸环节都必须与经过法定机构审批、公布的政策方案相一致,不允许教育政策在运行时偏离原定政策所规定的范围、时间、阶段和最终达到的目标。合法性是教育政策得到有效运行的首要条件。一个国家的政治体系和法制结构在一定时期都具有一定的稳定性、连续性、权威性和有效性。一个新的教育政策如果违背了现行政治体系和法制结构,不具有合法性,必然会造成对国家法制和教育系统本身的干扰和破坏,危害公民的教育权益。因此,任何一项新的教育政策必须具有合法性,即符合宪法和法律,才能有效、顺畅地运行。

但教育政策要得到顺利运行,还必须坚持教育政策运行的合理性原则。教育政策合理性就是人们对于教育发展的各个方面的规律的认识在教育政策运行过程中的体现。教育政策合理性表现在教育政策运行过程的各个方面,如教育政策制定合理性、教育政策实施的合理性、教育政策管理的合理性等。教育政策运行的合理性有两层含义:一是教育政策运行要体现教育政策主体所代表的社会利益。在我国,这一合理性主要体现在所出台的教育政策能够代表最大多数人民的利益。我国是社会主义国家,这一性质决定了任何教育政策,都必须以人民利益作为出发点和归宿。随着我国社会阶层的不断分化,不同的利益集团会逐步出现,运行教育政策时必须加以考虑,以兼顾不同阶层的利益。目前我国正在运行的社会力量办学政策就可以说明这一问题。这一政策目的是国家需要和个人需要的结合，但从运行情况来看，仅仅是满足了部分人的需要，而没有达到弥补公办教育的目的。民办教育主要分布在经济发达的城市，而最需要教育的地方是我国的贫困、边远地区。虽然教学设施、图书设备的差异还不足以推断出未来教育质量的不同，但仅是这种现存的不同形式已对公平问题造成了影响。我们可以默认经济实力的不同影响人们的选择，但作为一项教育政策，其目的取向却不应如此，而必须是考虑多方面的利益。因此，我们认为有必要对这一政策作必要的修正，以保证此政策运行的合理性。任何教育政策，如果其运行不能体现广大公众的利益，那么它的合理性都应受到质疑；教育政策运行的合理性的另一层含义是，教育政策运行要适当，要考虑到实现教育政策目标的可能性问题，即教育政策运行必须和主客观条件保持协调关系，不顾现实条件，贪多求快，盲目冒进的政策操作，只能给教育发展带来灾害。这样的教训在我国教育发展史上并不鲜见。1958年9月，中共中央发表了《中共中央国务院关于教育工作的指示》，提出"全国应在三到五年时间内，基本上完成扫除文盲、普及小学教育、大多数学龄前儿童能入园的任务等"目标。由于该目标超越了历史条件，过分夸大了主观意志的作用，非但未能实现，反而使教育发展招致了巨大的损失。如果说，这一目标是"大跃进"特定历史条件下的产物，在今天仍需要警惕高指标的遗留影响。因此，我们在确定教育政策目标时，必须进行多种形式的调查，如全面调查、典型调查、抽样调查、个案研究等，并把这些方法有机地结合起来，只有如此，我们才能把教育决策方案建立在合理可靠的基础上。

总之，教育政策运行要是不合法，就得不到法律的承认，也就失去国家权力机关的保障而不能付诸实施；教育政策运行要是不合理，就得不到公众的配合和支持，使教育政策的运行难以开展。此外，教育政策运行的合法性是需要它的合理性提供证明，而教育政策运行的合理性是对其合法性的辩护。所以，在教育政策的运行过程中，我们要把教育政策运行的合法性和合理性有机地结合起来，在合法性的基础上尽量做到教育政策运行的合理性；在力求体现教育政策运行合理性的同时，也要遵守国家已有的法律、法规。

五、迅速果断与注重效益相结合

任何教育政策都是在一定的客观形势下运行的，时间是教育政策运行系统中极为重要的因素。一旦超过了一定的时间，即使是很科学、合理的教育政策也会变得无效。因此，抓住时机，迅速果断地运行教育政策是一条重要原则。运行教育政策需要雷厉风行。在当今世界，微电子技术和计算机的发展，数字化技术的广泛运用，互联网的建立，所有这些将整个人类纳入到快速发展的潮流之中。快速、高效已经成为取得竞争主动的法宝。因此，快速的决策、快速的执行是求得问题解决、保障教育事业正常稳定发展的重要战略。如近年来，我国纷纷出现的自费出国留学、国际教育展览、中外合作办学、境外来华招生、各种"洋考试"以及"小留学生"等现象和问题表明，国际教育竞争正在加剧，我国正面临各教育出口国的强大攻势。在这种情况下，我国要从维护国家教育主权和促进经济社会乃至教育可持续发展的战略需要出发，抓紧运行教育开放的教育政策，以尽快扭转我国在教育国际贸易中的失衡局面。此外，要做到不失时机地运行正确的教育政策，还必须要快速地理解教育政策，快速地组织机构和人员落实教育政策；一旦在运行过程中发现问题，就果断地调整教育政策。要迅速果断地运行教育政策，关键在于事先周密地准备、事中合理地调配、事后及时地总结。严格按科学程序办事，坚决实行制度化管理，从而保证教育政策运行的高效率。

但是，一个国家政府之所以要花费各种力量运行教育政策，其目的最终还是为了达到预期效果即解决教育问题，使公众的教育利益得到平衡、协调，整个社会的教育事业得到健康、稳定的发展。因此，运行教育政策还必须遵循注重效益（包括社会效益、经济效益等）的原则。有时，为了争取效益，就需要抓住机会，快速运行某一项教育政策。有时，也同样为了力争更多的效益，就需要冷静思考、脚踏实地、稳扎稳打。如果在运行教育政策上，一味地追求快速，有时就会犯急躁病，欲速则不达。

六、强制执行与说服宣传相结合

教育政策是国家公共机构制定出来的，经过法定机构的审批，具有合法性、权威性，因而也具有了强制性。教育政策所规定的行为规范，要求人们在教育活动中自觉去遵守。按教育政策要求去行动的公众，就会受到教育政策的保护，从而获得利益；反之，如果不按教育政策办事，自行其是，必然会遭到教育政策的惩罚。教育政策的强制性是由教育政策的本性决定的。凡是教育政策，无论是中央政府出台的，还是地方与基层政府出台的，其运行的主体大都是握有公共权力的政府机构。公共权力是具有强制性的权力，运用公共权力运行的教育政策自然也就具有了强制性。正是教育政策的强制性特征,使教育政策具有了严肃性、原则性。但是,教育政策说到底是为了解决社会的教育问题,是为了协调公众的教育利益,它的有效运行有赖于充分依靠公众的积极参与。因此,在强调运行教育政策强制性这一原则时,还必须强调说服教育的原则。尽管政府制定的教育政策是为公众服务的,但是,就个人来说,人们未必能自发地认识到该教育政策的实质,从而也未必能够自觉地拥护该教育政策。要让公众都能理解该教育政策,并积极贯彻该教育政策,就必须加大对该教育政策的宣传力度,做好说服教育工作,让公众从个人、小团体的狭隘圈子中跳出来,认识政府制定和贯彻的具有科学性、合理性的教育政策是为大多数公众的根本利益、长远利益服务的,这样公众才能自觉维护教育政策、积极贯彻教育政策。

第五节　教育政策运行过程的条件

教育政策要得到顺利、有效的运行,必须要具备一定的条件才行。这些条件包括:教育政策在运行前必须是合法的,在运行过程中除了要准确把握正确的教育政策目标、保持教育政策之间以及教育政策与其他政策之间的协同性、建立良好的教育政策运行机制以外,还必须要把握好教育政策运作的节奏和力度、进行必要的资源投入并要考虑教育政策运行人员的素质和能力。

一、教育政策的合法性

教育政策要得到有效运行必须具有合法性的条件。教育政策的合法性是指教育政策的制定、实施、管理等过程及政策内容应符合宪法和法律。在教育政策系统中,并不是所有的政策都必须上升为法律,但不论是否上升为法律,这些政策都必须获得合法地位。

合法性是包括教育政策在内的所有政策得以顺利、有效运行的首要条件。一个国家的政治体系和法制结构在一定时期内都具有一定的稳定性、连续性、权威性和有效性,如果一个新的教育政策违背了现行政治体系和法制结构,不具有合法性,则必然会造成对国家法制和教育系统本身的干扰和破坏,危害公民的教育权益,也就得不到法律的承认,也就失去国家权力机关的保障而不能运行下去。因此,任何一项新的教育政策必须具有合法性,即符合宪法和法律，才能付诸施行。教育政策运行的合法性包括：

（一）执政党教育政策的合法性

对我国来说，作为执政党的中国共产党，对国家社会生活进行全面领导。党对教育的领导主要是通过贯彻一定的教育政策来实现的。党的教育政策对我国教育工作起着极其重要的指导作用，是我国教育工作的基本依据，运行教育法律也必须以党的教育政策为指导。但是这并不等于说党的教育政策可以超越宪法和法律的范围，不受合法性监督和审查。宪法和法律是我国人民在党的领导下通过国家立法机关制定的，它是党的主张和人民意志的统一体，一旦颁布，就具有极大的权威性和相对的稳定性，全社会的所有公民和组织包括政党都必须遵行，任何组织和个人都不得凌驾于宪法和法律之上而享有法外特权。所以，党出台的教育政策都必须接受合法性审查，以保持教育政策与宪法、法律（包括教育法律）的一致性。《中国共产党党章》也明文规定："党必须在宪法和法律范围内活动。"这表明，党的政策要受到法律的制约，这是维护宪法和法律尊严与权威的重要保证。执政党在运行教育政策时，遵守宪法和法律，接受监督和审查，也就赋予自身以合法性，具备了运行的条件。

当然，宪法和法律是相对稳定的，而教育变化发展较快，执政党的教育政策如果因适应教育的发展而与宪法和法律相矛盾时，就应修改宪法和法律，以调整和规范新的教育实践活动。

（二）政府教育政策的合法性

政府的教育政策是教育政策的主体，它涉及面广泛，内容具体，是开展教育工作的直接依据。政府的教育政策在许多方面与执政党的教育政策是一致的，政府的教育政策以执政党的政策为核心和指导，是执政党的政策的延伸和具体化，实现着执政党对教育事业的管理职能。政府的教育政策与宪法和法律的关系同党的教育政策与宪法和法律的关系相类似。政府的教育政策也必须符合宪法和法律，接受合法性审查和监督，合法性是政府的教育政策得以有效运行的关键条件。如果政府的教育政策违背了宪法和法律，就会对宪法和法律的尊严、权威，对政府的信誉以及对教育实践工作造成不利影响。

一般地，国家都是通过某些法律来保证政府教育政策的合法性，监督政府教育政策的运行过程。如我国《宪法》及地方人民代表大会和地方人民政府《组织法》规定，各级人民政府的政策应接受同级人民代表大会及其常委会的审查；教育部制定、实施的教育政策应接受全国人民代表大会及其常委会的审查。各级政府教育行政部门在制定、实施教育政策时应先向政府部门的法制局、法规局或类似的法律机构就教育政策的运行进行合法性咨询，以避免违反宪法和法律。各级各类教育机构的政策措施，也不能与法律相违背，应自觉遵守，认真接受合法性审查。

二、准确把握正确的教育政策目标

准确把握正确的教育政策目标，是教育政策得以有效运行的决定条件，也是实现国家教育事业发展的前提和基础。目标的正确与否，直接关系到教育政策运行的成败。目标正确，教育政策运行就有了明确的方向；目标错了，教育政策运行就会出现方向性错误。因此，在确定教育政策目标时，要着重解决好以下几个问题。

（一）教育政策目标要符合上属决策目标

一方面，教育政策目标要服务于社会政治、经济发展目标。教育是为社会政治经济发展服务的，这一关系决定了教育政策目标必须受制于一定的政治、经济发展目标。在一定时期内，确定的教育政策目标只有与当时的政治经济发展目标相适应时，才能有力地促进社会政治经济的发展，滞后或过分超越于经济的发展，只能导致教育政策运行的失败。几十年的教育政策运行实践已证明了这一点；另一方面，微观的教育政策目标要服从于宏观的教育政策目标，各子教育政策目标应相互协调。教育不仅是社会系统中的一个子系统，在教育系统内也存在不同层次的子系统。因此在确定教育政策目标时，不但要考虑到教育和其他社会子系统的关系，同时也要注意教育系统内不同的教育政策目标间的关系。一般而言，微观的具体的教育政策目标应服从和服务于宏观的战略的教育政策目标。此外，也要尽力避免各子教育政策目标间的冲突。在我国教育政策运行过程中，一些教育政策目标还存在相互抵触和功能不协调的问题。例如，为解决中小学生负担过重的问题，党和国家领导人多次讲话、批示，教育部也几次专门颁布了"减轻学生过重负担，全面提高教育质量"的政策文件，但一些地方的教育主管部门在考查学校、教师的工作实绩时，又往往把升学率作为一个重要指标，这就难免把学校和教师的行为，导向到追求高升学率而不断提高课外作业和模拟考试的强度，减轻学生负担的政策目标就难以得到真正贯彻落实。这说明，在运行一个教育政策时，需要根据产生教育政策问题的诸多原因，同时配置不同功能的教育政策，并使具有不同功能的教育政策目标相互配合，协同运作，形成合力，以迅速地解决政策问题。

(二) 教育政策目标的概括和表述应具体、明确，不空泛、不含糊

教育政策目标的表达应尽量用单义词和大家认识比较统一的词语，使人能够明确领会其含义，而不是这样理解也可，那样理解也行。否则，教育政策的运行者就会无所适从，或者按照自己的理解去执行，从而使教育政策的目标难以实现。1985年颁布的《中共中央关于教育体制改革的决定》曾提出"中央和地方政府的教育拨款的增长要高于财政经常性收入的增长"。由于财政收入易受政策、体制调整的影响，这种表述虽较易监控，却不够科学、严密，在实践中的效果也不甚理想。为此，在1993年颁布的《中国教育改革和发展纲要》中，对这一提法作了"国家财政性教育经费支出占国民生产总值的比例，20世纪末达到4%"的补充。这一表述较为明确和具体，有利于切实增加我国教育投入。此外，我们认为凡是可以数量化的教育政策目标，都应明确规定其数量指标，这对于克服定性描述的模糊性，提高决策的精确性和可操作性有积极的作用。如教育部部长周济在《中国教育"十五"发展和"十一五"工作情况》的汇报中对"十一五"期间各级各类教育在校生人数、毛入学率等目标就作了比较数量化的规定。

相关链接 2-3：

"十一五"时期教育发展的主要目标和任务

全国教育事业"十一五"规划正在制定之中，初步思路是：以邓小平理论和"三个代表"重要思想为指导，坚持以科学发展观统领教育工作全局，以素质教育为主题，培养德、智、体、美全面发展的社会主义建设者和接班人；以"普及、发展、提高"（即普及和巩固九年义务教育、大力发展职业教育、提高高等教育质量）为主要任务，促进教育事业全面协调可持续发展；以体制和机制改革为动力，增强教育的活力，继续办好让人民满意的教育，开创教育改革和发展的新局面。

"十一"时期教育发展主要目标是：全面普及九年义务教育，"普九"人口覆盖率接近100%。学前教育和特殊教育得到进一步发展。高

中阶段教育毛入学率争取达到80%左右。中等职业教育招生人数与普通高中大体相当。高等教育毛入学率达到25%左右。各类职业技术培训和多样化的继续教育、成人教育得到较大发展。构建学习型社会取得阶段性进展。为此,"十一五"时期要着力做好以下工作:

(一)全面贯彻党和国家的教育方针,切实推进素质教育

坚持育人为本,培养德、智、体、美全面发展的社会主义建设者和接班人,努力实现学生主动地生动活泼地健康成长。全面加强和改进中小学生思想道德建设和大学生思想政治教育,拓展新形势下中小学思想道德建设和大学生思想政治教育的有效途径,进一步增强针对性、实效性和吸引力、感染力。端正教育思想,推进基础教育课程改革,改革人才培养模式、教育内容和教学方法,提高教育教学质量,减轻学生过重的课业负担,克服片面追求升学率的错误倾向。加强和改进学校体育与美育,倡导和组织学生参加各种有益的生产劳动、社会实践和公益活动,开展丰富多彩的校园文化活动。提高学校和广大教师实施素质教育的能力和水平。改革和完善考试评价制度,着力建立符合素质教育要求的学生学习和成长、学校教育质量和教学效果的评价体系,积极探索中考、高考招生制度的改革,严格执行义务教育阶段免试就近入学政策。加强学校教育、家庭教育和社会教育的融合,推动全社会形成共同推进素质教育的强大合力和良好环境。

(二)着力完成"普及、发展、提高"三大任务,推进教育全面协调可持续发展

一是普及和巩固九年义务教育。围绕建设社会主义新农村和提高国民素质的战略要求,进一步落实农村教育"重中之重"的战略地位。大力推进西部地区"两基"攻坚工程,确保2007年完成西部地区"两基"攻坚目标。深化和完善农村义务教育经费保障机制改革,建立农村义务教育经费保障的长效机制。2006年全部免除西部地区农村义务教育阶段学生学杂费,2007年扩大到中部和东部地区。进一步提高义务教育的普及水平和质量。加强农村教师队伍建设,改善农村学校教学条件,建设遍及乡村学校的远程教育网络,逐步使所有学校均符合基本办学条件标准。大力推进义务教育的均衡与协调发展,加大对农村和城镇薄弱学校的改造力度,努力办好义务教育阶段的每一所学校。更加关注弱势群体的教育问题。进一步解决好进城务工就业农民子女接受义务教育和农村留守儿童受教育的问题。

二是大力发展职业教育。进一步确立以就业为导向、以服务为宗旨的观念，实现职业教育办学思想、办学模式、发展思路的根本转变，适应全面建设小康社会对高素质劳动者和技能型人才的迫切要求。职业院校要更好地面向社会、面向市场办学，紧密结合生产服务一线对人才的要求，实行灵活多样的人才培养模式。突出职业技能和实践能力的培养，抓好以敬业和诚信为重点的职业道德教育。提高职业教育服务经济社会发展的能力，组织实施好"国家技能型人才培养培训工程"、"国家农村劳动力转移培训工程"、"农村实用人才培训工程"、"成人继续教育和再就业培训工程"。加强职业教育基础能力建设，实施好"职业教育实训基地建设计划"、"县级职教中心建设计划"、"职业教育示范性院校建设计划"、"职业院校教师素质提高计划"，重点建设好2000个职业教育实训基地、1000个县级职教中心、1000所示范性中等职业学校和100所示范性高等职业院校。进一步扩大职业教育招生规模，促进职业教育和普通教育的协调发展。

三是切实提高高等教育质量。继续实施"211工程"和"985工程"，突出科技创新，培养和造就创新型人才，全面提高自主创新能力，使一批高水平大学成为建设创新型国家的重要力量。大力推进高等教育质量工程，建立高校教学质量评估保障体系。进一步深化高校科技体制改革和运行机制改革，探索建立产、学、研相结合的良性机制，着力加强原始性创新和集成创新，提高应用研究能力，加速科技成果向现实生产力转化。继续实施马克思主义理论研究与建设工程，繁荣和发展高校哲学社会科学。

（三）大力加强教师队伍建设，全面提高教师队伍素质和水平

以农村教师队伍建设为重点，大力加强中小学教师队伍建设。加大城市教师支援农村教育工作的力度，引导大学毕业生到农村基层学校任教。通过有效的培养培训，使现有教师的素质、能力和水平有一个大的提高，构建更加灵活开放的教师教育体系。积极推进教师人事和分配制度改革，严格教师资格制度，实施全员聘用制，完善激励和约束机制。切实把师德建设放在教师队伍建设的首位。加强对少数民族"双语"教师的培养、培训工作。以新机制、新办法推进各级职业学校教师队伍建设，大力加强高素质"双师型"教师队伍。实施高等学校"人才强校"战略，培养和造就一批具有国际领先水平的学术大师和学科带头人，一大批具有创新能力的中青年学术带头人和学术骨干，一批能够承担国家重大任务、参与国际竞争的创新团队。

（四）深化教育各项改革，扩大教育对外开放

继续深化教育管理体制改革。不断巩固和完善已经建立的农村义务教育、职业教育、高等教育新的管理体制。依法落实学校办学自主权，理顺政府、学校与社会的关系，构建现代学校制度。推进办学体制改革，积极发展民办教育，鼓励探索多种途径发展教育的新模式，促进教育多样化发展。进一步深化学校内部管理体制、人事分配制度的改革。

进一步推进教育立法工作，努力推进"四修五立"。修改《义务教育法》、《教育法》、《高等教育法》、《教师法》等现行的教育法律，制定《学位法》、《考试法》、《学校法》、《终身学习法》、《教育投入法》。

不断扩大教育对外开放，加强教育国际交流与合作。加快汉语走向世界的步伐，加强境外"孔子学院"的建设，力争使对外汉语工作实现重大突破。完善涉外法规，建立对外国教育质量认证体系。

推进学习型社会建设，满足人民不断增长的多样化学习需求。

（五）提高教育管理水平，促进教育事业健康发展

坚持"从严治教，规范管理"，推进和加强学校管理的制度建设，建立办学规范、管理有序、监督有效、保障安全的学校管理新制度。坚持"勤俭办学，厉行节约"。加强教育系统领导班子和领导干部的素质和能力建设，加强教育系统的党风廉政建设，构建教育、制度、监督并重的惩治和预防腐败体系。进一步加强教育审计工作，严格各级各类学校特别是高校财务管理，确保资金安全。认真清理教育领域的各种不正之风，促进教育事业健康发展。

（六）解决人民群众关心的教育问题，努力促进教育公平、公正

坚持教育的社会主义性质和公益性，认真研究解决人民群众关心的教育问题，努力让人民群众都享有平等的受教育的机会。进一步完善家庭贫困学生资助政策体系，加大资助工作力度，帮助家庭困难学生顺利完成学业。建立高中阶段教育特别是中等职业教育助学体系。完善以助

学贷款为主体的高校家庭贫困学生助学体系,保证学生不因家庭经济困难而失学。继续实施高校招生"阳光工程",确保招生录取工作的公开、公平、公正。全力做好毕业生就业工作,引导和鼓励高校毕业生面向基层就业。完善安全预警机制和防险救灾应急预案,做好卫生管理和防疫工作,努力维护学校的安全、安定、和谐。进一步采取有力措施,坚决治理教育乱收费。

[资料来源]周济:《中国教育"十五"发展和"十一五"工作情况》,http://www.edu.cn/,2006-02-28.

(三)教育政策目标应包括实现目标的时间期限

一项教育政策,如果事先没有规定实现目标的时间期限,什么时候完成都可以,那就等于无限期地延长了目标的实现期限,这样的政策就降低了它应有的价值,也自然而然地降低了它的运行效率。至于期限规定的严格程度自然可视政策问题的性质和要求而有所不同,有的规定弹性较小,如针对普通高等学校举办的成人教育存在的一些问题,国家教委于1990年6月发出《关于普通高等学校成人教育治理整顿工作的若干意见》,要求在年底完成普通高等学校成人教育治理整顿工作;有的政策目标的实现期限则几乎是与政策实施同时的,如国家教委1993年8月发出《关于坚决纠正中小学乱收费的通知》,要求凡属未按规定权限设立的中小学收费项目和标准一律立即停止执行;有的教育政策目标要相当长时间才能完成,无法事先规定出具体的期限,通常的做法是把这种长期的政策目标分成若干阶段,然后规定出实现现阶段教育政策目标的时间和要求。如《全国教育事业十年规划和"八五"计划要点》、《全国教育事业"九五"计划和2010年发展规划》等规划性政策,都已包括了实现目标的时间要求。

此外,由于教育政策目标的实现大多有一定的约束条件,教育政策目标有时也需要明确相应的适应范围和约束条件。如果超出这些范围或不能满足这些条件,即使达到了目标规定的指标,也不能算实现了教育政策目标,反而会产生新的问题。

三、健全教育政策运行的机制

教育政策运行机制问题,是关系到教育政策从制定、实施、管理、评估直到终止的整体运行质量和状况的问题。建立一套科学有效的教育政策运行机制是教育政策良性运行的体制保障。

（一）政策运行机制的含义

教育政策作为一种社会现象同其他事物一样也有其从产生到消亡的自我运行过程，也有其运行的规律性和倾向性。教育政策运行机制包括两方面含义："一方面是指教育政策运行的体制及程序，如教育政策制定机构与教育政策执行机构之间用制度确定的相互职责结构、决策必须经过的环节等，它是决定教育政策运行机制类型的基础；另一方面，就是由该体制和程序所产生的具有某种必然趋势的功能。这种功能是由教育政策运行体制和程序所派生的，有什么样的教育政策运行体制和程序，就必然产生什么样的倾向和功能。"[1] 科学合理的教育政策运行体制及程序能够保证教育政策的有效运行；反之，教育政策运行体制和程序不健全或不合理（包括不按科学原则设置机构及不遵循科学程序决策等）则会严重影响教育政策的良性运行及其效力的正常发挥。从上述分析可见，所谓教育政策运行机制就是指支配教育政策运行的政策体制、程序及其功能。由于教育政策运行机制对教育政策效力具有根本性的决定作用，因此，教育政策运行机制建设就成为教育活动中的重要内容。只有从建立和完善教育政策运行机制入手，才能从根本上解决和克服教育政策运行过程中的各种问题和弊端，保证和促进教育政策效力的发挥。

（二）政策运行机制的目标

第一，促进教育政策决策民主化。教育政策运行机制必须能够推进教育决策民主，体现民意，保证教育政策来自于实际，正确地指导教育实践。第二，保证教育政策决策科学化。教育政策运行机制必须能够提高教育政策决策的科学性，保证教育政策沿着一定规律和程序运行。第三，实现教育政策运行的协调统一。教育政策运行机制要保证各项教育政策系统运行的协调配合，使它们始终围绕一个统一目标运行。第四，实现教育政策系统的最佳效应，达到教育政策有效调控教育活动的目的。教育政策运行机制只有促进上述目标的实现，才是一个科学合理的运行机制。

（三）政策运行机制的构成

按照教育政策运行机制的基本功能，我们可以把教育政策运行机制的内

---

[1] 李汪洋：《论政策运行机制》，《辽宁青年管理干部学院学报》，2000年第2期，第6页。

容划分为动力机制和控制机制两个对立统一的方面。动力机制是教育政策运行的"推进装置"和力量源泉，它的功能是推动和促进教育政策从制定、实施、管理到评估、终止的整个过程的良性运行，以致有效实现政策的预定目标。例如，某一教育政策问题产生后，动力机制能够迅速驱动有关教育政策的制定并付诸实施，使该问题很快得以解决，问题解决后，又能够及时终止政策。和动力机制相对应的另一方面是教育政策控制机制。控制机制是教育政策运行的"制动装置"或"摇控装置"，它的功能是保证教育政策沿预定目标方向平稳运行，而不致出现偏差或失误，它的具体内容很多，例如：保证教育政策按一定程序进行；根据环境变化调整教育政策目标；纠正或终止失误的教育政策；防止教育政策执行走样，等等。教育政策运行的动力机制和控制机制是对立统一的两个方面，对立表现在控制机制遏制政策的盲目运行，使动力不是脱缰的野马；统一表现在二者本质上都是一个"效益机制"，都是为了保证教育政策目标、政策效益的最佳实现，只是二者的保证方式不同而已。

（四）教育政策运行机制容易存在的问题

教育政策运行机制容易存在的问题主要表现在以下几个方面：第一，容易存在对决策主体约束力的缺失。比如决策主体制定教育政策忽视民主原则，个人和少数人说了算；决策靠"拍脑袋"，感情用事，不实事求是。第二，容易存在教育政策运行滞阻，导致教育政策在运行过程中出现"不到位"的现象。第三，容易存在教育政策制定部门与实施部门之间、制定部门之间、实施部门之间的关系不够协调、相互摩擦、内耗的现象，导致教育政策的整体效应不佳。第四，容易存在教育政策监督乏力的现象。教育政策运行过程中存在的问题在一定程度上是由于教育政策监督乏力所致，如我国近年来虽然在教育监督系统的建设工作上取得了不小的成绩，但还需要进一步提高工作质量，理顺监督部门与其他部门之间的关系，重视舆论监督和群众监督的作用，真正使监督工作落到实处。

（五）政策运行机制的民主化、科学化、法制化是教育政策有效运行的重要保障

教育政策运行机制应是保障教育政策能得到有效运行的机制，而教育政策的有效运行则得益于教育政策运行机制的民主化、科学化和法制化。

教育政策运行的民主化要靠其运行机制的民主化来保证，教育政策运行的科学化离不开其运行机制的科学化，而教育政策运行要达到民主而科学的目标则要依靠其运行机制的法制化来实现。从这个意义上讲，教育政策运行的民主化和科学化实质就是教育政策运行机制的民主化、科学化和法制化。

> **相关链接 2-4：**
>
> ### 建立教育政策运行的公平机制的相关政策建议
>
> 首先，对于地区之间的差距，政府应该继续采取财政的转移支付政策。也就是说国家对西部，或是在同一个省里，经济发达地区能够对落后地区有更多的教育投入和资助，即所谓倾斜性政策。因发展造成的地区差距、城乡差距需要很长时间才能解决，政府应该加大对教育的财政支持，合理分配有限的教育资源，特别是对落后地区、落后学校给予足够的补偿或倾斜性支持。其次，对于缩小城乡之间的差距，寻求缩小教育机会城乡差别的方略，先要有一个宏观的视野，需要对此做多维度与立体式的思考。对于新世纪中国社会发展而言，继续消解城乡分割对立的二元经济结构，加速城镇化的发展步伐，是缩小城乡差别的必由之路。缩小城乡教育机会差别，不仅依赖于宏观制度环境的变革与改善，同时更应加强教育制度与教育政策自身的改革。再次，对于阶层差距，应该完善教育的各种收费制度和与之相配套的奖学金、助学金、贷学金、转移支付、教育凭证、教育费减免等制度，使低收入家庭的子女有获得平等的教育机会。在高等教育这种非义务教育阶段里，在实行收费制度时，还要进一步完善与收费制度和人才培养计划配套的奖、贷学金等制度，以保证实现学业成功的机会均等。
>
> [资料来源]《中国教育公平现状思考》，《天府新论》，2006 年第 6 期。

第一，建立民主化的教育政策运行机制。要在教育政策运行系统中引入平等竞争机制，并赋予教育政策运行系统多元性特征，如与教育政策制定相关的机构设置形式上的多样性，建立多元的教育政策研究组织和多种性质的教育政策咨询组织，全方位拓宽教育政策信息渠道等。此外，要使与教育政策运行有关的组织和人员知识结构的多学科性、分析手段和思维见解的多样性，多元性的组织和人员，无论是官方的，半官方的，还是民间的，一律平等地参与教育政策的运行。这种具有平等竞争特点的多元性的教育政策运行系统，不仅有利于吸收多方意见和建议，克服或减少个体局限性，极大限度地发挥组织集体的活力和创造性,更重要的是对激励公众参政议政,驱动领导机关决策尊重民意,最大程度地实现民主决策起重大作用。

第二,建立科学化的教育政策运行机制。教育政策运行的科学化取决于合理地运行教育政策过程的程序化,它要求构成程序的诸环节——教育问题确认与筛选、目标确定、政策备选方案设计与预评估、政策方案决策、政策执行、检查监测与反馈修正、政策效果评估、政策延续和终止等,有序有机衔接运行。其中,不管哪一个环节出现问题都会影响教育政策运行的科学性,而能否保证教育政策运行过程的程序化关键在于制度化,在于能否以制度约束教育政策主体行为。因此,必须强化约束机制,明确制度要求,落实于全部程序。此外,实现教育政策运行科学化还取决于教育政策系统中的信息系统、咨询系统、决断系统、执行系统和监控系统的规范化,在教育实践中应加强这些系统,确认它们在教育政策运行中的自主性和独立性,强化其功能力度,使其在数量上和质量上不断提高。

第三,建立法制化的教育政策运行机制。要实行机制立法,确保教育政策的推行和适用,教育政策有效地推行和适用是获取教育政策运行民主化、科学化成果的保证。如目前我国的教育政策在具体的推行和适用过程中出现的问题很多,已成为国家教育发展中突出的矛盾。例如,抵制教育政策,以自己的利益为重;观念倾"左",行动踟蹰等。分析这些问题成因是复杂的,从教育政策运行上讲,没有形成权威的、具有威慑力的"控制机制"是致使教育政策推行和适用问题发生的一个重要原因。因此,强化约束力度,实行机制立法势在必行。目前要结合教育政策机构改革和职能转变,健全教育政策运行责任制,规范行为,明确责任,实行追究制,确认控制机制的法律地位,把教育政策运行主体各方的行为规范、责任纳入法律体系,形成教育政策运行机制法规,并发动社会力量,关心和支持教育政策机制立法工作,逐步实现教育政策运行的法制化。①

四、教育政策的协同性

一项教育政策要得到有效运行,还必须考虑教育政策的协同性。教育政

---

① 关于"教育政策的协同性"的内容主要参照李汪洋:《论政策运行机制》,《辽宁青年管理干部学院学报》,2000年第2期;王玉秋:《教育政策研究的方法论思考》,http://wangyuqiu.blogchina.com,2005-08-23。

策的协同性包括三方面的含义:

一是指同一时期不同教育政策之间理论依据的一致性,或者说与所处时代背景所要求的范式相一致。例如,传统知识观强调知识的确定性、绝对性和客观性,而新的知识观则强调知识的相对性、不确定性和主观性。知识观的转型将影响到教师教育课程和模式等政策的选择。教师教育政策是倾向于理性模式、强调教师知识技能的学习,还是倾向于实践反思模式、强调教师个体经验和反思体悟的重要性?是强调广泛的文化背景知识和学科专业知识,还是强调教师的本体性知识?对这些方面的理论研究和实证性研究会影响到教师教育的培养模式、投资倾向以及课程和师资的供给政策。也就是说,教育政策往往受不同的价值观、不同的研究范式和理论依据影响。因此教育政策的制定首先要对某一时期影响政策的各种理论前提和思维范式有理性的认识,以保证同一时期各项教育政策所依据的基本范式不相冲突。如我国已制定、实施的《教育部办公厅关于成立普通高等学校学生心理健康教育专家指导委员会的通知》(2005)、《教育部关于调整增设马克思主义理论一级学科及所属二级学科的通知》(2005)、《国务院关于大力发展职业教育的决定》(2006)都必须体现我国政府和教育理论界一致倡导的素质教育思想。

二是指教育政策内容之间以及政策内容与其他相关的制度(政策)之间的相互支持。这是我们在教育政策实践中强调的一个最为重要的方面。拿教育人事政策来说,强调教师专业自主权的政策必须与教育体制政策、学校管理体制政策、教师教育政策、人事制度改革政策等相配套;教师聘任政策必须与教师资格政策、教师准入政策、户籍政策、考评政策、职称政策、工资政策以及教师数量、学生数量、师生比等一系列政策相配套;教师管理政策改革必须同时考虑教师教育改革、学校文化建设以及其他教育政策的配套问题,等等。例如,美国在具体运行其制定的教师政策时,联邦政府一方面重视教师对整个社会发展的作用,在进行教师制度改革过程中注重其他相关政策的配套改革;另一方面在教师政策内部以及保障体制方面也注重全方位的改革,如强调教学质量对美国社会发展的重要性,就必须强调提高教师素质,而提高教师素质首先必须树立正确的教师素质观,健全教师评价体系和授证制度;同时还必须赋予教师以专业自主权,加强新老教师之间的合作,改革教师文化和学校组织结构,改革教师教育模式,加强对教师教育"产出"的研究,重视(准)教师实际的教学能力表现以及知识掌握情况,强调（准）教师的实践环节，建立教师专业发展学校，加强中小学与大学及社区的联系等。所有这些制度（政策）的全方位实施，有利于教师制度改革的顺利进行，同时也保证了教师队伍的质量以及整个教育改革的顺利进行。

教育政策的运行往往是"牵一发而动全身"，因此，教育政策的运行必须要树立协调观念和全局观念，统盘考虑，不仅要保证同一时期各项教育政策所依据的基本范式不相冲突，而且还要考虑政策内容之间的协调，更要考虑政策运行中各项具体制度的配套与协调。

五、把握好教育政策运行的节奏和力度

一项教育政策要得到有效的运行，一方面，要把握好教育政策运行时的节奏，在教育改革的活动中应当边探索边总结，在渐变的基础上促突变，在稳定的前提下求发展；另一方面，由于在教育政策运行的过程中，难免会遇到旧观念、旧体制的影响和干扰，这就需要在教育政策运行时要有一定的力度，以保证教育政策顺利地得到贯彻。随着各国新一轮教育改革政策措施的陆续出台，教育改革的力度也逐渐加大。在这一阶段的教育改革中，政府决策系统采取适宜的科学决策模式，把握好政策运作的节奏和力度，将直接关系到下一阶段乃至以后整个教育发展的总体战略部署。

如我国15年来的教育改革走的就是一条逐步实行办学体制多元化，在教育内部，特别是在非义务教育阶段强化市场机制作用的路子。这条路子是采取渐进式的教育改革发展战略一步步摸索着走过来的。十一届三中全会以来我们教育改革所取得的成绩，都得益于这种渐进式的战略。然而，在教育改革总体战略的某一局部阶段上，尤其是体制转型阶段是否也要采取渐进方式则应视具体情况而定。随着我国各项改革的政策逐步深入人心，我国的政治和经济生活已发生巨大变化，这一切都为把教育改革推向深入创造了条件。另一方面，我们在前进的道路上也遇到了许多新的问题和矛盾，主要表现为教育区域发展很不平衡，素质教育政策得不到真正落实，民办教育发展滞后等，这些教育问题作为顽症继续困扰着我们，使教育改革进展缓慢，并严重制约着已出台的一系列教育政策的落实。上述问题和矛盾的出现表明传统的旧观念和旧体制还没有在深层次上发生根本变化，使教育改革每前进一步都要遇到观念和体制上的障碍，制约着教育的发展和整个改革进程。教育政策的运行是波浪式推进的运动过程，这种推进必须靠一定的动力驱使，正

是这种动力才能使教育政策由一个阶段推进到新的阶段,由量变达到质变。"在整个教育改革总体战略的过程中,紧走几步就可能会赢得胜利,停滞不前或步伐太慢就会贻误时机。所以政府决策系统必须审时度势,根据主客观条件提供的一切可能,把握时机,在'体制内'开展整体配套的改革"①,否则,新旧观念、体制之间的摩擦时间越久,存在的漏洞也就越多,改革的难度和风险也就越大。由此看来,要保证教育改革的成功,除了要把握好教育政策运行节奏的快慢外,还要加强教育政策运行时的力度。

现阶段,教育政策运行节奏和力度的把握上必须正确处理好以下三个方面的关系:一是整体推进与重点突破的关系。教育政策的运行要全面规划,要有步骤、分阶段、循序渐进地总体推进,并注意其他各方面配套政策的制定和实施。同时,还须抓住当前有利时机,选准突破口,力争事关全局的重要教育政策在这一阶段能有所突破。二是解放思想与实事求是的关系。解放思想,是教育政策运行者能否迎接挑战、战胜困难、取得教育改革成功的关键。教育改革要开创新局面,思想解放就必须达到一个新境界,没有思想的不断解放,就没有教育事业的不断发展。当然,解放思想还必须从本国目前的实际出发,使教育政策的制定与实施建立在切实可行的基础上,防止急功近利。三是发展与稳定的关系。鉴于教育政策运行过程中包含着大量的不确定性因素,特别是新旧观念、体制的转变、转型必然会伴有一定的社会和政治风险。所以,教育政策的运行应当平稳进行,在渐变的基础上促突变,在稳定的前提下求发展,尽量避免社会的震荡。

六、教育政策运行时的资源投入

教育政策运行需要一定的资源投入。教育政策运行所需的资源主要是财政资源、人力资源、权威资源和信息资源。只有当这些资源按一定的比例配置,并达到一定的总量时,教育政策的运行才能启动起来,并最大限度地产生效应。

在教育政策资源中,财政经费投入是物质基础。在美国,许多教育政策的推出都伴随着相应的经济拨款,可以说,在那里许多教育政策方案的推行是以相当可观的经济拨款为诱因和保障的。尽管许多政策学者认为,充足的

---

① 张晓峰:《体制转轨阶段政策运行的几个关键问题》,《理论探讨》,1996年第1期,第21页。

经费并不一定能保证政策运行的必然成功。然而，在我国，许多教育政策之所以运行不畅，预期政策效果不能在更大程度上实现，重要原因之一就是经费资源投入不足或者不稳定。在我国推行素质教育政策的过程中，就存在着这样的问题。但是，并非这方面的投入越多就越好，因为过多的财政经费开支不仅会导致过剩的、闲置的设备，而且还会导致过多的人员投入，过多的人员投入又会导致执行机构臃肿和因人浮于事而产生内耗，从而增加教育政策运行的难度。因此，财政经费和执行人员的投入必须是适量的。

适当的人力资源投入也是教育政策运行的物质基础。我们所指的人力资源包括和教育政策运行有关的各级政府和机构的领导、行政人员、研究人员、教师、职工等，充足的、合格的政策运行人员是政策顺利有效运行的重要条件。然而，人们对许多教育行政人员素质差，评估机构人员责任心不强，合格教师数量不足等现象的过多抱怨和批评，如实反映了我国许多教育政策在人力资源方面投入不足的缺陷。

教育政策运行还需要有坚定的权威资源。一定的权威也是教育政策运行中不可缺少的政策资源。权威常常以极其简单的方式运作，在权力关系中，一个人懂得需要他干什么，不需要他干什么。权威之所以成为重要的教育政策资源，是因为权威既可以加强行使权力者的责任感，也可以促使个人遵从权威者制定的规范；权威通过保证专门知识和专门技能的利用，确保具有理性和效能的高质量的教育政策目标的实现；权威有助于组织的整体协调，让群体的所有成员采取彼此一致的复合决策，以达到预期的目的。此外，权威资源还能对教育政策的良好运行进行保护。教育政策要顺畅地得到运行，就必须对政策运行的整个过程加以保护。权威资源对教育政策运行的保护主要体现在以下几个方面：一是要对教育政策的严肃性加以保护。按照合法程序公布的教育政策不允许轻易地变动，更不允许搞"上有政策、下有对策"。二是要对教育政策运行中的积极性加以保护。教育政策在运行过程中也存在许多不确定的因素，如教育政策在实施环节中可能产生失误，这时就要保护教育政策执行人员，让他们有足够的信心总结经验，将教育政策贯彻下去。三是要对教育政策运行过程中的创造精神加以保护。运行教育政策也是一个创造性思维与实践的过程。只有对运行机构和人员的创新精神加以鼓励和支持，教育政策实施才能收到更好的实效。

信息也是重要的教育政策资源，因为教育政策运行需要有效的运行沟通。教育政策的运行人员在活动时，不仅需要有足够的、可靠的信息，而且还应确保信息共享,信息传输的渠道畅通无阻。同样,信息资源也决不是越多越好,因为,过度的信息的获取不仅要花费大量的人力、物力与财力,而且还会导致信息污染。

七、教育政策运行者的素质和能力

目前,教育政策的运行已走向科学化运行的阶段,教育政策运行的任何一环都需要教育政策的运行者有相应的素质。如教育政策问题的诊断需要他对于教育政策问题之领域的全面深化的知识,熟悉教育政策问题的历史、背景以及其他相关因素;教育政策方案的合理选择需要他具备多谋善断的能力,既能敏锐地察觉问题,又能果断地解决问题,还要摆脱习惯势力的影响和束缚;教育政策的管理需要他具有很好的组织能力和预见能力等。教育政策的运行者凭经验、拍脑袋决策已经落伍,科学的决策要求决策者遵循教育的客观规律,依靠科学的决策理论、决策程序和决策方法进行,决策者若不具备较高的素质和能力则难以达到要求。

一般来讲,教育政策运行者应具备以下几方面的素质:

1. 科学素养

科学地运行教育政策要遵循教育的客观规律,按照科学的决策程序,采用科学决策方法进行。作为决策者,虽然可以依靠专家、智囊组织拟定各种方案,并对每一方案做出评估分析,提出取舍原则和顺序。但决策者对方案的选择必须亲自拍板决断,并承担责任。所以,他要具备一定的科学素养。首先,必须具备一定的教育科学知识,了解国内与国外教育发展的趋势,掌握教育规律、师生的心理活动特点及规律。其次,还要了解科学的决策程序。一个好的决策者要了解决策的全过程,并认真地遵循科学的程序运行政策。再次,要掌握科学的决策方法。现代教育问题错综复杂,决策者必须采取较精确和较有效的决策方法。如我国长期倡导和实行"集中起来,坚持下去"的领导方法,抓典型、搞试验、调查研究的工作方法等,都是行之有效的决策方法。但是,由于今天的情况发生了许多深刻的变化,这就要求我们根据现代自然科学和社会科学的许多原理,采用电脑等先进工具和测试手段,把静态的典型的调查研究同动态的系统分析和测算结合起来,把定性分析同定量分析结合起来,把决策的民主化和科学化结合起来。

2. 创新精神和决断的魄力

没有创新就难以有好的教育政策。教育政策运行的每一步骤、每一环节都需要创新。要解决教育新问题,决定新方案,决策者要不断研究新情况,不断创造。运行教育政策时不能完全依赖专家,不能模仿别人,不能屈从于公众舆论,要大胆决断。

3. 民主作风

高度重视和充分发挥专家、智囊团在教育政策运行中的作用;放手让专家提方案,发议论,开展不同意见的讨论、争论。教育领域是各种学者、各种人才云集之地,从素有名望的专家、教授到初出茅庐的青年学者,人才济济、思想活跃,他们可以为教育政策运行的各个环节提供宝贵的意见,决策者要虚心倾听。

4. 全局观念

一项教育政策的运行往往牵涉许多不同部门、不同群体的利益。决策者在运行教育政策时,有必要从全局出发,既要考虑教育政策的社会效益,也要关心它所在的社会经济承受力。在处理教育系统内部和相关系统各种问题时,要立足整体,照顾全局,着眼整体效应,并把局部利益与整体利益、目前利益同长远利益结合起来。此外,决策者还要有高度的原则性和勇气否定不利于全局的教育政策运行方案。

教育政策运行者应具备的能力包括:

1. 组织能力

即对人、财、物进行合理安排的能力。它涉及人员分工、人际关系处理、经费使用、信息收集及处理等,目的是优化教育政策运行过程,实际上是最后决策、拍板的前期准备工作,是提高教育政策运行效率的基础和保证。

2. 决策能力

即方案择优的能力。组织是为了决策,"议而不决"是教育政策运行过程中的大忌。信息的无限广泛和变化的快速使决策者不可能收集到所有的决策资料,因此,决策者能否根据有限的资料做出较满意的决策,成为教育政策运行的关键点。一项重大教育政策的决策即使在客观条件成熟的时候,也还需要决策者有一定的判断力和魄力,才能在关键时刻不失时机地、毅然地付诸行动。

3. 反思能力

教育政策的运行不是一劳永逸的,而是一个不断改进与完善的过程。即要有对过去教育政策的反思,还要有对现在教育政策运行过程的反思,这样政策运行的水平才会有实质性的提高。

4. 预见能力

主要包括两个方面：一是对客观条件变化的预测。客观条件分为有利条件与不利条件，条件的不利与有利，直接影响着教育政策运行所付出的代价以及所产生的效果的不同。如教育结构的调整之于人才市场需求的变化，教育开放政策的出台源于国际教育贸易的失衡等。因此，制定、实施教育政策时，必须对条件变化的可能性事先作出充分的估计，这就需要进行预测。二是对教育政策在各种可能的客观条件下预期效果的预测，这对于教育政策方案的选优尤为重要。如我国以往不太重视预测研究，在教育政策制定方面，也出现过那种只知道推行某项教育政策却很少考虑其后果的情况。例如，1999年，我国推行了高等教育的扩招政策。这项政策的推行，满足了广大人民的教育需求，提高了国民素质，同时也拉动了内需，刺激了社会经济的增长。但是，对于这项政策运行的后果及其影响我们也缺乏足够的估计，尤其是没有估计到高校的盲目扩招所带来的消极影响：在校生人数急剧膨胀，教学资源全面紧张，教学质量大面积滑坡。总之，教育政策运行者良好的预测能力可使其在运行政策时胸有成竹，避免被动局面的出现。

第六节 教育政策运行过程的作用

我们对教育政策作用的认识决不能仅仅停留在教育政策制定或教育政策文件上，还应把教育政策的作用理解为一种动态的甚至鲜活的运作过程。教育政策之所以对解决教育问题具有强大生命力，关键在于它能够合理有效地运行。而解决教育问题，实现教育政策目标以推动教育可持续发展，则是通过动态的教育政策运行过程来完成的。

一、推动教育理论不断向教育实践转化

教育政策运行的出发点和归宿点是教育实践。教育实践蕴涵着普遍性的教育规律，往往在一定程度上就会促进教育理论的发展，推动教育政策的形成。但在实际工作中，为解决这些特殊教育实践所引发的具有普遍性的教育问题，则需要制定教育政策来解决，以推动教育事业的发展。制定出的教育政策只有在它的运行过程中，才能运用人们在教育实践中总结出来的教育规律、理论不断对变化着的教育实践进行指导和调控，其良好的运行状态才能

够促使教育实践活动不断趋向科学、趋向合理。正如马克思主义的哲学辩证唯物论所强调的,理论的基础是实践,又反过来为实践服务。如我国制定的《中国教育改革和发展纲要》(1993)、《中共中央、国务院关于深化教育改革全面推进素质教育的决定》(1999)等教育政策就是按照社会、经济和教育的发展规律制定的全局性的教育政策,在其运行过程中,把在教育活动中总结出来的教育规律、理论不断地运用于教育实践活动,指导、规范着我国教育事业的改革与发展。所以,教育政策运行的过程实质上就是推动教育理论不断向教育实践转化的过程,反过来,教育理论的实践化过程也是教育政策在运行中不断调整、完善的过程。我们可以用图2-4来解释教育政策运行的这一作用。

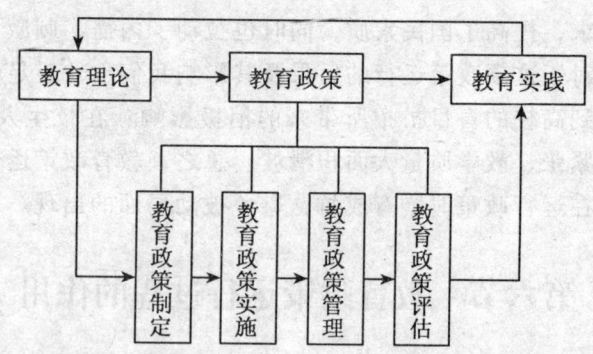

图2-4　教育政策、教育理论和教育实践运行模式

由于社会的发展,科技的进步,生产力水平的提高,不断地向教育提出各种各样的要求,再加上教育在发展过程中也会出现一些矛盾,于是就产生了教育问题,如教育均衡发展问题,教育发展的规模与速度问题、教育的公平与效率问题等,当这些教育内外部引起的教育问题日趋严重时,它就会引起公众对该问题的重视和研究者的兴趣。于是,伴随着社会舆论的压力和已形成的教育理论的指引,它们就会引起政府部门和教育决策部门的重视,于是这些教育问题就成了教育政策问题,并以此推动相关教育政策的制定。教育政策的制定是教育政策运行的原动力环节,也是价值目标环节,是教育政策运行的基础,是寻求解决教育实践问题的最佳方案过程。它一般包括提出问题过程、分析问题过程、研究问题过程和确定解决问题方案的过程等一系列政策规划过程。通过这一环节,在解决教育实践问题时,就要对这些问题

进行认真的分析研究,通过教育理论来透视这些问题的特殊性和普遍性,寻求解决问题的多个方案,在调查比较论证的基础上对这些方案进行遴选,找出解决教育实践问题的最佳方案。教育政策的实施是教育政策运行的关键环节,也是教育理论的实践化过程。教育政策的实施一般包括操作运行的内容(对象)、操作运行的时间、操作运行的方式、操作运行的手段和操作运行的基本要求。这一环节是将教育理论与实践有机结合的核心,教育政策实施环节中的每一个因素都影响着教育理论指导实践的效果。若选择的操作运行的内容不同,教育理论对实践的指导结果也就不同;若选择的方式和手段不同,就会对教育理论指导实践产生直接的影响,这种影响可能是积极的,也可能是消极的;有时选择操作运行的时机不合宜也会对教育理论指导实践产生重要影响,有时会使之偏废。根据教育实践的需要确定好内容,用合适的方式和手段、合理的要求、恰当的时机来操作运行教育政策,就会收到比较理想的效果。教育政策的管理是教育政策有效实施的保证。教育政策的管理是给教育政策实施环节提供制度、人员和资金方面的保障,一般包括教育组织机构的设置、教育政策人员的配备和教育政策资金的投入等方面。教育政策的评估环节是教育政策深化的孵化器,是对教育政策的修订和提高过程。在教育政策的运行过程中,可以利用教育政策评估系统提供的依据,不断修订完善教育政策,使之更加成熟和完善,更加科学合理,从而使教育理论得到升华,指导新的教育实践。

相关链接 2-5:

从素质教育理论到素质教育政策的推行

在我国,素质教育理论的产生,我们可以追溯到20世纪80年代初期燕国材先生提出的在教育中要加强对学生进行非智力因素的培养,此时出现了"愉快教育"、"成功教育"、"和谐教育"、"创造教育"、"主体教育"等相关概念,在实践中也进行了一些相应的实验,但随后出现了一个低潮期。这其中值得一提的是原国家教育委员会副主任柳斌同志1987年在《努力提高基础教育的质量》一文中就使用了"素质教育"一词。《上海教育(中学版)》1988年第11期发表了署名言实的《素质教育是初中教育的目标》的文章。关于素质教育以文件形式出现是1990

年的《江苏省教育委员会关于当前小学教育改革的意见（试行）》，其中提出要在小学推行素质教育，这可能是较早以政府文件的形式明确"素质教育"一词和确立素质教育地位的。到了90年代初，伴随着主体性教育的讨论，素质教育一同被社会所广泛认同。1993年2月13日，中共中央、国务院下发的《中国教育改革和发展纲要》中提到"素质"一词的地方有20多处，并提出了全面提高学生4个方面素质的要求；紧接着中共中央政治局常委、国务院主管教育的副总理李岚清到山东、江苏、湖南等地考察并对素质教育加以认可，他在1994年中共中央召开的第二次全国教育工作会议上所作的《在全国教育工作会议上的总结讲话》中明确提出："基础教育必须从'应试教育'转到素质教育的轨道上来，全面贯彻教育方针，全面提高教育质量。"1994年8月，《中共中央关于进一步加强和改进学校德育工作的若干意见》又明确指出："增强适应时代发展、社会进步，以及建立社会主义市场经济体制的新要求和迫切需要的素质教育。"首次在中央文件中使用了素质教育的概念。1996年4月12日，李岚清同志又在《人民日报》上发表了重要文章《基础教育是提高国民素质和培养跨世纪人才的奠基工程》，掀起了素质教育大讨论的热潮，于是素质教育被政府部门所采纳并且逐渐作政策的舆论准备；同年，八届全国人大四次会议通过的《中华人民共和国国民经济和社会发展"九五"计划和2010年远景目标纲要》又明确指出，要"改革人才培养模式，由'应试教育'向全面素质教育转变"。这就以法律文件的方式，确立了我国教育特别是基础教育由"应试教育"向素质教育转变的方向。随后，国家有关领导在有关教育的讲话及国家的有关文件中都强调要推行素质教育。在1999年6月15日至18日召开的全国第三次教育工作会议上就以会议开幕的前两天正式颁布的《中共中央、国务院关于深化教育改革全面推进素质教育的决定》为主文件，这标志着全面推进素质教育在我国进入了新阶段。

  素质教育理论在我国的产生、出现曲折、发展和成熟的过程与我国的政治、经济乃至社会的全方位变革息息相关，其中与政策的走向关系最为密切，当政策宽松时得到发展，当政府不重视时则显得有些"犹抱琵琶半遮面"，可见政府教育政策的导向推动作用是多么的重要。

  [资料来源] 陆启光：《教育政策是教育理论向教育实践转换的中介和推动力量》，《当代教育论坛》，2002年第9期。

总之，教育政策的运行过程就是教育理论不断向教育实践转化的过程，也是教育政策自身价值不断得到实现的过程。有时教育政策运行在指导教育实践过程中未能达到教育理论所期望的结果，在教育实践中所产生的影响往往与预期的目标有很大的出入，但随着教育政策系统的不断运行，教育政策不断地制定、不断地实施、不断地修正和调整，这些对教育发展不利的问题会最终得到解决。

二、推动教育政策不断得到创新

运行教育政策，其根本目标是促进教育事业的良好发展，同时也是为了使社会公众（包括个体）的教育利益得到充分实现。教育政策运行时的周期现象表明：教育政策是在不停的运行中实现其自身发展的。教育政策往往不是凭空产生的，它常常是原有教育政策的延续，是为了适应教育发展的新情况，对原教育政策加以修改或调整而形成的。同时，教育事业的不断的发展客观地决定着不应该有不变的政策，教育政策应得到不断地创新。

教育政策需要不断创新，这既是使政策自身保持应有生命力的关键，同时也是教育事业发展对教育政策的要求。教育政策的生命力在于不断创新，创新才能使必须依赖于政策指引的教育事业实现新的发展。建构与强化教育政策的创新观念，有利于我们不断克服对于政策可能会有的抱残守缺或墨守陈规的心态，从而进一步解放思想，制定旨在促进教育事业实现新的发展的教育政策，同时也创新性地实施教育政策。我们应该认识到，制定、实施任何类型的教育政策都是为了保障与鼓励教育事业的向前发展。即使是制定限制性的教育政策或惩罚性的教育政策，也是为了对那种有害于教育事业健康发展的各种教育关系主体的行为予以限制与惩戒，从而优化教育政策环境，以尽可能地扫除或减少教育事业发展中的障碍。

然而，对于一项"静止"的"文本式"的教育政策，我们是不清楚它的优劣的，何况随着时间、场合的变迁，最好的教育政策也会变得过时，甚至阻碍教育事业的后续发展。所以，教育政策只有在不断地运行之中，教育政策的运行主体才能不断地根据教育改革与发展的需要，适时地调整与修订以往的政策，适时地赋予教育政策以切合时代的新精神、新内容及新的政策运行方式，这是使教育政策能够发挥应有威力和产生正面效应的奥秘所在。如我国政府通过对人们普遍关心的国家助学贷款政策进行不断地调整和创新，于 2004 年 8 月重新出台了《国家助学贷款实施办法》，并创造性地实施该政策，以尽可能地扫除或减少我国高等教育发展中的障碍，从而促进我国教育事业整体协调发展。

相关链接 2-6：

2004 年国家助学贷款政策的新变化

1. 改革财政贴息方式。实行借款学生在校期间的贷款利息全部由财政补贴，毕业后全部自付的办法，具体按修订后的《国家助学贷款实施办法》(2004) 执行。已签订的国家助学贷款合同和已获得国家助学贷款按原规定执行。

2. 延长还款年限。借款学生应严格履行还款义务。改变以前毕业之日起 4 年内还清贷款本息的做法，实行毕业后视就业情况，在 1~2 年后开始还贷，毕业后 6 年内还清本息。

3. 实行灵活的还贷方式。允许借款学生一次或分次提前还款，对没有按照毕业时与经办银行签订的还款协议中约定的期限、数额归还国家助学贷款的学生，经办银行可对其违约还款金额本金计收罚息、利息计收复利。

4. 合理确定经办银行。实行由政府委托国家助学贷款管理中心通过招标、议标的方式确定经办银行。

5. 控制普通高校借款总额。普通高校每年的借款总额原则上按全日制普通本专科生、研究生以及第二学士学位在校生总人数的 20%、每人每年 6000 元的标准计算确定。具体借款额度由各省国家助学贷款管理中心根据各高校贫困学生实际情况和借款学生还款违约等情况确定下达。

6. 明确了普通高校、银行和学生在贷款实施中的责任。(1) 高校组织国家助学贷款材料的申请、向经办银行提供借款学生名单及有关材料，审查所提交材料的完整性、真实性；监督学生按借款合同规定的用途使用贷款。(2) 经办银行要按合作协议的约定，满足高校借款学生人数和额度需求，并按合作协议规定的工作日期限内批准贷款、签订合同、发放贷款。(3) 借款学生要如实填写公民身份证号码，保证申请材料的真实和完整，严格按用途使用贷款资金，认真履行还款协议，直接向银行还款，承担偿还贷款的全部责任。

7. 建立国家助学贷款风险补偿机制。按照"风险分担"原则，国家助学贷款风险补偿金分别由国家和高校按50%分担。各高校承担的部分与该校借款学生还款情况挂钩，并按财政部门"收支两条线"管理及其他有关规定，从高校学费收入中直接扣除，缴付所在省国家助学贷款管理中心（教育厅）风险补偿资金专户。

[资料来源]《国家助学贷款政策和运行机制的七项新变化》，http://xsc.hxu.edu.cn/dkzc.htm.

三、推动教育资源合理配置，调节教育利益关系

目前，随着市场机制不断地介入教育领域，政府、社会团体、学校、受教育者之间的关系具有了新的内涵，学校成为具有自主权的独立的办学主体，受教育者成为自主选择的教育消费者。无论是从教育资源配置，还是学校、社会团体以及受教育者个人之间的关系来说，他们都成为了独立的、面向社会和面向市场的竞争者。所以，政府的教育政策要针对新的政府、社会团体、学校与受教育者关系提供新的游戏规则，对教育资源短缺、选择教育、学校竞争、弱势群体和基本的教育质量标准等问题做出公平制度安排，并在其有效地运行当中，对有限的教育资源进行合理地配置，使教育政策能够体现最大多数人的要求和利益，从而最大限度地追求教育利益分配的社会公平。

如果我们把各种具体的教育政策加以归纳和概括，就会发现这些教育政策具有一个共同点，即它们都有一个一致性的目的性特征，在不同的主体之间分配教育利益、权力、权利、机会、经费、条件等。教育利益和教育利益关系是教育政策的基础与核心，国家制定和实施教育政策的根本目的就是对不同主体的教育利益进行调整和分配，正如政治系统分析理论创始人戴维·伊斯顿所说："公共政策是对全社会的价值作权威的分配。"于是，我们可以说，教育政策就是通过政府的活动合法地借助权力在社会上进行教育利益分配的过程。而对教育利益进行分配，则要求政府通过一定的教育政策的运行，对一国已有的教育资源进行配置。教育政策的运行过程，实际上是各种利益群体把自己的利益要求投入到政策制定系统中，由政策主体依据自身利益的需求，对复杂的利益关系进行调整的过程。如我国经济社会发展水平不同的地区之间、城乡之间的教育发展很不平衡，在改革的过程中，这种差距有进一步加大的趋势。因此，制定、实施全国性的、区域性的乃至校际之间

的教育资源配置的教育政策，并对经济落后地区的教育给予额外的经费援助，逐步缩小不同地区、学校之间的教育发展水平差异，是促进实现教育公平的一个有效的选择。

教育政策在运行过程中具有的教育利益分配的作用是在教育政策产生和发展的过程中被赋予的。在教育发展的历史过程中，真正意义上的以国家为主体的教育政策是在现代社会教育权国家化和社会化的进程中，在国家由间接影响教育到直接控制教育的过程中产生和发展起来的。在西方国家，在资本主义社会以前，国家并不直接地管理教育，教育的权力主要存在于民间（家庭、私人、教会）手中，因此也就谈不上国家运用教育政策分配教育利益的问题。伴随着资本主义政治经济的发展，国家控制教育的重要性越来越凸显出来，于是国家就一步一步地把过去一直属于私人、地方或教会管辖范围的教育集中到国家手中，以不同的方式处于国家的管辖之下。西方社会教育权国家化和社会化进程的本质就是教育权从家庭、教育组织和地方团体或教会向国家转移的过程，是一个教育权重新分配的过程。现代国家在取得教育权以后，通过规定全面的教育政策和目标、制定教育发展规划和计划、筹措教育经费和分配教育资源、编写和审定教科书、审批和设置教育教学机构等途径来控制教育活动，以满足自身的教育利益。同时，家庭、教育组织和地方团体在失去了部分或全部教育权以后，其作为教育利益主体的角色并没有改变，于是国家也必须利用教育政策来调控其自身与家庭、教育组织、地方团体等主体之间以教育权的分配为核心的教育利益关系，以稳固自身统治的基础。在我国情况则比较复杂，长期以来，在古代社会，官学教育和私学教育并存发展，但国家主要是通过选士制度间接地控制教育。以国家为主体的现代教育政策实践是从20世纪初期"癸卯学制"的颁布开始的，而1905年晚清政府学部的成立，则是在我国教育史上国家真正全面直接控制教育的开端，到新中国成立以后，教育权则逐渐地完全集中在国家手中了。20世纪50年代以后，从国际范围来看，由于教育规模不断扩大，教育社会化的趋势强劲，在大规模的教育改革中，国家或政府的作用越来越突出，教育成为国家公共政策的重点领域，教育政策也因此在其运行过程当中，调节教育利益关系的范围越来越广泛，作用越来越突出。①

---

① 本节主要参照刘复兴：《教育政策的四重视角》，《清华大学教育研究》，2002年第4期。

【本章小结】

　　教育政策运行是教育政策存在的基础。教育政策运行又叫教育政策运动或教育政策循环，是指包括教育政策制定、教育政策实施、教育政策管理、教育政策评估等在内的政策活动过程。教育政策制定、实施、管理和评估，就构成了教育政策运行过程的四个环节。教育政策的运行跟其他国家公共政策的运行一样，也有自己的一些特点，如具有动态性、连续性，组织性、利益协调性等。教育政策的运行过程的内容主要有教育政策的完善、教育政策的发展、教育政策的新陈代谢。教育政策在运行时需要一定的外部环境作支撑，这就是教育政策运行环境，它对教育政策运行具有非常重要的作用。教育政策环境主要由自然环境、政治环境、经济环境、文化环境、人口环境、体制环境、国际环境等构成，它们都从不同的侧面，以不同的方式对教育政策的运行产生影响。教育政策要得到有效运行，必须要坚持严肃性与变通性相结合、实事求是与开拓创新相结合、目标统一性与途径多样性相结合、合法性与合理性相结合、迅速果断与注重效益相结合、强制执行与说服宣传相结合的原则。教育政策要得到有效运行，还必须具备一些条件，如教育政策要合法，教育政策目标要明确，教育政策运行的机制要健全，要有合理的资源投入，等等。教育政策在运行过程中的作用，主要是指它在有效的运行过程中，能不断推动教育理论向教育实践转化，推动教育政策不断得到创新和推动教育资源得到合理配置。

【思考题】

1. 教育政策运行指的是什么？它包括哪些具体的环节？你又是怎样理解的？
2. 教育政策运行的特点和内容是什么？
3. 教育政策运行时的环境有哪些，它们对教育政策运行产生什么影响？
4. 教育政策要得到有效运行，必须要坚持哪些原则？
5. 教育政策要得到有效运行，必须具备哪些条件？
6. 教育政策在运行过程中有什么作用？你是怎样理解的？
7. 结合目前我国实际，谈一谈你对教育政策运行过程中存在问题的看法。

【参考文献】

1. 庞学光：《加强教育政策执行初探系列》，中国校园网，2001-08-17。
2. 刘复兴：《教育政策的四重视角》，《清华大学教育研究》，2002年第4期。
3. 中国地质大学（武汉）网络教育课件：《公共政策学》，http://course.cug.edu.cn，2005-12-06。
4. 成有信：《教育政治学》，江苏教育出版社1993年版。
5. ［英］斯蒂芬·鲍尔：《政治与教育政策制定——政治社会学探索》，王玉秋、孙益译，华东师范大学出版社2003年版。
6. 李汪洋：《论政策运行机制》，《辽宁青年管理干部学院学报》，2000年第2期。
7. 王玉秋：《教育政策研究的方法论思考》，http://wangyuqiu.blogchina.com，2005-08-23。
8. 张晓峰：《体制转轨阶段政策运行的几个关键问题》，《理论探讨》，1996年第1期。
9. 王金霞，智学：《教育政策——教育理论与教育实践的桥梁》，《教育理论与实践》，2005年第6期。
10. 郑敬高：《政策科学》，山东人民出版社2005年版，第104~121页。
11. 沈承刚：《政策学》，北京经济学院出版社1996年版，第248~251页。

第三章 教育政策制定

教育政策的制定是实现教育政策目的的一个重要环节，然而，国内外学者对政策制定程序的步骤划分并没有一个统一说法。如美国的西蒙认为"决策制定包括4个主要阶段，即情报活动、设计活动、抉择活动、审查活动"。① 在我国，王晓辉将其概括为"理论设计、实验论证、普及推广三个阶段"；② 有的认为应包括"政策问题的诊断、政策方案的设计、政策方案的选择、政策方案的修正和补充"③ 4 部分；还有的将教育政策制定程序分为5个、6个甚至更多步骤来表述，如分为元政策制定、教育政策问题认定、政策目标设定、备选方案制定、备选方案分析、最优方案选择、教育政策的合法化、教育政策执行、教育政策的执行与调整、教育政策评价10 部分。

但是，无论如何划分，认定教育政策问题、确立教育政策目标、收集教育政策信息、设计教育政策方案和教育政策方案的合法化都是制定教育政策所不可或缺的环节。

第一节 教育政策问题的认定

认定教育政策问题，就是找出和分析现实中存在的教育问题以及哪些问题需要通过教育政策来解决。因此，认定教育政策问题又称教育政策问题诊断。它是以一定的理论和政策评价资料，对教育政策问题的存在形式、范围和性质进行系统分析，找出产生问题的原因，并确认政策问题的过程。教育

---

① 张尚仁：《管理·管理学与管理哲学》，云南人民出版社1987年版，第123页。
② 王晓辉：《教育政治与决策》，山西教育出版社1992年版，第12页。
③ 桑玉成：《公共政策学导论》，复旦大学出版社1991年版，第138～142页。

政策问题的认定，是整个政策过程中的第一个环节，为其后的政策工作确立一中心内容，具有重大的意义。能否全面准确地界定政策问题，认清其范围、程度，查清问题的原因是整个政策过程成败的关键。

教育政策问题是教育所处的社会问题的一部分，因此教育政策问题的形成与整个社会的变化有着密切的关系。从社会方面来讲，社会变迁导致教育制度功能失调；从文化方面来讲，不适当的传统文化期望形成缺失；从经济方面讲，经济发展带来新的教育制度期望。

教育政策问题的认定包括发现问题和认定问题两大步骤。

一、发现问题

教育现象是无时无刻不在的，但如果不被人们所察觉，就不可能成为教育问题。有时，教育政策问题最初并不为社会成员所察觉，呈现一种潜在的状态，往往当问题为人们所察觉和体认以后，才明白原先认为不成问题的某些现象恰恰就是问题的根源。所以说，发现问题对于制定教育政策是至关重要的。

发现问题是认定教育政策问题的前提，可通过三个途径来发现问题：

第一，通过社会调查发现教育政策问题。比如，20世纪30年代，晏阳初通过深入细致的社会调查，发现当时中国农民普遍存在"贫，愚，弱，私"弊病，进而得出"生计教育以救贫，文艺教育以救愚，卫生教育以救弱，公民教育以救私"① 的对策。

第二，通过研究其他方面的社会信息提出教育政策问题。如20世纪80年代，我国教育体制改革问题的提出就是建立在深刻分析经济、科技体制改革的基础之上的。以改革促发展，就要从体制改革入手，理顺关系。随着经济体制的改革，教育体制与经济社会实际需求不适应的矛盾日益突出，教育体制改革越来越成为迫切需要解决的战略性任务。邓小平同志始终把教育与经济、科技和社会发展作为一个大系统工程。因此，20世纪80年代中期在部署经济体制改革和科技体制改革时，就开始进行教育体制的改革。

第三，通过预测分析社会的发展状况得出教育政策问题。如从20世纪90年代中后期开始，我国由于计划生育政策的有效落实，人口得到有效控

---

① http://www.fjtu.com.cn/fjnu/courseware/0913/course/_source/web/lesson/char8/j2.htm.

制。人口的下降直接决定着受教育的人数减少。正是通过预测到入学高峰过去后，入学的适龄儿童将减少的情况，国家提出调整学校布局结构的改革。

二、认定问题

通过上面三个途径发现的问题，往往有很多，不可能把所有发现的问题都作为决策问题。因此，决策层必须认真分析问题的性质，把那些具有普遍意义，迫切需要解决而又有条件解决的问题作为政策问题。

很显然，就这一环节而言，决策层对教育政策问题的识别能力是一个关键因素。如果决策层有较高的政策识别能力，能及时确定出政策问题，通过制定政策和用政策手段解决这些问题，则可达到制定教育政策的真正目的了。

但是，在对问题认定的过程中也会存在不能及时、准确认定问题的范围、原因的失误，而不能为决策层提供系统、准确的信息。

（一）认定问题过程中的失误

1. 认定问题不及时

有时，教育内部的不协调以及教育与社会环境的不协调状况已经发展到比较严重的程度，但是政策机构没能及时察觉，没有及时把这些问题上升为教育政策问题来加以解决，往往会使得教育政策的过程面临更复杂、困难的境地。

2. 认定问题不准确

这主要是对问题的性质、原因分析不准确。对于问题性质、原因分析不准确，将直接影响到政策制定和问题解决的有效性。

（二）认定问题出现失误的原因分析

在问题认定的过程中之所以存在不及时、不准确的失误，原因包括客观和主观两方面。

1. 客观原因

现代社会的发展变化速度非常快，各种社会问题的出现受到各种因素的影响，表现的复杂多变且相互牵连，识别起来的难度较大。同时，很多问题也往往不是很明显，只是潜在而已。

2. 主观原因

（1）政策机构的组织不健全

政策问题的认定，需要组织相互联系，但又各具独立性的部门来开展。

不健全的组织可能造成对问题难以全面准确的认定。在组织建立的同时，对各个部门的工作应有明确的分工，否则也难以有效地开展工作。

（2）问题认定的人员素质不高

参加政策问题认定的人员，必须有认真负责的态度，需要具备一定的理论认识，有较丰富的教育学、社会学的知识，有较强的分析问题和解决问题的能力。

（三）认定问题出现失误的解决对策

1. 建立良好的政策问题察觉机制

要想使真正具有价值的教育政策问题进入政策议程，就必须建立良好的政策问题察觉机制。良好的政策问题察觉机制，始终对教育问题保持一种"怀疑"与"警觉"的状态，对教育与社会发展中的各种动向，尤其是新现象、新事物保持密切关注与分析，做到以积极的态度，立足现实，预测未来，从而增强决策部门的发现问题和认定问题的能力。

2. 组织健全的政策问题认定机构和良好的人员队伍

一方面，明确各个部门的工作程序，合理分工，有序安排；另一方面提高人员素质，在加强理论修养的同时，提高他们识别问题、分析问题和解决问题的能力。

第二节 教育政策目标的确立

教育政策者在认定了教育政策问题之后，就应该根据客观需要和现实情况来确立教育政策目标。确立教育政策目标，对于教育政策的制定具有重要的战略地位。教育政策目标的正确与否直接关系到教育政策的成败。

一、教育政策目标的界定

对于教育政策目标的界定，袁振国认为"教育政策目标，系指教育政策者在政策制定中希望达成的境地"①。也就是说教育政策目标是指教育政策制定者希望通过制定与实施政策所达到的效果。政策目标来自政策问题。教育政策问题的明确化及对教育问题的正确分析是制定教育政策目标的基础。教育政策目标可分为价值目标和明确的可评估目标。所谓价值目标，是

---

① 袁振国：《教育政策学》，江苏教育出版社2001年版，第271页。

指一项教育政策的目标"在价值理念是崇尚和追求的目标",① 也就是为什么制定这项教育政策的回答。一项教育政策目标在价值在被社会认可的程度决定着政策目标的贯彻程度。所谓可评估目标,是指该项教育政策所指向的数量目标、质量目标、组织目标和保障措施等。可评估目标愈清晰、明确,则愈有利于政策的实施。

二、教育政策目标确立的原则

目标的正确与否直接关系到教育政策的成败。设定正确的目标,应遵循六个方面的原则。

(一) 目标的针对性

教育政策目标总是为解决某个或某些教育问题而确立的。所以,确立教育政策目标必须针对教育的实际问题,有的放矢、切中要害。教育政策目标的针对性越强,越有利于使社会形成对解决实际教育问题的关注,也就越有利于教育政策问题的解决。

(二) 目标的先进性

教育政策目标的针对性是与目标的先进性相联系的。教育政策目标针对的实际问题乃是一种带有方向性的问题,是发展中的问题。由此决定教育政策目标应该具有先进性。政策目标由于具有导向作用,所以,它需要通过确立目标引导教育事业健康地向前发展。

(三) 目标的完整性

目标的完整性是指构成目标体系的子目标要顾及到总目标的各个方面。有时候会遇到这样的情况:通过对存在问题的分析,列举了各个子目标,经过政策实施完成了各个子目标,但并没能达到预定要求。这种现象就是目标欠缺完整性所致。

(四) 目标的层次性

目标的层次性是指将总的目标从纵深方向分解成多个层次的目标,与目标的完整性横向组合共同构成了目标的结构体系。目标的层次性,有上层目标、下层目标,或分解为二级目标、三级目标、四级目标等。决策者在对目标层次进行划分时,应注意:目标层次越高就越抽象,越抽象就表明决策者对问题的认识很可能越模糊。目标分解得越细,层次越多,它的适应范围就

---

① 袁振国:《中国教育政策评论》,教育科学出版社2001年版,第4页。

越小,与所描述事物的发展状态发生偏离的可能性就越大。目标的层次性也涉及目标完整性的问题,比如说第二层次的目标都达到了,在保证目标完整性的前提下,那就表明第一层次的目标也就达到了。

(五)目标的可行性

教育政策目标的可行性是指所确立的目标通过一定的努力是可以实现的。可行性寓含着高于现实水平又不脱离现实水平的要求。教育政策目标必须与主客观条件保持协调关系,既不能过高,也不能过低。既要高于已有的目标水平,又必须是经过努力可达到的。过低的目标水平,一方面不能达到制定教育政策的目的,另一方面也难以对解决教育问题起到必需的激励作用。不顾现实条件,一味求多求快,盲目冒进的政策目标,必定会给教育发展带来不利影响。

(六)目标的规范性

教育政策起着规范教育事业发展的作用鲜明地体现在目标的规范性上。一个良好的教育政策目标必须是规范性目标。这种规范性主要表现在:其一,政策目标要体现和反映广大人民群众的根本利益和教育愿望。我国是社会主义国家,这一性质决定了任何教育政策的制定,都必须以人民利益作为出发点和归宿。随着我国社会阶层的不断分化,不同的利益集团会逐步出现,制定政策时必须加以考虑,以兼顾不同阶层的利益。其二,政策目标应当符合宪法和教育基本法的精神和规定。其三,政策目标要符合社会道德规范和行为准则。其四,下级教育政策目标要服从上级教育政策目标,地方、部门的教育政策目标要服从党和国家的教育总政策、总目标。其五,教育政策目标的概括和表述应具体、明确,不空泛、不含糊。也就是说,教育政策目标的表达应尽量用单义词和大家认识比较统一的词语,使人能够明确领会其含义,而不是这样理解也可以,那样理解也可以。否则,教育政策执行者就会无所适从,或者按照自己的理解去执行,从而使教育政策的目标难以实现。

第三节 教育政策信息的收集

教育政策的制定是建立在收集大量的教育政策信息的基础之上的,收集完整、可靠的教育政策信息,是制定成功的教育政策的保证和必需。本节将围绕教育政策信息收集的必要性、信息收集的方法、信息收集的内容和信息收集过程中的注意事项来谈教育政策信息的收集这一问题。

一、教育政策信息收集的必要性

及时获取教育政策制定所必需的、完整的、可靠的教育政策信息，是保证教育政策成功的前提条件。现代决策理论的创始人之一的赫伯特·西蒙提出的"有限理性论"认为，信息的不完备是制约决策的一个重要因素。在穆斯的理性预期理论看来，不确定性的根源在于信息的缺乏，不确定性的问题是可以通过大量有效信息的收集来解决的。政策制定者可以运用所有有关信息，根据过去的经验和现实的需要，在必要时修改他们的预期行为，以便消除引起政策制定失误的因素。所以说，只有具有一定数量和范围的信息，才能保证教育政策制定的质量。

充分的信息和数据是教育政策制定的基础，在政策信息不完备的情况下，教育政策制定的科学性和可靠性就得不到保证。为此，在教育政策过程的开始阶段，即从教育政策问题的认定开始，就应建立起相应的教育政策信息系统，对教育政策信息的收集、加工、交流和使用进行理论研究和总体设计。

现在，我国的教育政策信息系统还处于初创阶段，统计口径与国际标准不尽一致，而按照不同口径统计的数据之间差异很大，非专业人士不大可能分清其中的差别。更有甚者，有些地方的教育政策执行机关不重视信息管理，敷衍了事，所获得的信息和数据要么残缺不全，要么已经过时，不能反映现在的教育发展状况；有关信息资料得不到及时的收集和科学的分析，教育政策信息系统的建设处于停滞状态。这些问题都将影响到教育政策制定的有效性和解决教育问题的效果。

二、教育政策信息收集的方法

为了保证信息资料的全面、客观，提高信息的使用价值，必须建立严密完整的信息收集制度，建立教育信息数据库，从问题说明的角度和政策评价的角度去收集相关信息。

（一）建立严密完整的信息收集制度

建立严密完整的信息收集制度的目的是使教育政策相关信息的收集在时间上、次数上、数量上、范围上都有明确的规定。应力求教育政策信息收集的标准化，从内容到形式都要统一，符合社会科学研究的普遍格式，特别是要采用国际通用标准，统一统计口径，以便于信息的归纳、整理、加工和筛选。还可以充分利用计算机技术帮助我们收集、处理和使用信息，借助现代网络技术加速教育政策信息的传播、加强信息沟通上的规范化建设，使之尽可能及时、顺畅。

（二）建立教育政策信息数据库

教育政策信息数据库，不仅应包含制定教育政策的背景、目标，还应包括执行教育政策所带来的积极影响和负面影响、不同当事人的态度倾向等方面的信息和数据，以及新闻媒体发布的与教育政策相关的报道、教育专家学者发表的与教育政策相关的论文或报告。为此，中央和地方各级教育行政机关都要增强教育政策信息管理意识，积极做好教育政策信息的收集工作，及时整理发布教育执法检查结果、教育督导结果以及教育事业和经费统计数据。同时，民间社会组织（诸如非官方研究组织、调查公司以及网站等）也应积极收集整理教育政策信息数据，建立民间的教育政策信息数据库，更多地反映公众的利益需求与态度倾向。因而，建立教育政策信息数据库就包括两类：一类是官方性质的；另一类是民间性质的。两类教育政策信息数据库都不能忽视。

（三）从问题说明的角度去收集相关信息

在问题解决过程的框架中，我们应从现实状态的症状和原因以及期望状态的目标和条件着手相关的问题信息，对于目标状态实现条件的分析是至关重要的，这将直接影响政策目标到底是空中楼阁还是有着有扎实的基础。

（四）从政策评价的角度去收集相关信息

一方面，收集教育政策信息，是评价人员开展教育政策评价的首要环节和必要条件；另一方面，如果没有评价信息的收集，那么政策方案选择的标准就无法确定，决策将是十分困难的。

三、教育政策信息的内容

教育政策制定要收集的信息是多方面的，收集教育政策信息要一方面从教育自身出发，另一方面围绕与教育密切相关的政治经济、文化出发收集相关的教育信息和有关的政治经济、文化信息。

（一）相关的教育信息

任何一个国家或政党制定教育政策都是为了解决教育领域中的某一问题，并以此来指导国家教育事业的发展。要解决教育领域中的问题，必须了解当前教育的发展态势，首先从自身出发，找出自身的问题所在。不可否认，自20世纪80年代以来，世界教育得到了很大的发展，各国教育已逐渐形成"大教育"体系。一方面教育规模日益扩大，另一方面教育结构日趋复杂。在这样一个背景下产生的教育问题，可想而知有多复杂。只有了解了相关的教育信息，才能给制定教育政策提供切实有效的背景来源。

（二）有关的政治经济、文化等信息

任何国家或政党制定教育政策的根本目的是要付诸实际行动，指导教育活动，而不仅仅是简单的纸上谈兵。现代教育与社会的广泛而密切的联系决定了制定任何教育政策必须了解与教育紧密相关的政治、经济等信息，没有这些相关信息，一方面教育政策方案难以设计，另一方面最优的教育政策选择难以做出。归根结底就是说，教育政策制定无法进行。即使制定出教育政策，也只能算作空中楼阁，没有任何政治可行性与经济可行性。因而，制定教育政策必然要了解问题涉及的政治经济、文化等方面的信息，若没有获得相关信息的支持，制定出来的教育政策将难以解决实际问题，更难以指导教育事业的发展。

四、收集教育政策信息的注意事项

信息作为教育政策制定中不可缺少的重要因素，在收集时要注意信息量的适当、信息渠道的畅通和信息内容的全面可靠。

（一）信息量要适当

如果信息量过多，超过一定机构的承受能力，必定导致处理信息的人员因负担过重而疲惫不堪，所产生的直接后果是信息处理一方面可能简单化，另一方面因信息处理时间的加长而影响信息的准确与及时。如果信息量过少，信息不全面，可能会导致制定出的教育政策不科学，也就达不到制定教育政策的真正目的。

（二）信息渠道要畅通

渠道畅通一方面能够确保在政策制定过程中获得充足的情报支持，收集到全面而准确的信息，另一方面能够确保信息收集的及时，使得制定出的教育政策更有效。

（三）信息内容要全面、可靠

一般事实证明，收集的信息不全面、不可靠，往往容易导致在制定教育政策中决策的失误。所以说，收集的信息全面可靠是决策正确与否的重要前提。因此，在设计教育政策方案时必须从多方面来考虑问题的可能性与复杂性，从多种渠道来收集全面可靠的信息。

要做到以上几点，一方面，要有大量高素质的情报人员，另一方面要充分运用科学的方法和现代科学技术手段，提高信息传递的速度和质量；此外，最为重要的是从体制上予以保证，明确规定各级部门的职责，从而保证信息传递的及时有效。

第四节 教育政策的规划

教育政策目标明确之后，需要围绕这一目标进行政策方案设计，提出方案的规划。方案设计是政策决定的中心环节。其目的在于提供多种可供选择以实现政策目标的可能性方案或备选方案。

一、教育政策方案的设计

政策决定是针对方案的决定，所以说方案的设计、规划对于政策决定具有特别重要的意义。教育政策方案设计一般需要遵循整体性原则、科学性原则、创新性原则、原则性与灵活性相结合原则和民主性原则五个方面的原则[①]。

（一）整体性原则

所谓整体性原则，是指在教育政策方案设计时，要从整个政策体系运行的角度出发，进行综合分析。任何一项教育政策方案的实施都是处在整个政策体系运行的过程中，不可能是孤立运行的。此项教育政策与彼项教育政策之间总会不同程度地存在这种或那种联系。这种普遍的联系性决定着进行教育方案的设计必须将方案作为一个整体对待。在方案设计时，有必要从全局出发，要将全局利益与局部利益结合起来，将眼前利益与长远利益结合起来，既要考虑到政策的经济效益，又要关心社会效益。同时，也要考虑到不同层次教育政策之间的相互协调，从而使各项政策形成一个有机的整体，从而产生最优的全局效应。

---

① "教育政策方案设计"部分主要参照张乐天：《教育政策法规的理论与实践》，华东师范大学出版社 2002 年版，第 26~28 页。

(二) 科学性原则

所谓科学性原则，是指要以科学的精神、态度、方法并遵循科学的程序进行教育政策方案设计。这里强调的科学性主要有两层含义：一是教育政策方案设计要进行科学的预测。政策方案实施后会产生什么样的效应，现在是不得而知的。但是，这又是必须考虑的问题。对未来发展态势判断得正确与否，在很大程度上也会影响教育的效果。所以，教育政策方案在设计时必须估计所设计的教育政策方案的效应，既要考虑影响政策目标的客观环境的可能变化，同时也要估计在各种客观条件下方案的预期效果。强调科学性原则的另一层含义是指教育政策方案设计要准确地把握现实，从现实性出发，实事求是，保证设计的方案合理可行。

(三) 创新性原则

没有创新就难以有好的教育政策，创新是政策的生命力之所在。教育政策制定的每一个步骤，每一个环节都需要创新。要解决教育新问题，提出新方案，就必须不断研究新情况，不断创造。设计政策方案实际上是一种创造性思维的活动过程，是一种求新的过程。只有不断地创立新的政策方案，才能有效地解决各种新的政策问题。

(四) 原则性与灵活性相结合的原则

所谓原则性与灵活性相结合的原则，是指政策方案的设计一方面要考虑到确立严格的具有权威性的政策规范，另一方面又要给政策适当留有余地，使之具有一定的可以调节的范围。要求教育政策方案保持一定的原则性，是因为这种原则性保证了教育政策所应有的规范性与权威性。要求教育政策方案保持一定的灵活性，有利于在政策实施过程中根据变化着的教育状况采取适度灵活的对策与措施，从而保证教育政策实施的最好效果。之所以如此，是因为教育发展的环境总是在不断运行与变化的，那么随着环境的变化，教育政策也需要做出相应的调整与变动。

(五) 民主性原则

所谓民主性原则，是指教育政策方案设计要发扬民主精神，广泛征求各方面的意见，吸取多方的力量参与设计过程。当今教育是一个复杂的社会系统工程，教育领域中的任何一个重大教育问题，都会涉及众多互相影响制约的复杂因素的综合性问题，必然会涉及其他的众多领域。因此，在设计教育政策方案过程中，一方面要高度重视和充分发挥教育领域专家、智囊团的作用，放手让专家提方案、发议论，开展不同意见的讨论、争论；另一方面要认真听取社会其他各界人士的意见,集思广益。在某种程度上来说,充分尊重民意是一个良好政策方案形成的必要前提和基础。

二、教育政策方案设计中的注意事项

设计教育政策方案时,必须要保证方案的可选性、充分运用创造性的思维、准确估计方案的后果及其可能效应以及进行细节设计①。

(一) 保证方案的可选性

保证方案的可选性是指在设计方案时尽量多地设计出备选方案。没有比较就没有鉴别,只有设计出一定数量和质量的备选方案并经过比较和鉴别,才知道所选方案能否有效达到所定的目标。如果没有多种方案以供选择,这样的决策是没有意义的。因此,在拟定教育政策方案时,要对各种可能解决问题的途径和方法进行认真思考,尽量多设想一些政策方案,以备教育决策者能够在多种方案中进行比较选择,择优而取。教育政策方案不仅应包括各种可能实现教育政策目标的方案,还应包括各种预防方案、应变方案等。

(二) 设计教育政策方案时要充分运用创造性的思维

教育政策方案的设计是一种高强度、高难度的思维活动。要想设计出好的方案必须综合运用多种思维方式。其中,形象思维、抽象思维、创造性思维都是经常会用到的。创造性思维是人类社会前进的主要动力,它从提示事物的本质出发,冲破了经验俗套的障碍,克服了思维定势的束缚,能提供新颖的思维成果。创新是政策的生命力之所在,情况总是在变化的,教育政策的制定绝非一种"例行公事",而往往是针对新出现的问题进行的无常规可循的、重大的复杂的决策。因此,对设计政策方案来说,创新具有十分重要的意义。政策方案能否创新,取决于方案设计者是否具备创造性思维的能力和素质。只有不断地创立新的政策方案,才能有效地解决各种新的政策问题。创造性思维的运用与设计教育政策方案遵循创新性原则是相一致的。

(三) 设计教育政策方案的同时要准确估计方案的后果及其可能效应

制定教育政策是为了解决现在的以及未来的教育政策问题。从设计教育政策方案到政策方案被通过实施,还有一段时间上的距离。因此,任何教育政策方案的实施结果总要经过一定时间后才能表现出来。在估计所设计的教

---

① 本节主要参照袁振国:《教育政策学》,江苏教育出版社 2001 年版,第 189~193 页。

育政策方案后果时，既要考虑影响政策目标的客观环境的可能变化，同时也要估计在各种客观条件下方案的预期效果。

客观条件分有利条件和不利条件，条件的有利与不利，直接影响着政策实施所付出的代价以及所产生的效果。条件预测要考虑到一些问题，比如在同这一教育政策有关的环境和条件中，存在哪些有利因素和不利因素？在有效利用这些有利因素和克服不利因素方面有哪些办法？未来的环境和条件会发生哪些变化？有哪些影响变化的因素，可能出现哪些情况？等等。

对方案效果的预测，对于方案的选择尤为重要。只有知道了方案的效果，才能辨别方案的好坏优劣，才能使方案制定者在选择方案时胸有成竹。方案预期效果应包括：这一方案能否达到目标？能在多大程度上达到目标？差距有多大？有什么风险？可能产生哪些消极后果？哪些人将受到该方案的影响？整个社会可能出现什么样的反应？等等。

此外，我们还应对政策方案可能产生的负面影响进行分析。为了尽可能地减少负面影响，在设计好政策方案后，应对政策实施后可能出现的潜在问题做比较全面的估计与分析，以拟订相应的预防措施和应急措施，从而使负面影响降至最小，而保证政策的实施效果达到最好。

（四）设计教育政策方案必须进行细节设计

设计教育政策方案的根本目的是为了通过实施该项政策来解决具体的教育问题。如果教育政策方案中没有对方案实施细节的规定，再好的政策方案也只能是一副空壳，没有任何意义。因此，设计教育政策方案时必须进行细节设计。细节设计是对教育政策方案的具体化，是进一步确定实现教育政策目标的各种措施，如教育政策界限的规定和相关机构的设置、人员配备和物资经费的保证等。

设计教育政策方案的细节不等于制定具体的教育政策执行计划。教育政策作为解决教育问题的总的指导原则，也不宜过细。就一般情况而言，教育政策方案的细节规定得过于概括和抽象，在政策执行过程中由于理解的偏差而可能出现偏离政策目标的情况，从而达不到制定教育政策的目的；但是，如果教育政策方案细节设计过于详细，则又可能出现脱离实际和限制地方与基层主动性积极性的情况，从而使得教育政策难以奏效。教育政策在设计过程中要注意留有余地，充分考虑到各个地区经济和社会发展不平衡的特点，以不限制地方的主动性和创造性，充分发挥本地区的优势为基准。在细节设计过程中，要特别注意务实、细致、完备，充分考虑到方案在教育政策过程中的可行性以及对教育政策问题的解决。

三、教育政策方案的选择

在设计出各种教育政策方案后，要对各方案进行评选，以选出或综合出一个最佳方案或满意方案，这也就是在对备选的政策方案进行全面评估的基础上择优的过程。评估要科学客观，才能作出最优选择。要进行择优必须首先制定政策评价的标准，政策评价标准是把政策目标、备选方案和政策效果联系起来的政策范畴，它将直接影响到我们对备选方案的选择和对效果的计量，在执行中还影响到对政策的评估。实践证明：在许多政策制定场合中，方案选择错误的原因主要不在于方案不当，而在于标准不当或模糊。因此，确立适当而明确的评价标准是十分重要的。教育政策的评价标准主要有三个方面：真值评价、价值评价和可行性评价。

（一）真值评价

真值评价就是看方案是否符合客观的事实，是否在分析现状的基础上作出的，方案要达到的目标状态是否具有可实现的客观基础，这种评价是以教育政策方案及其实施的意义是否有客观实在性作为尺度的。

（二）价值评价

与真值评价不同，价值评价是以主体的需求、利益和价值观为评价尺度的，在教育政策方案的价值评价中，要求教育政策主体按价值理性原则，从追求公平、公正和如何使公共利益最大化出发来考虑问题。也就是说，在教育政策的制定中这种评价是以方案是否能最大限度符合公共利益、是否与教育政策制定者的目标相一致作为标准的。

（三）可行性评价

政策制定的目的在于解决政策问题，一项教育政策无论它多完美，最终都要付诸实施，如果它只是海市蜃楼就失去了制定的意义，因此必须对它进行可操作性的评价，可行性在一定程度上是政策方案选择的最基本依据。

政策方案的可行性分析主要包括政治可行性，即政策方案获取政治资源支持的程度及对政治价值的影响；经济可行性，即执行方案所需财力、人力、物力、信息等的获取和支持程度；法律可行性，即方案是否符合宪法、法律的有关条款及其精神；技术可行性，即方案在现有的技术水平下能够实现目标的程度。

四、教育政策的试行

教育政策的制定是一项十分严肃的工作，政府不能随便拿全民做实验，否则可能产生较大的社会代价。一项教育政策在制定中尽管经过了广泛深入的调查研究和反复的论证，证明是可行的。但是，在实践中，人们对客观的认识，由于种种原因，有时候并不是完全一致的，甚至还可能有一定的距离。所以，在有条件的情况下，需要进行可控制性的试验或小范围的政策试行，以发现所制定出来的教育政策中可能存在的缺陷与不足，从而较早地预防一些因政策执行而出现的意想不到的后果。在小范围内进行试行，以检验政策方案的有效性、可靠性和操作可行性。同时，通过收集反馈信息和发现偏差，提出政策修改意见并修改和完善原政策方案。此外，还可以从试行中发现有关政策实施的问题，如实施的方法、步骤、注意事项等，为政策的全面实施取得经验，以形成更有效、可靠、可行的政策。

对于那些重大教育政策的实施都应有必要的典型试验。首先，应该选择具有典型性条件的对象作为政策试点的对象。其次，要制定严密的试行计划。对于范围较广、变化较大的复杂问题，应该有在相同条件下的对照以便从比较中得出科学的结论。最后，还要对实验结果进行总结。当前，我国一些重大的教育政策如标准化考试、高中会考制度、高考省内自行命题等，都是采取了先选择一些省份进行试点，经过一段时间的实践后，从点上取得经验，逐步成熟，最后才正式出台有关的教育政策。

对结果的检验评估不是仅仅局限在对方案的评估上，还包括对政策目标以及试行中的执行情况的评估。如果政策目标出了问题则又会回到前面的步骤中重新循环这一过程，如果方案出了问题那么就对它进行修改并最后确认。分析和观察教育政策试行的结果，不仅对于这项政策的将来，而且对于教育政策制定环境的其他因素，都十分重要，这项工作有助于教育政策制定者意识到是否有必要返回到教育政策方案设计阶段。

第五节　教育政策的出台

教育政策方案确定之后，并不能马上实施，它必须经过一定的政府程序和政府渠道转变为正式的政策才能出台并付诸实施，也就是说为了顺利推广和贯彻执行教育政策，还必须使教育政策合法化。

一、教育政策合法化的含义与作用

（一）教育政策合法化的含义

教育政策合法化是教育政策过程中的一个重要方面，既可以将其看成是教育政策制定的一个环节，也可以将其看成是介于教育政策制定和执行之间的一个独立阶段。

所谓教育政策合法化，是指法定主体为使教育政策方案获得合法地位而依照法定权限和程序所实施的一系列审查、通过、批准、签署和颁布教育政策的行为过程。教育政策合法化的含义可以从以下方面来理解：

第一，教育政策合法化是有目的的活动。其目的在于使教育政策方案获得合法地位，转化为合法有效的教育政策，具有合法性、权威性和约束性，获得人们的认可、接受和遵照执行的效力，从而使教育政策有效地发挥规范和指导教育的作用，最终实现教育政策目标，解决教育政策问题。

第二，教育政策合法化是法定主体依照法定权限所实施的活动。宪法和组织法对国家机关的权限作了划分，国家机关必须依照宪法和法律的规定，在各自的权限范围内使相应的教育政策合法化。教育政策具有法定的权威性，对社会具有一定的约束力，只能由法定的国家机关依照法定的权限制定。不具有法定的教育政策制定权利或超越法定权限，都不能使教育政策合法化。

第三，教育政策合法化是法定主体依照法定程序实施的一系列行为的过程。教育政策的内容、形式和效力范围不同，教育政策合法化的主体和程序也就不同。但是，教育政策合法化的程序都有共同的标准，即都要符合法律规定，都有审查、通过、批准、签署和颁布等一系列基本的步骤。

（二）教育政策合法化的作用

教育政策合法化的作用体现在以下几个方面：

1. 教育政策合法化是教育政策执行的前提

在民主、法治的社会，教育政策只有经过合法化程序，才能成为合法有效的教育政策，才能取得教育政策对象的认可、接受和遵照执行的效力。

2. 教育政策合法化是决策民主化、科学化和法制化的具体体现

教育政策合法化是一个吸收民众参与决策、加强教育政策沟通与协调的过程，也是一个教育政策优化的过程，是对政策方案不断修改、充实、完善的过程，更是一个坚持由法定的决策主体，依照法定的权限和程序进行决

策，对决策行为实施法律监督的过程。

3. 教育政策合法化是依法治国、依法治教的需要

依法治国是现代国家的主要标志。中华人民共和国成立以来社会主义建设的经验教训表明，国家建设、经济发展和公民权利的保障，都有赖于健全的法制。依法治教就是运用法律手段管理教育事业。依法治教要求健全法制。强调教育政策合法化，正是强调健全法制，依法治国、依法治教的需要。

二、教育政策合法化的程序

（一）行政机关的教育政策合法化程序

行政机关的教育政策合法化程序取决于行政领导体制。在不同的行政决策体制下，教育政策合法化程序也会有所不同。从行政决策权的角度来划分，可以把行政领导体制分为首长制和委员会制。

在首长制的行政机关内，行政首长具有法定的最高决策权。在教育政策制定的过程中，他可以征求和听取政府行政机关其他组成人员的意见和建议，但最终的决策权取决于行政首长的决断。委员会制的最高决策权由委员会各个成员共同执掌，各成员的决策权力是平等的，在决策时一般采取"多数决定"的原则。在行政首长制下，决策果断迅速，责任明确具体，这些都与现代化政治运作的原则相符合。而委员会制的决策体制相对而言则效率较低，不符合现代社会的要求。因此，在当今世界的行政体制中，行政首长制是一种普遍采用的体制。

我国的行政机关领导机制采用的是首长负责制，最高行政机关国务院实行总理负责制，各部委实行部长、主任负责制。目前在我国，行政机关的教育政策合法化有以下程序：

1. 法制工作机构的审查

我国县级以上各级人民政府和相当一部分政府部门都设置了专门的法制工作机构。专门审查有关部门拟订的教育政策方案，通过后报行政首长审批或领导会议讨论决定。

2. 领导决策会议的讨论决定

行政首长召集和主持政府常务会议或全体会议，讨论教育工作中的问题，对会议所讨论的结果和应做出的决定，行政首长拥有最后的决定权。

3. 行政首长签署发布教育政策

本级政府制定的教育政策，由行政首长签署发布，根据规定需要上报审批的教育政策，则应报上级审批后发布。如果是报国家权力机关审查通过的，则进入权力机关的教育政策合法化程序。

（二）权力机关的教育政策合法化程序

在我国，全国人民代表大会是最高权力机关，国家权力机关包括全国人民代表大会和各级人民代表大会。权力机关的教育政策合法化程序一般分为四个步骤：

1. 提出法律议案

法律议案是有关机关、组织和人员依据法定程序向立法机关提出的关于制定、认可、修改、补充和废止法律的提案。我国享有法律议案提案权的组织和人员包括全国人大主席团、全国人大常委会、全国人大各专门委员会、国务院、中央军委、最高人民法院、最高人民检察院、全国人大的一个代表团或者30名以上的人大代表（见《中华人民共和国全国人民代表大会组织法》）。我国教育立法的议案主要是由国务院提出的。

2. 审议法律议案

权力机关或权力机关授权的机关对议案运用审议权，决定是否将其列入议事日程，是否需要修改，并在需要修改的情况下对议案进行修改，这一过程即为审议法律议案。

3. 表决和通过议案

法律议案审议完成后，就要进行最终表决。表决就是具有法律议案审查权的人员对议案是否能成为正式法律表明自己赞成或反对的意见。经过表决，法律议案如果获得法定数目以上人员的赞成，即为通过，法律议案则成为正式法律。

4. 公布教育政策

教育政策方案经过表决通过后，经过其他机关或其他形式的批准、认可后，才能成为正式的教育政策。此后经过公布，就可以付诸执行。教育政策的公布权不一定属于权力机关，例如有些国家法律的公布权属于国家元首。在我国，国家主席根据全国人大及其常委会的决定签署主席令公布法律。

三、教育政策法律化

所谓教育政策法律化，是指享有立法权的国家机关依照立法权限和程序，将经过实践检验，成熟、稳定而有立法必要的教育政策转化为法律的过程。实际上是一种立法活动，又称教育政策立法。

教育政策法律化的过程就是立法的过程，其程序也就是立法程序。教育政策法律化是教育政策合法化的一种重要而又特殊的形式。

（一）教育政策法律化的条件

1. 有立法必要的教育政策

教育政策与教育法律的调整范围不完全相同。只有调整属于法律范围内的社会关系的教育政策，才有必要转化为教育法律。

2. 成熟、稳定的教育政策

教育政策和教育法律都要有稳定性。与教育政策相比，教育法律更加稳定。国家的法制要保持统一性、严肃性和权威性，法律就不能朝令夕改。教育法律的职能在于调整和规范教育领域以及教育与社会之间的比较稳定的社会关系。因此，只有经过实践检验是成熟的并具有长期稳定性的教育政策才能上升为法律。

（二）教育政策法律化与教育政策合法化

教育政策转化为法律，获得了合法地位，具有执行效力，并有国家强制力保证实施，从这一点上来讲，教育政策法律化是教育政策合法化的一种重要形式。

但是，从教育政策过程来看，教育政策合法化属于教育政策制定的范畴，是经过教育政策规划所得到的教育政策方案获得合法地位的过程。而教育政策法律化则是将经过检验证明是成熟、稳定的教育政策转化为法律，则该项教育政策已经处于执行阶段了，而不是制定阶段。从这一点上来讲，教育政策法律化与教育政策合法化又是属于不同的阶段。

【本章小结】

制定教育政策是一项复杂的工作，教育政策问题的认定，是整个政策过程中的第一个环节，为其后的政策工作确立中心内容，具有重大的意义。能否全面准确地界定政策问题，认清其范围、程度，查清问题的原因是整个政策过程成败的关键。

准确及时地认定了教育政策问题后，第二步是确定教育政策目标。教育政策目标的正确与否将直接关系到教育政策的成败。设定一项正确的教育政策目标，必须从目标的针对性、先进性、完整性、层次性、可行性、规范性六个方面着手。

认定了教育政策问题和明确了教育政策目标后,将围绕问题和目标收集教育政策信息。及时获取教育政策制定所必需的、完整的、可靠的教育政策信息,是保证教育政策成功的前提条件。为了保证信息资料的全面、客观,提高信息的使用价值,必须建立严密完整的信息收集制度,使教育政策相关信息的收集在时间上、次数上、数量上、范围上都有明确的规定。在收集、分析相关信息的过程中,应该从问题说明的角度和政策评价的角度两个方面去收集相关信息。教育政策制定所需要收集的信息是多种多样的,包括一定相关的教育信息和相关的政治、经济、文化等信息。在收集信息时要注意三点,即信息量要适当,信息渠道要畅通,以及信息内容要全面、可靠。

教育政策制定的第四个环节为设计政策方案,提出方案的规划。方案设计是政策决定的中心环节。其目的在于提供各种可供选择以实现政策目标的可能性方案或备选方案。政策决定乃是针对方案的决定,因此方案的设计、规划对于政策决定具有特别重要的意义。

设计教育政策方案应遵循整体性原则、科学性原则、创新性原则、原则性与灵活性相结合原则、民主性原则五方面的原则,同时在设计教育政策方案的过程中注意保证方案的可选性、充分运用创造性思维、准确估计方案的后果及其可能效应和进行教育政策方案的细节设计四个问题。

在设计出各种教育政策方案后,要对各方案进行评选,以选出或综合出一个最佳方案或满意方案,这也就是在对备选的政策方案进行全面评估的基础上择优的过程。教育政策的评价标准主要是真值评价、价值评价和可行性评价三个方面。

在教育政策出台前,在有条件的情况下,需要进行可控制性的试验或小范围的政策试行,以发现所制定出来的教育政策中可能存在的缺陷与不足,并预防一些因政策执行而出现的意想不到的后果。在小范围内进行试行,以检验政策方案的有效性、可靠性和操作可行性。通过收集反馈信息和发现偏差,提出政策修改意见并修改和完善原政策方案,还可以从试行中发现有关政策实施的问题,如实施的方法、步骤、注意事项等,为政策的全面实施获取经验,以形成更有效、可靠、可行的政策。

教育政策方案确定之后,并不能马上实施,它必须经过一定的政府程序和政府渠道转变为正式的政策才能出台并付诸实施,也就是说教育政策方案必须合法化。教育政策合法化就是使教育政策方案获得权威性的过程。

【思考题】

1. 教育政策制定分几个环节？各个环节在制定教育政策过程中起到什么作用？
2. 如何发现和认定教育政策问题？
3. 认定教育政策问题过程中存在哪些失误？应如何减少失误？
4. 如何确定教育政策目标？
5. 收集教育政策信息应注意哪些问题？
6. 如何设计教育政策方案？
7. 如何选择最佳教育政策方案？

【参考文献】

1. 袁振国：《教育政策学》，江苏教育出版社2001年版。
2. 张乐天：《教育政策法规的理论与实践》，华东师范大学出版社2002年版。
3. 舒泽虎：《公共政策学》，上海人民出版社2005年版。
4. 严加红：《中国公共教育政策制定的影响因素及其问题解决对策》，《当代教育论坛》，2005年第11期。
5. 刘晓：《构建以公平为目标的教育政策》，《湖南社会主义学院学报》，2005年第3期。
6. 赖文才：《从教育政策目标设定谈校规制定》，《肇庆学院学报》，2005年第6期。
7. 杜晓利：《论教育政策问题及其构建》，《当代教育论坛》，2005年第8期。
8. 张烨：《论教育政策制定与实施中的话语展现》，《教育研究与实验》，2005年第3期。
9. 吴成军：《中国教育政策若干问题浅析》，《贵州社会科学》，2004年第3期。
10. 程杞国：《政策制定的机制分析》，《行政学研究》，2000年第3期。
11. 王金霞，智学：《教育政策——教育理论与教育实践的桥梁》，《教育理论与实践》，2005年第6期。
12. 刘孙渊：《我国教育政策评估存在的问题及对策》，《扬州大学学报》，2002年第2期。
13. 赵彦操：《信息在政策制定中的战略地位浅析》，《四川师范学院学报》，2002年第2期。
14. 钟婉娟，杨润勇：《论区域教育政策制定》，《教育科学》，2003年第6期。
15. 许建美，单中惠：《论影响日本教育政策的因素》，《清华大学教育研究》，2002年第6期。
16. 钱再见：《论公共政策制定系统的活动特质及其运作原则》，《广东行政学院学报》，2005年第4期。
17. 陈振明：《公共政策制定的基本程序》，《中国工商管理研究》，2006第7期。

第四章 教育政策实施

教育政策实施是指教育政策的执行者依据教育政策的指示和要求,为实现教育政策目标、取得预期效果,不断采取积极措施的动态行动过程,是解决教育政策问题的根本性环节。

教育政策的实施是一个由多环节构成的有机过程,各环节之间相对独立相互支持,确保了教育政策实施的有效性。我国教育政策的实施由政策宣传、政策执行、政策监督、政策总结等环节构成。

第一节 教育政策宣传

所谓教育政策宣传,是指利用各种媒介对即将执行的教育政策在相应范围内传达、教育,为教育政策执行创造条件。

教育政策的执行机构确定下来后,一项非常重要的工作就是组织对政策的宣传、学习和说明,通过各种有影响力的渠道和方式,向政策执行人员、目标群体和社会各方面宣传政策目标、内容、要求及政策的合法性、合理性、必要性和意义等方面的信息,取得他们对政策的认同和支持,减少对政策的误解和抵触行为,形成有利于政策执行的社会舆论环境。

做好政策宣传是政策得以顺利执行的重要前提之一。"徒法不能以自行",政策制定出来以后并不能自动地生效,也不能自动地被人们所接受。"要使人们按政策的意图去自觉行动,就必须想方设法促使和引导人们认识政策,把政策的目标和思想观念等转化为执行者和其他有关人员的奋斗目标和思想观念。也只有这样,才会有积极、主动的政策执行和目标群体的接受和支持。因此,教育政策执行离不开政策宣传。"[1]

---

[1] 袁正国:《教育政策学》,江苏教育出版社1996年版,第62页。

一、教育政策宣传的范围

一般来说,教育政策宣传的范围是与教育政策执行有关的全体人员,既包括教育行政部门的执行人员,也包括政府其他公共组织的执行人员;既包括行使指挥权力的领导人员,也包括承担反馈与调控任务的信息人员与监督人员;既包括执行主体人员,也包括执行客体,即教育政策执行区域内的人员以及其他相关人员。这里还涉及两个问题,一是凡涉及国家或教育管理机密的教育政策,在宣传时应严格按照有关规定控制宣传范围,以防泄密;二是一些涉及国计民生或具有重大影响的教育政策可在全国以至全世界范围内公开宣传。在这时,受众了解得越多越好。但这已是一般意义上的或广义的教育政策宣传,不属于这里的范围。

二、教育政策宣传的内容

为发挥教育政策宣传的功能,收到预期的宣传效果,政策宣传内容必须系统全面。首先,宣传教育政策的实践与理论价值,包括教育政策产生的经济、政治、社会条件,阐明教育政策的必要性或紧迫性,回答为什么要做出该项政策的问题。这是教育政策宣传的基本内容之一,也是容易被忽视的内容。其次,宣传教育政策的目标、实施范围、资源状况及分配原则等。其中,教育政策目标包括总体目标与分支目标、方面目标与局部目标、长期目标与中短期目标、主要目标与次要目标、定性目标与定量目标、组织目标与个人目标等,也包括各项目标之间的影响、配合与支持关系。目标宣传是政策宣传的核心内容,教育政策执行人员对目标价值的认识程度,对待目标的态度是影响教育政策执行效率的重要因素。实施范围包括对教育政策执行的时间、空间范围的规定。它对执行者人员合理安排工作进度,确定招待规模,发挥具体的指导作用。资源状况包括实施教育政策的各种物资条件、财力条件及人力条件。分配原则是对各类资源在教育政策执行中配置所做的原则规定。教育政策执行范围的宣传对教育政策执行人员的具体工作具有更直接的指导作用,资源状况与分配原则的宣传使执行人员增强执行的信心,全力落实决策。

三、教育政策宣传的手段

教育政策宣传是一项富有创造性和艺术性的教育活动,它可以通过广播、电视、报刊、书籍等各种媒体，以各种活动形式，如新闻报道、报刊专栏、文件、演讲、研讨会、专题讲座、培训、进修、动员大会等来组织进行。各个执行组织应结合自己的职责和任务，发挥自身的优势和潜力，采取各种有效的方法、途径，适时做好政策宣传工作。在政策执行的初期，政策宣传应大张旗鼓地进行，以引起人们的注意和重视，但是，政策宣传不是一阵风，它应当随着政策执行的发展变化，经常适时地进行，以保证政策的顺利执行，我们不能忽视经常性的政策宣传。

四、教育政策宣传应收到的预期效果

政策宣传是教育政策执行的前奏，是教育管理不可缺少的手段之一。有效的政策宣传应收到如下效果：一是使教育政策执行人员与教育政策人员产生共鸣，即充分肯定教育政策的价值，深刻体会到教育政策与执行的必要性与紧迫性。二是使教育政策执行人员明确教育政策的各项目标，尤其是自身在整个执行系统中的作用，确保教育政策执行工作的针对性和有效性。三是通过教育政策的宣传使公众了解教育政策，支持教育政策，参与和配合教育政策的执行。

在教育政策宣传过程中，需要注意以下几点："第一，切忌搞形式主义，不讲实效，走过场。第二，注意防止夸大其词的过头现象。第三，要防止教育政策宣传的软弱无力，落后于政策执行的不足现象。第四，要避免对同一教育政策宣传自相矛盾的现象。"①

相关链接 4-1：

宣传的作用

提起宣传，有人可能要说："都什么年代啦，还提着这陈得掉渣的话题？"是啊，提法确实有点陈旧。可是，我要说，宣传的作用不会因年代的变迁而变迁，不会因年代的变迁而褪色。相反，宣传的作用不是削弱了，而是更强了，宣传即使变化也只是形式的变化了。不信吗？我们先看以下几个例子再说吧。

众所周知，我们中国共产党是最注重发挥宣传的作用的。从党的建

---

① 袁正国：《教育政策学》，江苏教育出版社1996年版，第64页。

立到新中国的成立,不同的时期,我们宣传工作者根据党在不同时期的工作重点,提出了不同的宣传纲领,积极开展对外宣传,团结一切可以团结的力量,使我们党、我们的军队迅速由小到大,由弱到强,打败了日本侵略者,推翻了蒋家王朝,取得了抗美援朝的伟大胜利,建立了新中国,使新中国巍然屹立在世界的东方。我们党的宣传工作者功不可没。

再看看以前李洪志"法轮功"邪教的扩散吧。以李洪志所受的教育水平(初中毕业),他所写的为一般人看一眼就露馅的歪理邪说,经他及其同谋者鼓舌如簧,通过各种渠道大肆宣扬,加上国内外的种种因素影响,竟能起到指鹿为马的效果,迷惑了一部分人,导致了一些家庭家破人亡,并成为一定时期严重影响社会稳定的因素之一。不能不使人认识到反面宣传的害人之深。

最使人感到滑稽的是2003年的美英联军的对伊拉克战争。由于萨达姆政权长期实行专制统治,在美英联军进行陆地决战前,萨达姆所谓的几十万军队,在美英联军飞机的连续狂轰滥炸下,早已军心涣散,土崩瓦解。可是美英联军由于受到伊拉克政府新闻部长萨哈夫的电视新闻宣传影响,认为伊军仍在步步抗战,所以不敢快速推进。甚至在美英联军已挺进巴格达市区后,萨哈夫还在混淆视听欺骗新闻界,说联军没有攻进巴格达城,并要带记者实地去看一看!……一舌竟抵百万兵。可以说伊拉克后期的抗战简直就是以萨哈夫一人为主力的抗战,萨哈夫的新闻宣传完全欺骗了联军,起到了多日阻滞联军进攻的效果。

以上几个事例,足以说明宣传不但有作用,而且作用巨大。当把宣传用到社会的正面,可以造福人类,促进人类社会历史车轮前进的步伐;当宣传为邪恶势力所左右,就可能混淆是非,颠倒黑白,诱发社会动荡,甚至是灾难。

新时期的宣传工作不但不能削弱,而且更要加强,更要加强对宣传工作的领导。当前的社会是改革开放的社会,当前的社会形势是我国已加入世界贸易组织,和世界经济密不可分。随着经济的交流,我们在引进西方先进科学技术、资金的同时,西方腐朽没落的意识形态、价值观念、生活方式等,也打着民主、自由、人道主义等诱人的幌子,从互联网、广播、电视等渠道,全方位、多角度渗透到我国,对我们的价值观念、意识形态、伦理道德等产生了巨大的冲击，引发了巨大的社会动荡，使人们的世界观、价值观、方法论发生了重大变化。

在这样的社会背景下，传统的宣传教育方式已不适应社会变化发展的需要，墨守成规，死抱住传统宣传模式不放，不但不能产生原有的效果，还可能会丢掉我们的既有宣传阵地。近年来，反马克思主义思潮的抬头及西方基督教会在我国的迅速滋长蔓延，从侧方面论证了这一命题，也告诉了我们这样一个道理：人总是要有所信仰的，如果我们不去巩固我们的思想阵地，别人就会占领它。关键在于怎样去占领它。

加强宣传功能，发挥宣传作用，刻不容缓。宣传工作重点的变迁，表面上看是工作方式的改变，而实质是人们的思想观念发生了变化，是打开国门后人们的思想受到了西方价值观念的腐蚀，以西方腐朽没落的价值观来观察、分析、思考我们社会现象的结果。其根本则是中西方价值观念通过宣传这种方式或媒介来进行碰撞、对垒。

这就要求我们新时期的宣传工作者，首先要紧跟形势的变化，改变传统的思维模式，真正以邓小平理论、江泽民"三个代表"重要思想武装我们的头脑，提高我们的政治敏锐性和政治鉴别力，以全新的角度去观察分析社会现象，以全新的思维去思考我们的社会问题，并以之指导我们的宣传工作，认真探索新时期我们宣传工作的指导思想、主要工作对象、宣传工作主旋律及行之有效的宣传方法。从历史的、国外的、其他行业汲取先进经验，取人之长，完善我们的宣传方式、宣传方法。只有这样，才能改进我们的宣传工作，使我们的宣传工作面貌一新；只有这样，才能使我们的宣传工作重新焕发活力，使宣传工作重新成为我党的工作优势；只有这样，才能走出新时期我党宣传工作的新途径；只有这样，才能使我们对建设有中国特色的社会主义道路充满信心，才能显示出社会主义道路的优越性。

其次，要结合我党正在开展的保持共产党员先进性教育活动和我市正在开展的"三好一强"教育活动，认真选择切入点，确定新时期宣传工作的主旋律，树立起新时期的宣传榜样，使之对民众具有亲和力、凝聚力和号召力，能真正在人民中生根、发芽、开花、结果。

[资料来源] 张巧霞：《论宣传的作用》，http://www.hnby.com.cn, 2005-02-24.

第二节 教育政策执行

教育政策执行是指"政策的执行者依据政策的指示和要求,为实现政策目标、取得预期效果,不断采取积极措施的动态行动过程。"① 教育政策执行是政策实施过程中的重要环节,一项政策制定出来后,只有通过执行,才能真正发挥其对现实的指导作用,体现政策的价值目标。

一、教育政策执行模式

要有效地实施教育政策,关键是要根据政策的性质和时效来选择执行模式。20世纪五六十年代美国教育政策实践的重心在于制定科学的教育政策,而很少关心政策制定后的实施问题,尤其是对执行模式缺乏研究。因此,导致当时美国联邦政府大力推行的许多教育政策效果不佳,以致执行失败。进入20世纪70年代后,许多政策学者开始关注政策执行的理论研究,产生了一些关于政策执行的理论模式,如麦克拉夫林的执行机关互动模式、巴德克的执行赛局模式、埃尔默的组织模式、雷恩和拉宾挪维茨的执行循环模式、塞尔梯也尔和马兹曼尼恩的环境影响模式等,在一定程度上推动了政策执行的科学化。"执行机关互动模式主张通过执行者与受影响者之间目标或手段的相互调适来实现政策目标,强调对政策的理解和宣传;招待赛局模式把政策执行建立在控制的基础上,强调执行者对策略与战术的使用;组织模式是从系统管理、官僚过程、组织发展和组织冲突的角度来分析政策的执行,主张通过建立健全的机构和规模来确保政策执行过程中的组织落实;执行循环模式把计划、组织和监督看成是影响政策执行的重要因素,强调政策执行是由拟定纲领、分配资源和监督三个不同的阶段所构成的循环;环境影响模式重视执行者行政行为与政策环境因素之间的关联性,强调通过政策问题的可处理性、政策本身的规范能力以及科技、传媒和公众支持、执行者的投入感与领导技巧等一些影响执行的非政策变量,来推进政策的实现。"②

---

① 袁正国:《教育政策学》,江苏教育出版社1996年版,第64页。
② 孙锦涛:《教育政策论——具有中国特色的社会主义教育政策研究》,华中师范大学出版社2002年版,第31页。

二、我国教育政策的执行模式

我国教育政策的执行模式主要有目标管理和委托代理两种。

（一）目标管理

所谓目标管理就是根据政策所确定的目标体系，明确权责关系，配置执行的机构与人员并落实政策执行目标，使各机构与人员围绕所承担的目标而展开执行活动。目标管理既是一种管理方法，也是一个管理过程。其具体步骤是：

1. 落实教育政策目标

即把教育政策目标体系内的所有目标落实到相应的机构和人员，使教育政策的决策机构与人员各自承担明确的目标任务。其内容包括：依据教育政策目标的数量、重要程度及实施目标的难易程度配置执行机构和人员，努力实现机构精减、人员精干，这是教育政策执行的前提。做好教育政策目标的分类工作，使内容与性质相同或相近的政策目标由同一执行机构承担，防止目标交叉或目标重叠现象的发生，这是教育政策执行的保证。教育政策目标体系中的所有目标都得以明确落实，教育政策执行的各项组成部分都承担明确的目标任务，这是教育政策执行的关键。

2. 明确权、责、利关系

即依据教育政策目标的需要，向各执行机构授予权力，赋予责任，保证利益，明确权、责、利的统一关系。权力是为了确保教育政策目标的实现而由国家法律或公共组织的规章制度赋予教育政策执行机构的强制力，是承担目标责任必不可少的手段。教育政策执行机构承担目标的数量、重要程度及实施目标的难易程度不同，因而需要的权力范围、权力强度各异。一般而言，承担教育政策目标所需要的权力包括：在实施目标过程中的次级决策权、一定范围内对实施政策目标方法措施的选择权、对实施政策目标过程的控制权、对政策执行人员的任免权和奖惩权、有限的资源支配权、对教育政策机构的建议权等。对教育政策执行机构来说，承担目标本身就是责任，是对授权者或委托者的一种承诺。具体来讲，责任包括落实教育政策目标过程中应承担的政治责任、法律责任和工作责任。政治责任是指在教育政策执行过程中，必须认真贯彻国家各项路线、方针政策，自觉服从上级的领导，主动接受监督检查。法律责任是指在教育政策执行过程中必须遵守国家法律、法令各项规章制度，必须遵纪守法，依法办事。工作责任是指在教育政策执行过程中必须全面落实教育政策,保证教育政策目标的顺利实现。以上三种责任如不能实现,将受到相应部门的追究。利益是教育政策目标任务承担者完成任务后应获取能够自主支配的物财资源。它是完成教育政策目标任务的报酬。物财资源的合理分配是调动教育政策执行人员工作各级性的根本保证。因此,应依据所承担目标任务的数量、重要程度以及完成目标任务的难易程度对执行者应得的物财资源合理确定。

3. 在政策实施过程中对目标进行必要的调整

在教育政策执行过程中,由于各种因素的作用可能出现不曾预料的结果,比如某项政策目标顺利实施,可能提前实现;某项政策目标因遇到重大障碍而实施受阻或中断。这就需要及时做出必要的调整。教育政策目标的调整包括:(1) 调整执行人员,包括撤换那些不能尽职尽责或能力欠佳的人员,为目标实施受阻的执行任务充实人员等。(2) 调整权责关系,如收回某项教育政策执行权力及相应责任,授予某项教育政策执行项目更大的权力及赋予更多责任。(3) 调整物资、财力资源配置,如对面临复杂问题且对教育政策执行全局至关重要的执行任务适当增加物资、财力供应,对进展顺利或对全局不会产生重大影响的执行任务适当减少物资、财力供应等。①

4. 目标验收

这是目标管理的最后一个环节,是指教育政策执行任务完成后,对整个政策任务执行中的全部情况进行归纳,总结经验,找出问题,认定目标完成情况,落实奖惩。这一环节最重要的是注意兑现诺言,做到言必信,行必果。

目标管理是一种以人为本的管理方法,是一种依靠群众、注重成果的管理方法,它在教育政策执行过程中有广泛的应用价值。

(二) 委托代理

随着市场机制的建立和完善,委托代理模式在教育政策的执行中逐渐被探索和运用。委托代理是现代社会生活中的一种普遍现象,从委托代理的角度来看待教育政策,即把教育政策的制定机构与人员看做政策执行委托人,而把政策的各级执行机构和人员看做是政策执行代理人,教育政策执行就是政策执行代理人为实现委托人所设定的政策目标,取得预期效果,而采取的各项措施或做出的执行行为。

---

① 张国庆:《现代公共政策导论》,北京大学出版社1997年版,第210页。

我国教育政策"主要由各级人民政府、教育主管部门、其他有关部门、各级各类学校及其工作人员负责执行"①。教育政策执行属于行政委托代理链条中的一个环节。教育政策的制定机构国务院和教育部可以看做是政策初始委托人,各级各类学校的管理人员和教师可以看做是最终代理人,在初始委托人和最终代理人之间,每一层级的执行机构(和人员)既是上一级机构委托人的代理人,又是下一级机构代理人的委托人,具有双重身份。从中央、各部委到省级教育部门、地市级教育政策执行部门、县级教育政策执行部门,乡镇一级教育行政主管部门(学区)和各级各类学校教育政策执行机构及人员,形成一个自上而下层层传递的教育政策执行委托代理链。我国教育行政委托代理关系和教育政策执行的流程可用图 4-1 表示。

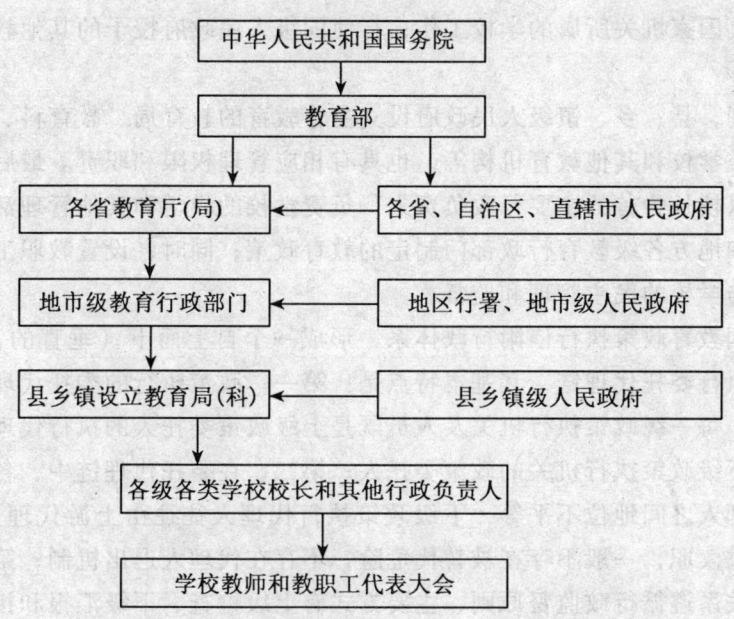

图 4-1　教育行政委托代理关系和教育政策执行的流程

其中,每一层级的政策执行机构及人员负责执行上级委托部门分配的任务,并承担相应的责任。国务院所属的分管教育行政事务的执行机关教育

---

① 袁振国:《教育政策学》,江苏教育出版社 1996 年版,第 289 页。

部，作为一种职能机关，对上受国务院行政首长的指挥监督，对下在所管辖的区域范围内行使行政管理职能，其主要职权是："实施国家有关教育的法律、指示和政策；发布有关全国教育工作的命令、指示和规章；制定全国教育事业的发展规划和计划；组织和指导教育教学改革工作；协调、监督省、自治区、直辖市人民政府、中央国家机关各部门的教育工作。"①

县级以上地方教育行政部门包括各省教育委员会、教育厅（局）等。它们是主管本行政区域教育工作的部门，在本级人民政府的统一领导下，行使国家管理教育的权利，并且受教育部的领导或业务指导，其主要职权是："就本行政区域教育发展与改革的重大事项向同级人民政府提出建议；组织实施本行政区域的教育发展和改革工作；指导、监督下级人民政府及同级人民政府其他行政部门的教育工作；根据同级人民政府的授权，管理本行政区域内中央国家机关所属的学校工作；行使同级人民政府授予的其他教育管理职能。"②

同理，县、乡、镇级人民政府设立主管教育的教育局、教育科、学区和各级各类学校和其他教育机构等，也具有相应管理权限和职责。最后，在学校设置以校长为首的主要行政负责人，负责学校的教学和其他管理活动，履行国家和地方各级教育行政部门制定的教育政策；同时，设置教职工代表大会，参与学校的民主管理和监督。

我国教育政策执行依附行政体系，形成一个自上而下（垂直的）、严密的政策执行委托代理链，其基本特点是：第一，政策执行的委托代理中间环节较多，每一级政策执行机关及人员既是上级政策委托人的执行代理人，同时又是下级政策执行机关的政策委托人；第二，在委托代理链中，各级委托人与代理人之间地位不平等，下级政策执行代理人往往由上游代理人指派，除非严重渎职，一般不存在被替代危险，不存在代理人退出机制；第三，委托代理关系遵循行政监督原则，主要方式有上级检查、下级汇报和接受同级政府行政部门监督等。这种自上而下的行政委托代理关系的优点在于，可以动员大量的人力、物力和财力资源，集中力量办大事，统筹全局。同时也存在委托代理链过长、政策执行代理人责、权、利不对称、委托人激励不足、

---

① 孔祥国：《委托代理关系中的中国行政管理》，《求索》，1996 年第 3 期。

② 杨浩、肖翌：《委托代理理论：对构造企业家激励和约束机制的启示》，《上海经济研究》，1995 年第 12 期。

政策执行监督乏力等不足之处。

第三节 教育政策监督

教育政策监督是指教育政策主体或社会各界对教育政策执行和教育政策对象进行监督、核查和调控的过程。严格的监督不仅有助于强化教育政策的权威性，而且是确保教育政策有效执行的重要前提。

一、对教育政策实施监督的必要性

教育政策的价值在于针对教育发展过程中的问题，制定科学合理的解决办法，克服社会前进中的各种障碍。然而，由于各种因素的干扰，制约了教育政策价值的实现。

首先，有一个教育政策是否科学化、合理化的问题。在实践中，由于教育政策的制定者主观能动性的发挥受到主客观条件的限制，有可能制定出错误的政策。防止错误政策给教育发展带来损失需要监督。但这种监督必须在教育政策执行中才能进行，因为只有在执行中才能最终看出政策的正误。还有，由于教育政策执行过程中环境条件可能发生重大变化，以致原来科学合理的教育政策不再适应客观环境的发展变化，这些也需要通过监督对政策及时进行调整。其次，任何教育政策的执行者在执行中都有可能犯这样那样的错误，有意无意地违反原来的政策。因此，对政策执行者的执行情况进行监督是保证科学合理政策得以执行的必要条件。

导致对教育政策执行人员行为进行监督的具体情况有以下两个方面：首先，执行人员可能对教育政策产生片面甚至是错误的理解，从而导致有悖于政策要求的执行行为，需要通过监督予以纠正。其次，教育政策执行人员在经济或政治利益驱动下，有可能滥用教育政策执行权力，有意识地使教育政策执行扩大、中断或扭曲，甚至严重违法违纪等，这就需要通过监督依法查处各种违法违纪行为，保障教育政策的顺利执行。

二、对教育政策执行实施监督的主体与监督的对象

对教育政策执行实施监督的主体具有广泛性和多元性。众多的监督主体可分为三个层次，他们各在自己的权限范围内对教育政策执行活动实施监督。第一个层次是国家立法、司法、行政机关，各类社会团体及全体社会成

员。他们依据宪法原则和其他法律条款通过法定程序对所有的教育政策执行活动实施监督,其监督的基本任务是维护教育政策执行活动的合法性与合理性。第二个层次是教育政策执行的授权或委托机构、教育政策执行中的招标单位,也包括由他们所委托的专业监督机构,比如审计机关、会计师事务所、律师事务所及各类质量技术监督机构。前者主要依据教育政策的内容与规定,对教育政策的目标承担情况、责任属实情况、合同执行情况实施监督;后者主要依据国家财经纪律、合同条款、产品质量标准对教育政策执行过程实施监督。第三个层次是教育政策执行任务的承担者,他们依据教育政策执行计划及本组织的各项规章制度对工作进行自我监督,包括对承担教育政策执行目标的各下属单位与个人实施监督,其基本任务是保证教育政策执行的效率。不同层次的监督主体相互配合,相互补充,共同承担对教育政策执行的监督任务。

教育政策执行中被监督的对象是具体的,主要是承担教育政策执行任务的机构、单位与人员,监督的内容包括他们在教育政策执行过程中遵守国家法律、制度的情况,以及权力行使、责任落实、目标实施、合同执行、程序安排、财物资源的分配与使用、执行质量与效率等。

三、对教育政策执行实施监督的结果

对教育政策执行实施监督的根本目的在于保证教育政策执行任务的顺利完成,即通过发挥监督功能及时有效地克服教育政策执行中出现的问题。监督的结果有以下几种:一是针对教育政策本身存在的问题,需要完善政策或进行追踪决策,比如调整财物资源配置与执行程序,变更政策执行的时限等。二是针对教育政策执行人员的行为表现与行为结果,依据目标责任或合同条款实施奖惩,包括对教育政策执行中绩效突出人员给予物质与精神奖励,对造成损失的行为人给以行政处分或经济处罚,执行违约金与赔偿金条款,调整不合格的目标承担者等。三是在特殊情况下收回教育政策执行任务或中止合同,重新选择教育政策执行单位与人员。

四、加大对教育政策执行的监督

目前,我国教育政策的执行缺乏监控,监督的缺席和不力使政策执行失去了约束力量。国家虽然建立了健全的教育行政检查体系和学校督导体制,但在具体实施中仍缺乏有效的监控机构。一是国家和政府没有授予监控机构以实权,二是监控机构本身的科学性、民主性、创新性和专业化程度不高使它们没有能力合理行使权力。遇到问题时,通常就是起草或下发一个文件,而这些文件又并不总是建立在深刻、周密的现实调查基础之上的。检查形式化,文件也是象征性的,只有评论,没有指导。

要加大对教育政策执行的监督,从根本上改变教育政策执行中监督的弱化、虚化状况。首先,各类专门机构应将党和国家教育政策的执行过程作为监督的重要内容之一,加大教育督导和行政检察工作的力度。政策扭曲、政策中断以及政策扩大等现象都需要通过监控来加以协调。发挥教育督学的行政监督只是一种纵向的单向监督,缺乏社会横向监督和多方位监督机制,真正的政策目标群体和政策受益者却缺乏监督和反馈渠道。

从一般意义上看,社会的广泛监督对于包括教育政策在内的所有政策的执行以及违反政策的主体能否得到及时有效的制止甚至制裁都是十分必要的。

相关链接 4-2:

"伊朗门"事件

1979 年,伊朗宗教领袖霍梅尼发动所谓"圣战"推翻了亲美的巴列维王朝,国王巴列维流亡美国。当年 11 月 4 日,霍梅尼的军队冲进美国大使馆,扣压了 69 名美国外交官,目的是以此为要挟,换取巴列维回国受审。卡特总统营救人质失败。但当选总统里根却通过秘密关系与伊朗达成"以军火换人质"的协议;于是,在他宣誓就职当天,就有 52 名人质被释放。1986 年 11 月,里根政府违反国会法律,向伊朗秘密出售武器,换回了其余人质。同时又将出售军火所得款项的一部分暗地里用于支持尼加拉瓜反政府军。这一丑闻揭露后,舆论哗然,新闻记者立即将这一事件比为又一个水门事件,称之为"伊朗门事件"。

国会闻讯震怒,它抨击里根政府在重要的外交活动中践踏国会立法。民主党议员们对连续执政的共和党本来已经批评日多,伊朗门事件立即成了重磅炸弹。两院先由参院情报委员会、众院外交委员会略作行动之后,于 12 月迅速通过相同决议,各自设立一个特别委员会调查里根政府秘密援助伊朗和尼加拉瓜反政府军事件。参院特别委员会经两党领袖提名、参院临时议长任命而组成,包括6名民主党人和5名共和党人。主席埃诺耶,民主党人,是当年参院水门事件特别委员会委员;副主席鲁德曼,共和党人。众院组成由民主党众议员汉密尔顿为主席、共和党众议员切尼为副主席的15人特别委员会。

两个特别委员会分别由本院决议授予强大权力。以参院特别委员会为例。决议规定:"特别委员会在合乎宪法和法律前提下,可以做一切必要和合适的事情,以执行本决议赋予的调查和研究任务。"特别委员会有权发布传票提取证据,有权为证人主持宣誓,有权在国会开会、休会、闭会期间进行活动,有权举行听证会,有权发布传票或命令使知情人作证;有权前往国内各处传唤证人获取证据,有权通过合适渠道获取必需的国际援助,有权委派助理代为取证,有权传唤或命令美国一切政府部门、机构和实体、一切遵守美国法律的机构和个人,一切私人组织和(美国)公民提供所需文字材料和物证,有权向参院建议对一切拒不出席听证会、拒不提供证据的政府部门、机构、实体、公民、私人组织和服从美国法律的机构、个人诉诸刑事和民事行动,有权雇用助理,有权付费调用政府部门和参议院的有关人员,有权从参议院有关经费中支付活动开支等等。

参院特别委员会的任务是:调查、研究国家安全委员会及其成员与工作人员,所有美国政府部门、机构、实体或组织——所有这些机构、人员与向伊朗直接、间接出售、运输武器、物资、资金有关的活动,与使用从上述活动中获取的资财援助尼加拉瓜任何反叛派别、或在美国的进一步阴谋有关的活动,确定所有这些活动是否为非法、不正当、未经授权或不道德;调查、研究国家安全委员会的结构、运营及其助理、顾问与它制订、实施美国国家安全政策的职能是否相称;查出确凿事实;提出特别委员会认为必需的、令人满意的建议以制订新的法律,或修改现行法律,或采取行政措施。

为了完成上述任务,两院的特别委员会重权在手,联合行动,在1987年展开长达10个月的紧张、繁忙的调查活动。

1~4月,两个特别委员会进行大量查访,掌握了重要线索。鉴于一些插手或经办此事的核心人物援引宪法第5条修正案拒绝交待,国会做出决定,给予这些人以有限豁免权或免于起诉权,迫使他们到国会作证,说出事实真相,否则得以对抗国会论罪。

5月初~6月中旬,两个特别委员会举行由电视向全国转播的公开听证会,其间先后出场作证者共18人,其中以前国家安全事务助理麦法兰、退役空军少将西科斯,承包商哈基姆及国家安全委员会助理诺思中校的私人秘书霍尔等人的证词最为重要。

以上第一阶段的调查表明:里根总统曾同意国家安全委员会使用武器与伊朗交换美国人质的方案;麦克法兰等人在秘密援助尼加拉瓜反政府军问题上蓄意隐瞒情况,欺骗国会;诺思中校积极策划上述援助并在事情败露后篡改和销毁大批有关文件;非政府人员使用国家机要密码,等等。

6月22日起,两个特别委员会开始第2阶段的调查,旨在弄清里根总统是否确曾知道或授权将出售武器所获利润转给尼加拉瓜反政府军。在第2阶段的听证会上,出场作证的国家安全顾问波恩德克斯特公开证明:他没有让里根总统知道将出售武器所得转给尼加拉瓜反政府军之事,从而印证了里根总统的"我不知道"声明。由于有关文件已被销毁,特别委员会无法获得证据推翻里根总统的声明。

两院伊朗门事件特别委员会在调查伊朗门事件期间,从5月5日~8月6日,共举行40天公开听证会,4天秘密听证会,共传唤32位证人,共发出311张传票,共获221份证词,共收存1059个证据。

11月18日,两个特别委员会结束调查,向本院领袖提交各自委员会两党多数报告和少数共和党委员的报告。

多数报告认为,里根总统虽然没有授权将出售武器款项转给尼加拉瓜反政府军,但是他听任国家工作人员绕开法律欺骗国会而不予制止,应对伊朗门事件负最终责任;里根政府公开声明不与恐怖主义者打交道,暗地里却与伊朗恐怖主义政府搞武器换人质交易;里根总统应该掌握他的国家安全顾问和其他高级助理都在干些什么;里根总统没有向他的助手灌输尊重法律与办事程序的观念,没有使他的政府确保法律至上。

多数报告认为,伊朗门事件暴露的不是政府制度有毛病,而是政府的一些高级官员拒不让政府和国会知情,藐视法律。

多数报告建议国会修改法律,规定总统在采取秘密行动之前,至迟

> 在采取行动后48小时内报告国会。这一建议为两院有关常设委员会采纳。
>
> 两个特别委员会的少数共和党委员的报告则说里根及其助理们并未破坏法律,只是犯了一些错误。
>
> 国会伊朗门事件特别委员会的调查,是近年国会伸张其监督权,对政府内部的运营进行一次大规模调查。它以确凿的事实揭露里根政府内部无视法律、滥用权力的严重程度和国家利益由此蒙受的损害。它的报告促使国会修改现行法律,规定总统必须迅速向国会通报所采取的秘密行动。里根总统的名望大受影响,他不得不向国会保证将制定措施,向国会报告秘密行动。此外,根据两个特别委员会的调查结果,伊朗门事件的主要人物诺思中校等人被移送法院审理。
>
> [资料来源] 蒋劲松:《美国国会史》,海南出版社1992年版,第487~490页。

第四节 教育政策总结

教育政策总结是指对教育政策及政策的实施效果进行调查分析,了解政策实施状况和实施过程中存在的问题,及时进行政策反思,为决策提供反馈意见和建议。它对于提高教育决策的科学性、调整和完善教育政策方案都有着重要的指导作用。

一、教育政策总结的现状

我国的教育改革正处在一个关键时期,教育改革和发展过程中的许多新政策、新举措,引起了全社会的广泛关注,并成为争论的焦点。但就目前来讲,对教育政策的总结还有很多不足,主要体现在三个方面。

(一)教育政策信息难以收集

收集教育政策信息,是开展教育政策总结的首要环节和必要条件。并且,所收集的信息应尽量客观真实、具体详细。只有这样,才能保证教育政策总结的可信性和科学性。但总体上看,目前我国的教育政策信息管理比较薄弱,收集客观、全面的数据资料比较困难。

(二)教育政策评价标准难以确定

政府、社会公众、学校、学生及其家长以及专家学者都是教育政策的当事人,都可以从教育政策是否满足、在多大程度上满足自身利益的角度对教育政策的好坏做出判断。然而,由于不同的当事人有不同的利益需求和思想认识,因而不同的当事人在评价同一个教育政策时可能会持有不同的标准。

以公众对就近入学政策的态度为例,有很多人赞同,其理由是这项政策符合公平原则。同时,又有人反对这项政策,其理由是就近入学不利于学校和学生之间的竞争,会导致教育教学质量的下滑,有背于市场经济体制下的效率原则。可见,评价一个教育政策好坏的标准,是很难确定的。

（三）对教育政策总结的态度不积极

总结教育政策,需要有关各方积极支持与配合,尤其是制定教育政策的教育行政机关。由于目前社会上对教育政策特别是教育改革的效果存有疑虑,因此一些教育行政人员对教育政策总结的态度不很积极,甚至存有抵制心理。他们担心教育政策的总结会影响教育政策的进一步实施,甚至否定他们的"政绩"和权威。同样,出于各种顾虑,教育研究者对教育政策的总结也不是很积极,大多数有关教育教学的期刊杂志、教材和著作都没有对教育政策的总结作系统论述。

二、加强对教育政策的总结

（一）教育政策信息数据库

建立教育政策信息数据库,是保证教育政策总结全面、客观的首要条件。教育政策信息数据库,不仅应包括教育政策的背景、目标,执行教育政策所带来的积极影响和负面影响、不同当事人的态度倾向等方面的内容,还应包括教育专家学者发表的与教育政策相关的论文或报告,以及新闻媒体发布的与教育政策相关的报道等。教育政策信息数据库应分为两类：一类是官方性质的;另一类是民间性质的。两类教育政策信息数据库都不能忽视。一方面,各级教育行政机关要增强教育政策信息管理意识,积极做好教育政策信息的收集工作,及时整理发布教育执法检查结果、教育督导结果以及教育事业和经费统计数据等。另一方面,要推动民间社会组织,诸如非官方研究机构、调查公司以及互联网站等,积极收集整理教育政策信息数据,建立民间的教育政策信息数据库,更多地反映公众的利益需求与态度倾向。

（二）符合大多数人利益的评价标准

评价或总结某一项教育政策,应了解不同当事人的利益需求和价值倾向,明确政策是针对谁制定的,对谁有利,对谁无利,对谁利大,对谁利小。权衡利弊，综合评价。一般来说，符合大多数当事人利益的教育政策，应该是一个好的教育政策，具有很大的可行性。比如说，就近入学政策虽遭到一些人的反对，被认为是对后进学校的保护，但这项政策符合大多数小学毕业生的利益，因而被大多数家长和教育专家认为是一项好的教育政策。

（三）树立积极的态度

从长远来看，教育政策总结不仅不会妨碍反而会促进教育政策的制定与实施，提高教育政策制定者和执行者的工作效率。因而，教育行政机关应充分认识教育政策总结的积极作用，把教育政策总结作为提高服务公众水平的有效手段。

另外，教育政策总结的主体不能局限于教育行政机关。教育研究者等非官方个人或组织，都应以理性的态度分析教育政策问题，积极研究教育政策并及时对实施情况进行总结，向政府和公众提供全面客观的教育政策总结报告。教育行政机关应对非官方的教育总结给予积极支持和配合。

总之，只有当教育决策者和教育研究者对教育政策总结都有一个积极的态度时，才可能使全社会都关注教育政策的制定实施和总结，不断提高教育政策总结的科学性，从而逐步摆脱目前我国教育政策总结较为不足的状况。

【本章小结】

教育政策的实施是解决教育政策问题的根本性办法，由政策宣传、政策执行、政策监督、政策总结等环节构成。政策宣传是教育政策得以顺利执行的重要前提之一，在宣传过程中应注意范围的确定性、内容的全面性、手段的多样性和效果的显著性。政策执行是教育政策实施过程中的重要环节，我国教育政策的执行模式主要有目标管理和委托代理两种。目标管理是一种以人为本的管理方法，在教育政策执行过程中有广泛的应用价值。委托代理是现代社会生活中的一种普遍现象，委托代理模式在教育政策的执行中逐渐被探索和运用。教育政策监督是教育政策主体或社会各界对教育政策执行和教育政策对象进行监督、核查和调控的过程。严格的监督有助于强化教育政策的权威性。教育政策总结是指对教育政策及政策的实施效果进行调查分析，了解政策实施状况和实施过程中存在的问题，及时进行政策反思，为决策提供反馈意见和建议。它对于提高教育决策的科学性、调整和完善教育政策方案都有着重要的指导作用。政策宣传、政策执行、政策监督、政策总结各环节之间相对独立相互支持,确保了教育政策实施的有效性。

【思考题】

1. 教育政策实施由哪些环节构成?各环节之间的关系如何?
2. 教育政策宣传的手段有哪些?宣传过程中应注意哪些问题?
3. 简述目标管理的步骤。
4. 试评委托代理在教育政策实施过程中的运用。
5. 选定一所高校,调查研究该校研究生招生政策,写一份总结报告。

【参考文献】

1. 孙锦涛主编:《教育政策论——具有中国特色的社会主义教育政策研究》,华中师范大学出版社2002年版。
2. 袁正国:《教育政策学》,江苏教育出版社1996年版。
3. 陈振明:《政策科学——公共政策分析导论》,中国人民大学出版社1998年版。
4. 张国庆:《现代公共政策导论》,北京大学出版社1997年版。
5. 劳凯声:《教育法论》,江苏教育出版社1993年版。
6. 包海芹:《教育政策执行中的委托代理问题》,《北大教育经济研究》,第1卷第1期。
7. 陈学军,邬志辉:《教育政策执行问题、成因及对策》,http://202.121.15.143:81/document/2004-9/gj040907.htm。
8. 李江源:《教育政策失真的因素分析》,《教育理论与实践》,2001年第11期。
9. 袁振国:《政策型研究者和研究型决策者》,《教育研究》,2002年第11期。
10. 孔祥国:《委托代理关系中的中国行政管理》,《求索》,1996年第3期。

第五章　教育政策管理

所谓教育政策管理是指有权力的各级国家教育管理机关，依据国家有关法律和法规和一定的教育管理理念，采用现代化的管理手段和管理技术，有组织、有计划地对现行的各级各类教育政策进行规划、设计、评估、指导的过程。教育政策（经常也包括教育法规，下文同）作为党、政府和社会团体等相关组织所制定的行动规范，也是一种社会存在和社会现象。同其他社会现象一样，教育政策从制定到贯彻落实也需要一定的人、财、物等条件，也需要适合的社会环境。为了能使这种社会现象能够良好地运行，使之发挥应有的作用，必须对教育政策进行管理。

第一节　教育政策管理的指导思想

对教育政策进行管理不仅是一个技术的问题，更为重要的是对教育政策的管理也是一个科学认识的问题。所以，我们首先必须对教育政策的管理有一个明确的指导思想，保证我们在对教育政策管理之前，能够有一个明确的理念。

一、坚持理论联系实际、实事求是的思想

中国共产党是马克思主义政党，我国的教育政策是在党的指导下制定并贯彻执行的。毛泽东曾经说过，政策和策略是党的生命。同样，教育政策也是党在教育事业的生命力的体现，如果没有中国共产党正确的教育政策的管理，那么我们的教育事业将会遭受到挫折，甚至走入误区。

中国共产党在指导自己的各项实际工作时，一贯坚持的原则就是"理论联系实际、实事求是"，改革开放以后，更以"实践是检验真理的唯一标准"为旗帜，积极贯彻理论联系实际和实事求是的指导思想。教育政策的

管理是中国共产党在教育事业的重大实践活动,它要体现的是中国共产党对教育的意志,培养社会主义所需要的各级各类人才。所以,在对教育政策进行管理时,必须首先坚持理论联系实际、实事求是的指导思想。

新中国成立以来的历史表明,党和政府在教育政策的管理过程中如果能够坚持理论联系实际、实事求是的原则,我国的教育事业就能比较好地发展,反之亦然。然而,长期以来,我们在教育政策管理过程中,习惯于长官意志,政策变动过于频繁,不注重将政策及时转变为法律,造成我国各级各类教育的发展大起大落的现象十分严重。从20世纪50年代开始的院系调整、教育大革命到后来的"文化大革命",教育事业经常首当其冲地遭受冲击,如果从政策管理的角度看,就是没有能够坚持理论联系实际和实事求是的思想,政策的随意性过多,不尊重教育规律。所以,国家的教育事业难以取得长足的发展和进步。例如,在高等教育领域,20世纪50年代到70年代,我们就错过了世界高等教育发展的黄金时期,也失去了与世界各国开展广泛交流的许多机会,导致我国高等教育的发展在改革开放以后与世界差距的拉大。

改革开放以来,我们在教育政策的管理方面,开始注重规范化管理,尤其是在依法治国的思想指导下,党和政府更为重视上述政策管理思想。在管理教育政策的过程中,坚持实事求是、尊重教育发展规律的指导思想,教育政策的质量和数量达到更为合理的状态,稳定性也逐步受到关注,教育政策转变为教育法律的几率增多。所有这些措施,使得我国的教育事业开始进入较为良性发展的态势。

在教育政策管理过程中,坚持理论联系实际、实事求是的指导思想,要特别注意理论与实际的联系。这就是说,作为教育政策的管理者,首先必须有一套科学的管理理念和管理思想。然后,通过教育政策的管理实践,将这个理念和思想付诸实施。这其中要特别处理好政策的设计者和研究者之间的关系。前者往往过于注重教育政策的应用,而后者通常对政策的理论更感兴趣。如果在对教育政策的管理中,不能很好地协调他们之间的关系,就有可能出现设计者和研究者之间工作环节上相互脱节、相互抱怨的现象,难以产生高质量的教育政策。

长期以来,我国教育政策的管理中,往往忽视这一点,习惯于靠拍脑袋来进行管理,没有理念、没有思想,因此也没有计划、没有水平。现在,这种状况正在发生变化,作为各级教育政策的管理部门,在对教育政策进行管理时，更多地依靠专家，强调科学管理，树立科学发展观。这一切表明，我们的教育政策管理的理念已经有了很大的进步。

二、坚持止于致用、提高效率的思想

《学记》有云："大学之道，在于明明德，在止于至善。"这就是说，研究高深学问的目的在于使人更加明确人世间的各种道理，让人们知道，在为人处世时，每个人都要达到最完美的状态。借用这句话，我们在对教育政策进行管理时，也要坚持"止于致用"的指导思想，即在对教育政策进行管理时，最终目的是要使各项教育政策发挥预期的作用，否则，从教育政策管理的角度看，这项政策的制定和实施就是失败的。

众所周知，教育政策就是指导相关部门和人员在一定时期内如何完成某一项任务的指南和规则。教育政策是教育理论和教育实践的中介，发挥着重要的桥梁作用，这也是近年来教育政策在世界各国收到普遍关注并成为研究热点的原因之一。这就说明，教育政策本身具有很强的应用性，而且教育政策的最终目的也在于能够正确指导教育实践。可以设想，如果一项教育政策出台以后，仅仅限于讲道理、谈理论，而对如何解决教育领域中的问题拿不出令人满意的行之有效的办法，那么这种教育政策的可信度就会令人怀疑了。从教育政策的层次上看，随着教育政策制定主体的降低，政策的应用性也随之增强。

我国的各级各类教育政策在整体上是比较注重政策的应用性，各级教育政策的制定部门都希望自己所制定的政策能够解决所属范围内的具体问题，从而达到规范教育活动提高教育质量的目的，这是我们首先必须予以肯定的。但是，我们也要看到，在我们所出台的不少政策中，也存在着说大话、空话的现象，以至于政策制定出来以后往往无法实施。这种现象在我党的"左"倾思想极为严重的 20 世纪五六十年代表现得最为典型，对我国的教育事业造成了极大的危害。例如，关于如何解决应试教育的问题，党和政府从 20 世纪 50 年代末开始就开始制定政策，到 21 世纪初，制定的相关政策不能说不多，而且政策中对应试教育的认识程度也很清晰，也看到了应试教育的危害性。可是应试教育的问题在我国一直没有得到解决，甚至有愈演愈烈的趋势，对我国各级各类学生的身心造成了难以估量的损害。为什么这个让政府、学校、家长、学生、教师和社会各界都反对的应试教育问题这么多年来得不到有效控制和解决？这其中固然有传统文化的影响、经济发展水平以及教育资源有限等多方面的原因，但是，从教育政策本身看，我们所制定的关于应试教育的这些政策中，不少政策只是喊喊口号而已，并没有拿出具体的措施来，进而出现了上有政策、下有对策的现象。所以，作为教育政策的管理部门在对教育政策进行管理的过程中，必须严格把关，保证教育政策的应用性，坚持"止于致用"的原则，保证各项教育政策在实施后能够真正解决教育领域内的问题。

教育政策管理的效率问题是另外一个值得教育政策管理部门关注的问题。这里所说的教育政策管理的效率问题主要包括四个方面的含义：时间效率、空间效率、经济效率和舆论效率。

（一）教育政策管理的时间效率

所谓教育政策管理的时间效率是指规定时间内某项教育政策所发挥作用的程度。如果在规定时间内，我们所制定的教育政策达到了预期的目的、发挥了积极的作用，那么这项政策管理的时间效率就高。例如，假设国家教育投入政策要求在5年时间（T）内解决教育经费的投入，保证教育经费的总投入达到GDP的4%，如果在这项政策在实施的3年（t）内就达到了这个水准，那么这项政策管理的时间效率就高，其效率可以计算为：$1 - t \div T$，即 $1 - 3 \div 5 = 0.40$。如果是在8年内完成了这个任务，则时间效率为：$1 - 8 \div 5 = -0.60$，说明这项政策管理的时间效率低。所以，为了提高教育管理政策的时间效率，教育政策管理部门必须要求教育政策制定者明确政策实施的时间，以便督促和评估政策的时间效率。当然，并非所有的教育政策在文本中都要写明完成任务的时间，但是，我们也发现有很多需要明确时间的政策并没有时间的限定。这就使得我们的许多政策在执行过程中缺乏紧迫感，拖拖拉拉，政策的权威性和严肃性也因此大打折扣。

（二）教育政策管理的空间效率

所谓教育政策管理的空间效率是指同一教育政策在发挥作用和影响的空间上范围。如果某项教育政策制定以后，不仅在本地区、本部门内产生影响发挥作用，而且对其他地区和部门产生影响并被他们所借鉴、吸收或采用，那么这项教育政策管理在空间效率上就高。从一个国家看，如果某国所制定的教育政策或教育立法能够在他国产生影响被借鉴或采纳，说明这个国家教育政策管理的空间效率高；对于一个部门或一个地区来说，道理也是一样的。例如，假设某个地区制定的解决基础教育教师工资的政策不仅在本地区发挥了作用，解决了本地区基础教育教师的工资待遇问题，而且这项政策也对其他 10 个地区产生作用，引发这 10 个地区纷纷效仿并制定了类似的政策，则这个教育政策的空间效率就是：10 + 1 = 11。如果只在本地区实施而没有对其他任何地区产生影响，则空间效率为 1。当然由于各地区在经济发展和社会影响等方面不完全一致，所以在实际计算其空间效率时还可以考虑加权系数。如果那些自身影响较小的地区所制定的教育政策被比其影响较大的地区所接纳，则系数更高。弱小国家所制定的教育政策被发达国家所吸收或采纳，则权重系数也相应增加，反之亦然。

重视教育政策管理的空间效率与教育政策的效力之间并不矛盾。在教育政策的管理过程中，严格要求政策和法规发挥效力的范围，例如，地方政府制定的地方性教育法规只能在本地区有效，对其他地区不能发挥效力；同样部门所制定的教育政策和法规只能在本部门有效，不能对其他部门发挥效力。但是，这只是从制定政策和法规的主体的角度来看的，强调政策和法规的这种效力的目的在于政策和法规制定的主体不能将本地区、本部门的意志强加给其他地区和其他部门，以免出现越权现象而导致管理上的混乱。但这个要求并没有规定本地区、本部门所制定的政策和法规，其他地区和其他部门不能采用、借鉴和吸收。相反，如果其他地区、其他部门认为这个地区、这个部门所制定的教育政策合理、科学，也可以结合本地区本部门的需要，从中借鉴、吸收制定本地区本部门的教育政策，甚至搬用后进行改造后实行。这在政策制定的原理上都是允许的，所以，空间效率与空间效力之间是不矛盾的，而是相互促进的。正确处理好两者之间的关系，将会使教育政策发挥更大的作用，教育政策的质量也会因此得到进一步提高。在教育政策管理过程中，要积极提高教育政策管理的空间效率，使政策制定者的智力能够得到充分地分享。

（三）教育政策管理的经济效率

所谓教育政策管理的经济效率是指在单位时间内（通常可以设定为 1 年）制定教育政策的数量所投入的单位资源数（主要包括人、财、物，通常以"万元"为一个单位数。当然也可以根据各地的具体情况确定其他的单位基准数）之间的比例关系。如果在单位资源数保持一致的情况下所能研制的教育政策数量越多，则教育政策管理的效率越高。例如，某教育政策制定部门在 1 年内投入教育政策制定的所有资源（主要包括人、财、物）折合人民币 10 万元，共制定教育政策 5 项（假设这 5 项政策都是合理科学的，发挥了积极作用，达到了预期目的），则其教育政策管理的效率的计算值可以简化为：$5÷10=0.2$，即单位时间内每万元研制教育政策0.2项；如果研制了8项教育政策，则其管理经济效率为：$8÷10=0.8$，即单位时间内每万元研制教育政策0.8项。显然后者的政策管理的经济效率要高于前者。

在相当长的时期里，我们在教育政策管理时对教育政策研制过程中的经济效率问题关注的并不够，这与教育政策本身长期被视为上层建筑的认识有着密切的关系，由于其属于上层建筑领域，所以我们通常是不考虑经济成本的。加上教育政策的评估工作不到位和研制成本计算困难，对于教育政策管理的经济效率问题也就没有受到注意，而在教育政策管理时更多地考虑的是如何制定和落实教育政策。近年来，许多学者提出这个问题，教育政策管理部门也开始重视这个问题，这是教育政策管理的一个重要的进步，意味着我国教育政策的制定和管理正在向着科学化迈进，必将提高我国教育政策的质量。

当然，我们也不能片面追求教育政策管理的经济效率，否则就可能会走向其反面而影响教育政策制定的数量。例如，假设某地区或部门在1年内投入教育政策制定的资源为1万元，制定了10项教育政策。表面上看，其教育政策管理的经济效率达到了10，这个效率虽然很高，但是这样制定的教育政策的质量就有可能难以保障。

（四）教育政策管理的舆论效率

所谓教育政策管理的舆论效率是指单位教育政策研制并实施以后，其在舆论上所获得的肯定程度和影响程度。同其他大多数政策一样，由于教育政策的实施需要相关群体的广泛支持和认同，为了更好地落实教育政策，大多数教育政策也都需要大力宣传。所以，一般来说，某项教育政策所能引起的社会舆论越广泛，其实施起来就越容易、越有利。从教育政策管理的角度看，提高教育政策管理的舆论效率就显得尤为重要了。限于作者的数学能力，现在还很难提出如何计算教育政策管理的舆论效率的数学方法，但是有一点我们很清楚，那就是准确计算出教育政策管理的舆论效率需要考虑的因素很多，例如，舆论影响的地区和部门的数量、舆论工具的数量、舆论影响的人群或团体的数量，等等，不胜枚举。尽管如此，这并不意味着教育政策管理的舆论效率不重要，我们相信只要我们坚持不懈，一定能够找到一个比较合理的教育政策管理的舆论效率计算模型。

对于教育政策管理的舆论效率问题，各级党和政府的机构一直十分重视，尤其是国家的主要媒体（如广播、电视、报刊、专业杂志以及现在的

Internet 网站）在其中发挥了主要作用。我们希望这些媒体今后能够在教育政策管理的舆论效率上继续发挥作用。关于如何提高教育政策管理的舆论效率，我们也要另一个片面性，就是要首先明确教育政策自身是否合理，虽然这一点非常困难。否则可能会降低教育政策管理的舆论效率。

三、坚持统领全局、灵活运用的思想

在前面的章节中，我们在谈到教育政策的实施过程中也曾指出要注意将教育政策的原则性和灵活性结合起来，即要有统一的普遍的要求，也要允许各地区各部门因地制宜制定相应的政策。从教育政策管理的角度看，就是要将这个思想贯彻在教育政策管理的整个过程中，即"坚持统领全局、灵活运用的思想"。

所谓"统领全局"包括两个方面的含义：

首先，所谓"统领全局"就是指在教育政策管理过程中，积极指导教育政策的设计、研制和实施等各个环节的所有部门，从一个国家、一个地区或一个部门的整体出发去设计、研制和实施各项教育政策。在本章的开始，我们就已经阐明了，教育政策本身就是一种社会现象。所以，教育政策能否在社会中发挥作用，往往并不完全取决于教育政策本身，而是需要社会各方面的协同努力。所以，教育政策管理部门必须首先督促和指导教育政策各个环节的所有部门和人员在教育政策的设计、研制和实施过程中，都要时刻考虑到社会的方方面面，从社会的全局出发考虑教育政策的每个环节。

其次，所谓"统领全局"是强调教育政策的系统性。教育政策从预测、设计、研制到实施、评估、反馈是一个不断递进循环上升的系统过程，每一个环节都必不可少，所以，教育政策的管理部门必须要有"统领全局"的思想，组织管理好每一个环节，保证每一个环节都处于良性运行状态。教育政策的这些环节往往是由不同的机构和人员来完成的，如果不树立统领全局的指导思想去指导和协调这些机构和人员，他们可能仅从本部门和本人的利益和观点出发来处理教育政策中的每一个环节上的问题，这样制定出来的政策在合理性和科学性等方面是难以保障的。

"统领全局"的教育政策管理思想说明，教育政策管理部门应当是一个在层次上高于政策研制部门的独立机构。而在我国，教育政策的上述这些功能往往是由各级政府的"政策法规办公室"这样一类机构单独完成的，这显然是不合理的。因为在同一个机构内部，所有这些功能是不能独立完成

的，尤其是教育政策评估和反馈等环节，如果同一机构制订政策，又由同一机构去评估和收集反馈信息，其中必然会出现不真实情况，所制定的教育政策是否合理就值得怀疑。

所谓"灵活运用"就是指在教育政策管理过程中，高层次的教育政策制定部门，不仅是要在文本上明确允许各地区、各部门要在不改变国家教育政策基本原则和基本思想的情况下，因地制宜地制定各自的教育政策，而且要经常性指导这些地区和部门制定灵活性的教育政策，促进教育事业的发展。之所以在教育政策管理的指导思想方面提出这个要求，是因为我国长期实行的是计划经济的管理体制，加之几千年封建统治的影响，下级部门已经习惯于执行上级部门所制定的各项政策，这种习惯性有时甚至已经变得机械和盲从，不敢对上级部门的规定提出异议，教育领域里也存在着这样的现象。在这种情况下，不少下级部门既不善于也不敢于对政策进行因地制宜的灵活处理。所以，作为教育政策的管理机构，就必须指导下级部门如何领会上级政策的精神实质，以便增强灵活意识，妥善制订各地区各部门的教育政策。

四、坚持相互支持、和谐运行的思想

所谓相互支持、和谐运行就是指在教育政策管理时，保证本部门及其以下各地区各部门所制定的各项教育政策之间相互配合、互相促进，严防出现各项教育政策之间发生相互冲突和互相矛盾的情况发生。只有这样，各教育政策之间才能和谐运行，发挥教育政策的整体功能，各教育政策执行部门之间才不会出现相互推诿或争权夺利的情况。

教育政策是一个系统工程，尤其在我国，由于教育法律文本比较少，在大多数情况下，教育政策（通常也包括教育法规）在发挥着法律的作用，因此教育政策的数量十分庞大。随着时间的推移和社会政治、经济、心理等因素的变化，教育政策需要经常性地制定、修改或废止。如果没有教育政策管理机构的协调和检查，在这么庞大的教育政策系统中各级各类教育政策之间出现冲突或矛盾的可能性是极大的。所以在对教育政策进行管理时要坚持"相互支持、和谐运行"的指导思想。

坚持相互支持和谐运行的指导思想要特别注意保持信息的畅通和及时更新，我们以前并不很重视教育政策的信息畅通和及时更新，以至于经常出现一些政策已经过时，但基层部门因不了解整体形势而仍然在继续执行的情

况。这就必然会人为地导致教育政策的冲突和矛盾,也会出现新政策与旧政策之间的不和谐状况。据此,我们可以推测有些"上有政策、下有对策"的现象可能并非基层组织的有意所为,而是政策本身在管理中出现的问题。教育领域的情况也是如此。为了避免这种现象继续发生,减少因政策管理过程中存在的这些问题而给教育造成的不必要损失,我们必须保持教育政策管理中的信息顺畅、及时调整不合理教育政策,准确适时地公布废止的教育政策,不断协调各级各类教育政策之间的关系,使我国的教育政策系统保持良性的运行状态。

为此,教育政策管理部门必须利用现代科技手段,建立适时更新的教育政策管理基本数据库和信息管理系统,保证教育政策更新和调整的准确性和合理性。由于教育是社会的公共事业,所以我们建立的这个系统应当是公开的,每个人都可以访问和利用这个数据库,并及时提供各种有益的建议,帮助教育政策管理部门提高教育政策管理的水平。

第二节 教育政策管理的机构设置

教育政策管理是一项复杂的基础性工作,对于保证教育政策自身的良性运行,提高教育政策运行效率,促进我国各级各类教育事业的发展具有直接的意义。故此,应当建立专门的机构来完成这项任务。本节我们将围绕着教育政策管理的基本原则、方法以及国内外教育政策管理机构设置的总体趋势等问题进行分析。

一、教育政策管理机构设置的基本原则

为了较为合理的处理好教育政策管理机构的设置问题,使教育政策管理机构在运行过程中更为高效,结合国家管理体制改革的需要和在教育政策管理过程中的历史经验,我们提出如下几个基本原则。

(一) 合法性原则

所谓合法性原则就是指教育政策管理机构的设置必须依据相关法律来设置,使得该机构的设置具有法律依据。例如,在我国的《宪法》中就对全国人民代表大会、中华人民共和国主席、国务院、中央军事委员会、地方各级人民代表大会和地方各级人民政府、民族自治地方的自治机关、人民法院和人民检察院的设置作了非常明确的规定,这就使得这些机构的组织和相关

人员在行使相关职权时有了宪法依据。

　　教育政策管理机构是一个需要行使一定职责的实体机构，需要有一定的权力。为了使其权力能够正常、有序地发挥，必须有相关的法律依据。然而，在大多数情况下，我们的不少管理机构在设置上往往体现出来的是少数人的意志，机构的设置不乏随意性，有时还会因人设置机构，教育管理部门在很多时候也或多或少地存在这些现象。正是在机构设置上存在着这些长官意志和随意性，使得不少机构的设置师出无名、职能不清、权限不明，客观上造成了职能重叠、机构臃肿、人浮于事等不良状况。

　　我们在实施依法治国的基本国策过程中，必须制止这种现象的继续发生。就教育政策管理机构的设置看，必须在"以法治教"的思想指导下，建立和完善相关的教育法律和法规。例如，在高等学校如果要设立高校内部的政策管理机构，首先必须依法制定高校内部的章程（这在《中华人民共和国高等教育法》中已经有了明确要求），在高校的章程中，明确校内自校长到职员、自教师到学生以及各职能部门和学术机构各自的权力和义务，规定各种权力行使范围和程序，等等。那么政策管理机构的设置就会具有了合法性，其权力也就得到了法律的保障。国家的各级教育政策管理机构的设置也是同样的道理。

（二）权威性原则

　　所谓权威性原则就是指教育政策管理机构设置以后要赋予其相应的权力并保证其权力能够得到正确发挥，树立该机构威信。这个原则与上述的合法性原则是紧密相关、一脉相承的，并且也是相互促进的。没有了合法性，该机构也就失去了权威性，同样，没有了权威性，其机构存在的合法意义也就受到质疑。如果希望该机构能够发挥权威性作用，那么首先其存在必须是合法的；如果其本身是合法的，那么必然具有权威性。

　　以上所说都是权威性与合法性的应然关系，但在我国的实际情况往往不一定就是这样的关系，教育政策管理机构的设置就往往如此。其原因在上文已经分析。如何避免这种非常现象，无非要从两个方面去努力：一方面，要制定和完善相关的法律、法规，使各项工作都能在法制的轨道上运行；另一方面，作为教育政策的管理部门首先必须要自律、自检，做到严格履行自己的职能，树立依法管理的形象，做到言出必行、令行禁止。只有这样，才能赢得相关部门和人们的信任，其权威性就会逐步地建立起来。否则，教育政策管理机构的设置就失去了存在的基础，也不能发挥其对教育政策管理的职能。

(三) 高效性原则

所谓高效性原则包括两方面的含义：一是指教育政策管理机构设置的数量应当尽可能地少，在基层和上级部门之间设置时以更高一级设置为主，同级部门之间在功能上避免重复设置。二是指机构内部的人员和内设部门也应当以少不宜多，职能上能够合并应以合并为主，人员要精干，不宜过多，避免人浮于事。提倡高效性原则的目的就在于通过减少内外部机构和人员的数量，降低教育政策管理的成本，最大限度地发挥机构和人员的潜能，提高教育政策管理的效率。

为了实现这个原则，教育政策管理机构设置时一定要明确其职责和功能，只有职责清楚，功能也就明确了，机构建成以后才不会出现功能重叠、琐事缠身、互相推诿等不良现象。但是，遗憾的是我国的教育政策管理机构并不健全，很多高层教育主管部门内部还没有一个明确的、独立的教育政策管理机构，往往由其他多个相关机构从不同方面代行其职能，教育政策管理的职责和功能难以完成，难免会出现教育政策的不完善，甚至冲突等情况。所以，从教育政策管理的自身要求来看，设置一个独立的管理机构是十分必要的和迫切的。

(四) 开放性原则

所谓开放性原则就是指教育政策管理部门在设置时应当树立信息透明、资源共享的指导思想，允许相关人员和机构使用基本数据，同时还应广泛吸收广大人民群众的合理建议和要求，及时公布相关信息。此外，也要加强与国际组织和其他国家的合作与交流，及时获取其他国家在教育政策的制定和管理中的成功经验，适时将我们的经验介绍到世界其他国家和组织，以便为世界教育的发展和进步做出我们的贡献。所以，教育机构设置的开放性主要表现为信息的透明性、公民的参与性和合作的国际性。

我国教育政策在管理过程中在开放性方面一直做得不够，这主要表现为以下三个方面。

首先，信息的透明度不够。很多数据和信息不能及时公布，有些公布出来的数据一方面不够准确，另一方面在处理类型及分类标准上与世界大多数国家的不尽一致，这不仅不利于政策的决策部门在决策时对数据的充分使用，同时也为广大教育政策研究者带来很多不便。可想而知，依据这样不够透明和准确的数据所得出的研究结果的可信度肯定会受到影响，这也会反过来导致教育政策的决策部门对教育政策研究者所提出的结论的信任。如此往复，必然会导致教育政策管理的恶性循环。

其次，我国教育政策管理的公民参与性也非常不够。我国各级教育政策管理部门习惯于认为，教育政策的管理是国家机关的事情，广大人民群众只要服从和执行就可以了，没有必要参与到政策的制订和管理过程中来。在这种思想的长期指导下，公民被排除在教育政策管理的范围之外，根本没有机会参与教育政策的管理。而实际上，教育是全民的公共事业（我们经常可以看到这样的口号或标语，叫做"人民教育人民办"），每一个具有公民能力的公民都有权参加教育政策的管理。公民参与教育政策的管理对于教育政策的管理和制定是一件有益的事情，因为广大公民与教育事业密切相关，对各级各类教育有切身的感受和要求，所以他们的建议和意见理应受到重视并应予以采纳，这对于完善我国的教育政策是非常有帮助的。例如我国实行的九年义务教育问题和高校收费的问题，这些都直接关系到每个公民切身的教育利益，他们有权参与这些政策的制订和管理。作为教育政策的管理部门，听听广大公民们的意见和呼声难道不应该吗？吸收他们的意见只会对教育政策的执行产生积极的作用而不会产生消极影响。但实际上，我们基本上没有做到这一点，也许根本就没有考虑到这一点。这也说明我们在教育政策管理机构的设置方面存在的问题。

最后，我国教育政策管理机构的开放性也还有较大的差距。我们经常把教育政策管理看成是一件需要保密性的工作。毋庸讳言，有些教育政策是涉及国家安全或利益的，不便公开，特别是不便向其他国家展示。但是，大多数教育政策是可以进行交流的，例如关于我国义务教育和我国学校教育制度这类政策，并没有涉及机密问题，类似的教育政策就可以开展交流。如果我们经常性地就有关教育政策的管理进行合作与交流，也许可以提高我们的教育政策管理水平，促进教育事业的发展。

（五）独立性原则

所谓独立性原则就是指教育政策管理机构在开展工作时要有一定的独立性，减少其他因素对教育政策管理的干扰。当然，我们强调其独立性并非要求教育政策管理机构不接受上级部门或相关领导部门的领导，而是要求这些领导部门不要过多干预教育政策管理机构的日常工作，使其能够依章办事，独立开展工作。因此，独立性是相对的，但不能因为承认其相对独立性而过多干预。

在我国，已有的教育政策管理机构本身属于教育管理部门的一个内设机构，所以，在日常工作中，不接受更高层次的管理是不可能的。但是，教育政策的管理本身具有很强的内在逻辑性，教育政策从预测到实施是一个具有内在变化规律的过程，需要专门机构独立完成。如果不保持其独立性而任其发展，必然会出现随意性，教育政策就会朝令夕改，政策执行部门就无法贯彻和落实。20世纪五六十年代，我国就曾出现过教育政策变动十分频繁的情况，结果国家的教育事业受到巨大损失。所以，保持教育政策管理机构的相对独立性，政策的稳定性和衔接性就有了保障，我国的教育事业就能够实现可持续发展。

（六）研究性原则

所谓研究性原则就是指教育政策管理机构能够经常性地组织和开展教育政策管理的研究活动，保证教育政策管理和政策运行的科学性。上文已经指出，教育政策本身的运行有其内在的逻辑性和规律性，教育政策的良好运行需要开展国际合作与交流，也需要广大公民的积极参与。所有这些要求说明，对于教育政策的管理已经不是一般的日常行政管理，这些日常行政管理只要按部就班就能解决问题。而教育政策的管理面对的是千变万化的社会环境和政策的不断调整和适应，需要大量的创新性工作，搬用简单的行政管理手段往往难以奏效。相反，对教育政策的管理需要进行系统理论研究和实际研究。在这种情况下，作为教育政策的管理机构就需要开展大量的调研和理论分析工作，其机构的设置中强调研究性也就不足为奇了。

我国的高层次教育政策管理机构已经具有了这样的能力，而且近年来也在越来越多地开展对政策管理的研究，这说明我国教育政策的科学化进程已经取得了积极的成就。但是，我们也应当看到，在大多数中层机构和基层机构目前还不具备这样的能力，主要原因并不是他们不能开展对教育政策管理的研究，而是他们大多数并没有意识到教育政策管理需要进行研究，这是非常危险的。所以，国家教育政策管理的高层机构还要经常性地督促中层机构和基层机构，转变他们的思想观念，积极开展教育政策管理的研究工作。

二、教育政策管理机构设置的方法

根据上述教育政策管理机构设置的基本原则，对于其机构的设置也就有了比较系统的方法。这些方法大概包括以下几种。

（一）明确职能，确定正确的责、权、利关系

每个机构如果要求其能够很好运行，就必须赋予其明确的职责，在其责任、权利（权力）和义务等方面给予明确规定。否则就会出现职责不分、功能重叠、办事推诿、效率低下、机构臃肿等不良现象。教育管理机构在设置时同样需要考虑其职能以及相应的责、权、利关系，否则也会出现上述弊端，这对教育政策的管理工作是极为不利的。

从我国教育政策管理的现状看，大多数教育政策管理机构的设置模糊，也就是说在很多教育管理部门，并没有明确设置教育政策管理机构，有的则由单位的办公厅、办公室协调，代行政策管理的职权，有的赋予政策法规研究室之类机构部分管理的职能。所以，我们现在面临的更为重要的问题是首先必须设置独立的教育政策管理机构，然后赋予其理应具有的职责，避免与其他机构的功能重叠，加大对教育政策管理的力度。

（二）选拔合适人员

在确定了职能的前提下，人员是教育政策管理机构是否能够良性运行的最终决定因素。所以选拔合适的人员对于教育政策管理机构的设置同样具有十分重要的作用。在我国的各级各类教育管理部门中，对于人员的选拔已经有了一套办法，也就是我们通常所说的干部选拔办法。所以，这里就不再赘述，关于教育政策管理机构的人员应该具备什么样的素质，下文还将专门论述。

（三）确保较为充足的经费

每个机构的运行都需要有基本的经费保障，而对于教育政策管理机构来说，充足的经费保障尤为重要。原因在于其功能的复杂性和多样性。从上文的分析中我们可以看出，教育政策管理机构至少具有两个基本职能。

首先，作为对教育政策进行管理的机构，必然要承担一般的行政管理的职能，主要负责对所属地区和部门的各种教育政策的制定进行协调、执行进行监督、实施结果进行调查和评估等。这些工作的开展是需要经费作保证的，这是与其他行政管理部门一样需要日常开支的经费。没有较为充足的经费作保证，这些日常工作都难以进行。

其次，教育政策管理机构还负有组织和开展对教育政策进行研究的功能。这是其他职能部门所不具有的功能，也是教育政策管理机构的主要特色。而要成功组织和开展教育政策研究工作，更需要大量的经费支持。在组织和开展教育政策研究过程中，为了使教育政策的研究更加合理、科学，需

要通过教育政策领域的专家参与其中，共同开展研究。所以，实际上，大量教育政策的研究工作是以科研项目的形式下达的，其中对于许多重大项目的开展，所需的经费更为巨大。

教育政策的两个基本职能所要完成的工作表明，每个职能的充分发挥都需要大量的经费，所以对于教育政策管理机构的设置，必须确保有充足的经费。

（四）参与重大事务的讨论

由于教育政策管理机构是直接对教育政策进行管理的部门，所以，这个机构必须及时了解上级部门和本级部门的各种重要信息，特别是事关全局的重大事务的信息，以便及时指导教育政策的研制和评估等各项工作。从这个意义上看，该机构在地位上应当高于同级部门的其他内设机构。例如，在高等学校，政策管理机构的地位就应该比其他职能部门要高，该机构的主要负责人应当有权参加或列席学校的党委常委会议、校长办公会议、各种学术机构的重要会议。只有参加或列席这些重要会议，该机构才能及时了解各种重要信息，了解学校重大决策的目的和意义，这对于学校政策的管理发挥了指导、协调、研制和评估等方面的作用。

另外，如果该机构的主要负责人能够参加或列席这些重要会议，也可以及时介绍学校的各项政策，为重要决策提供政策咨询和指导作用，有效发挥智囊团的功能，防止这些会议上所确定的政策与现有政策发生冲突和矛盾，减少学校内部政策制定和重要决策的失误。然而，目前我们在这方面的工作做得还相当不够，需要继续加强。

三、教育政策管理机构设置的趋势

教育政策管理与社会制度和经济发展状况有着密切的关系，不同时代不同国家，由于其社会制度和经济发展状况不同，教育政策管理所呈现出来的形式也不完全一样。这样就表现为各个时期的教育政策管理机构设置的不同趋势。下面我们将根据所了解的有限信息，试图描述国内外教育政策设置机构的基本趋势。

（一）我国教育政策管理机构设置的趋势

1. 机构设置逐步规范化

上文已经说过，我国的教育政策管理机构长期以来并不完善，在很多教育管理机构内部并没有独立的教育政策管理机构。但是，随着依法治国基本国策的逐步深入，特别是教育管理科学化进程的加速，教育政策管理作为教育管理中的一个重要部门将不得不走向规范化。这主要表现为，各级教育管理部门，特别是层次比较高的教育管理部门，如省级教育管理部门，将在其内部建立独立的教育政策管理机构，并对其功能等进行规范要求。

2. 机构设置基层化

教育政策管理机构设置的另一个趋势就是该机构设置的基层化，也就是说，更多的基层管理部门将设置教育政策管理机构，虽然并不一定建立在教育管理部门内部，但其作为政策管理部门，必将单独建制。例如在县级及其以下政府部门，将有可能把教育政策管理机构纳入政府的政策管理机构之中，建立专门的政策管理机构，而教育政策管理成为其管理的一个方面。虽然教育政策管理不能作为一个独立部门设置在教育管理机构内部，但从我国实际情况看，基层的这种因地制宜的做法也不无合理之处，至少可以作为一个过渡手段存在一个时期。

我国在高度集中统一的政治经济体制下形成的高等教育管理体制，其基本特征之一是管理权限的高度集中，全国集中在教育部，学校集中在校本部。改革开放以来，随着社会主义市场经济体制的建立健全和政治体制改革的深入发展，高等教育的集权制正在发生变化。随着管理体制改革的不断深化，这种放权趋势更为明显。而教育政策管理机构的基层化趋势是与此密切相关的。

3. 独立性逐步增强

由于教育政策管理本身就是一门科学，加上教育政策管理部门作为独立机构设置越来越多，其必然会出现教育政策管理机构的独立性越来越强。主要表现为机构的职能越来越明确、上级主管部门和本级管理部门直接干预的情况逐步减少。这对于教育政策管理机构来说，是一个非常好的现象，应当利用这个机会，充分展示教育管理机构在教育政策管理中的作用，为该机构今后的发展奠定良好的、可持续发展的基础。

（二）部分国家教育政策管理机构设置的趋势

1. 重心下移和上扬的现象并存

"二战"以前，西方发达国家在管理中盛行自由主义思想，认为政府对于国家的管理越少越好，强调管理权力的下降。"二战"的爆发及其带来的世界性的巨大人员伤亡和财产损失，使人们意识到，政府在国家管理中的重要性，于是越来越多的管理学家呼吁政府要更多的参与国家的管理。在这股思潮的推动下，许多国家的政府逐步通过立法等手段，将权利慢慢地向中央政府集中。教育政策的管理也经历着同样的过程，这个过程目前仍在继续。主要表现为，有些国家如法国在有意识地下降中央政府的权力，而像美国这样的国家则更多的将权力向中央政府集中。对于这些国家的教育政策管理部门来说，其管理的中心也必然会出现重心下移和重心上扬这两种现象。即便在高等学校内部也各不一样，有的高等学校将中心下移，有的则重心上扬。

哈佛大学是一所包括法、商等十一所学院在内的综合大学。它长期以来实行的是一种分散管理的政策，允许每个学院制定自己的政策并负责自己预算的制订和资金的筹措。自陆登庭于1991年担任校长之后，便致力于改变这种过于分散的状况，努力把这十一所互不联系的学院组成较为统一的大学。陆登庭认为，这是为了适应新的形势所必须进行的改革。首先，现在许多大学都面临着削减预算的问题，把各学院组成一个较为统一的实体可以更好地控制成本和分配资金。其次，是建立一种必要的机制，鼓励各学院之间更多地进行合作，促进教师把注意力放在国家面临挑战的五个主攻领域上。它们是：环境研究、公立学校教育、保健、职业道德和价值、智能和人类行为之间的关系，这些都是目前正在迅速成长的热点学科领域。这位校长认为，主攻这些目标会增强美国在世界新舞台上的竞争能力，也将有助于维护哈佛大学作为国家领头大学的威望。哈佛大学的这项改革，获得了大多数教授和学生的好评与认可。

2. 机构设置的合法性增强

对于教育政策管理机构的设置来说，无论是重心下降还是重心上移，其在机构建立和职能的更新方面，都必须要通过合法的程序，依据有关法律来进行，否则，这些机构将无法建立，更无法完成其职能。这一点，对于我国教育政策机构的设置具有非常重要的现实意义。

例如，日本在"二战"以后，以《教育基本法》制定为契机，教育政策的管理而进入教育民主化的法律主义立法时期。《教育基本法》的颁布是日本的一件划时代的大事。它首次以日本国民的名义和法律的形式公开宣布教育民主、教育主权在民，即用民主主义取代了军国主义和天皇专制主义，用法律主义取代了敕令主义。从此使日本教育在宪法和教育基本法体制下走上了为建设和平民主国家服务的道路。以《教育基本法》为基础，"在教育行政方面颁布了《文部省设置法》（1949年5月31日）、《文部省组织令》（1952年8月30日）、《文部省定员规则》（1969年5月21日）、《文部省定员细则》（1969年5月21日）、《地方教育行政组织及经营管理法》（1956年6月30日）、《大学入学考试中心组织管理规则》（1977年5月2日）"①等一系列法律和法规，为包括教育政策管理机构在内的所有教育管理机构的建立提供了坚实的合法性基础。

3. 民主管理性增强

为了提高教育政策管理的有效性，这些发达国家在设置教育政策管理机构的过程中，广泛吸收社会组织和热心于教育政策管理的社会群体到机构中从事日常管理工作。由于教育自身具有社会公益事业这一典型特征，除了一些公益性和有关的社会团体积极参加到教育政策管理机构中来之外，许多公民认为参与教育政策管理是自己作为公民的基本权利。例如，在美国不少社区的公民都热心于参与教育政策的管理，他们经常通过竞选的方式进入到这些管理机构中认真完成任期的工作。

第三节 教育政策管理的人员配备和经费投入

上文已经论及过教育政策管理人员的选拔和经费投入的必要性，这里我们将分析教育政策管理人员的基本素质和如何保证经费充分投入的办法。这是两个看似无关却有着内在联系的问题，有了合适的人员没有充分的经费保障，将会出现"巧妇难为无米之炊"的局面，如果有了充分的经费而无合适的人员去使用，则可能会造成经费的大量浪费，人为地造成教育政策管理成本的提高。故此，我们将这两个问题联系到一起来分析。

一、教育政策管理的人员配备

教育政策管理人员素质和水平，对于保证教育政策的良好运行起着至关重要的作用。良好的教育政策系统，如果没有高水平的教育政策管理人员的辛勤工作，这个系统也会时常失灵而整个教育政策系统无法发挥作用。所以，在这里我们将着力分析教育政策管理人员的基本素质、教育政策管理人员配备的原则和方法。

---

① 郝维谦，李连宁主编：《各国教育法制的比较研究》，人民教育出版社1997年版，第68页。

（一）教育政策管理人员的基本素质

1. 高度的政治觉悟

教育政策管理既是一项科学的管理工作，也是一项严肃的政治任务。教育政策能否良好运行，是否发挥应有的作用，直接关系到各级党和政府的形象，对于维护党和国家的威信也具有现实意义。正因为如此，在教育政策管理机构从事教育政策管理的每个人都要具有高度的政治觉悟，有些具体的工作岗位必须要由经过严格考察的认真负责的党员来担任。高度的政治觉悟可以保证党的方针政策能够得到准确的遵守和执行，尤其是对于教育政策的管理工作来说，往往是牵一发而动全身的产生全局性影响的。如果是涉及全国性的教育政策的研制和管理，其所产生的影响就是全国性的、长久性的。对于这样重要的工作，我们没有理由在人员的选择和配备上不慎重考虑。而这种慎重性的最集中的体现就是政治觉悟。

强调政治觉悟的高度性，不仅在战争年代具有重要意义，即使在今天的和平时代仍然具有特别重要的价值。今天，在党和国家的各个部门，那些手中握有一定权力的人中不乏有贪官污吏，危害国家的财产、损害人民的利益。虽然，党和政府一直采取高压的态势试图阻止这类事情的蔓延，减少国家和人民损失，但是，却屡禁不止。这是为什么呢？原因可能很多，但是其中的一个原因恐怕我们都不会否认，那就是政治觉悟问题。我们的不少干部已经慢慢地放松了对自己的教育和要求，慢慢地降低了自己的政治觉悟，忘记了人民对他们的期望。由此可知，我们如果在事关重大的教育政策管理上更要重视高度的政治觉悟问题，否则，一旦出现差错，其造成的危害是难以消除的。

相关链接 5-1：

政 治 觉 悟

人们在政治生活实践中领悟政治问题、明辨政治是非的能力和水平。判断政治觉悟，既要看其认识水平和理解能力，也要看其在现实政治斗争中的行为；政治觉悟是政治观点和政治行为的统一。不论是在革命战争年代，还是在社会主义现代化建设时期，人的政治觉悟的高低都关系到事业的成败和发展。在我国新民主主义革命时期，革命的成功，决定于在中国共产党的正确领导下，广大群众、干部和共产党员的高度政治觉悟。当前，只有通过热爱祖国、热爱人民、热爱社会主义的思想政治教育，不断提高人民群众特别是共产党员和各级干部的政治觉悟，才能保证党在社会主义初级阶段基本路线的顺利贯彻，才能使党在改革开放的长期过程中的社会主义物质文明建设和精神文明建设都获得成功。

[资料来源] 北京党建网，http://www.bjdj.gov.cn/Book/ShowArticle.

2. 专业的管理知识

作为教育政策的管理机构，其中的每个人都应当具备必要的管理知识，其中以人为本、和谐发展的观念是最为重要的管理理念。传统的科学管理中往往更多的是关注"物"的东西，而对于"人"却重视得不够。今天，当我们意识到要以人为本的时候，就更要在各种管理活动中尊重人、关心人。教育政策的管理也是如此，也同样要将"人"放在首位。因此，教育政策管理机构中的每个人都要懂得有关"人"的知识，具有人文精神和人文情怀。还要掌握发达国家在教育政策管理方面的成功经验，吸取其中合理的因素，为我所用。作为教育政策的管理，具备必要的教育管理相关知识，如教育学、心理学、政治学、法学等也是非常重要的，只有掌握了这些系统的知识，才能明辨是非，提高管理水平。此外，系统论、协同论等现代综合学科的基本知识也要及时掌握并灵活运用。

3. 严谨的科研能力

由于教育政策管理机构需要承担对教育政策进行研究的职能，这在上文的分析中已经说过，因此，这个机构中的成员还应当具备一定的科学研究的能力，这一点也许是这个机构的特有之处。这里说的研究能力并不是一般意义上的要求，而是针对本机构的特殊要求所提出的。在这些研究能力中，首先是理论思维能力，也可以称之为逻辑思维能力或抽象思维能力。这是建立科学管理理念的基本素质要求，如果不具备基本的理论思维能力，也就难以真正树立科学的管理理念。其次是实际调查能力。因为教育政策管理过程中需要经常到各个部门和地区进行实际调查，了解政策的运行状况，指导有关部门研制教育政策。所有这些都与实际调查能力分不开的。当然，基本的数据处理能力和评估能力也是必要的。

4. 细致的协调能力

教育政策的系统性决定了作为教育政策的管理人员必须经常对上下左右的教育政策进行系统控制，这就必须具备一定的协调能力，保证各项政策之间相互支持、相互融合，发挥教育政策的整体化优势。在教育政策的实际执行过程中，我们经常会碰到政策之间的不吻合或冲突的时候，而这些冲突的问题又往往是执行部门甚至一些政策制定部门都难以解决的。在这种情况下，作为教育政策的管理机构，一旦发现这些问题，就必须采取手段予以解决，否则可能会产生消极影响。这个时候，教育政策管理人员的协调能力就显得尤为重要了。

（二）教育政策管理人员配备的原则和方法

1. 坚持精干原则，减少人员数量

精简机构是提高管理效率的途径之一，同样，要提高教育政策管理机构的效率，其主要途径之一就是坚持精干的人员配备原则，减少人员的数量，降低该机构的管理成本。现在不少管理机构庞大、人员众多，但是工作效率似乎并没有提高多少，甚至存在效率下降的问题。有鉴于此，我们希望教育政策管理机构能够率先垂范，尽可能多地减少人员的数量，提高管理效率和质量。

2. 坚持素质原则，选择优秀人员

减少人员数量固然可以提高管理效率和质量，但是更重要的是提高管理人员自身的素质。近年来，我国教育政策管理队伍的整体素质在稳步提高，一大批受过高等教育的专业人员补充到相关岗位上来，其中不乏优秀的管理人才和精英人才。这是我国教育政策管理质量和水平的基础，也是我国教育政策合法化、科学化的希望所在，标志我国教育政策管理档次的提高。所以，坚持素质原则配备人员，才能选择最优秀的人才。当然，素质是一个内涵丰富的概念，高学历并不等于高素质，更不能简单地等同于优秀的管理素质。所以，不能仅仅用高学历作为配备教育政策管理人员的惟一标准。

3. 坚持开放原则，引进国外专家

教育政策管理的开放性在上文已经论述得比较清楚了，这里所要强调的是，我们在教育政策管理人员的配备上也可以适当聘请国外一些管理人才和管理专家，把国外成功的教育政策管理经验直接吸收到我国的教育政策管理实践中来。不过对于这种做法，现在还有不少人难以接受，但是，从提高我国教育政策管理水平角度看，这种做法肯定是利大于弊。实际上，我国的一些企业界和金融界已经开始了这方面的工作，实践证明聘请国外人才参加管理并没有什么大的弊端。所以，我们有理由相信，在教育政策管理机构中聘请少量的国外优秀人才也一定会取得成功。

二、教育政策管理的经费投入

在上文的分析中,我们已经认识到,教育管理经费的充分保证对于教育政策管理以及教育政策管理机构的设置等都非常重要。但是如何保证教育经费的充分投入?特别是在我国经济发展水平不高,如果国家拿不出足够的经费投入,那么我们应该如何保证。因此,我们必须面对教育政策管理经费筹措、教育政策管理经费投入的原则与方法以及教育政策管理经费投入的评估等问题。

(一) 教育政策管理经费筹措

从一般意义上来说,教育政策管理经费肯定应当由国家各级政府来解决,这是因为教育政策管理是国家管理的一个部分,是国家掌握的重要资源,国家理所当然地要支付这个管理的经费,这个支付的经费也是国家为获取教育这个资源所必须投入的成本。况且在世界大多数国家看来,教育是国家的公益性事业,必须由国家支付相应的经费。而教育政策管理经费只是管理经费的非常小的一个部分,国家没有必要在这个问题上有什么犹豫。

但是,我们必须看到,实际情况并非我们从一般意义上的分析所得出的结论那样令人乐观,一些发达国家由于财政吃紧也有不尽如人意的时候。所以,这个问题具有一定的普遍性。在我国,有不少关于教育政策的研究经费就不是由国家支付的,而是通过地方政府的其他渠道、社会团体以及一些科研机构自己筹集等方式来支付的。从长远的观点看,这种状况的存在是不正常的。我们希望国家能够正视这个问题,加大教育管理经费的投入,保证管理经费按时足额到位。

相关链接 5-2:

教育经费筹措的经济学分析

政府应提供教育经费的主要部分。(1) 政府应提供义务教育阶段的所有经费需要。国家财政的一个重要职能就是要承担向社会提供公共产品的资金需要。依据萨缪尔森的公共产品理论与布坎南的公共选择理论,教育产品的属性决定了其筹措资金的方式。义务教育具有很强的公共产品性质，属于纯公共产品，具有效用的非排他性和消费的非竞争性；实施义务教育的学校是从事社会公共产品生产的，属于社会公益的性质应由政府财政供给经费。大多数市场经济国家基础教育经费都全部由政府提供，有所区别的主要是实施基础教育的年限。我国义务教育法明确规定实行九年义务教育，要求各级政府要保证义务教育的投入。这些年，我国各级政府采取了许多积极的措施，不断增加财政对义务教育的拨款，大多数地方实现了基本普及义务教育的目标。但我们还必须承认，当前我国义务教育仍然存在相当多的问题。由于现阶段财政体制上的原因与地方财政的困难，我国还没有做到真正意义上的免费的义务教育，即还需要交纳一定的杂费，造成有不少学生由于家庭的困难而辍学，所需的经费问题并没有解决好。我国不少贫困地区有相当数量的学校是依赖于社会的"希望工程"来投入与维持运行的。这与政府应承担向社会提供公共产品的理论相悖，从另一个角度来看，这实际上是政府向社会卸包袱。要解决这个问题，首先必须界定纯公共产品提供中的各级政府的事权。长期以来，我国在界定这个事权的问题上存在着误区，主要是：一是认为义务教育不属于纯公共产品，最多能算是准公共产品，因此接受教育者必须承担一定的费用。二是认为义务教育是纯公共产品，但它是地方性的公共产品，尤其是属于县乡的公共产品，其经费由县乡政府承担。第一个问题在前面已有结论，第二个问题涉及公共产品的层次性问题，我们认为义务教育属于各级政府的事权，不仅是县乡级的公共产品，也属于地市、省（区、市）、中央级的公共产品。原因在于义务教育的受益者是具有流动性的，而且如果从公平与效率的角度出发，也应该界定中央、省（市、区）、地市有一定的事权。根据上述公共产品具有层次性的理论，重新定位各级政府在义务教育中的事权，改革我国现行的义务教育经费分配制度。按照我国现行分级管理的则政体制，全国共分为中央、省（市、区）、市、县、乡五级财政。按原有体制，义务教育是由地方政府负责，即由省、市、县、乡四级政府共同负责。但在实际工作中，义务教育学校的日常经费主要由县乡两级政府财政负责筹措，中央和省级政府一般采取设立专款的办法予以资助。实践证明，这种经费筹措制度不能解决我国农村学校，尤其是贫困地区学校的经费问题，我国一些县乡级政府财力比较薄弱，根本无力负担学校的经常性支出。

应该逐步调整国家教育经费支出结构：中央和省级政府用财政转移支付等办法，加大中央和省级财政义务教育经费的支出比例；用专项资金管理的办法把中小学教师工资全部由财政直接发放；由中央和省级政府把经济落后地区所需的义务教育的建校经费和经常性支出包下来。尤其应该强调一点的是应该借鉴市场经济国家成功的经验，实行真正意义上的免费的义务教育。在我国现阶段，应建立东部、中部和西部不同的农村义务教育财政投入模式，切实解决农村义务教育中存在的问题，东部实行以县级和省级政府作为投资主体的农村义务教育财政体制；中部实行中央和省级政府作为投资主体的农村义务教育财政体制；西部则实行中央和省级政府共同负责，以中央财政为主的农村义务教育财政体制。

（2）非义务教育所需的大部分经费也应该由国家承担。按照美国经济学家西奥多·舒尔茨的人力资本理论的说法，教育是一种投资，既需要支付成本，又能为个人和社会带来效益。以人力资本理论为依据，西方教育家认为，筹措非义务教育经费必须考虑三原则：一是成本分担的原则，这是指非义务教育成本应由纳税人、家长、学生及社会人士（捐赠）共同分担。二是受益原则，这是指谁从教育中获得好处和利益（无论是直接的还是间接的），谁就应支付教育经费，受益越多，支付的费用就越多。三是能力支付原则，这是指所有从教育中获得好处和利益的人，都应按其支付能力大小提供教育费用，能力越大，支付越多，能力越小，支付越小。按照准公共产品理论与上述三原则，我们认为政府对非义务教育应当承担主要的职责，提供大部分的经费投入。理由是：第一，非义务教育总是要贯彻政府的意志，要以培养符合政府意志品质的人作为其衡量质量的重要标准，学校不可能只成为传授知识和技能的场所，而人的品质不能用货币来衡量，因而教育不能简单地套用市场规律，政府需要通过设置一些课程来进行意识形态方面的教育，而这需要政府经费投入。在此，政府受益最大。第二，非义务教育，尤其是高等教育要为国家培养包括从事基础研究、从事艰苦工作等各种类型的人才，而私人难以提供这种投资，需要政府财政提供。这符合支付能力原则和受益原则。第三，非义务教育投入要达到一定规模，才能形成规模效益，民间部门和个人不易承担。如果完全由市场提供，就会产生供给不足的问题。这符合能力支付原则。第四，非义务教育资本市场的不完全性。

非义务教育投资是一种人力资本投资，其收益具有不确定性，收益率大小受个人的性格、机遇、健康、能力、家庭等不确定因素影响，而且人力资本市场是一个不完全的市场，其投资对象是没有担保品的，信贷机构一般不愿意冒险对人进行投资。现实的选择只能是政府出面进行干预。第五，出于公平的考虑，我国目前大部分家庭收入水平还不能承受过高的学费，非义务教育如果仅仅由市场提供，将会使一部分人因经济贫困而失去接受非义务教育的机会，这不仅使这部分人无法与高收入家庭的子女进行公平竞争，也使整个社会因没有充分发挥他们的聪明才智而蒙受损失，因而这也需要政府进行投资。

[资料来源] 邓文勇：《教育经费筹措的经济学思考》，《改革与战略》，2005年第10期，第113页。

（二）教育政策管理经费投入的原则与方法

1. 经费充足，保证管理机构正常运行

教育政策管理机构是一个日常性不可或缺的管理机构，只要国家存在，就有教育的存在，也必然就有教育政策的存在，因而每天对教育政策的组织和管理也就必不可少。但是这些工作如果缺乏足够的经费支持，机构就无法正常运转，国家的各级各类教育政策就可能会失调和混乱，造成极大的危害。另一方面，众所周知，教育一直是影响社会稳定的主要因素之一，教育工作做好了，社会就能够稳定，教育工作如果出现失误或偏差，社会就可能会出现动荡。古今中外的历史都已经反复证明了这个道理，所以，对事关教育发展和走向的教育政策切不可掉以轻心，教育政策管理工作又是其中的关键环节，保证其充足的经费是非常必要的。

2. 研究经费专项拨付，积极支持教育政策管理研究

教育政策管理中的研究经费是与日常管理经费发挥完全不同作用的经费，所以，无论如何不能作为一般的行政事业经费划拨，以至于在经费使用过程中相互占用、挪用，结果是教育政策的研究经费无法落实，研究工作难以进展。因此，我们建议国家财政部门在每年的财政预算时，将教育政策管理部门的事业费和科研费分开拨付，保证研究经费能够准确到位，从而达到提高教育政策管理质量的目的。

3. 提高使用效率，严格审计，防止浪费

我国的教育经费总体投入不足，国家财政紧张，每年投入教育政策管理的经费有限。在这种情况下，更应当将经费使用效率放在首位，保证经费的使用达到最大效率。审计部门严格审理，防止挪用研究经费，使得研究经费切实用于教育政策管理中的科研活动。只有通过这些严格的管理措施，方可防止浪费教育政策管理的经费。近年来，少数人浪费经费的现象时有发生，在教育政策管理中提出的这个原则和方法是有一定现实意义的，至少可以起到防患于未然的作用。

（三）教育政策管理经费投入的评估

其实这个问题是与上述的"教育政策管理经费投入的原则与方法"密切相关的，也可以放在上述这个问题中来分析。但考虑这个问题比较重要，而大多数人还没有予以足够重视，也有少数人甚至并不知晓，故此将其作为一个独立的问题来阐述。

教育政策管理经费从总体上看并不充足，管理机构深感捉襟见肘。所以，更有必要加强对教育政策管理经费投入进行评估，以便对教育政策管理经费实行动态调控和跟踪，及时了解经费的使用状况，合理规划经费使用的途径和方法，为国家财政部门制定预算提供科学的依据。关于经费投入的评估方法，在经济学领域中已有著述，读者可以从中查询自己感兴趣的内容，这里不再细述。

（四）教育政策管理经费投入趋势

1. 国内教育政策管理经费投入趋势

国内教育政策管理经费的投入，随着教育经费总体投入的绝对数量的增加，也在逐年有所增加。从今后发展的趋势来看，教育政策管理经费的投入主要还是依赖政府的投入，但是，对于几层教育政策管理机构来说，教育政策管理经费的投入完全依赖政府恐怕难度较大，除非国家调整相应的税收政策，增加地方政府的财政收入。所以，多渠道筹集经费也许是解决教育政策管理机构投入不足的一个办法。尤其是在教育政策研究经费方面，可以采取政府、社会团体、科研单位甚至个人联合投入的办法，加强对教育政策管理的研究。

2. 主要发达国家教育政策管理经费投入趋势

发达国家对于教育政策管理经费的投入也主要是由政府来提供的，如美国，在每年的财政预算中，联邦政府都要依照有关法律对各种经费予以划拨，教育政策管理经费属于联邦政府的法律法规管理部门的经费之一一同划拨，由于联邦政府不直接管理教育，所以，其用于教育政策管理经费也就不是很明确。但是州政府必须予以明确，不过这笔经费也是放在州政府立法部门统一使用。而法国则是由中央政府下拨到教育管理部门来满足教育政策管理部门的经费需求。今后这种体制也许不会有太多的变化，这些发达国家的政策研究经费也是由政府来资助的，因为教育政策也是一项公共政策。

【本章小结】

本章通过对教育政策管理中的指导思想、机构设置、人员配备和经费投入等几个问题的分析，说明了教育政策管理的必要性和重要性。此外，本章还对教育政策管理中的机构设置趋势和教育政策管理经费投入的趋势作了有益的尝试性的探索。虽然这些趋势的分析不一定完全合理，但毕竟可以引起读者对这些问题的关注和思索。

【思考题】

1. 什么是教育政策管理？
2. 应当树立什么样的教育政策管理指导思想？
3. 教育政策管理机构设置的基本原则是什么？
4. 如何看待教育政策管理机构设置的趋势？
5. 如何筹集教育政策管理的经费？

【参考文献】

1. 郝维谦，李连宁：《各国教育法制的比较研究》，人民教育出版社1997年版。
2. 桑玉成，刘百鸣：《公共政策学导论》，复旦大学出版社1991年版。

第六章　教育政策评估

教育政策评估就是对教育政策本身的合理性及实际实施效果进行评价和估量，并做出价值判断，属于我国教育评估的一个新领域。一般说来，教育政策评估被认为是教育政策过程中的一个重要环节。通过教育政策评估，人们可以预测教育政策措施产生的效果，发现教育政策执行过程中存在的实际问题和障碍，总结教育政策中的经验教训，判断教育政策目标的实现程度。可以说，教育政策评估能够决定教育政策的基本趋势和走向。一项教育政策应该继续执行还是废止？如果继续执行，是否需要依据实际发展情况进行调整和修正？应该大刀阔斧地修改还是进行局部微调？这些问题都需要通过教育政策评估来加以解决。由此可见，教育政策评估对提高教育决策的科学性、调整和完善教育决策方案都有重要的指导作用。本章对政策评估、教育政策评估的概念进行了整理并作了界定说明，并探讨了教育政策评估的价值取向，分析了教育政策评估的标准，总结了教育政策评估的方法，阐明了教育政策评估的作用，从整体上对教育政策评估作了解析说明。

第一节　教育政策评估的含义

教育政策是政策的一个分支，按照詹姆斯·安德森的观点：教育政策研究没有比政策研究需要更特殊的概念或方法。因此，要弄清教育政策评估的含义，首先对政策评估要有一个了解。

一、政策评估的含义

评估是指对事物的评价和估量。人们对任何事物的认识都有一个由表及里，由现象到本质的认识过程。由于人们认识活动的局限性和政策活动本身所具有的复杂性，政策规划的目标和手段都可能在政策执行中遇到这样或那样的问题，预想中具有可行性的政策并非就是实践中可行的政策。因此，人们既需要对政策进行科学地规划和有效地执行，还需要政策执行信息的反馈和对政策效果的评估。

政策评估是对政策的效果进行研究，是伴随着政策实践与理论研究而产生的政策科学理论与方法。其主要目的在于鉴定人们所执行的政策在达到其目标上的效果，确认政策对问题的解决程度和影响程度，并运用研究设计的原则，通过对政策效果的透视和分析，辨识政策效果的成因，分析某种效果是政策本身的作用还是其他因素所致，以便通过优化政策运行机制的方式来强化和扩大政策的效果。因此，进行政策评估，一方面有助于把握政策动态运行的整体过程，另一方面也有助于检验政策效果，提高决策与政策执行的质量。

（一）几个有代表性的政策评估定义

M. C. Alkin 认为"政策评估是确定重要的决策范围，收集选择信息资料，为决策者提供方案选择的依据"。① N. Lichfield 认为"政策评估是描述各种解决问题的方案，陈述各种方案的优劣点"。② J. E. Anderson 认为"若把政策看成某种有序的活动过程，那么其最后一个阶段便是政策评估。概括说来，政策评估与政策（包括其内容、实施及效果的）估计、评估和鉴定相关"。③ E. S. 奎德定义："政策评估从广义上讲是确定一种价值的过程分析，狭义上，却是调查一项进行中的计划，就其实际成就与预期成就的差异加以均衡。"④安德森说："政策的评价与政策的估计、评价和鉴定有关，作为某种功能作用，政策评价能够而且确定在整个政策过程中，而不能简单地将其作为最后的阶段。"⑤ S. S. Nagel 认为："政策评价主要关心的是解析和

---

① M. C. Alkin. Evaluation Theory Development, in C. H. Weiss. Evaluation Action Programs. Boston, Allyn&Bacon Inc., 1972: 107.

② N. Lichfield, et al. Evaluation in the Planning Process, Oxford, Pergaman Press, 1975: 4.

③ J. E. Anderson. Public Policy Making. N. Y. Holt, Rinehart and Winston, 1979: 151.

④ 转引孙涛:《政策评估》, http://jpkc.xmu.edu.cn/zckx/7/7-1.ppt.

⑤ N. Lichfield, et al. Evaluation in the Planning Process. Oxford: Pergaman Press, 1975: 4.

预测。"① 威廉·邓恩（William Dunn）说："政策评估是这样一个领域的工作，努力用多种质询和辩论的方法来产生和形成政策相关的信息，使之有可能用于解决特定政治背景下的公共问题。"②林水波、张世贤认为："政策评估是有系统地运用各种社会研究程序，搜集相关资讯，用以论断政策概念与设计是否周全完整，知悉政策执行情形、遭遇的困难，有无偏离既定的政策方向，指明社会干预政策的效用。"③ 朱志宏认为："发现误差、修正误差就是政策评估。"④ 20世纪80年代末期，库巴和林肯（Cuba And Lincoln）将政策评估理论发展概括为四代过程：第一代为效果评估，注重的是衡量；第二代为使用取向评估，注重的是叙述；第三代为批评评估，注重的是判断；第四代是他们所阐述的反应性建构主义评估，注重的是理论与方法的重新建构。⑤ 弗兰克·费希尔（Frank Fischer）在《公共政策评估》一书中特别提出，政策评估应该是实证评估和规范评估的统一。实证评估是指在"怎样做"——首先提出评估的基本经验和方法，然后指出这样正确地实施的基础上考察是否达到了预期目的。而弗兰克·费希尔更注重评估政策中的价值判断问题——该政策是否体现了广为接受或期待的目标和价值？从这个意义上，他把政策评估概念化为"一种通过实践进行审查的形式，这种形式与政策评判的经验问题和规范问题相关"。⑥

尽管不同的专家和学者对政策评估有不同的理解，我们还是可以从中归纳一些共性。

（二）对几种政策评估定义的归纳

通过对政策评估理解的把握和对定义个性的剔除，我们可以把政策评估

---

① N. Lichfield, et al. Evaluation in the Planning Process. Oxford: Pergaman Press, 1975: 4.

② N. Lichfield, et al. Evaluation in the Planning Process. Oxford: Pergaman Press, 1975: 4.

③ N. Lichfield, et al. Evaluation in the Planning Process. Oxford: Pergaman Press, 1975: 4.

④ N. Lichfield, et al. Evaluation in the Planning Process. Oxford: Pergaman Press, 1975: 4.

⑤ E. G. Cuba & Y. S. Lincoln. Fourth Generation Evaluation. Chap. 1, Newbury Park, Sage, 1989.

⑥ [美] 弗兰克·费希尔（Frank Fischer）：《公共政策评估》，中国人民大学出版社2003年版，第2页。

的定义归纳为以下几点：

第一，政策评估是一种价值判断分析过程。第二，政策评估是前评估，即针对政策方案进行的评估。通过分析、比较各种不同的政策方案，指出每个方案的可行性及其相对的优缺点。它主要包括对政策方案进行的价值分析、可行性分析和后果预测分析。价值分析主要是对政策目标满足社会需要程度的分析；可行性分析是对政策提出的各项方案措施的具体条件进行分析；后果预测分析主要是对方案实施后对出现的情况和后果进行预测，对可能付出的代价和可能获得的收益进行分析比较。整个评估的焦点集中在政策的预期结果上。第三，政策评估是过程评估，是对政策全过程的评估，是贯穿于整个政策过程的功能性活动。第四，政策评估是后评估，是针对政策实际效果进行的评估，是政策过程的最后一个阶段。其目的在于判断一项既定政策付诸实施以后是否产生了预期的政策效果，产生了哪些效果，还存在哪些问题，问题是如何产生的，如何才能解决这些问题。

如果说前评估和过程评估都属于广义上的政策评估的话，那么后评估这种狭义上的政策评估可能更符合政策过程研究视野中的政策评估定义。因为这种评估相对于前评估和过程评估，所依凭的材料和信息更具有实在性和完整性，在阶段上更具有独立性，因而其评估结论也就较为客观和科学。

由此看来，对政策评估含义的理解可以从政策过程的最后一个阶段着眼，以"政策效果"为核心概念，并以此回溯考察政策过程的各个环节，强调价值层面的评估。即依据一定的价值标准和程序，对政策的效益、效率、效果及价值进行判断，目的在于使这些政策的相关信息成为政策变化、政策改进和制定新政策的依据。

二、教育政策评估的含义

与政策评估在定义上有前评估、过程评估、后评估相对应，教育政策评估也有以上三种不同的理解。第一种观点其实是一种预测性的事先评估，把它归入教育政策制定中的决策及其可行性研究中似乎更为合适；第二种观点将教育政策评估置于政策运行的全过程，其实也是将教育政策制定中的事先评估和教育政策执行中的事中评估包含其中，而事中评估似乎更适于归入教育政策执行中的监控研究。如果说事先评估和事中评估都属于广义上的教育政策评估的话，那么本书认为事后评估这种狭义上的教育政策评估才是教育政策过程研究视野中的政策评估，因为这种评估较之事先评估和事中评估，在所依凭的材料和信息上更具有实在性和完整性，在所处的阶段上更具有独立性，因而其评估结论也就更具有客观性和科学性。正是从这个意义上，将教育政策评估定义为以"教育政策效果"为核心概念，立足于教育政策过程的最后一个阶段，并以此回溯考察教育政策过程的各个环节。

此外，教育政策评估概念除了关注事实层面的评估，还必须强调价值层面的评估。

（一）我国在教育政策评估方面有代表性的定义

袁振国在《教育政策学》一书中，将教育政策评估定义为"按照一定的教育价值准则，对教育政策对象及其环境的发展变化以及构成其发展变化的诸种因素所进行的价值判断"[①]。张乐天在《教育政策法规的理论与实践》一书中，将教育政策评估定义为"依据一定的评价标准，对教育政策运行的全过程进行系统的综合的分析与判断，总结政策运行的成绩和经验，揭示存在的问题与不足，从而为修订和完善教育政策，并为实现教育政策的更良性运行服务"[②]。

（二）本书对教育政策评估的定义

综上所述，我们可将教育政策评估含义概括为：教育政策评估是由一定的评估主体依据一定的标准和程序，运用特定的方法，通过考察教育政策过程的各个阶段、各个环节，对教育政策的科学性、可行性及其实施后的效益、效率、效果及价值进行判断的一种政治行为，通过对教育政策对象及其环境的发展变化以及构成其发展变化的各种因素的分析，为政策的转变、改进和制定新政策提供依据。它是一种对教育政策运行全过程进行全面分析与研究的社会科学活动。

该定义强调：（1）教育政策评估是一种在教育政策执行完毕之后的已然基础上的回溯性考察和分析；（2）教育政策评估不仅要运用实证方法进行事实评估，还要运用政治哲学方法进行价值评估；（3）教育政策评估虽然也要涉及教育政策制定、执行等环节，但那都是为确定教育政策效果服务的。

---

① 袁振国：《教育政策学》，江苏教育出版社 2000 年版，第 347 页。
② 张乐天：《教育政策法规的理论与实践》，华东师范大学出版社 2002 年版，第 82 页。

> **相关链接 6-1：**
>
> ### 什么是教育评估制度？
>
> 　　教育法规定，国家实行学校及其他教育机构教育评估制度。教育评估是指各级教育行政部门或者经过教育行政部门认可的社会组织，对学校及其他教育机构的办学水平、办学质量、办学条件等方面，进行综合的或者单项的考核和评定的制度。通过教育评估，可以有利于增强学校及其他教育机构主动适应社会需要的能力，发挥社会对学校教育的监督作用，不断提高办学水平和办学质量。
>
> 　　教育评估的主要职能是根据一定的教育目标和标准通过系统地收集学校及其他教育机构的各方面的信息，准确地了解教育活动的实际情况，对学校办学水平和教育质量进行评价，为学校改进工作开展教育改革和教育管理部门改善宏观管理提供可靠的依据。教育评估主要有合格评估、办学水平评估、选优评估及学校内部评估等形式。
>
> 　　合格评估也是一种鉴定评估，是国家对学校及其他教育机构的办学条件和基本教育质量的一种认可制度，由审批各级各类学校及其他教育机构的教育行政部门组织实施。
>
> 　　办学水平评估主要是根据国家对不同类别的学校及其他教育机构所规定的任务和目标，由教育行政部门组织实施的经常性、综合性评估。
>
> 　　选优评估是在学校及其他教育机构进行的评比选拔活动。其目的是在办学水平评估的基础上，通过公布评估结果和对成绩优异的单位与个人给予奖励，达到遴选优秀、择优支持、促进竞争、提高水平的效果。学校的内部评估，是学校及其他教育机构内部自行组织实施的评估，这是加强学校管理的重要手段，也是各级人民政府及其教育行政部门组织对学校及其他教育机构进行评估工作的基础。
>
> 　　[资料来源] 中国人大网，http://www.npc.gov.cn/zgrdw/common.

第二节　教育政策评估的价值取向

　　1975 年，比贝（C. E. Beeby）首次揭示了政策评估的本质，是一种目的在于行动的价值判断。他认为，政策评估在于系统地收集资料，并对这些资料进行整理和解释，引入评判性的思考。比贝关于"价值判断"的提出，深化了政策评价的内涵，使评估的另一主要特征"价值判断"越来越受到人们的关注，对教育评价理论的发展起到了十分关键的作用。从这一角度而言，教育政策评估尤其要对教育活动的价值做出判断，包括对教育目标本身做出判断，使评估活动有助于决策的科学化，对实际工作具有指导意义。我们甚至可以把比贝的观点作为评价概念嬗变的分水岭，因为在他之前，无论是泰勒、克龙巴赫，还是斯塔弗尔比姆，他们都未提及"价值判断"，而把描述看做是教育决策者的事情。

下面我们从教育政策的价值观入手，探讨教育政策评估的价值取向。

一、教育政策的价值

所谓价值就是"个体或团体强烈认同的抽象的、概括性的理想。价值是用来判断特定的目标和行动的标准和规范的源泉"。① 价值就是一种观念形态，是人们的社会存在之于人们的意识的一种反映。价值之于个体是关于事物好与坏、对与错、优与劣、强与弱、多与少的一种主观认定，之于群体则是一种主观认定，又是一种社会存在，是一种主观认定与客观存在相统一的偏好。同时价值还是主观思维沉淀的产物，亦是一种思维定势，它表现为一定的主体所具有的不依具体情况的改变而转移的期望、肯定、支持或反对、放弃、厌恶的评价标准。总之，价值的本质是主客体关系中表现出来的客体之于主体的意义和效用。

教育政策评估的本质是对教育政策价值的评估，即按一定评估标准，对教育政策的过程和内容在事实判断的基础上做出价值判断。其中评估标准是教育政策评估的核心，是人们选择教育政策方案的依据，是衡量教育政策优劣、质量高低的尺度。虽然教育政策评估本身具有许多主观性的特质和表现，但其评估标准却是客观的。它的客观性来源依赖于教育政策价值的客观存在。

教育政策的实践活动是教育政策价值的源泉，它包括政策问题的认定、政策的制定、政策的实施和政策的评价等过程。只有通过现实的实践活动，

---

① [美] 弗兰克·费希尔：《公共政策评估》，中国人民大学出版社2003年版，第11页。

才能使主体需要和客体属性处于价值关系中，并作为实践活动的固有内容，经过相互对象化而生成目的性和规律性相统一的价值。

而在教育政策实践活动中就需要考虑以下几个方面的价值：

（一）教育政策的政治价值

教育政策是有关教育的政治措施，国家通过教育政策行使权力，发挥教育对社会政治、经济和文化等方面的能动作用，其政治价值就在于巩固国家赖以存在和发展的经济基础和社会基础。早在公元前三百多年，亚里士多德就把教育活动看成是政府职责的一个重要方面，是一项重要的公共事务。国家如果忽视教育，那么它的政治也将遭到毁损。

（二）教育政策的社会价值

教育政策是教育权利和利益的始终体现和保障，其社会价值在于能够兼顾公平与效率，使教育成为全体人民所拥有的共同权利和利益，有利于社会的稳定、发展和进步。

（三）教育政策的教育价值

教育事业是一个庞大的系统工程，这个系统内的各个要素如初等教育与中等教育、中等教育与高等教育之间存在着各种各样的关系。此外，这个系统还与社会这个大系统之间有着复杂的资源、信息等交换关系，这些关系的纠葛不可避免地导致各种矛盾。教育政策的教育价值就体现在通过权力介入、化解这些矛盾，有效地整合各种层面的教育分化，以保证教育平衡有序地发展。

（四）教育政策的个体价值

教育政策能够使受教育者个体的人生价值得以实现和提高；使受教育者获得全面、自由、和谐的发展；使受教育者形成和谐统一的人格。

教育政策是国家在一定时期为实现教育目标、完成教育任务而协调教育内外关系所做出的战略性和准则性的规定。它对教育内部关系的协调在于解决教育活动的内部矛盾，即通过解决教育生存和发展的应然目的与实然状况之间的矛盾，最终达到使受教育者全面自由和谐发展的目的。因此，协调教育内部关系的教育政策的价值主要是以合乎教育和人的发展以及合乎的程度来评判。这种价值，一般称之为教育政策的内在价值或目的性价值。其中，为了教育的生存和发展是这种内在价值的本体价值，为了受教育者全面自由和谐的发展是这种内在价值的终极价值。教育政策对教育外部关系的协调着重于解决教育与社会的政治、经济、文化等其他子系统之间的矛盾，这种协调不是教育政策自身的目的，而是一种外在的社会目的，体现的是政治的价值和社会的价值。因此，教育政策合乎教育外部的社会目的所体现出来的价值关系，我们称之为教育政策的外在价值。它具有一种国家功利主义的价值取向，因而又被称之为教育政策的工具性价值。值得注意的是，不论是教育政策的主观价值还是客观价值，其中都有内在价值和外在价值，或者说目的性价值和工具性价值两种含义。两者不是对立的，只是有层次的区别。

教育政策的各种存在和变动的历史都是一定价值观念的反映。任何一种教育政策类型都隐含着某种价值观、意识形态以及对教育的某种信念，从而表明了这种教育政策最终的着眼点。

因此，教育政策离不开一定的价值作为基础，教育政策研究也离不开价值研究。

二、教育政策的价值取向

教育政策的价值取向是以价值观为基础，根据教育政策制定的目的和政策制定者的需要，对教育政策制定过程中的各个阶段做出选择和判断时所持的一种倾向性。

在政策科学发展的历史进程中，"价值中立"的观点曾经产生过很大影响。政策科学的奠基人 H. D. 拉斯韦尔认为政策科学是以理性实证主义为哲学基础的，因此政策分析要坚持科学的方法论，而马克斯·韦伯（Max Weber）则以"价值无涉"或"价值中立性"为特征的社会科学方法论为这一理论提供了强有力的方法论基础。那么，何为"价值中立"呢？美国的弗兰克·费希尔（Frank Fischer）在他的《公共政策评估》一书中是这样阐述的：实证主义者通过用技术术语来描述社会及其问题，把这些问题从其文化、心理学和语言学的论点中剥离出来，用高度精确和数学抽象的符号来表示，目的在于回避党派政治利益。他们的发现因此被称作"价值中立"。① 也就是说价值中立的提出是为了避免党派利益之争而对政策制定造成的负面影响。

而 Y. 德罗尔等人则认为政策分析不可避免地要引入价值因素，政策不可避免地带有决策者的价值观念。事实上，"价值中立"本身就是一种价值

---

① [美] 弗兰克·费希尔：《公共政策评估》，中国人民大学出版社 2003 年版，第 292 页。

取向。因为在研究或评估的过程中，任何研究者都不可避免地要依赖一定的价值标准进行判断，如果是以"价值中立"为价值标准，毫无疑义它就是一种价值取向。

"价值涉入"思想经过 20 世纪 60～80 年代对实证主义方法论的反思之后成为一种趋势。在这个趋势下，政策研究和分析的范式也由强调"价值中立"逐步转变为"价值涉入"。毕竟，在大多数情况下，政策就是人们在比较、鉴别、协调、平衡的基础上进行价值选择的结果。政策制定者信奉的价值观不同，其要实现的目标便不同。在认定政策问题时，信奉不同价值观的政策制定者会表现出很大的差异。因此，教育政策研究不仅可以而且应当涉入价值并进行价值分析。

教育政策的价值观决定着教育政策的价值取向。当同时存在若干教育政策方案时，主体就是从自己的需要及利益出发，或者说从自己的价值观出发，选择或倾向于某一种方案，从而在一定程度上满足自己对教育的需要。教育价值取向对教育评估的目的、标准和方法等都起着导向的作用。因而，确立正确的教育价值取向对教育评估是至关重要的。

为什么政府在制定政策时选择这一类型教育政策（比如说中央决策型），而不选择另外一类型的教育政策（比如说学校自主决策型），反映的就是政府在教育政策方面的价值取向问题。因此，建立在一定价值基础之上的对教育政策的具体观念、看法和见解就构成了教育政策的价值观。教育政策的价值观既反映人们对教育政策的一种评价，也反映了对教育政策功效的追求。不同的教育政策价值观制约着人们确立不同的教育政策目的、采取不同的教育政策模式、确定不同的教育政策内容，而且，教育政策价值观永远是具体的，它总是属于现实中的具体的人群或个人，它受现实的政治、经济、文化等的制约，具有客观性；同时，它也受这些人群或个人的利益需要、信念、哲学观念等的影响。

三、教育政策评估的价值取向

教育政策评估既然是政策实践活动的环节，那么教育政策评估的价值取向不可避免地受到教育政策价值取向的影响。正如教育政策受一定社会政治、经济和文化发展的制约，教育政策评估也不例外。一个政党一个国家要维护对教育政策的统治地位，必须利用教育政策评估这一手段，规范教育政策的价值取向。比如法国政府干脆直接制约教育政策评估活动，国家评估委员会直接向总统汇报工作,从而影响政府教育政策的制定。美国联邦政府和州政府则审查评估组织的资格并支持他们的工作。教育政策评估的价值取向是基于教育政策的价值取向的。因此,教育政策评估的价值取向同教育政策的价值取向具有一致性。

　　教育政策价值观是教育政策评估的价值取向的基础。教育政策评估的价值取向就是政策评估系统行为的选择,即对教育政策带来的效益、效果的提取、分析以及对将要采取行为的选择。教育政策评估本质上是对教育政策价值的评价,是一定评价标准对教育政策的过程和内容在事实判断的基础上做出的价值判断。其中评估标准是教育政策评价的核心,是人们选择教育政策方案的依据,是衡量教育政策优劣、质量高低的尺度。虽然教育政策评估本身具有许多主观性的特质和表现,但其评估标准却是客观的。它的客观性来源于或依赖于教育政策价值的客观存在。

　　教育政策评估的价值取向不是提出一些具体的评估指标,而是着眼于支持这些具体评估指标的价值理念。而这些具体指标体系的制定必须是有一定的价值理念来支持的,因此,寻求一个什么样的价值理念对教育政策评估是非常必要的。

　　同任何政策一样,教育政策的展开也包括政策制定、政策实施、政策评估等阶段。在教育政策制定阶段,选择什么样的问题作为需要通过教育政策来解决的问题,在问题确认后要通过这一政策达到什么样的目标,要达到这一目标要动用什么资源、采取什么方法等,都需要进行选择。而选择本身就是同教育政策的价值取向连在一起的,是按照教育政策的价值取向进行选择的。在教育政策实施阶段,政策的宣传、解释总是按照既定的价值取向来进行的,教育政策受体对政策的接受和理解程度,直接关系着教育政策实施的效果。在教育政策评估阶段,评估必须依照一定的标准,而这个标准本身就是由教育政策的价值取向转变过来的,是政策的价值取向的具体运用。总之,教育政策的整个过程都与价值取向联系在一起,并深受其影响和制约。

第三节　教育政策评估的标准

　　政策评估大致包括四方面的基本内容:评估标准、评估程度、评估分析和评估建议。评估标准是政策评估的依据,只有参照一定的评估标准,才能对政策进行有效的评估。评估标准的选择非常重要,因为就同一项政策而言,选择不同的评估标准,评估结论有可能极为不同甚至截然相反。

一般来说,政策评估既是一个价值判断的过程,也是一个事实判断的过程。在实际生活中,如果将价值和事实两者分开处理,结果是很容易造成学界和政治界的分裂。因此,政策评估既要建立价值标准,也要建立事实标准。

价值标准是建立在伦理道德、文化观念等社会和政治价值观的基础上的,目的在于确定政策的价值影响。其考虑的主要是"值不值"的问题,多以效益为前提。价值标准主要包括以下几方面的内容:政策是否坚持了社会公平公正原则?政策是否有利于社会生产力的发展?政策是否能满足绝大多数人的利益?政策是否能促进社会和谐的发展,等等。

事实标准的确立是以既定事实为依据,通过调查、统计等实证方法建立数字、比例等一些量化关系,目的在于体现政策在事实上产生了哪些实际的效果和影响。其考虑的主要是"是不是"的问题,多以效率为出发点。事实标准主要包括以下几方面的内容:政策的投入与产出的相关程度;政策的目标实现的范围和程度;政策对社会的影响程度。

从理想的角度来评定评估标准,就是政策评估既要注重公正,又要注重效率,也就是既要强调价值判断,也要强调事实判断。较之于政策评估,教育政策评估与之有相似之处。

一、教育政策评估标准的含义及研究概况

教育政策评估的标准是指在评估教育政策之前,人们对教育政策属性在质上的规定。它是人们审查或选择教育政策方案、衡量政策优劣和质量高低的价值尺度,同时对教育政策制定、执行也具有规范、导向和激励作用。由于评价标准实质上就是一种价值判断,所以在对政策分析时,确立客观、合理的标准,避免评估人员的价值观的影响至关重要。评估的标准还要视评估目的而定。这里需要强调的是教育政策评估中的事实分析的客观性,即要求在评估过程中评估人员的主观影响要降到最低。

从国内外有关政策评估标准的研究中,可以归纳出以下几种:

20世纪60年代末期,萨茨曼(E. A. Suchman)在其书《评估研究:公共事务与执行程序的理论与实践》中概括了政策评估的五项标准:工作量、

绩效、绩效的充分性、效率执行过程。① 早期的评估标准主要是围绕政策执行的绩效。随着时代的发展，后来的学者在此基础上根据实际情况进行了修正，主要是由于评估结果有了社会分析方面的要求，进而增加了相应的社会衡量标准。

S. S. Nagel 从政策后果预测分析的角度提出了"有用、有效、效益、效率、平等五条标准"②。有用、有效、效益、效率均是事实标准，而平等则是价值标准。

S. 凯尔曼提出公益优先标准。如果政策的决策过程具备了以下两个特征，就有可能制定出好的政策：一是在决策体制上能够表达相当程度的公益优先精神；二是能够把已经做出的选择体现为实际政府行动的组织能力。该评估标准是以多数人的利益为考虑的，是典型的价值判断标准。

台湾学者朱志宏提出的政策评估的四条标准是："（1）以过程模式为基础的标准；（2）以输出为基础的标准；（3）以结构为基础的标准；（4）以输入为基础的标准。"③

根据对教育政策评估标准的理解，本书认为教育政策评估的标准应该贯穿教育政策评估的整个过程，具有阶段性标准的特点。

二、教育政策评估的标准

本书的教育政策评估标准是建立在"价值涉入"的基础上的。这里有个简洁的定义可以借鉴，那就是美国学者格朗兰德（N. E. Gronland）对评价提出的定义：

"评价＝量（或质）的记述＋价值判断"④。"量（或质）的记述"是指对事实的叙述，即对事物的现实情况、属性与客观发展规律的陈述，是一种事实判断。"价值判断"是在现有事实的基础上，根据人的主观愿望对事物做出的判断。运用于教育政策领域，主要看某些教育政策的实施是否符合

---

① E. A. Suchman. *Evaluation Research: Principles and Practice in Public Service and Action Programs*. N. Y., Ressell Sage Foundation, 1967: 61.

② S. S. Nagel. *Policy Studies-Integration and Evaluation*. New York: Greenwood Press, 1988: 85.

③ 朱志宏：《公共政策台北》，三民书局印行 1991 年版，第 73 页。

④ 转引自陈玉琨：《中国高等教育评价》，广东高等教育出版社 1993 年版，第 47 页。

当时的国情；是否以整个国民经济的良性循环发展为目的，是否有利于教育事业的健康发展，是否有利于人的素质的全面提高，是否实现了相对的社会公平。因此，评价活动是主观见之于客观的活动，是主观和客观的高度统一。此外，阿尔宾斯基（Albinski）也认为："所有政策过程都有三个需要重视的因素：（1）现实状况；（2）价值和目标；（3）基于前两点的行动计划。"① 那么教育政策评估也要重视这三个因素。即在教育政策评估中要注意该政策是否提出了明确的目标、实现目标的可能方法和途径、可能的解决方案。这三个因素贯穿教育政策评估的全过程。在前评估、过程评估和结果评估都需要考虑政治、经济、文化、人口、宗教等社会现实状况，以及在此现实状况基础上的价值取向和要达到的目标，并采取相应的行动计划。

Douglas E. Mitchell 则从六个方面提出了教育政策评估的标准："（1）是否反映了各利益团体的利益？（2）是否与学校工作开展相一致？（3）是否有现实意义和操作意义？（4）是否与基本政策或其他政策相矛盾？（5）该政策实施的效应和效率如何？（6）政治上、技术上可行吗？"② 分析这六条标准，可以看出，第（1）条"是否反映了各利益团体的利益"是从价值方面进行评估的，也就是进行了价值判断。其他各条"是否与学校工作开展相一致？是否有现实意义和操作意义？是否与基本政策或其他政策相矛盾？该政策实施的效应和效率如何？政治上、技术上可行吗？"则都是从"是不是"、"行不行"、"能不能"的角度考虑的，是"质或量"的描述，是以事实为基准的评估标准。并且不难发现，第（1）条和第（5）条"是否反映了各利益团体的利益？该政策实施的效应和效率如何？"反映的是价值和目标方面的问题；第（2）条"是否与学校工作开展相一致？"反映的是现实情况；第（3）、（4）、（6）条"是否有现实意义和操作意义？是否与基本政策或其他政策相矛盾？政治上、技术上可行吗？"反映的是基于现实状况和价值目标的行动计划。

上述几位学者对教育政策评估标准从本质内容方面作了说明和界定。由于教育政策评估分为前评估、过程评估和结果评估，那么每个评估项目都应该有相应的比较适合该评估的标准。

---

① Albinski Marian. Policy-Oriented Theories. *Knowledge*. 1986, 8 (1)：154-166.

② Douglas E. Mitchell. Six Criteria for Evaluating State Level Education Policies. *Education Leadership*. 1986 (4)：14.

（一）前评估中的标准

前面我们提到，前评估的评估焦点集中在政策的预期结果上，因为这种有结果的预期，政策制定者在制定政策时便会有基于预期结果的价值取向。他们在分析、比较各种不同的教育政策方案时，会选择与之价值取向一致的方案去实施。教育政策在前评估的评估中，比较常用的有以下两个标准：

1. 公益标准

所谓公益标准，是以追求和实现绝大多数人的利益为目的，以政策制定者的超然态度为前提的。在一项教育政策制定之前，政策制定者就需要考虑该项教育政策是否具有公益精神。也就是说，政策制定者除了考虑自己的利益外，还要考虑其他所有人的利益。使得教育政策的预期效果是着眼于绝大多数人的利益的。政策制定者对该标准进行评估是以价值标准为优先原则的。

2. 效率标准

所谓效率，是指成本投入与产出的比例关系，即一定成本投入下产出量越大效率越高，反之则效率低。所谓效率标准，是指教育工作量与教育绩效之间的相关程度，即一项教育政策要达到某种水平的产出所必须投入的工作量。其衡量标准是根据单位成本所能产出的最大价值或最小成本产生的最大收益为目的。教育政策的成本消耗包括政策主体在人、财、物方面的投入，也包括其在物质和精神方面的付出，同时还包括在政策的执行过程中带给社会的消极影响。那么，教育政策的收益也相应的要从这三方面去考虑。教育政策效率标准就是在政策目标实现的程度和范围内以追求解决问题难度、满足政策需求的程度和需求被满足的人数的最大化为目标。政策制定者对该标准进行评估是以事实标准为优先原则的。由于现实生活中教育资源的有限和教育财政的紧张，效率标准已成为教育政策评估标准中最重要和最普遍的标准之一。

（二）过程评估中的标准

在教育政策评估的过程中，需要考虑以下标准：

1. 需要教育政策解决的问题的认定是否合理

教育问题实际上是教育现实与教育理想之间的差距，这种差距普遍存在，有时显得界限不明。当教育问题产生时，政策制定者首先要采取积极的态度，而不是放任问题的产生；其次，要从实际的角度确定问题，运用政策运作系统界定主要问题、需要立刻解决的问题、公众普遍关心的问题。符合这样的标准的教育问题,才能有针对性地设定教育政策。

2. 教育政策目标的设定是否适当

(1) 教育政策目标是否针对认定的问题。教育问题认定以后,如果提出的政策目标偏离了认定的问题,其结果就会与预期大相径庭。因此,核准教育政策的目标是否针对认定的教育政策问题是教育政策评价的重要一环。

(2) 教育政策目标能否使团体间的利益达成平衡。政策的实质是在各利益团体中分享利益,利益平衡是维系政策的关键,教育政策也是如此。因此,首先应明确教育政策的受益群体、受益程度和利益团体间的相互利害关系,不应该在满足一部分人利益的同时,损害另一部分人的利益。如果有,就要考虑在其他政策中予以补偿。其次,要考虑该项教育政策的时效性,如短期利益还是长期利益等。教育中的利益团体主要有学生、教师、家长、社区居民组织、纳税人组织、基金会、少数民族组织、宗教组织等,教育政策应尽量使他们之间形成利益平衡。

(3) 教育政策目标的期望是否适度。教育政策目标既不能定得过低,无法从根本上解决问题;又不能定得过高,成为一纸空谈。把目标定得过高,其结果往往是"欲速则不达"。如1958年9月,中共中央、国务院发布的《关于教育工作的指示》中提出"将以15年左右的时间来普及高等教育,然后再以15年左右的时间来从事提高的工作"①。事实证明这个目标定得过高,并不切合实际。

(4) 教育政策的子目标是否相互协调。由于教育政策目标往往是由多级子目标有机结合而成,各子目标协调有序,相互促进或相互依存,才能使教育政策总体目标得以实现。因此,如果无法回避子目标间的冲突,政策制定者也必须考虑选择一个适当的制衡点。

3. 教育政策方案的选择是否可行

教育政策问题由于受政治、经济、文化、科技等多种因素所制约,因此,要深入了解并考虑教育问题所处的社会环境和社会环境间各要素的内在关系,把握问题实质,才可能提出结构合理的教育政策方案。

(1) 教育政策方案在政治制度上是否可行。在政治制度上,教育政策必须符合我国的社会主义制度和国情。在教育政策展开的过程中,需要获得

---

① 转引自肖远军:《教育政策评价的标准探讨》,《浙江教育学院学报》,2002年第3期,第86页。

有关方面的认可与支持，公众及利益团体的拥护，行政组织、行政人员、行政程序及行政环境的充分配合，且能在法定程序上通过。在政策系统内，教育政策要与国家基本政策一致，与其他部门的政策相协调，与本系统内的其他政策相配合。同时，也要注意新、老政策之间的连续性。如果新政策是对老政策的矫正和补充，也要注意"度"的问题，不能矫枉过正。

（2）教育政策方案在经济上是否可行。教育政策的实施必须得到财力、物力上的支持与保证。包括数量充足、结构合理而富有能力的政策执行人员；政策执行方案运作时需要的大量信息以及实用的技术、设施。适量、适时地使用教育经费，是教育政策有效可行的重要准则。

（3）教育政策方案在文化传统上是否可行。教育政策必须符合国家的文化传统习惯，符合当时社会总的价值规范以及伦理道德观念等。在我国，教育政策方案必须与社会主义精神文明建设相一致。

（4）教育政策方案在时机上是否可行。教育政策方案的实施需要适当的时机，不合时宜的政策容易被忽视、怠慢甚至取消。

4. 教育政策的执行是否严谨

（1）教育政策的宣传是否充分。新制定的教育政策大都需要一个学习、理解、认同的过程，由于我国教育政策制定过程受到政体的限制，对于政策的许多认识可能仅仅停留在政策制定层面或学术圈内，而中下层干部或普通老百姓对教育政策的理解水平可能参差不齐，认同政策的程度不尽一致，对政策的认识难免会断章取义，在执行时可能出现敷衍的情况，这就需要对教育政策进行广泛而细致的宣传。在选择教育政策宣传对象时必须遵循两个标准：一是对可能影响教育政策执行的个人或群体实施针对性的宣传；二是按一定标准（如年龄、收入、职业教育程度、地理文化环境）与政策执行实际情况进行有区别的宣传，根据教育政策对受体的影响彻底对宣传对象排出先后、轻重顺序。

（2）教育政策的执行机构是否健全。教育政策制定后，就由执行机构付诸实施。教育政策的执行机构有无健全的组织编制以及明确的权限是评价政策执行的重要标志。政策执行如果采取首长负责制以集中处理事务，就需要赋予其相当的组织地位与实际职权，否则很难形成有效有力的组织结构，发挥其执行、协调功能。在我国，教育政策执行机构不健全主要有两种情形：一是机构缺乏，无人负责；二是机构繁杂，责任不明。后者往往多于前者，这是当前机构改革中必须克服的问题，也是政策评估过程中必须解决的问题。

(3) 教育政策调整是否及时得当。任何一项政策都难免有疏漏之处，教育政策也不例外。为此，教育政策执行者可以利用执行过程中反馈的信息对教育政策的缺陷进行弥补和修正，对滞后于实践的教育政策进行发展，对效力不佳的政策进行调整，并将经过弥补、修正、发展或调整后的政策重新下达执行。

(4) 教育政策的监督机制是否有效运行。教育政策的监督、反馈机制在教育政策执行过程中具有重要作用。我国的教育政策执行的监督机制主要有权力机关监督、行政机关监督、司法监督、执政党监督和社会监督五种形式。教育政策监督机制，尤其是专门的教育政策执行监督机构能否发挥效用，在很大程度上取决于监督机构的独立程度和权限范围。因此，教育政策执行主体要通过颁布规章，合理授权，使监督机构能独立、充分地发挥其监督职责，保障和监督教育政策的有效执行。

(三) 结果评估中的标准

教育政策制定并开始执行后，除了对教育系统产生影响，还不可避免地对社会政治、经济、文化环境产生影响。因此，仅仅从政策制定的前期和制定过程来评价教育政策是不够的，还必须从政策预期目标的实现程度，政策的非预期影响，政策的成本与收益以及对国家政治、经济、文化等社会环境的影响等方面进行评估，才能确认政策的真正效果。

在教育政策结果评估过程中，比较常用的标准有：

1. 效益标准

教育政策效益，是在教育政策期望的基础上探讨教育政策的实际产出是否达到了预期的结果，教育政策执行后达到的效果对政策目标的实现程度。包括：(1) 教育政策是否满足大多数教育政策受体的利益；(2) 教育政策是否有利于教育发展；(3) 教育政策是否有利于人的全面发展；(4) 教育政策是否有利于整个社会文明程度的发展。

2. 效率标准

该标准在前评估中已经详述，在此不再赘述。

3. 公平性

教育政策的公平性衡量的是在教育政策执行中教育政策的成本与利益在不同的政策受益阶层中分配的公平程度。即教育政策是否坚持了公平公正的标准。

4. 回应度

教育政策回应度是指教育政策执行后满足政策受体需求的程度。这一标准的目的是衡量教育政策对政策目标个体和群体的心理期望值的影响。政策回应度的高低、强弱以及持续时间的长短都是教育政策对政策受体影响的反映，是值得考虑的标准。

三、使用教育政策评估标准时需要注意的问题

教育政策评估是对教育政策执行后总体效果的评估，它不仅包括对最开始预期目标的完成状况，也包括预期目标之外的政策影响和达到一定目标产生的绩效时的一些政策资源情况。然而，在实际生活中对教育政策评估的一些片面认识往往会影响教育政策的有效评估。同时，由于利益纷争、价值观念和社会处境的不同，不同的角色（如教育政策决策者、教育政策执行者、教育政策评估者、民众）都有可能对评估怀有不同的目的和期望。因而，教育政策评估在产生检验教育政策积极作用的同时，也有可能产生某些消极的作用和影响。此外，还有一些非人为的原因也会对评估造成负面影响。

戴伊（Thoms R. Dyc）曾就政策评估为什么经常会出现失败的现象也进行过深刻的剖析。他指出主要有以下六点原因影响政策评估的顺利进行：

（1）由于不同群体对政策的要求与预期不一，为应付"众口难调"，政府便通常追求不一致的目标以满足多样化群体的要求。而整体计划和评估政策将使政府在公共政策方面不一致的真相暴露，从而引发大量的政治冲突，所以政府为避免冲突而宁愿选择不进行会招致麻烦的评估研究。（2）许多计划和政策只具有象征价值，它们并不能改变目标群体的实际境况，而只想使目标群体感到政府在关注他们，因而政府并不欢迎这种会泄露他们的"努力"，而实际上也是无用的研究，其结果是使得计划的象征性价值都下降了。（3）政府有很大的既得利益驱动来"证明"他们的计划是具有积极影响的，当局往往把对政策影响进行评估的尝试看成对政策的限制和破坏，抑或是对自己当政能力的质疑。（4）政府已经在这些政策和计划中作了大量的组织、金钱、物资以及心理的投入，因而他们更倾向于反对揭示这些计划不起作用的研究。（5）政府从事的任何认真的关于政策执行效果的研究难免会对政策的执行造成一些干扰。（6）政策评估也需要大量的投入，包括资金、机构、时间以及人员的配备等，政府机构不喜欢从运行中的计划上牺牲这些资源。

可以说，戴伊对政策评估的阻力分析还是很深刻的。对于教育政策评估，这些阻力同样存在。所以，在使用教育政策评估标准时也有一些需要注意的问题。

第一，教育政策评估标准并非无条件地适合于任何一项教育政策，在评估某项教育政策时，选用何种评估标准要与教育政策目标联系起来。教育政策从制定到执行的过程中，政策目标往往不是单一的，而是由多级子目标构成，子目标间的关系如果处理不当，必然造成政策目标的不稳定和政策效果的分散性。而政策在运行过程中获取数据、反馈信息的困难，非利益群体的抵制等诸多因素都会影响政策评估的进行。第二，政策评估过程中同样也存在着问题：评估分析人员的理论素养与能力的局限性、价值取向、评估方法以及评估过程中的超理性因素都会影响到评估结果的客观性、公正性。第三，政策评估中存在的资金与信息缺乏问题也制约评估的进行。如何对待这些问题是教育政策评估面临的现实问题，只有对之加以研究并努力在评估过程中克服这些因素的影响，才能真正做到教育政策评估结果的客观性和可信性，才使得教育政策评估发挥真正的效能。

第四节 教育政策评估的方法

任何一项工作的顺利开展，都有赖于科学方法的运用。方法得当会起到事半功倍的效果，方法不当则事倍功半甚至是做无用功。同样，政策评估也离不开政策评估方法的恰当运用。政策评估方法对政策评估具有非常重要的意义，从某种程度上说，政策评估的成功往往取决于政策评估方法的成功运用。

我国政策繁多，根据层次分类，可以分为总政策、基本政策、一般政策、具体政策。对应于不同政策之间的复杂关系，评估方式方法也多种多样。

一、政策类型决定政策评估的方法

由于政策类型与政策主体的不同，评估方法也不同。通常需要进行评估的政策主要是由党政两大方面制定的各项政策，主要有以下几类：

（一）总政策和基本政策的评估——以非正式评估为主

非正式评估是指对评估者、评估程序、评估形式、评估内容等不作严格规定，对评估结论也没有严格的要求，评估者根据自己所掌握的资料自由进行的评估。而正式评估指事先制定出完整的评估方案，严格按照规定的程序和内容执行，并由确定的评估者进行的评估。在总政策和基本政策的评估上，非正式评估是中共中央评估和了解政策实施及效果的基本手段和主要方式。我国总政策和基本政策的非正式评估主要有以下几种类型：（1）由我国地方党政主要官员，根据对中央政策执行情况的调查了解，向中央有关部门和国务院反映情况，或者通过中央召集的地方党政主要负责人会议反映情况。（2）党中央和国务院的主要领导同志到地方调研，亲自检验政策的效果、了解政策的影响，对政策做出评估。（3）通过大众传媒的公开报道和内参反映政策效果。（4）通过群众的信访反映政策效果或问题。非正式评估作为国家总政策与基本政策评估的定性方法具有速度快、方便和直接的优点，能够使党和政府迅速掌握政策实施的情况，但受政治环境和政府官员自身素质局限性的影响，非正式评估方式在评估的客观性与科学性方面还是有一定的缺陷。事实证明，由于对前一轮政策评估的不清晰、不准确甚至歪曲，致使我国20世纪70年代以前出现了许多错误政策的制定。可见，单纯依靠非正式评估容易出现偏差。鉴于我国宏观政策评估偏重非正式评估这种特点，应大力倡导正式评估，使党的决策核心既能从党政干部和社会群众那里了解政策执行的情况，又能通过正式评估做出严谨的评估结论，使政策评估发挥应有的效果，推动政策科学的发展。

（二）一般公共政策与具体政策的评估方式——内部评估

对于一般公共政策和具体政策，如科技、教育、文化、产业政策的评估，一般采用内部评估方式。中央和地方各级政府一般都有专门负责政策评估的部门，如中央政府的法制局、地方政府的法规处，专门负责政府政策与部门政策的评估。同时政府各部门也都在每年年底对自己的政策进行评估。内部评估是由行政机关内部的工作人员进行的评估。

但是，内部评估也存在着一些问题，主要体现在内部评估机制不合理上。我国政府进行的政策评估大多是官方制定政策，这种机制从评估人员的心理上行动上都难免带有轻视性和敷衍性，极有可能造成政策评估结果的失真。政策评估的机制性问题，将难以保证政策评估的客观性。

（三）第三方评估

第三方评估是指由政策制定者与执行者之外的人员进行的正式外部评估。外部评估在国外通常是由受行政机构委托的研究机构及专家进行的评估，或由投资或立法机构、中介组织进行的评估。我国的外部评估主要侧重于工程项目领域的评估，由学术机构、行业协会等通过研究项目的形式进行。由于多种因素的制约，外部评估方式的应用不太广泛，效果不太明显，在涉及国家政治经济发展的基本政策、一般政策和具体政策方面还没有得到普遍应用，不属于主要的评估方式。不过，随着政府在决策科学化方面的发展，第三方评估已呈现逐步升温的趋势。

由独立的第三方进行的外部评估方式大多是由政府之外的行业协会或专家学者操作的，使用定性与定量相结合的评估方法。定性与定量结合的评估方法在西方许多国家是主流的评估方法。具有客观性、准确性的优点，但也存在一些影响评估科学性与客观性问题，如：由专家学者和行业协会进行的评估也存在因资金和项目利益、行业利益导致的评估的客观性与科学性不足的问题；由于中介组织不发达，由中介组织操作的政策评估目前存在制约性因素。总之，由独立的第三方进行的政策评估还有待于完善和发展。

二、主要的教育政策评估方法

科学的评估方法是提高教育政策评估质量的重要保证。政策科学学者给我们提供了许多角度不同、分类不同的政策评估方法如：定量方法，定性方法；自我评估法，专家评估法；事实评估法，价值评估法；对比分析法、成本效益分析法；统计抽样分析法、模糊综合分析法；矛盾分析法、历史分析方法、加权评价法等。可见，教育政策评估的方法也可以有多种，也可以从不同角度去划分。教育政策评估者应当针对不同的教育政策选择适当的评估模式，并综合运用统计分析、系统分析等手段，遵循评估的逻辑程序，从而使教育政策评估获得理想的结果。

这里，着重介绍以下几种方法：

（一）前后对比法

前后对比法是教育政策评估的基本方法。该方法是将教育政策执行前后的有关情况进行对比，从中测度出政策效果的一种定量分析法。它通过一定的参数对比，使人们对教育政策执行前后的变化有一个较为清晰的印象。

在具体运用上，这种方法又可以进一步分为三种模式：

1. 简单"前—后"对比分析

这种分析方法是将政策对象在接受政策作用后可以衡量出的变化值减去之前可以衡量出的值。例如，我们在评价一项关于义务教育政策的效果时，可以将执行义务教育政策前后的适龄学童的变化数来说明政策的效果。该方式的优点是简单、方便、明了；缺点是不够精确，无法将政策执行所产生的效果和其他因素如政策对象自身因素、外在因素、偶发事件、社会变动等所造成的效果加以明确区分。

2．"有—无政策"对比分析

这种分析方法是在教育政策执行前和教育政策执行后这两个时间点上，就有政策和无政策两种情形进行前后对比，然后再比较两次对比结果，以确定教育政策的效果。如果我们要评价义务教育经费的投入政策，可以选定一个地区，该地区在过去对于经费投入并没有明确的政策规定，而从某年开始有了政策规定，我们就可以将无政策规定和有政策规定前后经费投入结果进行对比，得出政策的实际结果。这种方法进一步排除了非政策因素的作用，能够比较有效地将被评估政策的特定结果从政策执行后产生的总结果中分离出来，因而被认为是测量政策"净影响"的主要方法。

3．"控制对象—实验对象"对比分析

这种分析方法是社会实验法在教育政策评估中的具体应用。它要求评估者将教育政策执行前同一评估对象分为两组，一组为实验组，对其施加政策影响；另一组为控制组，不对其施加政策影响，最终通过比较这两组在教育政策执行后的情况来判断政策效果。

（二）定量分析与定性分析相结合法

定量分析中的成本效益分析法是教育政策评估的又一种重要方法，它是对教育政策成本与教育政策效益加以对比的分析方法。这一方法遵循以下两条评估标准：

第一，当两种政策方案的效益相等时，政策成本越小的政策方案越优；反之，当两种政策方案的成本相等时，政策效益越大的政策方案越优。第二，政策效益与政策成本的比率越大越好。

成本效益分析法涉及如何准确界定成本和效益。因为教育政策成本既包括直接成本，又包括间接成本；既包括基本成本，又包括辅助成本；既包括短期成本，又包括长期成本。教育政策效益既包括可计量效益，又包括不可计量效益；既包括基本效益，又包括派生效益；既包括短期效益，又包括长期效益。所以，教育政策评估既要重视直接成本、基本成本、短期成本与可计量效益、基本效益和短期效益，又要重视间接成本、辅助成本、长期成本与不可计量效益、派生效益和长期效益。对这些不同形态的成本和效益，需要根据不同的评估目标用不同的方法去衡量。

政策评估中的定量是重要的，现代自然科学的发展，如数学、计算机科学、统计学、概率论等领域的知识使得政策效果的定量化分析成为可能，但仅仅依靠可以用数量表示的变量来采取的行动，则是不适当的。政策评估中的定性分析如：可行性分析、价值分析、超理性因素分析、政治因素分析、交叉文化因素分析、未来研究等是定量分析的基础与前提。可见，政策评估过程必须是二者的有机结合。

（三）专家评估法

专家评估法是指有关专家对政策的各个环节进行调查，审定政策的各项记录，评定政策执行的结果，撰写评估总结报告。因为专家对有关教育、政策的专业知识把握到位，相对政策的制定者、执行者和政策对象而言，能在较为客观的立场上对政策的影响和结果进行较为透彻的分析。

（四）政策对象评估法

政策对象评估法是由教育政策对象以自己对政策执行过程中的亲身感受和对政策的理解来评定政策的执行效果。因为教育政策对象是教育政策结果的直接承受者，其对教育政策效果的感受和评判在政策评估中具有不可忽视的直观意义。

（五）执行群体评估法

执行群体评估法是指教育政策执行人员对政策执行、政策产生的影响以及政策目标的实现程度进行评估。因为政策执行者对政策内容、政策运行环境和政策执行的状况比较了解，而且掌握相对全面的政策资源，所以在政策评估中具备很大的发言权。

相关链接6-2：

行政绩效评估模型

行政管理的范围涉及国家政治、经济、文化教育、民政、外交、交通等广泛的社会领域，其内容涉及社会生活的各个方面。不同领域和方面的行政管理工作，由于涉及行政对象及活动内容的数量、规模和复杂程度不同，表现在行政活动中的困难程度将会有所区别。即使在相同领域的同一个方面，可能因为时间、地点等条件的不同，其执行过程中的复杂困难程度也存在着差异。因此，要进行行政绩效评估，首先要对行政事务初始状态的难度系数作出客观界定，这既是评估的一项基本内容，也是衡量各项行政事务难易差别的基础和前提。

评估行政绩效，关键要看行政工作的成果，即行政目标的实现程度。行政目标实现与否，实现的程度如何，是衡量行政工作成败的重要标志。确定行政目标的实现程度或系数，是行政绩效评估的重要内容。对于可以用量化指标来衡量的行政成果，行政目标的实现系数可以用行政工作者完成任务的实际数量与计划预定的目标总量之间的比率求出；而对于不能用量化指标来衡量的行政成果，则可以根据完成行政计划的质的规定性，视完成计划目标的不同情况，依次分为优、良、中、合格、不合格或甲、乙、丙、丁、戊等等级，再确定以相应的系数来鉴定。行政目标的实现程度，在整个行政绩效评估体系中处于核心的地位，应占最大比重。一般来说，其所占权重 P 值拟 $\geq 70\%$，相应地，其他两个方面的评估内容所占权重则为 $(1-P)$，其值 $<30\%$。

行政执行结果是与执行过程中所采用的方法密切相关的。行政工作方法运用得当，将事半功倍，大大提高行政工作效果，有利于行政目标的迅速、高效地实现；如果没有运用科学的工作方法，或者运用方法不当，则会事倍功半，达不到应有的工作效果，有的即使短期见效，但难以持久或影响到以后的行政工作。因此，对行政工作者在行政执行过程中所采用的工作方法以及运用方法的科学性作出客观评估，也是行政绩效评估的一项重要内容。

有的行政活动接触的是一些经常性的、重复出现的、程序化的事务，而多数的行政活动处理的则是一些偶尔出现的、非程序化的事务和问题。这种非程序化问题的出现，正是行政对象原来所依赖的环境和条件发生变化的结果。由于环境和条件发生变化的趋向不同，使得行政计划的执行出现了两种截然相反的效应。当环境和条件朝着有利于行政工作的方向变化时，行政计划的执行将产生正面效应，促进和推动行政计划的完成，这种变化愈强烈，则推动力愈大，对计划执行和目标实现愈为有利；反之，当环境和条件朝着不利于行政工作的方向变化时，行政计划的执行将产生负面效应，羁绊和阻碍着计划的完成，而这种变化愈强烈，则阻力愈大，对行政计划的执行愈为不利。因此，对行政绩效的评估，不能只看表面结果，而不分析计划执行中环境的变化对计划实施和目标实现的影响。当客观环境朝着不利的方向变化时，将增加行政执行工作的难度，迫使行政执行人员改进工作方法，加大人力、物力和财力的投入，调动各种积极因素，以应付变化的环境，在此种情况下，即使是采用了与通常情况下相同的工作方法，取得相同的工作结果，但显然，其方法更具有复杂性和科学性，目标实现具有更高的"含金量"。故此，鉴定行政执行过程中环境变化对计划实施目标实现的影响程度，是行政绩效评估不可忽视的一项重要因素。

鉴于以上分析，笔者认为，行政绩效评估公式可以表述为：

$$J = K \cdot [S \cdot P + (N+G) \cdot (1-P)]$$

其中：J 表示行政绩效值，N 表示某项行政事务初始状态的难度系数（简称初始难度系数），S 表示行政目标的实现系数，P 代表 S 值在整个评估中所占权重，G 表示行政活动中所采用工作方法的科学系数（简称工作方法系数），K 表示行政执行过程中客观环境的变化对目标实现的影响系数（简称事中环境系数）。

[资料来源] 周仁标：《浅析行政绩效评估》，《行政论坛》，2001 年第 5 期，第 22 页。

第五节 教育政策评估的作用

从我国目前的教育政策制定和执行的情况来看，重政策制定而忽视政策效果的情况并非偶然。政策的出台似乎意味着某项使命的完成，虽然其效果也受到政策制定者的关注，但对政策执行过程中可能会出现什么问题，重视度不够。这种状况固然与政治体制等一些客观因素以及普遍的思维定势有关，如公众可能认为教育政策评估毕竟属于政府行为，与群众有何关系等。其实无论是政策主体还是政策受体缺乏对政策评估作用的正确认识，可能是导致这种情况发生的主要原因。

对于教育政策评估，教育政策的制定者、执行者以及政策受体抱有的期望和要求是不尽相同的。政策制定者一般希望通过评估了解政策的整体效果，如政策的效益和效率，政策应持续、修正、扩大或终结的根据，政策可否予以制度化、法律化，政策的资源再配置等。政策的执行者或许希望了解在既定的成本条件下，达到目标的最佳执行策略和方法，政策执行方法和程度的调整或修正度等。而政策受体也希望通过对政策效果的了解和认识，来判断是否会因某项政策的实施而造成自身利益的变化。因此，政策评估的主要作用就在于提供关于目标政策的各种信息。政策制定者根据这些不同的需要、不同的着眼点收集的政策信息，改进政策和制定新的政策。

教育政策的具体作用可以从以下几个方面来考察：

一、教育政策评估是检验教育政策运行效果的基本途径

一项政策在执行后究竟取得了怎样的效果有时候并不是一眼就能洞穿的，并且取得的效果在多大的程度上与预期的结果相符也不是很容易就能衡量，有可能表面现象和实际情况有很大的差异。为了提高政策实施的有效性，对政策效果进行及时的分析和判断就显得很有必要。

教育政策评估可以为教育政策运行效果提供价值方面的信息，从而科学地判断教育政策对既定目标或目的的实现是否起了作用。一项教育政策颁行后，其运行效果如何，很难一目了然地得出结论。因为教育政策制定者和执行者属于局中人角色，他们对教育政策的制定和执行质量往往不容易产生怀疑，若没有独立于他们的信息来提醒他们，往往会造成"当局者迷"的局面。必须利用一切可行的技术和手段收集政策效果信息，并在此基础上加以分析和科学的阐释，以确知教育政策在运行过程中的优点和缺陷，从而帮助于教育政策制定者和执行者改进他们的工作，进一步制定更有利于既定目标实现的教育政策。

二、政策评估是决定政策未来走向的重要依据

政策的走向一般来说通常会出现三种情况：一是终结，二是修正，三是续用。无论政策制定者准备采用哪项措施，都不能凭空想当然，而是必须对以前政策实施的效果进行测定做到有事实依据之后才能下结论。

教育政策是一个多层次多方面的连续的动态过程，在经过一轮（或者一段时间）的运行后，就面临着不同的走向：有些政策符合客观情况，运作顺利，即使目标尚未达到，但实践证明原定政策是有效的，政策就可以以原有的性质、任务和方式继续执行下去，效果显著的，甚至会上升为法律；有些政策在实际执行过程中利弊互见，但弊端是可以弥补的，则必须对政策

进行调整和修正；有些教育政策所针对的问题已经解决或者一些行之无效，甚至若继续执行原定政策就会使问题变得更为严重的政策，就需要终止。政策决策者要在此基础上根据新情况、新问题重新确定政策目标和政策方案。政策评估，正是决定政策继续、调整或重新制定的重要依据。

三、教育政策评估是合理配置政策资源的基础

谈到资源配置，就必须考虑两个指标。一是效能，二是效率。"效能是指在一定成本投入的情况下政策目标的实现程度。效率是指成本投入是否发挥出了最大的作用。效能和效率的政策评估中不可或缺的内容。关于这两个指标的评估内容包括：政策资源的配置是否达到相对的最佳状态；政策成本投入是否存在浪费或完全不必要；政策执行会存在哪些机会成本；政策绩效及目标达到的程度等。"①

由于政策资源的有限，政策制定者和执行者都必须考虑如何以有限的资源获得最大的效能。这就要求政策主管部门在不同的政策投入中，全盘考虑各方面的因素，合理有效配置政策资源。教育政策评估能有效地检测政策所产生的效率和效能，确认政策产生的价值，并由此决定政策资源配置的优先顺序和比例关系，以寻求最佳的资源配置整体效果。其作用在于一方面可以使教育政策制定者从在整体利益考虑，使有限的教育资源发挥出最大的效益，另一方面可以防止政策执行者站在局部利益的角度采取不适当的投入。

四、教育政策评估是实现政策科学化、民主化的必由之路

从某种角度来看，政策担负着管理国家的重要职能。随着社会发展和时代的进步，现今的政府活动越发复杂和瞬息万变，这就要求政策随着实际情况的变化而不断的变化更新，因此，要建立科学的政策模式就必须大力加强制度建设，做好政策评估。

政策科学化和民主化是政治体制和行政体制现代化的必然要求。现代社会由于信息急剧膨胀，加上教育政策制定组织活动日益复杂化，迫切需要传统的经验型政策决策向科学化决策转变，以此实现对教育事务的有效管理。教育政策评估正是实现传统经验型决策向现代科学化决策转变的必由之路。特别是量化分析，它是政策的分析和评价的重要依据之一，必须建立在科学

---

① 王骚：《政策原理与政策分析》，天津大学出版社2003年版，第213页。

的基础上,只有现代的科技发展水平,才使得政策的科学化定量分析成为可能。此外,教育政策评估也有助于政策的民主化。因为教育政策评估可以超越政策制定者的认识局限性,独立、客观地进行评价和鉴定;还可以归纳和综合来自各个方面包括政策实施对象的基本态度、评价和建议,并及时总结教育政策实施过程中的经验教训,对政策的实施进行较为全面的审视,对各个层级的政策方案进行较为全面的评价论证,使政策的决策和实施在经过不同政策层面的反复调整和修订的渐进阶段后,更加民主化。而政策的民主化同时又有助于政策的科学化。总之,教育政策评估不仅是迈向科学决策的重要环节,也是提高政策效益,实现政策优化的关键。

五、教育政策评估是社会公众对教育政策形成正确认识的重要指南

一项好的政策会得到人民群众的普遍拥护;一项不好的政策会引发人民群众的强烈不满。"那么怎样确定政策的好与坏、善与恶、利大于弊还是弊大于利,无疑需要通过政策评估来加以区分。"[1]

社会公众对教育政策的态度是制定、执行和调整教育政策的重要参考,也是教育政策是否具有存在价值的重要依据。然而,必须看到,社会公众既非教育政策领域的专家,也不可能对教育政策做专门的跟踪研究,因而他们对教育政策的反应往往受舆论宣传的影响、局部现象的左右,不可避免地带有表面性甚至片面性,如果让这种在客观性和科学性上有局限的"群众意见"反过来影响教育政策的制定、执行和调整,必然会造成政策运作片面性。因此,科学、理性的教育政策评估,有利于引导社会公众领会正确的教育政策含义,纠正一些片面的认识。

教育部门希望通过评估促使教育机构思想和行为及时做出反应和变化,以提高教育质量。评估的结果会向社会公布。教育政策制定者可以以评价结果为参考来制定政策。同时,相应的评估报告还可以帮助分析整个国家的教育发展状况,指导和审视相关的教育政策的执行。教育政策评估对教育政策的制定起着重要的导向和质量控制作用,其最终目的在于提高教育质量,优化教育政策。

---

[1] 谢明:《政策分析概论》,中国人民大学出版社2004年版,第326~327页。

【本章小结】

　　教育政策评估是在一定价值观指导下的价值认识活动，是以价值观为前提和核心的。它由一定的评估主体依据一定的标准和程序，运用特定的方法，通过考察教育政策过程的各个阶段、各个环节，对教育政策的科学性、可行性及其实施后的效益、效率、效果及价值进行判断的一种政治行为，通过对教育政策对象及其环境的发展变化以及构成其发展变化的各种因素的分析，为政策的转变、改进和制定新政策提供依据。

　　教育政策评估一般分为正式评估和非正式评估，内部评估和外部评估，事前评估、执行评估和事后评估，政策效益、效率、效果评估等四种类型。

　　本文针对教育政策运行的周期，提出了前评估、过程评估和结果评估中的评估标准，并根据教育政策评估标准探讨了教育政策评估的基本方法：前后对比法，成本效益与定性分析相结合法，专家评估法，政策对象评估法，执行群体评估法。

　　通过教育政策评估，可以达到检验政策的效果、效益和效率，对政策加以修正、调整、继续或终止，有效配置资源，开始新的政策运行，使决策科学化、民主化的作用。

【思考题】

1. 什么是教育政策评估？
2. 为什么在教育政策评估中必须考虑价值取向？
3. 评述教育政策评估的标准和作用。
4. 结合实际说明教育政策评估的方法。

【参考文献】

1. 祁型雨：《论教育政策的价值及其评价标准》，《教育科学》，2003年第2期，第7~10页。
2. 肖远军：《教育政策评价的标准探讨》，《浙江教育学院学报》，2002年第3期，第86~91页。

3. 魏淑艳，刘振军：《我国公共政策评估方式分析》，《东北大学学报》（社会科学版），2003年第6期。
4. 王波：《公共政策评估：意义、困难和对策》，《山西经济管理干部学院学报》，2003年第3期。
5. 张杨：《透视评价对法国学校教育政策的影响》，《教育实践与研究》，2005年第1期，第26~29页。
6. 梁钊华：《美、俄、德、日、中五国高教评估比较谈》，《玉林师范学院学报》（哲学社会科学），2001年第2期，第72~75页。
7. 郑澎：《政治学视野中的公共政策价值》，http://www.zisi.net/htm/wwzh/2005-04-07-16305.htm。
8. 唐云锋：《论我国科技政策评估体系中存在的问题》，《中国科技论坛》，2004年第4期。
9. 胡东芳：《论教育政策的价值基础》，http://www.edu.cn/20030703/3087907_2.shtml。
10. 王琰春：《西方教育评价观的演进及启示》，http://www.edu.cn/20020207/3020047_1.shtml。
11. 王永生：试析公共政策评估及其规范》，http://ppac.hnu.net.cn/read.asp?id=326。
12. 王骚：《政策原理与政策分析》，天津大学出版社2003年版。
13. 谢明：《政策分析概论》，中国人民大学出版社2004年版。
14. ［美］弗兰克·费希尔：《公共政策评估》，中国人民大学出版社2003年版，第292页。
15. 袁振国：《中国教育政策评论》，教育科学出版社2000年版。
16. 袁振国：《教育政策学》，江苏教育出版社2000年版，第347页。
17. 张乐天：《教育政策法规的理论与实践》，华东师范大学出版社2002年版，第82页。
18. 孙涛：《政策评估》，http://jpkc.xmu.edu.cn/zckx/7/7-1。
19. 朱志宏：《公共政策》，三民书局印行1991年版，第73页。
20. 陈玉琨：《中国高等教育评价》，广东高等教育出版社1993年版，第47页。
21. M. C. Alkin. Evaluation Theory Development, In C. H. Weiss: Evaluation Action Programs. Boston: Allyn & Bacon Inc, 1972: 107.

22. N. Lichfield, et al. *Evaluation in the Planning Process*. Oxford: Pergaman Press, 1975: 4.
23. J. E. Anderson. *Public Policy Making*. N. Y. Holt, Rinehart and Winston, 1979: 151.
24. E. G. Cuba & Y. S. Lincoln. *Fourth Generation Evaluation*. Chap. 1. Newbury Park, Sage, 1989.
25. E. A. Suchman. *Evaluation Research: Principles and Practice in Public Service and Action Programs*. N. Y. Ressell Sage Foundation, 1967: 161.
26. S. S. Nagel. *Policy Studies-Integration and Evaluation*. New York: Greenwood Press, 1988: 85.
27. Albinski Marian. Policy-Oriented Theories. *Knowledge*. 1986, 8 (1): 154-166.
28. Douglas E. Mitchell. Six Criteria for Evaluating State Level Education Policies. *Education Leadership*. 1986 (4): 14.

第七章　教育法律原理

了解教育法律原理是理解和运用教育法律的基础。教育法是教育活动按照一定的规范运行的根本要求，教育法规定了教育方面的权利和义务范围，是大多数公民意志在教育方面的体现，它在国家的法律体系中占有重要的地位。本章介绍了教育法律的含义，从历史、种类的角度介绍了我国教育法律的渊源，辨析了教育法制与教育法治的区别和联系，明确了教育法律在我国法律体系中的地位。

第一节　教育法律含义

一、法律的概念、作用和分类

学习教育法律或进行教育法律研究，首先要界定法律的概念，分析法律的作用，这是建立教育法律学理论体系的起点。

（一）法律的概念

在中国古代文献中，法律中的"法"和"律"通常是分开的。但"法"既与"刑"通用，也与"律"通用。《唐律疏义》指出："法亦律也，故谓之为律。"①《说文解字》对"律"的释义是："律，均布也。"②"律"字体现出平均齐一、统一的思想。这些说明，"法"、"律"在中国古代已经存在。但中国古代的法主要作刑、律解，而律则为刑典之正宗，如秦律、汉律、隋律、唐律、清律等。尽管在文献中偶尔也会出现法律合用，但主要还是重律。这表明中国古代重律而不重法。《辞源》对"法"的解释是："法

---

① 《唐律疏义》，中华书局1983年版，第2页。
② 《说文解字》，中华书局1963年版（影印本），第202页。

则,法度;规章,刑法,法律;标准,模式;方法,做法;效法,遵守;佛教的宇宙的本源、道理、法术等。"① 法主要表示世界万事万物运行和发展的根本法则;律主要强调的是法令、约束、规范,并不一定需要按照事物的规律进行。中国统治者不重法只重刑或律是"君权神授"思想在法律方面的具体反映。刑或律体现的是皇帝、君主的意志。

在西方主要民族语言中,英语中抽象的、广义的法和具体的、狭义的法律是不加区分的,均为"law",但可以用定冠词和不定冠词、单数和复数来区别。而其余的语言中广义的法律和狭义的法律分别是用两个词来表示的,如拉丁文中的 jus 和 les,法文中的 droit 和 loi。德文中的 recht 和 gesetz 等。广义的词含有公平、正义、权利等意义。为了更确切地表示法律的内涵,西方学者往往在法律前面加上定语,分为主观法和客观法。"主观法主要指属于主体的、并需要通过主体的活动而实现的合法权利,客观法指抽象的、不以个人的主观意志和行为而客观存在的法律规范。"②

现代意义上的法律有广义和狭义之分。广义上的法律是"从整体意义上或抽象意义上来把握的,是由国家制定或认可,体现统治阶级意志,以国家强制力保证实施的行为规则(行为规范)的总和。它包括宪法、法律、法令、条例、规则、决议、命令等"。③ 狭义上的法律是指拥有立法权的国家权力机关依照立法程序制定和颁布的规范性文件。在我国法律主要是指由全国人民代表大会及其常务委员会所制定的法律,这是我国法律的主要渊源,国务院及其各部委、地方权力机关等制定的规章、规定、法规等都不得与此抵触。本书就是从现代意义上,也就是从广义上来把握法律这一概念的。

(二)法律的作用

根据法律的作用的不同对象,即不同的行为,"法律的作用可以大体上被概括为指引、评价、预测、教育、强制五种作用"。④

(1)法律的指引作用,是指法(主要是法律规范)对本人行为起到导向、引路的作用。其对象是每个人自己的行为。

---

① 词源编辑委员会:《词源》(第三册),商务印书馆1981年版,第1748页。
② 沈宗灵:《法理学》,高等教育出版社1994年版,第25页。
③ [奥]凯尔森:《法与国家的一般理论》,中国大百科全书出版社1996年版,第11页。
④ 关于"法律的作用"内容主要参照严峰:《论法律的作用》,《新疆教育学院学报》,2005年第3期。

（2）法律的评价作用，是指法律作为人们对他人行为的评价标准所起的作用。法律的评价可分为两大类，即专门的评价和一般的评价。前者是指经法律专门授权的国家机关、组织及其成员对他人的行为所作的评价，如法院及其法官、仲裁机构及其仲裁人员、行政机关及其行政人员对人们行为所作的裁判或决定。其特点是代表国家，具有国家强制力，产生法律约束力，因此又称效力性评价。后者是指普通主体以舆论的形式对他人行为所作的评价，其特点是没有国家强制力和约束力，是人们自发的行为，因此又称为舆论性评价。

（3）法律的预测作用，是指人们根据法律可以预先估计人们相互间将怎样行为以及行为的后果等，从而对自己的行为作出合理的安排。比如，合同双方当事人根据合同法可以分别进行预测："对方"在一般情况下会全面履行合同，即使"对方"不履行合同，"我方"还可以通过司法或仲裁程序要求对方履行合同并承担违约责任。因此，双方当事人都有了彼此信任的法律基础。

（4）法律的教育作用，是指通过法律的实施，使法律对一般人的行为产生影响。这种作用的对象是一般人的行为。法律的教育作用表现在：通过法律的实施，法律规范对人们今后的行为发生直接或间接的诱导影响。法律之所以具有这样的影响力，是因为它把体现在自己规则和原则中的某种思想、观念和价值灌输给社会成员，使社会成员在内心中确立对法律的信念，从而达到使法律的外在规范内化，形成尊重和遵守的习惯。

（5）法律的强制作用，是指法律可以用来制裁、强制、约束违法犯罪行为。这种作用的对象是违法犯罪者的行为。

（三）法律的分类

由于法律涉及的范围十分广泛，内容非常丰富，表现形式多种多样。因此，我们必须对法律加以分类，以对法律的总体框架有一个轮廓的了解。

各国经济因素、法律传统的不同决定了各国法律分类上的不同特点。罗马法以来的公私法分类学说对西方资产阶级的法律，尤其是大陆法系具有深刻的影响，二者的区分和对立构成了资产阶级国家现代法律制度的两个基本组成部分，部门法则是根据这一标准分别划分的。公私法分类学说把国家和个人明确区分，把公法标榜为共同的国家利益的体现，把私法标榜为私人利益的体现，这种划分方法掩盖了资产阶级法律体现本阶级意志、维护本阶级利益的本性。

列宁在创建新的苏维埃法律体系时曾指出:"我们不承认'私法',在我们看来,经济领域中的一切都属于公法范围,而不属于私法范围。"① 前苏联法律的划分标准主要依据是法律调整的对象以及法律调整的方法,把法律划分"国家法(宪法)、行政法、财政法、民法、家庭法、劳动法、土地法和农业生产的法律、刑法、诉讼程序和司法组织法等九个部门的法律。"②

我国在长期的封建社会中,并没有正式的法律分类。直至清末沈家本修订法律,才结束了"诸法合体"的状况。新中国成立前的法律分类一直采用大陆法系的分类模式,如《六法全书》(指宪法、民法、商法、刑法、民事诉讼法、刑事诉讼法)的分类就是根据大陆法学家的部门法分类方法。新中国成立后,我国社会主义的法律体系随着社会主义建设的发展,逐步地形成和发展起来,并日趋完善。我国现行法律的部门大致有:"宪法、行政法、刑法、民法、经济法、劳动法、婚姻法、刑事诉讼法、民事诉讼法、组织法等。"③ 此外,中国社科院政治学所所长吴大英等学者建议我国社会主义法律应由以下 10 个部门法组成:"(1)宪法;(2)行政法;(3)民法;(4)经济法;(5)劳动法和社会福利法;(6)自然资源法和环境保护法;(7)文教科技法(又可称智力开发法);(8)刑法;(9)司法程序法;(10)军事法。"④

二、教育法律的含义

法律有广义和狭义之分,教育法律也有广义和狭义之分。"广义的教育法律是指国家制定或认可并由国家强制力保证实施的教育行为规范体系及其实施所形成的教育法律关系和教育法律秩序的总和。它的制定主体是多元化的不是单一的,不仅有最高权力机关制定的法律,最高行政机关制定的法规、地方权利机转制定的地方性教育法规和规章。在我国,全国人民代表大

---

① 中共中央马克思、恩格斯、列宁、斯大林著作编译局编译:《列宁全集》(第36卷),人民出版社1985年版,第587页。
② [奥]凯尔森:《法与国家的一般理论》,中国大百科全书出版社1996年版,第11页。
③ 中国大百科全书编辑委员会:《中国大百科全书》(法学卷),中国大百科全书出版社2004年版,第85页。
④ 吴大英、沈宗灵:《中国社会主义法律基本理论》,法律出版社1987年版,第247页。

会及其常务委员会制定教育法律，国务院制定行政法规，省级人民代表大会制定地方性教育法规，国务院所属各部委制定部门规章，省级人民政府制定行政规定等。狭义的教育法律是指国家权力部门制定的教育法律。制定主体在我国是指由全国人民代表大会及其常务委员会所制定的教育法律。"①

"根据教育法律所调整的教育活动范围或对象的不同，广义的教育法律指调整的教育活动和规定的所有的正规教育活动和教育关系的法律规范。"②这包括政府及其教育行政部门的教育活动和学校的教育活动，教师的教学和学生的学习，等等。狭义的教育法律主要是指"调整教育行政关系的法规的总称。它以国家教育行政机关的组织、职权指责、活动原则、教育管理制度和工作程序为主要的规范内容，在管理教育活动的过程中发生的，国家行政机关之间、国家行政机关同其他国家机关、各级各类教育机构、企业事业单位、社会团体和公民之间的种种教育行政关系"。③

要决定是在广义上还是狭义上使用教育法律这一概念，要从教育的性质出发。从教育涉及的对象看，有政府、教育行政部门、学校、教师、学生、家长、社会有关组织等，这些组织和个人在教育活动中的地位是什么、各自的职能是什么、各自的权利和义务是什么、各自是如何进行活动的等方面具有差异性。教育这些涉及的对象是教育的主体，由于教育主体的多样性同时就决定了教育关系的复杂性和多样性。这些复杂的关系必然会产生各种各样的矛盾，这就需要用法律对这些复杂的教育关系进行规范。从教育管理的层次上看，有不同层次的公立、私立以及国外合作办学的教育机构等，这就决定了教育法律也具有层级性。"教育主体及其活动的多样性、教育关系的复杂性、教育管理活动的层级性决定了在一般意义上使用教育法律这一概念时必然是用广义的理解，而非狭义的。所以，教育法律实质上是由国家制定或认可并由国家强制力保证实施的调整和规定教育活动和教育关系的系统的行为规则。"④ 它以国家机关所实施的教育管理活动、学校和其他教育机构所进行的办学活动、公民的学习活动以及社会组织和公民从事的与教育相关的活动中发生的，国家机关、学校、教师、学生及其监护人、社会组织及公民

---

① 黄崴：《教育法学》，广东高等教育出版社 2002 年版，第 34 页。
② 黄崴：《教育法学》，广东高等教育出版社 2002 年版，第 34 页。
③ 劳凯声，郑新蓉：《教育法学概论》，湖北教育出版社 1996 年版，第 31 页。
④ 黄崴：《教育法学》，广东高等教育出版社 2002 年版，第 35 页。

个人之间的关系为主要的规范内容。它的目的是保证和维护教育活动的有效性、有序性和正义性。这一定义可以从以下几个方面理解：

1. 教育法律是一种规则

人在社会生活的各方面和各种社会关系中都有许多规则需要遵循，游戏有游戏的规则，球赛有球赛的规则，战争有战争的规则，教育有教育的规则。规则能够指明主体活动的方向、活动的程序、活动的条件、活动的标准和执行标准所承担的后果。按规则就能够使教育活动有序进行，不按规则就会受到一定的惩罚，要承担不按规则执行的后果。教育法律是教育主体在教育活动中的行为规则体系，为所有参与教育教学及相关活动的人们的行为提供标准并且指明方向，只要参与教育活动就必须按教育法所规定的规则进行。"如我国的《教育法》就是由若干行为规则所构成的规则体系，以权利和义务为特有的表现形式，规定了教育活动中的国家、政府、学校及其他教育机构、教育者、受教育者、社会等各主体的行为方向，同时规定了各主体作为和不作为的活动规范，并指明了行为条件和行为后果，这种规范形式为人们的行为提供了统一的标准，是教育活动开展的权威，为今后的教育活动的开展提供了法律的保障。"①

2. 教育法律是国家制定并且认可的教育行为规范

现代社会，教育法律是出自国家的，是由有立法权或者立法性职权的国家政权机关通过法定程序采取制定、认可、行政、补充和废止等方式确定其行为规则，它揭示了教育法与国家的必然联系。

所谓制定，一般是指成文法，国家权利机关已经颁布的法律法规，这些颁布的成文法创制出的法律规范或者原则，成为指导之后法律具体实施的基准。在教育方面表现为教育基本法律、教育法规等具有不同法律效力的规范性文件。在不同社会制度下，国家制定成文法的方式是不同的。在封建社会，君主说的话就是法，也就是我们说的专制。近代以来，在西方国家，人民拥有民权，国家是公民组成的，法律是大多数公民意志的体现，法律由代表公民权利的议会制定。在我国，法律主要是由全国人民代表大会以及其他有权立法的各级权力机关制定的。

所谓认可，一般指习惯法，即国家未经一定程序，而直接赋予某种实际存在并为人们所遵守的行为规则以法律效力，并且承认它是现行的法律规

---

① 黄崴：《教育法学》，广东高等教育出版社2002年版，第36页。

范。国家制定或者认可教育法律的主要目的是要在全社会范围内协调各种教育利益之间的矛盾，将教育主体追求教育利益的行为规范在国家意志许可的范围之内。

3. 教育法律由国家强制力保证实施

宗教戒律、道德规范、社会习俗等社会规范对人和社会组织都有一定的约束力，有些还有一定的强制性。但是所有这些社会规范是以人的自觉自愿为前提的，它们的强制性也仅限于个人所能接受的范围。假如超出了个人能够接受的范围，这些规范也就失去了它本身的约束作用。法律（包括教育法律）则不同，它以国家的强制力为后盾来保证其实施的。任何人都必须遵守法律，不遵守法律就要受到法律的强制力的制裁。法律也不允许其他规范具有类似的强制力。教育法以国家的名义规定了人们在教育活动中享有的权利和应履行的义务。教育法律的根本特征是，教育法律必须依靠国家的强制力作为实施的根本保证。但这并不等于说教育法律不需要教育主体自觉自愿地遵守它、执行它。教育法律也具有一般社会规范共有的特点，它需要人们自觉地实施它，也只有当其能够深入绝大多数人民的心里并为绝大多数人的自觉的行为时，才能发挥教育法律更大的作用。一旦违反了教育法律，损害了教育法律所确定的学校、教师、学生等方面的权力，或者是不履行自己的教育法定义务，就要受到国家教育法律的强制。

4. 教育法律是国家绝大多数公民意志在教育方面的体现

教育法律是国家制定和认可的，又是由国家强制力保证实施的教育行为规范，它必须要体现国家统治阶级的意志。"法是人的有意识的产物，主要表达的是人有意识地支配和调节人的行为并达到一定目的的精神力量。但人的一般意志不能上升为国家意志，更不能上升为法。国家意志只有在经过立法程序并形成为一定的法律文件才能成为法律。国家管理其教育事业主要依靠教育法律。所以，教育法律体现的是国家在教育方面的意志。"[①] 中华人民共和国是工人阶级领导的、以工农联盟为基础的人民民主专政的社会主义国家，与此相适应的，我国教育法律也必然是以工人阶级为领导的、以工农联盟为基础的广大人民在教育方面共同意志的体现。阶级性、国家性和人民性的高度统一是我国教育法的重要特征之一。

5. 教育法律体现教育规律

---

① 黄崴：《教育法学》，广东高等教育出版社2002年版，第38页。

教育规律是教育现象所固有的、客观存在的，是依据教育方针所决定的，能够有效贯彻和执行教育方针。是任何人、任何组织都不能违背的。教育在任何状况下都要受到自身规律的制约，一般规律存在于一切教育现象之中，并始终贯穿于教育发展的整个过程。制定教育法律如果不遵循教育的规律，认为法是人为的，可以不以教育规律，不以教育理论为指导，就不仅不能促进教育的发展，而且有可能成为教育发展的绊脚石。"教育科学是以教育问题为研究对象，以揭示教育规律为目的的学问。其实人们对教育规律的认识主要体现在教育理论中。一定时期的教育研究水平就标志着该时期人们对教育规律的认识程度。立法者在制定教育法律的过程中就必须以教育科学为指导，以教育理论所揭示的教育规律为教育法律的内在根据，追求教育立法科学化。"①

6. 教育法律以教育方面权利和义务为重要内容

从教育法律内容的构成角度看，主要由规范性内容和非规范性内容构成，而规范性内容中，权利和义务是主要内容。教育法律对包括行政机关、学校、教师、学生及其监护人、社会团体、企事业组织等有关教育关系的主体，规定它们享有哪些权利，应该履行什么义务。例如：《中华人民共和国教育法》第 28 条规定了学校享有的九项权利及应履行的六项义务，《中华人民共和国教师法》第 7 条规定教师享有的六项权利，第 8 条规定教师应履行的六项义务，以及《未成年人保护法》、《义务教育法》等有关法律中规定的教育行政机关、学校、教师、学生及其监护人等的权利和义务。

相关链接 7-1：

教师在教育方面享有的权利和履行的义务

——《中华人民共和国教师法》摘录

第七条 教师享有下列权利：

（一）进行教育教学活动，开展教育教学改革和实验；

（二）从事科学研究、学术交流，参加专业的学术团体，在学术活动中充分发表意见；

（三）指导学生的学习和发展，评定学生的品行和学业成绩；

---

① 黄崴：《教育法学》，广东高等教育出版社 2002 年版，第 39 页。

（四）按时获取工资报酬，享受国家规定的福利待遇以及寒暑假期的带薪休假；

（五）对学校教育教学、管理工作和教育行政部门的工作提出意见和建议，通过教职工代表大会或者其他形式，参与学校的民主管理；

（六）参加进修或者其他方式的培训。

第八条 教师应当履行下列义务：

（一）遵守宪法、法律和职业道德，为人师表；

（二）贯彻国家的教育方针，遵守规章制度，执行学校的教学计划，履行教师聘约，完成教育教学工作任务；

（三）对学生进行宪法所确定的基本原则的教育和爱国主义、民族团结的教育，法制教育以及思想品德、文化、科学技术教育，组织、带领学生开展有益的社会活动；

（四）关心、爱护全体学生，尊重学生人格，促进学生在品德、智力、体质等方面全面发展；

（五）制止有害于学生的行为或者其他侵犯学生合法权益的行为，批评和抵制有害于学生健康成长的现象；

（六）不断提高思想政治觉悟和教育教学业务水平。

[资料来源] 中华人民共和国教育部网站，http: //www. moe. edu. cn/edoas/website18/info1428. htm.

三、教育法律的作用

教育法律的作用是指教育法律内在生命力的外部体现，是其内在功能作用于教育实践所引起的实际效应，在一国教育事业的发展中起到举足轻重的作用。具体来说，教育法律的作用有以下几个方面：

1. 引导作用

教育法律的引导作用是指教育法律体现了一个国家教育发展的目的和政策，引导人们按照该国家的意图和要求开展教育活动。它是教育法律的规范功能在教育实践过程中得以发挥的外部表现。教育法律是国家统治阶级教育意志的体现，是国家以法律的形式向各种社会团体和个人宣布的教育规定和指示，同时明确要求有关机关、团体和个人必须执行这些条文。教育法律明确告诉人们哪些行为是国家规定或鼓励的，哪些行为是国家禁止或不提倡的。这就反映出一个国家统治阶级的价值取向和政策指导，体现出一个国家或民族的文化特点。这种引导有两个方面：一是正向引导。正向引导是指教育法律能够从正面或积极的方面引导人们按照国家赞成或规定的方面去做。如我国《民办教育促进法》第一章第三条规定："民办教育事业属于公益性事业，是社会主义教育事业的组成部分。国家对民办教育实行积极鼓励、大力支持、正确引导、依法管理的方针。各级人民政府应当将民办教育事业纳入国民经济和社会发展规划。"这就是从正向方面对人们的教育行为起引导作用。二是负向引导。负向引导是指教育法律能够从消极的方面指导人们不能做和不该做什么。如我国《教育法》规定："违反国家有关规定，不按照预算核拨教育经费的，由同级人民政府限期核拨；情节严重的，对直接负责的主管人员和其他直接责任人员，依法给予行政处分。"

相关链接 7-2：

教育法律的功能

教育法律的功能指的是教育法律的属性、内容及其结构所决定的教育法律的潜在效用。它是教育法律具有生命力的内在依据。教育法律的实质是掌握国家政权的阶级对教育权利与教育义务的分配和运用，以确认不同的教育主体（社会集团和个人等）的权利和义务的归属和范围，并规定如何享受权利、履行义务及承担法律后果。这些决定了教育法律具有规范功能、标准功能、预示功能和强制功能。

（1）规范功能。教育法律通过其规范功能来调整教育活动和教育关系的。如用法律规范本国所有适龄儿童接受一定年限的教育。

（2）标准功能。教育法律是人们教育行为的标准，也是判断人们教育行为正确不正确的标准。教育行政部门对教育活动的管理，学校开展的教育活动，司法部门办理教育方面的案件，都是以教育法律为最高标准。

（3）预示功能。教育法律的预示功能可以使人们预先对自己的教育活动作出计划和安排，以减少教育活动的偶然性和盲目性，提高教育活动的实际效果和质量。如《中华人民共和国学位条例》中规定了什么样的条件可以获得什么样的学位，这样可以使那些想获得学位的人们根据不同层次学位的标准去安排自己的教育活动，以便获得学位。

（4）强制功能。教育法律跟其他法律一样，是国家意志的体现，是以强制力作为后盾的。教育法律通过其强制功能（如警告、宣告无效、没收、取消资格等）来保障教育权利得以实现，教育义务得以履行，使教育活动有序化。

[资料来源] 黄崴，胡劲松：《教育法概论》，高等教育出版社1999年版，第36~37页。

2. 评价作用

教育法律作为国家的一种普遍的强制性教育行为标准，具有判断、衡量人们教育行为的作用，这种作用就是评价作用。教育法律的评价作用是教育法律标准功能的外部表现。对教育活动的价值判断有多种标准，如道德规范、宗教规范、风俗习惯、社会团体的规范、教育活动的基本原则，等等，其中最基本的标准就是教育法律。教育法律的评价作用有两个特点：一是教育法律的评价具有突出的客观性。教育法律明确地规定那些是可以做的，那些是不可以做的。教育法律标准是针对所有人和所有团体的，任何组织和个人的教育活动或教育行为都要以教育法律为标准。虽然在运用教育法律对教育活动进行评价时，会出现对教育法律条文解释的差别，但大体上是相同的或相近的，不会因人而异。而其他标准的评价会有很大的差别。二是教育法律的评价具有普遍的有效性。只要人们的教育行为进入教育法律的范畴，教育法律的评价对他们来说就是有效的，如不想受法律的制裁，他们的教育行为就必须与教育法律一致。这两种特点说明了教育法律的评价是一种绝对评价。

3. 教育作用

教育法律的预示功能决定了教育法律具有教育作用。教育法律的教育作用主要体现在两个方面。首先是国家把人们对教育的普遍要求凝结为稳定的教育行为规范，并向人们灌输这些规范，使其内化为人们的教育思想意识，并借助于人们的教育行为使其得以传播。如教育机会均等、尊师爱生等规范通过法的形式不断深入人心，并转化为人们的教育行为。这一过程就是教育法律的教育作用的显示。国家制定教育法律的目的在于用法律调整和规范人们的教育行为，只有使人们理解法律，提高法律意识，自觉地遵守和维护法律,并形成人们的行为习惯,法律的效果才能提高。所以,法律颁布的过程实质上就是教育人们学习、遵守法律并运用法律保护自己的过程。其次是通过教育法律的实施从正和负两方面对人们产生教育作用。从正面来说,教育法律对合法的教育行为进行保护和鼓励,对本人和他人有示范和激励作用;从负面来说,教育法律对不合法的教育行为进行制裁,从而能够警示本人和他人不要再有类似的行为。

4. 保障作用

依法治教是现代教育发展的重要特征。依法治教就是根据法律来规范教育活动的范围、形式、内容、方法,以保障教育事业的顺利发展。教育法律的保障作用是指教育法律保证各种教育主体的教育权利得到实现,教育义务得到履行,从而使教育活动有序、有效进行。这种作用正是教育法律强制功能的表现。就教育权利来讲,国家的教育管理权、人民的平等受教育权、教师的教育教学和学术研究权利等,如果没有教育法律的认定和保证,就不可能得到顺利实现。对教育义务来说,国家在义务教育阶段实行免费入学、父母或其他监护人必须使适龄儿童接受规定年限的义务教育等,如果没有法律的规定就不可能得到落实。不按照教育法律发展教育事业和开展教育活动的行为,就被视为违法行为,可以运用法律强制手段加以纠正,为教育的有效和有序发展提供法律上的保障。在没有颁布教育法律的年代,家长送子女上学是一种自愿或随意的行为,送不送子女上学,主要根据自己的意愿或家庭的实际情况。但有了义务教育法,任何适龄儿童都要接受法律规定年限的义务教育,国家和家长要履行教育义务,这就从法律上保障了儿童接受教育的基本权利的实现。

四、教育法律视野中的教育

教育法律是法律的一种形式,教育法律主要涉及教育法律关系主体的权利和义务问题。教育以人为对象,人是教育关系的主体,教育的目的是为了提高人的心理素质。教育法律调整的核心是教育法律关系。教育法律视野中的教育活动指正规的教育(主要是指学校教育)。教育分为狭义的教育和广义的教育,狭义的教育,是指专门的教育者有组织、有计划地对受教育者进行系统、全面的科学文化知识教育,以促进学生在德、智、体等方面的全面发展。广义的教育应该说是伴随着人类社会的产生而产生的,是指一切有目的地增进人的知识和技能,提高人的身心发展水平,影响人的思想品德的活动。从广义的教育这种观点来看，教育与人类的发展是密不可分的，社会发展到今天全球一体化时代，教育起了重要作用。教育自诞生之日起就执行着两个方面的社会职能：一个方面，在共同的生产劳动中为了将生产劳动知识进行传承，教育起了重要的作用，当时还没有现今意义上的学校教育，另一方面，在共同的社会活动中，人类越来越社会化，形成了社会关系和社会制度，这些需要每个社会成员的服从和遵守，通过教育对社会成员进行教化，并且将正确的经验文化代代相传。

在古代社会，教育活动只是一种社会活动，学校教育是一种特权。进学校、受教育是少数人可以享受的权利，表现了人的身份和地位，教育的规模比较小，主要是教师、学生、家长之间的私人活动，调整相互之间的关系十分的简单，因而不需要教育法律的介入，因此那个时候教育法律没有起到现代社会中的调节作用，因此没有建立成自己的体系，有关教育的法律法规零星地散见在其他有关法律法规中。近代以来，各国经济发展、政治改革和科技革命要求国民都要接受文化和科技教育，因此学校教育得到了迅速发展，同时也要求国家介入教育，承担起发展和管理教育的责任。教育法律作为国家管理教育的一种媒介。因此教育法律进入教育领域是社会发展的结果，是有其客观的、历史的必然性。国家利用教育法律对正规的教育进行规范，并且规范教育主体的教育活动和由此所引起的各种教育关系。教育法律对非正规的教育没有约束力。

第二节　我国教育法律的法源

一、法的渊源

（一）法的渊源的概念

法的渊源，又称"法源"或"法律渊源"，其原意为法的"来源"或"源泉"。指不同的国家机关按照本国法定职权和程序制定或者认可的具有不同法律效力和地位的法的具体不同的表现形式。在现实生活中，一个行为规则得以产生并具有法律效力和法律权威，具有多方面的原因，是很多因素共同作用的结果。因此，法的渊源具有多方面的含义，包括法的历史渊源、法的理论渊源和法的形式渊源、实质上法的渊源和形式上法的渊源。

1. 法的历史渊源

引起特定法律原则和法律规范产生的历史上的行为和事件。例如：美国1803年的"马伯里诉麦迪逊"（Marbury V. Madison）案确立起了司法审查制度。

相关链接7-3：

"马伯里诉麦迪逊"案

一、案情简介

1803年在"马伯里诉麦迪逊"（Marbury V. Madison）一案中确立起来的联邦司法审查制度，是当时美国统治阶级内部两大派矛盾斗争的产物。1800年大选结果，主张加强联邦权力的联邦党人约翰·亚当斯总统落选，民主党候选人托马斯·杰弗逊当选。亚当斯为了使以后的联邦党人长期控制司法机关，以此牵制国会和行政，便在1801年3月4日杰弗逊正式接任以前采取了一系列紧急措施，先是任命他的国务卿约翰·马歇尔（John Marshall）为联邦最高法院首席法官，后又同控制国会多数议席的联邦党人议员密谋，在2月国会通过巡回法院法案时，成倍增加联邦法官人数，还通过构成法（Organic Act），授权在哥伦比亚地区任命42名治安法官。以上这些新增加和增设的法官人选，全由亚当斯总统提名，都是联邦党人。对这些人选，在3月3日参议院连夜批准后，亚当斯总统就连夜颁发由他签署、国务卿马歇尔盖印的委任状。但由于过于匆忙，有些委任状来不及送出去就到了第二天3月4日新总统上任了。新总统杰弗逊一上台便命令他的国务卿麦迪逊扣发这些委任状，以减少联邦党人对司法的控制。马伯里就是被任命为治安法官而又未拿到委任状的人当中的一个。为此，马伯里与其他几个同样没有拿到委任状的人一起，请求联邦最高法院向执行部门颁发执行命令（Writ of Mandamus），发给委任状。因为根据国会颁布的1789年《司法条例》第十三条规定，最高法院有权对公职人员颁发执行命令。最高法院根据马伯里的申请，命令国务卿麦迪逊说明为什么不颁发委任状，以考虑如何处理该案。但杰弗逊和麦迪逊对联邦党人控制下的法院极为轻视，认为在理论上民选的代表即使不具有绝对的最高性，也具有相对的独立性；否认司法机关有权向执行机关发布司法命令。加上经过改选，国会已控制在民主党人手中,并且正在对上届国会通过的巡回法院法案展开激烈辩论。在这种形势下,如何判决马伯里一案,最高法院处于两难地位,如果驳回马伯里的请求,显然是向杰弗逊的民主党屈服;如果颁发令状,杰弗逊和麦迪逊显然不会执行,从而贻笑全国。采用任何一种做法都会形成行政和立法两部门不受司法部门牵制的危险局面。

二、审理及评析

1803年最高法院运用司法审查这个手段摆脱了两难境地。首席法官马歇尔在他起草的全体最高法院法官一致同意的判决书中,先是承认马伯里被任命为法官是合法的,是有权得到委任状的,而总统和国务卿不予颁发是没有理由的,马伯里的正当权利由此而遭到侵犯,是有权得到补偿的;但是,他却又说,最高法院不能颁发这样的执行命令,因为它超出了宪法第3条关于最高法院管辖权的规定。根据宪法第3条规定,最高法院除对极少数案件有第一审管辖权外,只能审理上诉案件,责成最高法院对公职人员颁发执行命令的1789年《司法条例》第十三条规定是同宪法相违背的。最后,他就联邦国会立法权的界限、宪法的最高法律地位、法院何以有审查法律的权力等问题作了长篇的论证,明确宣布"违宪的法律不是法律"、"阐明法律的意义是法院的职权"。从此,开创了美国联邦最高法院审查国会法律的先例。

[资料来源] 致知法学网,http://www.riel.whu.edu.cn/juris/show.asp,2004-04-29。

2. 法的理论渊源

法的理论渊源是指历史上促进立法和法律改革的理论和哲学原理。通过研究探寻法律的历史渊源,寻找历史的传统与现实社会的结合点,对于现实社会具有很强的借鉴作用。"例如科斯定理(Ronald Case)指出在交易成本为零的情况下,无论权利如何配置,产权的初始分配不影响资源配置的效率。也就是说如果交易成本比较低,法律对权利和义务的分配就不可能对资源配置有重大影响,法律的任务是明晰和界定产权。"①

3. 法的形式渊源

指的是被赋予法律效力和强制力的具有权威性的某些原则和规范,以及

---

① 《法理学》(第二讲:法的渊源),http://sean80.blogchina.com/2471493.html。

这些原则和规范的具体表现形式。

4. 实质上的法的渊源和形式上的法的渊源

实质上的法的渊源指法的内容的来源、根源。形式上法的来源则是指法的效力渊源，是根据法的效力来源不同，而划分的法的不同形式。我国目前一般称法的渊源指的是形式上法的渊源，主要是指各种制定法。

（二）法的渊源的分类

法的渊源的种类如同法的渊源概念一样，一直以来都是众说纷纭，到现今为止依然没有完全一致的见解。一般来说，可以分成制定法和非制定法两大类：

1. 制定法

制定法又称成文法，是指享有法律规范创制权的国家机关依照一定程序制定和颁布的通常以法律条文形式出现的规范性法律文件。"制定法既包括国家立法机关制定的法律，也包括国家中央行政机关和地方国家机关在职权范围内制定和发布的规范性法律文件。如行政法规、自治条例、国际条约等均为制定法。在奴隶制和封建社会中，国王或者皇帝的诏书、赦令也属于制定法。"① 一般来说，制定法是现代国家主要的法律渊源。

在制定法中，我们一般根据内容、意义和效力分，又可以分为根本法和普通法。根本法在法律中占有特殊的地位，即是宪法。它规定国家权力的组织、确定社会制度和国家制度的基本原则、公民的基本权利和义务，它是其他法律立法的来源。普通法是指除了根本法之外的法律，例如刑法、民法、行政法、地方性法律法规等。

2. 非制定法

非制定法，是相对于制定法以外的法律来说的。它是由立法机关依照一定的程序制定的法律。制定法作为法的渊源分为以下几种：

（1）习惯法

习惯是人们在长期的共同生产与交往的过程中，自发形成的行为模式。在人们的生活中存在着多种多样的习惯，但并不是所有的习惯都能称为法律，只有经过国家认可的、对他人有影响力的习惯，并由国家强制力保证实施和实现的习惯。这种习惯不再是单纯的习惯，而被称为习惯法。法的产生和发展的早期，法的渊源大多表现为习惯法。世界上最早的一批法典就是对

---

① 蒋晓伟：《法理学》，同济大学出版社1999年版，第333页。

习惯的记载。随着人类认识和掌握自己命运能力的不断提高，制定法逐渐发达起来，并成为法的主要渊源。习惯法的地位和作用大大减弱，日益成为制定法的补充形式。

（2）判例法

判例是指法院对于诉讼案件所作判决之成例。由于这种成例对于法院以后审理类似案件具有普遍约束力，因而便成为法的一种渊源。判例法并不是简单的判例汇编，它的意义不仅限于法院在此后的案件审理中能够从先例理解法律的规定，而在于把先前的判例所确立的原则视为审判过程中必须遵循的根据，据此审理同类案件时能够从成例中得到帮助或者指导，最终形成一种法律规范。这样判例就不仅是一种对个案的决定，而是具有普遍意义的法律规范。在英美法系国家中，判例是一种主要的法源，大陆法系国家中，由于立法权和司法权的严格划分基本不承认判例作为法律的渊源，但是在判决案件中常常作为研究参考的对象。在我国，判例不是法的渊源，但对于司法和执法工作仍然具有重要的参考价值。

（3）学说和法理

学说是法学家对法律问题的见解或主张，法理通常指"事物的当然之理"或"法之一般原理"，也就是我们所说的法的基本精神。在一定历史条件下或在某些特定场合，当现行法律对某些司法实践中遇到的问题既无法律又无习惯可以遵循时，法官可以依据法学家的权威性学说或者自己对于法的基本精神的理解和心中固有的道德信条来审理案件。一般情况下，世界各国历史上都曾把学说和法理作为法的正式渊源，例如罗马帝国时期五大法学家的学说就具有法律效力。我国的《唐律疏议》也是法学家的学说，也同样具有法律效力。但现代国家中由于各种法律体系的不断完善，直接将学说或法理作为法的渊源的情况已不多见。

（4）国际协定和条约

这是指两国或多国缔结的双边或多边条约、协定和其他具有约束力的文件。国际协定和条约是国际法的主要渊源，也成为了现代社会的重要的法的渊源之一。

（5）法律解释

法律是需要解释的。一方面，是因为法律要能够在社会生活中贯彻执行，要求人们理解法律的确切含义，就必须对法律进行宣传并加以解释。另一方面，由于法律条文本身并不是明确的对细小的问题做出了规范，在具体的实施过程中，要明确其含义并正确地实施就必须对模糊性的法律语言进行解释和限定。法律解释分为立法解释、司法解释、行政解释等。有人提出将官方的法律解释看做法的渊源之一，但是也有人提出不同的意见，具体还需要进一步的研究。

从现实看，法的渊源还可以分为正式渊源和非正式渊源。法的正式渊源是国家立法正式确立的具有法律效力的法的渊源，可以从国家制定的规范性法律文件中的明确条文形式中得到的渊源，如宪法、法律、法规等，主要为制定法，即不同国家机关根据具体职权和程序制定的各种规范性文件，也包括英美法系的判例法。法的非正式渊源虽然未经国家法律正式确立具有法律效力，但是对法律实践具有一定实际影响作用的准则和观念，例如正义标准、理性原则、公共政策、道德信念、社会思潮和法学著作等。

二、我国教育法律的法源

（一）我国教育法律渊源的特点

我国教育法律的渊源是指教育法的形式渊源，即教育法律规范的效力来源。我国教育法律的渊源主要是指由国家有权机关通过哪种方式创立的，表现为哪种形式的、教育性的规范性文件，它有三个方面的特点：

（1）这些文件是由有权制定教育法律规范的国家机关或者国家机关授权机关制定和发布的，能够体现国家的意志。这些教育性的规范性文件效力的最终根源是国家，而制定和发布规范性文件的国家机关是其法律效力的直接来源。因此，制定和发布规范性文件机关的法律地位直接决定了其制定的法律规范文件的法律效力的等级，决定了法律规范文件在整个教育法律体系中的地位和效力。

（2）"规范性文件中含有一定的教育性的权利和义务的规定，含有社会主体在教育方面的行为规则或行为模式。"① 那种针对特殊的个人或特殊的事件而发出的决定、命令等由于对普通个人或者事件并不具有普遍的约束力，因为不能为人们提供普遍适用性的规范效力，因而不能认定是教育规范性文件，即只有对大多数人适用的教育行为规范，才能作为教育的法律来源。

（3）规范性文件受国家强制力保障，是国家教育主管部门和学校及其他教育机构等教育法的适用和执行主体对自己的行为进行教育法律调整的法

---

① 公丕祥：《教育法教程》，高等教育出版社2000年版，第49页。

律规范依据。任何一种社会规范都具有一定的强制力,但教育法律渊源的规范性文件具有的强制力与其他社会规范的强制力不同,它以国家政权的名义表现出来的强制,是以法院、监狱、警察甚至军队为后盾的强制力。法律对社会关系和社会主体行为的调整可以分为普遍性调整和特殊性调整两种。普遍性调整是为社会主体设定的一般的行为规范,而特殊性调整则是指社会主体行为的调整是针对某些具体的人或具体的事来进行的,因此只对个别人或事有效,这种处理结果不能对所有人适用。"教育法律规范性文件为人们提供具有普遍约束力的教育行为规则,是规范性的教育法律调整,为教育行为个别调整的法律效力产生提供基础。"①

（二）我国教育法律的主要渊源

根据《中华人民共和国宪法》和有关组织法的规定,我国教育法律的渊源主要有下列法律规范和规范性文件:

1. 宪法

宪法是国家最高权力机关制定的国家的根本大法,是治理国家的总的章程。它在我国的法律体系中处于最高的法律地位,是其他各种法律规范的根本法依据。我国的所有教育法律规范性文件都是根据宪法制定的,宪法中关于教育的法律规定是我国教育法律的法律渊源。《教育法》第1条就明确说明:"根据宪法,制定本法。"任何形式的教育法都不得与宪法相抵触。我国宪法作为教育法律的渊源,一是为教育法提供了基本指导思想和立法依据;二是为教育教学提供了基本法律规范。"宪法中有许多关于发展教育科学文化事业的规定,这些规定都是我国教育法律的渊源。具体的说,这些规定主要有:《中华人民共和国宪法》第14条第1款规定'国家通过提高劳动者的积极性和技术水平,推广先进的科学技术,完善经济管理体制和企业经营管理制度,实行多种形式的社会主义责任制,改进劳动组织,以不断提高劳动生产率和经济效益,发展社会生产力。'第19条规定'国家发展社会主义教育事业,提高全国人民的科学文化水平。国家举办各种学校,普及初等义务教育,发展中等教育、职业教育和高等教育,并发展学前教育。国家发展各种教育设施,扫除文盲,对工人、农民、国家工作人员和其他劳动者进行政治、文化、科学、技术、业务的教育,鼓励自学成才。国家鼓励集体经济组织、国家企业事业组织和其他社会力量依照法律规定举办各种教育

---

① 公丕祥:《教育法教程》,高等教育出版社2000年版,第50页。

事业。国家推广全国通用的普通话。'第20条规定'国家发展自然科学和社会科学事业,普及科学和技术知识,奖励科学研究成果和技术发明创造。'第21条规定'国家发展医疗卫生事业,发展现代医药和我国传统医药,鼓励和支持农村集体经济组织、国家企业事业组织和街道组织举办各种医疗卫生设施,开展群众性的体育活动,增强人民的体质。'第22条规定'国家发展为人民服务、为社会主义服务的文学艺术事业、新闻广播事业、出版发行事业、图书馆博物馆文化馆和其他文化事业,开展群众性文化活动。国家保护名胜古迹、珍贵文物和其他重要历史文化遗产。'第23条规定'国家培养为社会主义服务的各种专业人才,扩大知识分子队伍,创造条件,充分发挥他们在社会主义现代化建设中的作用。'第24条规定'国家通过普及理想教育、道德教育、文化教育、纪律教育和法制教育,通过在城乡不同范围的群众中制定和执行各种守则、公约,加强社会主义精神文明建设。国家提倡爱祖国、爱人民、爱劳动、爱科学、爱社会主义功德,在人民中进行爱国主义、集体主义和国际主义、共产主义的教育,进行辩证唯物主义和历史唯物主义的教育,反对资本主义的、封建主义的和其他的腐朽思想。'第49条规定'父母有抚养教育未成年子女的义务。'第89条、第107条、第119条还规定了国务院、县级以上地方各级人民政府和民族自治地方的自治机关领导和管理教育工作的权限。此外,《中华人民共和国宪法》关于我国的基本政治经济和文化制度、公民基本权利义务等方面的规定,也与教育法有着重要的联系,有时也构成教育法律的渊源组成部分。"①

2. 有关教育的法律

在我国,法学界用语中,法律有广义和狭义两种理解,"广义的法律包括一切有权制定法律规范性文件的国家机关制定的所有法律规范性文件;狭义的法律专指全国人民代表大会及其常务委员会制定的法律规范性文件。在这里指狭义的法律。我国全国人民代表大会制定的法律是基本法律,全国人民代表大会常务委员会制定除基本法律以外的法律。1995年3月18日第八届全国人民代表大会第3次会议通过的《中华人民共和国教育法》是我国教育的基本法律。该法全面系统地规定了我国教育的地位、性质、方针、教育活动的基本原则、基本制度、教育基本关系、教育投入与条件保障、教育对外交流与合作以及违反教育法的法律责任等。因而,它是除《中华人民

---

① 转引自公丕祥:《教育法教程》,高等教育出版社2000年版,第51页。

共和国宪法》中有关教育的规定以外的、我国教育的最重要的法律。全国人民代表大会常务委员会制定了多部重要的教育法律，它们都是我国教育法十分重要的渊源，主要有：1993年10月31日第八届全国人民代表大会常务委员会第4次会议通过的《中华人民共和国教师法》、1986年4月12日第六届全国人民代表大会常务委员会第4次会议通过的《中华人民共和国义务教育法》、1996年5月15日第八届全国人民代表大会常务委员会第19次会议通过的《中华人民共和国职业教育法》、1998年8月29日第九届全国人民代表大会常务委员会第4次会议通过的《中华人民共和国高等教育法》、1980年2月12日第五届全国人民代表大会常务委员会第13次会议通过的《中华人民共和国学位条例》等法律。"① 此外，全国人民代表大会或其常务委员会发布的教育方面的决定、决议等法律文件也属于教育法律的范畴，例如1985年第六届全国人民代表大会常务委员会第九次会议通过的《全国人民代表大会常务委员会关于教师节的决定》。

3. 教育行政法规

它是国家最高行政机关为了实施、管理教育事业，根据宪法和教育法律制定的规范性文件。内容上主要是针对某一类教育管理事务的行为规范，而不是针对某个具体的事件或者问题作出的决定。教育行政法规这种形式在各国普遍存在。如日本，在学校教育方面，有国会通过的《学校教育法》。在我国，根据《中华人民共和国宪法》的规定，国务院有权制定行政法规。在领导和管理我国教育工作，推动我国教育改革的过程中，国务院制定了大量的行政法规，这些法规构成了我国教育法的重要渊源，如《教育资格条例》（1995年12月12日）、《中华人民共和国义务教育法实施细则》（1992年3月14日）、《扫除文盲条例》（1988年2月5日，1993年8月1日修改）、《残疾人教育条例》（1994年8月23日）、《中华人民共和国学位条例暂行实施办法》（1981年5月20日）等。此外，中央军事委员会有关军事教育的法规也是我国教育法律的渊源之一。

4. 地方性教育法规

"地方性法规是指省、自治区、直辖市人民代表大会及其常务委员会制定的规范性文件。各省、自治区、直辖市人民代表大会为了发展本地方的教育事业，推进本地方的教育改革，制定了许多地方性教育法规，这些法规是

---

① 引自公丕祥：《教育法教程》，高等教育出版社2000年版，第52页。

我国教育法律的重要渊源。"① 从立法目的和立法依据上划分，可以分为两种。一是执行性、补充性的地方性教育法规。主要是为了执行宪法、教育基本法律和教育行政法规，以及根据本地区实际情况而制定的实施性的补充性规定和细则。例如为了贯彻执行《中华人民共和国义务教育法》，全国绝大多数省、自治区、直辖市都制定了本地区的关于义务教育的条例。二是自治性的地方性教育法规，目的是为了履行宪法或者法律所赋予的职权。例如：为了规范和发展职业教育，在国家还没有制定出职业教育法的情况下，全国已经有很多省、自治区和直辖市制定了《职业教育条例》。

5. 教育规章

根据《宪法》和《地方各级人民代表大会和地方各级人民政府组织法》的规定，国务院各部委，省、自治区和直辖市的人民政府，省自治区的人民政府所在地的市的人民政府，国务院批准的较大的市的人民政府，这四种行政机构可以根据法律和国务院的行政法规，在自身允许的权限内发布规章。其中国务院各部委制定的规章称作部门规章；市人民政府制定的规章称为地方性规章。这些规章中属于调整教育关系的则可以称作部门教育规章或者地方性教育规章。国务院教育行政管理部门在长期的教育管理过程中，依据教育法律和教育行政法规，根据我国教育事业发展和教育改革的实际，制定了大量的教育行政规章，这些规章是我国教育法律的重要渊源。而同样的地方性教育规章也是我国教育法律的重要渊源。

此外，我国最高人民法院、最高人民检察院有关教育法的司法解释、我国政府加入和与外国政府缔结的有关教育的国际公约和对我国具有约束力的国际条约、协定也是我国教育法律的重要渊源。

第三节 教育法制与教育法治

一、法制与法治

（一）法制的多种解释

"法制"是个多义词，不论在中文中，还是在外文中，不同文字的国家，有不同的含义。英、法、德、西班牙等国，使用"法制"基本上与合

---

① 公丕祥：《教育法教程》，高等教育出版社 2000 年版，第 53 页。

法性同义。日本使用的"法制"一词，与法律和制度相通。在中国古籍中，"法制"一词的含义与现在的不完全相同。如《礼记·月令》中"命有司，修法制"，商鞅讲"民众而奸邪生，故立法制，为度量，以禁之"，另见《商君书·君臣》中"法制明则民畏刑。法制不明，而求民之行令也，不可得也"。这里的法制，是指国法、法律或者典章制度，强调法律制度的形式意义在奴隶社会和封建社会，法制是专制的代名词而已，这与近现代的法制是有着根本区别的。我国社会主义法制的目的是确立人民民主专政和进行社会主义现代化建设所必要的法律秩序，也在于确认和保障公民的权利。

直到现在，关于法制现在仍然没有固定的解释，但主要有以下三种观点：一种从静态的角度看，认为法制就是法律制度的简称。包括以规范性文件形式出现的成文法，如宪法、法律和各种法规，也包括经国家机关认可的习惯法、判例法、学理等。它随着国家的产生而产生，是统治阶级用以维护其阶级专政的法律和制度，有国家即有自己的法制。"在'法制史'的研究中，形成了两种模式：一是研究法律和法律以外的制度，包括政治制度、经济制度、家庭制度等；二是仅仅局限于研究法律规定，例如律、刑等。"① 第二种从动态的角度出发，把法制看作立法、执法、司法、守法和法律监督等的活动和过程。这是它区别于静态法制理解的关键之处。第三种则是综合了静态和动态两种观点，认为法制不仅指法律制度，而且包括法律实施和法律监督等一系列活动和过程，是立法、执法、守法和法律监督等内容的有机统一。第四种是近现代意义上的法制，"这种观点认为法制是近代社会的产物。它以商品经济的发展和民主政治的形成为前提，强调依法办事或者依法治理的原则。这种近代意义上的法制具有以下的特征：（1）以民主政治为前提，主张实行民主、保障人权，反对专政、专制。（2）认为法律至上，要求法律在国家、社会生活中起主导性的作用，并具有至高无上的权力。（3）坚持法律面前人人平等的原则，反对各种形式的特权。要求国家机关及其工作人员依法行使各种权力，依法行政。"②

我们认为，法制是与法律和制度相关的概念，应该从静态和动态两个角度进行综合的考察。法制的静态和动态理解是对立统一不可分割的关系，它们互为条件、相互联系、相辅相成。一般意义上的法制是指一国法律和制度

---

① 郭学德：《法理学简明教程》，九州出版社2002年版，第156页。
② 郭学德：《法理学简明教程》，九州出版社2002年版，第157页。

的总和,是立法、执法守法和法律监督等内容的有机统一,法制的核心是依法办事。

(二) 法治的理解

法治是一种源远流长的治国方略和意识形态。由于法治本身是一个历史范畴,受各国政治、经济、文化发展水平及历史传统的影响,很难给法治下一个确切的定义。法治一词中国古代未曾使用,中华人民共和国成立后由于在极左路线的影响下,一个时期内我们也避免使用法治一词,回避有否定党的领导之嫌。在西方,最早提出和使用"法治"概念的是古希腊哲学家亚里士多德。

法治的内涵十分丰富。作为一种宏观治国方略,它与德治、礼治,特别是人治相对应,主张的是"人依法",而不是"法依人",强调的是"依法治国",认为法律具有至高无上的权威。法律高于任何权力、高于任何其他规范、高于任何个人。在整个社会和国家的调整机制中法律是整个社会调整规范中的最高规范。例如:"党必须在宪法和法律的范围内活动"这一政治原则的确立就是对宪法和法律最高地位的确认;作为一种理性办事原则,它的核心是要严格依法办事;作为一种理想社会状态,它要求社会生活的基本方面都要法制化,在法律秩序下建立良好的社会秩序,形成良好的社会行为准则,营造一种法制社会的环境。作为一种向善的价值取向,法治的前提是"良法之治"。亚里士多德在《政治学》一书中指出:"法治应包含两重意义,即已成立的法律获得普遍的服从,而大家所服从的法律又应该本身是制定得良好的法律。"在这里,亚里士多德特别指出了"良法之治"。我们可以将法治的内涵概括如下:"法治是一种以'良法之治'为前提条件,以严格依法办事和司法公正为基本要求,以权利制约为内在机制,旨在树立法律至上的权威从而确保人权的制度框架及其合理运作而达到的理想状态。"①

法治的外延表现为法治是从法治理论逐步演化为法治原则和法治制度的过程。我们可以把法治理解成法治思想、法制原则与法制制度三者相互关联、相互作用而形成的有机整体。其中,法治理论是前提,法制原则是核心,法制制度是关键。作为一种法律价值的取向,法治追求人民作为法律的主体、法律至上、依法行政、司法公正、法律平等价值理想。

---

① 杨凤英,王劲松:《关于教育法治化的若干思考》,《中国社会科学院研究生院学报》,2005年第3期。

(三) 法制与法治的关系

法治和法制是两个具有丰富内涵的概念，这两者之间存在着复杂的关系。法制与法治是既有区别又有联系的。他们之间的关联性表现在内容上有相互交叉的地方，比如从某种意义上来讲，法治其实就是法制内容的一部分。"法制"、"法治"在这种特定意义下就可以通用了。它们不仅是法律发展的现代形态，同时也是衡量社会形态是否实现现代化的重要尺度。但一般来说，法治是法制的价值体现，是法制的升华和提高，法制是法治的基础和内容。法治的实现要依靠法制建设的成熟发展。

法制与法治的区别主要表现在以下几个方面：（1）法制的"制"是一个名词，法制的核心是法律制度；而法治的"治"是一个动词，主要是治理国家的一种理论、原则和方略。有法制的国家不一定是法治国家，但是法治国家肯定是法制完备的国家。（2）法制强调的是立法，不仅要求法律制度的健全和完备，也要求在社会生活中得到遵守和执行，它所关注的焦点是秩序。法治强调的是依法治国，法律的执行和实施，它更多的是关注权利的运用和行使的民主化。（3）法制可以存在于任何历史类型的国家，它不一定以民主为基础，它甚至可以建立在专制和人治的基础之上，而法治是作为商品经济和民主政治的产物，只存在于资本主义和社会主义国家。它必须以民主为基础和保障。十五大报告将"法制国家"改为"法治国家"，意义是十分重大的。它标志着我国对于"依法治国"问题认识的进一步深化，标志着我国社会主义民主法制从注重法律条款的建立进入到更加注重法律实施的阶段。

二、教育法制与教育法治

(一) 教育法制的含义

人们对教育法制的理解目前是不一致的。大致有四种理解：

（1）教育法制是指国家制定的有关教育法律和制度，是一个国家有关教育的法律和制度的总和。这种教育法制作为法的表现形式存在，可以说是静态意义上的教育法制。

（2）教育法制是指有关教育的立法、执法、司法、守法和法律监督的活动和过程，这是从教育法制运行过程的角度来定义的，这种教育法制也可以说是动态意义上的教育法制。

（3）教育法制是"依法治教"，是与民主政治制度相联系的，按照依法治理的原则和方式来管理和规范各种教育活动。这一含义是从本质上来认识教育法制的,以民主为基础,反对专制或者人治的教育法制。

(4) 我国的教育法制是与我国社会主义的民主建设相联系的,按照依法治理原则和严格依法办事的方式,来管理规范各种教育活动的法律制度及其运行。

"'教育法制'不仅包括教育法律制度,而且包括教育法律制度的运行,即教育立法、教育法律的普及、教育行政执法、教育司法、教育法制监督、教育法律的遵守,以及与之相联系的教育法律意识、教育法学教育和研究等。"①

(二) 教育法制建设的必要性

1. 党在教育领域领导的必然要求

我国是社会主义国家,人民当家作主。教育事业是整个人民,整个国家的事业,受教育权是宪法赋予我国人民的基本权利,教育的发展与社会的发展共始终,与整个国家的利益息息相关。党代表人民的广大利益与人民的切身利益相统一,主张依法治教,发展社会主义的教育事业,在教育活动中进一步发展社会主义民主,实现人民的当家作主。教育法制能够保障人民群众在党的领导下通过各种途径和形式参与和管理教育事业,进一步体现贯彻依法治国方略的要求。

2. 教育改革和发展的客观需要

社会主义市场经济体制的建立和不断发展,使得教育领域的社会关系和管理范畴发生了重大的变化,打破了过去高度集权的教育行政管理体制,赋予地方政府和学校更大的自主权;学校与教育行政部门的关系也有所转变;学校与学校之间,学校与教师、学生以及其他社会组织之间的关系不再是过去简单的民事关系和权力与义务的关系,在教育发展过程中不断产生了大量的民事关系和新型的权利和义务的关系,这些产生的新的问题,不能单靠教育行政手段来解决,而需要运用综合运用行政、法律手段共同解决。

3. 提高行政管理效率和水平

教育的发展使教育行政管理领域日趋复杂,管理对象也多种多样,只有按照教育法律的规定,建立完善的监督和制约机制,这样才能从根本上保证教育行政机关的廉洁、自律。目前,各级教育行政部门要研究转变职能,并且将权利进一步下放到各级学校的问题,这就要求既要尊重和维护学校的办学自主

---

① 李连宁,孙葆森:《教育法制概论》,教育科学出版社1998年版,第1页。

权,又要保证国家对于教育的宏观上的组织和管理。要遵循教育法律规定的要求,规定中央、地方、学校各方面的权利和义务。只有健全教育法律,在管理过程中按照法律规定,减少对学校的微观活动管理的干预,调动学校的积极性,并且通过制定教育规章等规定教育活动的规则、使教育活动得到规范,才能提高教育行政管理的效率和水平,使教育活动更加健康有序的发展。

(三) 教育法治的含义

关于教育法治的理解也有如下几种类型:

(1)"教育法治是现代社会对教育的一种新型的调控组织形式,是伴随着教育的普及发展而形成和发展起来的一个法律调节领域。是以一套完备的教育法律为核心,包括相应的法律实践和法律文化在内的法律系统,这是一个以行政法为主体,以民法相配合,辅之以必要的刑法为手段,并以其他法律手段为适当保障的多维的协调一致的教育法律调控机制。"①

(2) 教育法治是为了达成教育目的的一个实践的过程。这个过程包括对错综复杂的教育关系、教育行为和教育的发展方向进行协调、规范和指导,使教育目的能够顺利达成。

因此,我们可以看出人们对教育法治的理解还是不完全一致的,各有侧重点。根据理解的侧重点不同理解也有不同,有的将其理解为法律行使的手段和目的,有的将其理解为一种法律理论,有的将其理解为某些具体的法律规范条款。

(四) 教育法治的实现条件

1. 观念方面

教育法治和学校管理秩序的完善,离不开人们认识的相对统一以及对旧的法治观念的变革。观念的变革是制度建设和秩序完善的前提和基础。教育关系的主体是教育者和受教育者,学校和学生之间的法律地位应该是平等的,权利义务之间是对应的。这在我国《教育法》中也有规定。因此我们应该将尊重受教育者的合法权益作为教育者的首要义务。在行使教育管理权的同时,首先考虑这种管理是否合法,是否会侵犯受教育者的权利。我们现在需要的是一种符合时代发展的要求,体现现代法治意识的教育理念。

2. 实体方面

---

① 董淑花:《对我国教育法制和教育法治的思考》,《太原城市职业技术学院学报》,2005年第4期,第69页。

"实体"即建立权利保障和救济制度,权利制约制度等各种制度。

例如,在高校和学生处于平等关系的前提下,一旦学生涉嫌违反校纪、校规,经由校方调查确认以后,不应直接对学生作出处分,中间过程中应该给予学生自我对于事实进行陈述和申辩的环节。虽然高校与学生之间存在管理与接受管理的关系,学生应该受到校纪、校规的约束。但是,校方对于学生的管理必须建立在充分尊重学生的民主权利的基础之下,学生的自我陈述和申辩的环节是尊重学生基本权利的具体表现。建立这种类型的权利保障和救济制度,有助于更好地实现教育法治。

3. 形式方面

教育法律在形式上要更加规范化,更好地形成教育法律系统。教育和学校管理的特殊性,使教育行为一定要遵循一定的法律规范。法治的精神要求教育行为不能那么自由和随意。为了对教育行为进行必要的限制,使教育关系的各个主体运行秩序化,就必须形成系统的教育法律规范,通过法律手段理顺政府、学校、老师、学生的关系,保证他们各自的权利,并对具体的教育法治活动进行指导。

(五) 教育法制与教育法治的关系

"教育法制包含了严格依据教育法律办事,也就是说它包含了教育法治。即,教育法治是教育法制内容的组成部分,是狭义方面的教育法制。反之,现代教育的发展使教育法律的地位大大上升,它调整的范围也日渐扩大,是凭借法律制度来实现国家对教育的计划、指挥、协调和控制各国教育走向现代化的一个标志。所以,可以说,教育法治是现代教育发展的必然选择。我国教育法制的目标应是依法治教,其模式就是教育法治。"①

第四节 教育法律在我国法律体系中的地位

一、教育法律与其他法律的关系

教育法律并不是孤立的法律规范,它与很多法律部门有密切的关系。

---

① 董淑花:《对我国教育法制和教育法治的思考》,《太原城市职业技术学院学报》,2005年第4期,第69页。

（一）教育法律与行政法

有人认为教育法律是行政法的一个子部门，因为教育法律调整的对象以及内容很多都属于行政法的调整范围，"教育法律体现了国家对教育的干预和管理，或者统称为国家调控教育的原则，这种调控在我国，在大多数情况下都是通过行政行为实现的。因此，教育法律就其基本性质而言，可以解说为调整教育行政关系的法规的总称"。① 教育法律中教育行政机关或者其他行政机关的法律关系都属于行政法的调整范围，教育法律中的很大一部分都是教育方面的行政法规。

教育法律与行政法有着密切的联系但是两者之间又有一定的区别。第一，从法律关系的主体来说，教育法律关系主体有许多种，既有教育行政机关，也有各种类型的教育办学机构。而行政法律关系的主体是单一的，行政法律关系的主体主要侧重于各级行政机关，包括各级政府及其行政部门。因此，在主体上教育法律已经超出了行政法包容的范围。第二，从涉及的内容来说，教育领域已经形成自身一系列的教育法律制度，如学校教育制度、国家教育考试制度、学业证书制度、学位制度、教育督导制度、教学评估制度、教师评估制度等。这些教育法律有一定的特殊性，这就表明，其他任何部门法律都不可能替代教育法律。如果把教育法律局限于行政法，使之成为教育行政法，那么就只能对于教育相关的行政活动进行规范，同时它就不能对其他非行政性的教育活动起规范和调整作用。第三，从执行手段上来说，"教育法律调整的手段既有强制性的也有指导性的，而行政法主要是强制性的。行政法律关系的产生是单方面意志的结果，对方必须服从。如下级行政部门必须服从上级行政部门的指示并有履行上级政策和命令的义务"。② 但是由于教育关系的复杂性，参与教育这一活动的主体教师、科研人员以及学生都是脑力劳动者，在从事精神领域中的创造性活动，它不能只从服从、命令与执行的角度，它需要体现教学与学术上的民主与自由。因此教育法律的调整手段不可能只是强制性的，有些属于指导性的。

（二）教育法律与民法

"我国《民法》第二条对我国民法调整对象的规定是'中华人民共和国民法调整平等主体的公民之间、法人之间、公民和法人之间的财产和人身关

---

① 劳凯声，郑新蓉：《教育法学概论》，湖北教育出版社1996年版，第31页。
② 黄崴，胡劲松：《教育法学概论》，广东高等教育出版社1994年版，第39页。

系'。教育法律的某些内容是属于民法调整范围内的。教师、学生和家长等公民间的人身关系，教育行政机关、办学机构和社会企事业组织等法人之间的财产关系和人身关系，教育行政机关和学校与教师、学生、学生家长之间的法人和公民之间的财产、人身关系，都需要用民法来规范。其核心内容是调整和规范各种主体的权利与义务的关系。例如教师对学生的权利与义务和学生对教师的权利和义务。我国《教师法》对教师的权利与义务作了规定，《教育法》对学生的权利和义务作了规定。我国《教育法》第三十一条规定：'学校及其其他教育机构在民事活动中依法享有民事权利，承担民事责任。'学校与教育行政机关之间虽然有上下级、管理与被管理的关系，但学校作为法人，与政府、教育行政机关是平等的，不应该是依附与被依附的关系。"①

和教育法律与行政法的关系一样，教育法律与民法有相同点但也有很大的差异性。从形式上来说，教育法律没有统一的行政法典。从范围上来说，民法涉及社会生活的各个领域，民法调整的民事对象是各种各样的，"包括公民之间、法人之间、公民和法人之间的财产关系和人身关系"。② 而教育法律主要涉及教育领域，教育关系中大量的主体是诸如学校、教师、受教育者、家长、教育投资主体等的教育活动。民法不调整行政关系，教育法律要调整国家行政机关在行使其教育行政管理过程中发生的关系即教育行政关系。

教育法律与宪法、刑法也有着密切的联系。宪法是国家的根本大法，是其他法律的来源，同样也是教育法律的法源，因此教育法必须以宪法为根本指导和原则，宪法中有关教育的条款是教育法中重要的内容，是教育立法的重要依据。教育法律是宪法中教育条款的具体化和实施的保障。教育法律的有些条款是属于刑法范畴，这些条款是作为调整违反教育法规的手段，如规定有些情节严重的违反则要追究刑事责任。但教育法律属于刑法的内容是少量的。如果构成刑事案件才属于刑法的范畴。

---

① 黄崴，胡劲松：《教育法学概论》，广东高等教育出版社1994年版，第39～40页。

② 《中华人民共和国民法通则》，http://www.dffy.com/faguixiazai/msf/200311/20031110212803.htm，2003-11-10。

二、教育法律是独立的部门法

如果说教育法律是独立的部门法，那就涉及研究教育法律在法律体系中所处的位置，即教育法律在宪法、行政法、民法、刑法等众多法律部门所组成的法律体系中是独立的法律部门，还是从属于某一法律或某几种法律。

（一）划分部门法的标准

法学界关于划分部门法的标准主要有以下三种观点。一是二元标准说，这种观点认为划分法律部门的主要标准是要注意该法律所直接调整的对象的社会关系的性质，同时也要注意调整的方法。二是多元标准说，这种观点认为除了要注意调整方法以外，还需要考虑"主观性"原则。"这些主观性原则主要包括：（1）划分部门法的主要目的是有助于人民了解和掌握本国现行法；（2）应考虑不同的社会领域的广泛程度和相应法规的多寡；（3）划分部门法既不能过宽也不应过细，在它们相互之间还应保持适当的平衡；（4）划分部门法时，应以全部现行法律为基础，同时也适当考虑正在或即将制定的法律；（5）有不少法律可以从不同角度列入不同的部门法；（6）部门法的划分不是任何人随意定的，但又不是绝对的，而是相对的，往往有几种划分方法，其中各有利弊。"① 三是一元标准说，该观点认为每个独立的法律部门都拥有自己的特定的调整对象。我们认为划分部门法的标准不是千篇一律的，应该根据不同的情况具体对待，以上三种划分的方法都具有相同之处，在具体的划分情况之下，需要根据具体的事物判断。在一般情况下，倾向于二元标准说。

（二）教育法律所调整的教育关系

教育法律关系所涉及的是一种广泛而复杂的社会关系。教育与社会的关系日益密切，早在人类诞生之后就产生了教育，教育与社会无论是从内部还是从外部的关系来看都正在日益复杂化。教育调整的仅属于教育领域，调整的范围由过去简单的教育行政机关与学校，学校与教师、学生、家长这样一些关系演变为一种复杂的教育社会关系。从办学主体来看，除过去的国家办学之外，还出现了社会力量办学、中外合作办学、社会各界捐资办学等。这些教育社会关系都由教育法来进行调整，这在过去是没有的。随着社会的发展，教育领域必定与错综复杂的各种社会关系拥有交集，教育法律调整的对

---

① 沈宗灵：《法学基础理论》，北京大学出版社1988年版，第352~353页。

象与范围将不可避免地会同其他法律部门发生相交的状况。如果这样就将教育法律所调整的社会关系从属于某种法律部门，那么是毫无原则性可言的。教育活动是具有自主性和专业性的，例如学校、教师、学生、学生家长、有关社会团体等之间关系的性质是其他领域中的社会关系所不具有的，虽然有些问题与其他法律有相关性，但是应该注意到教育法调整的关系主要是教育领域所特有的，主要限定在教育关系之内，因此，我们可以将教育法律看作是独立的法律部门。

（三）教育法律调整的方法

教育法律的调整方法是区别法律部门的又一标准。法律的调整方法，是指国家在调整社会关系时所采取的各种法律手段和方式。它包括：确定法律所调整的社会关系的不同主体；确定这种主体之间权利和义务的不同形式；确定法律制裁的方法。"教育法律的调整方法是：对于违反教育法的行为，必须依照有关的教育法律、法规的规定，追究行为人的法律责任，并给予其法律制裁，它包括追究行政责任、民事责任，也有追究刑事责任的，但不是主要的方法。"①

教育法律的调整方法具体来说表现在以下几个方面：一、从主体对象来看，教育法律保护的对象主要是学校、教师、受教育者、家长、教育投资主体等，体现其权利和义务。特别注意保障青少年、儿童的受教育权、教师的职业权利。例如在义务教育中，我国《教育法》规定："国家实行九年制义务教育制度。各级政府采取各种措施保障适龄儿童、少年就学。适龄儿童、少年的父母或者其他监护人以及有关社会组织和个人有义务使适龄儿童、少年接受并完成规定年限的义务教育。"我国《教育法》第九条规定："中华人民共和国公民有受教育的权利和义务。公民不分民族、种族、性别、职业、财产状况、宗教信仰等，依法享有平等的受教育的机会。"二、教育法律在执行过程中，其强制实施的力度和范围与其他法律是有很大的区别的。教育法的实施和执行主要是依靠社会力量的维护和公民的自觉遵守，它在调整手段上要综合运用行政的、民事的以及经济的手段，在必要的时候也用刑事的制裁方式。"柔中带刚"是教育制裁方法的重要特色，这是教育主体的特殊性决定的。

---

① 黄崴，胡劲松：《教育法学概论》，广东高等教育出版社1994年版，第41页。

三、教育法律的体系

国内外有关教育活动和教育关系的法律规范的确立和调整都不是将其放在其他相关的法律中，而是通过制定单独的教育法律来实现的。古代教育法律从属于国家的其他法律，近代教育法大多数是从属于行政法，现代教育法是以教育基本法为主，由各种单项的教育法律所组成，由此构成了比较庞大的教育法律体系。各国的具体情况不同，教育法的体系结构也呈现出不同的形态。日本在第二次世界大战以后建立了完整的教育法律体系。日本的宪法中的教育条款和日本的《教育基本法》组成教育的基本法，其他的教育法律分布在学校教育法、社会教育法、教育人员法、教育财政法和教育行政法中。美国是一个地方分权制国家，于是教育的管理权分属于各个州，每个州的教育法分别自成体系。随着我国教育法制的进一步发展，教育法律体系将会继续发展壮大。"教育法律体系指教育法律作为一个独立的法律部门，按照一定的原则组成一个相互联系、相互协调、完整统一的整体。"① 我国的教育法律体系可分为纵向结构和横向结构。

（一）教育法律体系的纵向结构

关于教育法律体系的纵向构成，在理论研究中，认识不尽一致。我们认为，教育法律体系的纵向构成其实就是教育法律的层次问题，它应该与教育法律的渊源有着密切的关系，应该在宪法的指导下，建立教育基本法、教育单行法、教育行政法规、教育行政规章、地方性教育法规和规章等七个层次。宪法是国家的根本大法，宪法规定的教育原则是教育立法的依据，也是教育法律体系建立的基础。宪法的内容虽然包括了一些教育的条文，但并不是以系统的教育法律形式表现出来的，因而不能把宪法这一根本大法，纳入教育法律体系这一亚元性法律体系之中。在我国，教育法律体系一般由以下七个层次构成：

（1）宪法中有关教育的条款。宪法是国家最高权力机关制定的国家的根本大法，在一国法律体系中居于主导地位，具有最高的法律效力，是其他法律立法的基础和依据。我国宪法作为教育法的渊源主要表现在两个方面：一是为教育法提供基本指导思想和立法依据，如《宪法》第一、二、三、四、五、十九、二十三、二十四条等；二是为教育活动确定基本法律规范，

---

① 黄崴，胡劲松：《教育法学概论》，广东高等教育出版社1994年版，第44页。

如《宪法》第三十六、四十二、四十五、四十六、四十七、四十九、八十九、一百零七、一百一十九、一百二十二条等。它们是我国教育法体系中的最根本的组成部分。

(2) 教育基本法。1995年3月18日第八届全国人民代表大会第三次会议通过的《教育法》，是国家全面调整各类教育关系，规范我国教育工作的基本法律。在我国教育法律体系中，处于"母法"的地位，具有最高的法律效力，教育法与教育子部门法之间不存在平行的关系，它是制定和指导教育子部门法的依据。在我国法律体系中，《教育法》是宪法之下的基本法律，与民法、刑法、农业法、劳动法等基本法律处于同等的法律地位。

(3) 教育部门法。即义务教育法、职业教育法、成人教育法、高等教育法等部门性的法律，它是由全国人大常委会制定的，仅次于教育基本法而居于教育法律体系的第二层次，其法律效力也仅次于教育基本法。教育单行法有6部，即《中华人民共和国学位条例》、《中华人民共和国义务教育法》、《中华人民共和国教师法》、《中华人民共和国职业教育法》、《中华人民共和国高等教育法》、《中华人民共和国民办教育法促进法》。它们是依法治教的重要法律依据。这里值得一提的是《中华人民共和国义务教育法》的法律地位问题。从立法机关的性质和立法权限看，好像应归属于国家的基本法律；但它是在我国特定历史时期制定的，从调整对象及其在教育法律体系中的地位看，它应该属于非基本法律。这是该法的特殊之处。

此外，我国已颁布的《未成年人保护法》、《预防未成年人犯罪法》、《民法》、《婚姻法》、《兵役法》等虽不是教育法律，但其中有关教育的条款，也属教育法律的范畴，其法律效力仅次于《教育法》，也是制定从属法规的依据。

(4) 教育行政法规。行政法规是由国家最高行政机关为实施教育法律、管理教育事业，根据宪法和法律制定的规范性文件。行政法规一般是由国务院发布，或由国务院批准、国务院主管部门发布，二者具有相同的效力。在名称上，行政法规常见的形式是"条例"、"规定"、"办法"、"实施细则"等。我国目前生效的教育行政法规主要有：《中华人民共和国学位条例暂行实施办法》（1981）、《普通高等学校设置暂行条例》（1986）、《扫除文盲工作条例》（1988）、《高等教育自学考试暂行条例》（1988）、《幼儿园管理条例》（1995）、《学校体育工作条例》（1990）、《学校卫生工作条例》

(1990)、《中华人民共和国义务教育法实施细则》(1992)、《国务院关于贯彻实施〈中华人民共和国教师法〉若干问题的通知》(1993)、《教学成果奖励条例》(1994)、《教师资格条例》(1995)、《禁止使用童工规定》(2002)、《中华人民共和国中外合作办学条例》(2003)、《中华人民共和国民办教育促进法实施条例》(2004)等。

(5) 教育行政规章。是我国教育法律体系的第五层次。部门规章亦称部委规章，是指国务院各部、委依据法律和行政法规，在其职权范围内制定和发布的规范性文件。部门规章由国务院主管部门发布，或国务院主管部门与其他部、委联合发布，在全国范围内有效，其法律效力低于行政法规。部门规章常用的名称为："规程"、"规定"、"办法"、"细则"、"大纲"、"纲要"、"计划"、"标准"、"定额"、"意见"、"要求"等。我国教育部门规章调整范围较广，数量较多，据统计，仅1997年至2004年，国务院各部、委制定的教育规章就有333项。例如，教育部发布的《教育督导暂行规定》、《中小学德育工作规程》(1998)、《普通高等学校学生管理规定》(2005)等。教育行政法规和部门规章在管理教育方面起着十分重要的作用，其效力虽低于教育行政法规，但在全国仍具有一体遵行的效力。除法律另有规定外，地方性教育法规和规章均不得与国务院主管部门的教育行政规章相抵触。

(6) 地方性教育法规。是我国教育法律体系的第六层次。地方性法规是指省、自治区、直辖市以及省、自治区的人民政府所在地的市和经国务院批准的较大的市的人民代表大会及其常务委员会依据法定权限，在不同宪法、法律、行政法规相抵触的前提下，制定的规范性文件。地方性法规在名称上一般有"条例"、"规定"、"实施办法"、"补充规定"等，如福建省十届人大常委会第十八次会议审议通过的《福建省终身教育条例》(2005)就是一部地方性教育法规。

相关链接7-4：

我国第一部终身教育法律在福建出台

我国第一部终身教育法律——《福建省终身教育条例》，7月29日由福建省十届人大常委会第十八次会议审议通过。终身教育是指现代国民教育体系之外有组织的教育活动。目前，在亚洲仅有日本和中国台湾地区制定并实施终身教育法规。《福建省终身教育条例》规定，县级以上地方人民政府应当制定本行政区域终身教育发展规划，并将其纳入国民经济和社会发展规划，统筹整合各种教育文化资源，促进终身教育事业发展。条例还鼓励社会力量捐助或者兴办终身教育事业，鼓励专家、学者以及其他有专业知识和特殊技能的人员志愿为终身教育服务，并规定每年9月28日为终身教育活动日。9月28日是中国古代最伟大的教育家孔子诞辰之日。孔子是儒家的创始人，中国文化的奠基者。他在教育上有三大创造：春秋时期首开私人讲学之风；打破教育上贵贱贫富的等级，提倡"有教无类"；主张尊师重道，"三人行，必有吾师"。福建省人大常委会有关人士认为，福建作为文化积淀深厚、经济快速发展、对外交往活跃的省份，发展终身教育，有助于提高公民综合素质，促进人的全面发展。《福建省终身教育条例》2005年9月28日起施行。

[资料来源] 孙贤迅：《我国第一部终身教育法律在福建出台》，《教师报》，2005-08-07。

（7）地方性教育规章。是我国教育法律体系的第七层次。地方性规章亦称地方政府规章，是指省、自治区、直辖市以及省、自治区的人民政府所在地的市和经国务院批准的较大的市的人民政府依据法定权限，根据法律、行政法规和地方性法规制定的规范性文件。地方性规章常用的名称是"规定"、"办法"等。

需要说明的是，地方性法规和规章只在本行政区内有效，其数量也很大，据统计，从1997年12月到2004年12月，我国地方立法机关制定的教育法规和教育规章已达145项。例如《贵州省实施〈中华人民共和国义务教育法〉办法》、《上海市未成年人保护条例》、《福建省终身教育条例》、《北京市教育督导规定》等。它们是我国教育法律体系的一部分，但它们不能与国务院制定的教育行政法规和规章相抵触。

国际条约也是一个国家教育法律体系中的一部分。国际条约是国际法主体间就权利义务缔结的一种书面协议，它对缔约国具有法律约束力。国际条约的名称有条约、公约、协定、议定书、联合声明等。据中国法律资源网公布的数据，仅1997年1月至2004年2月，我国与有关国家签订的教育方面的国际条约就有70多项，如《中华人民共和国政府和美利坚合众国政府教育交流合作协定》、《中华人民共和国政府和蒙古国政府关于相互承认学历、学位证书的协定》、《中华人民共和国政府和德国政府高等教育等值协定》和《中华人民共和国政府和英国政府高等教育学位证书的互认协议》等。这些条约在其有效期内对有关机关、公职人员和公民具有法律约束力，也属于我国教育法律体系的一部分。

一个国家的教育法律体系的横向结构和纵向结构并不是彼此分隔的，它们是相互联系、相互协调、相互作用的统一整体。作为教育法律研究者，应加强教育法律的理论与实践研究，不断为丰富和发展教育法律体系的内部结构做出贡献。

（二）教育法律体系的横向结构

在教育立法中，各国的教育立法体系一般是根据教育类型和教育层次，划分出若干个并列的教育法律，同时，又可根据教育关系的构成要素（主体和客体）的不同，而形成若干个处于同一层次的交叉的教育法律。"如日本，日本的教育立法以学校教育和社会教育两种类型为主干，在教育基本法之下，分别制定了并列关系的学校教育法和社会教育法。同时根据教育关系中主体要素的不同，另制定了私立学校法、教育公务员特例法等重要的教育法规，从而形成了日本教育立法体系的基本横向构成。美国的教育法，则跳出学校教育和社会教育的传统模式，在1965年分别制定了具有并列关系的《初等及中等教育法》和《高等教育法》。同时，为适应迅猛发展的经济和社会生活对教育的需求，还根据所调整的教育关系中主体和客体等要素的不同，分别制定了成人教育法、盲人教育法、残疾人教育法、国际教育法、国防教育法、职业教育法、教育机会平等法和教育财政资助法等具有交叉性、综合性的法规。"① 我国的教育立法基本上是结合教育类型和教育层次，并兼顾教育关系的构成要素而形成的具有我国特色的教育立法体系。值得注意的是，立法体系虽然反映法律体系，在完善立法的过程中，它同法律体系愈来愈接近，但是立法体系还不等于法律体系，它们仍属于两个不同的研究范畴，这在理论研究中极易混淆。在教育法律的理论研究中，对教育法律体系的横向构成就有不同的主张。我们认为，教育子部门法的确立和划分，应该以教育类型为主要划分标准，同时要充分考虑现代教育的发展和教育事业的特殊性质。为此，教育子部门法应划分为基础教育法、高等教育法、职业教

---

① "教育法律体系的结构"部分主要参照李恩慈：《论中国教育法律体系》，《首都师范大学学报》（社会科学版），2001年第1期。

育法、成人教育法、教师法和教育投资法六个子部门法。这六个子部门法在教育法律体系中处于第一层次的并列关系，是教育法律体系的主干。在六个子部门法内部或者几个子部门法之间，又包括各种教育法规和教育规章，它们是由若干具有一定质的独特性的规范联结而成，因此，这部分教育法律具有交叉的关系，它们是以子部门法为原则，由一系列具体化的规范合成。例如，我国实行教师资格、职务、聘任制度，这一制度就是以教师法为原则，由《教师资格条例》、《教师职务条例》、《教师聘任办法》和《教师考核办法》等法规和规章组合而成的。下面我们就六个子部门法分述如下：

（1）基础教育法，即调整因实施基础教育而发生的教育法律关系的部门法。其调整范围包括幼儿教育、初等教育和普通中等教育。除学前教育和高级中等教育之外，普通初等教育和初级中等教育属于义务教育法调整的范畴。义务教育法是为发展基础教育而规定适龄儿童、少年接受一定年限学校教育的法律。国家、社会、学校和家庭必须依法保障适龄儿童、少年接受义务教育的权利，因此，基础教育法所包括的法律规范，在学校教育制度和义务教育制度方面发生交叉关系。

（2）高等教育法，即调整因实施高等教育而发生的教育法律关系的部门法。高等教育是指在完成高级中等教育基础上实施的教育。高等教育包括学历教育和非学历教育，高等学历教育分为专科教育、本科教育和研究生教育。高等教育由高等教育法规范，按高等教育法规定，国家采取多种形式积极发展高等教育事业，因此，高等教育法在高等教育制度方面，与职业教育和成人教育中涉及高等教育制度的部分关联。

（3）职业教育法，即调整因实施职业教育而发生的教育法律关系的部门法。它调整的范围包括各级各类职业学校教育和各种形式的职业培训。职业学校分为初等、中等、高等职业学校。职业培训包括从业前培训、转业培训、学徒培训、在岗培训、转岗培训及其他职业性培训，可以根据实际情况分为初级、中级、高级职业培训。一般情况下，职业教育法与基础教育法不发生交叉关系，而涉及高等职业教育部分，职业教育法与高等教育法在高等教育制度和职业教育制度方面存在着交叉关系。

（4）成人教育法，即调整因实施成人教育而发生的教育法律关系的部门法。成人教育主要是通过多种形式对成年公民进行的、适应成年公民多种不同需要的教育，是传统学校教育向终身教育发展的一种新型的教育制度。我国现行的成人教育，主要包括成人高等学历教育、岗位职务培训、继续教育、补习教育等类型，即采取多种形式的政治、经济、文化、科学和业务教育。因此，成人教育法与高等教育法、职业教育法和基础教育法都会发生部分交叉关系。

（5）教师法，即规范教师权利和义务关系的部门法。教师是指各级各类学校和其他教育机构中专门从事教育工作的人员，教师承担着教书育人、提高民族素质的使命。保障教师的合法权益，建设具有良好思想品德修养和业务素质的教师队伍，对促进教育事业的发展关系重大。因此，教师法主要就教师的权利和义务、资格和任用、培养和培训、考核、待遇、奖励等方面进行规范。

（6）教育投资法，是调整就教育经费的来源、分配、使用中所产生的各种社会关系的部门法。在我国，政府要建立以财政拨款为主、其他多种渠道筹措教育经费为辅的体制，逐步增加对教育的投入，保证国家举办的学校教育经费的稳定来源，同时，依靠社会力量举办各种各类学校，办学经费由举办者负责筹措，各级人民政府可以给予适当支持。此外，国家财政性教育经费在国民生产总值中所占的比例大小，直接关系到教育事业的规模和质量。因此，国家财政性教育经费支出占国民生产总值的比例应当随着国民经济的发展和财政收入的增加逐步提高。同时，要健全和完善教育经费管理制度，防止挤占、甚至挪用教育经费、铺张浪费等现象的发生。综上所述，很有必要制定一部教育投资法，从宏观上调整这些法律关系。

【本章小结】

法律有广义和狭义之分。教育法律也同样有广义和狭义之分。广义的教育法指国家制定或认可并由国家强制力保证实施的教育法律规范体系及其实施所形成的教育法律关系和法律秩序的总和。狭义的法律指拥有立法权的国家权力机关依照立法程序制定和颁布的规范性文件。教育法的渊源主要有宪法，有关教育的法律、教育行政法规、地方性教育法规、教育规章和有关的司法解释以及我国政府与外国政府缔结的有关教育的国际公约和对我国具有约束力的国际条约等，这些教育法律的渊源都是对教育性的权利和义务的规定，并且受到国家强制力的保障实施。教育法制和教育法治既有区别又有联系，教育法治在一定程度上是实现教育法制的基础。教育法是相对独立的部门法，有自己的一套体系，但是它与宪法、刑法、行政法和民法也有密切的联系。教育法以宪法为指导,在某些特定情况下,要以刑法的条款为依据。

【思 考 题】

1. 什么是法律?广义和狭义的教育法律各指什么?
2. 如何理解"教育法实质上是由国家制定或认可并由国家强制力保证实施的调整和规定教育活动和教育关系的系统的行为规则"?
3. 我国教育法的主要渊源有哪些?有什么特点?
4. 结合法制与法治的关系,谈谈教育法制和教育法治的关系。
5. 教育法律与其他法律的联系和区别?

【参考文献】

1. 李连宁,孙葆森:《教育法制概论》,教育科学出版社1998年版。
2. 黄崴,胡劲松:《教育法学概论》,广东高等教育出版社1994年版。
3. 卓泽渊:《法学导论》,法律出版社1998年版。
4. 公丕祥:《教育法教程》,高等教育出版社2000年版。
5、李显东:《法学概论》,首都经济贸易大学出版社2003年版。
6. 黄崴:《教育法学》,广东高等教育出版社2002年版。
7. 沈宗灵:《法理学》,高等教育出版社1994年版。
8.《唐律疏义》,中华书局1983年版。
9. 劳凯声,郑新蓉:《教育法学概论》,湖北教育出版社1996年版。
10. 蒋晓伟:《法理学》,同济大学出版社1999年版。
11. 郭学德:《法理学简明教程》,九州出版社2002年版。
12. 王连昌:《行政法学》,中国政法大学出版社1994年版。
13. 闫国智:《法理学》,山东大学出版社2003年版。
14. 黄建武、邓伟平、彭娟:《法理学教程》,广东高教出版社2002年版。
15. 沈宗灵:《法学基础理论》,北京大学出版社1988年版。
16. 卢梭:《社会契约论》商务印书馆1994年版。
17. 吴世宦:《法理学教程》,中山大学出版社1988年版。
18. 董淑花:《对我国教育法制和教育法治的思考》,《太原城市职业技术学院学报》,2005年第4期。

19. 杨凤英，王劲松：《关于教育法治化的若干思考》，《中国社会科学院研究生院学报》，2005年第3期。
20. 丁同民：《关于教育法制建设的思考》，《濮阳教育学院学报》，2000年第2期。
21. 龚鹰：《对教育法治化的思考》，《民主与法治研究》，2004年第2期。
22. 《教育法制基础》，http：//media. open. edu. cn/media_ file/rm/ip2/，2002-06-17。
23. 中国教育法治在线，http：//www. edulaw. cn/html/wsxt_ 6/xlpx_ 15/，2004-11-11。
24. 钟华：《论教育法的独立地位》，法制现代网，http：//www. modernlaw. com. cn/1/1/05-08/2189. html，2006-05-08。
25. 李恩慈：《论中国教育法律体系》，中国教育法律在线，http：//www. chinaedulaw. com/detail. asp？id＝259，2004-10-04。

第八章 教育法律的解释

法律解释是对法律进行规范性的说明，有利于更好地理解法律规范的意义，用以保证法律条款准确的实施。教育法律解释是教育法律正确实施必不可少的程序之一，教育法律由于人们的理解不同，可能在实施的过程中或多或少会存在着偏差，教育法律解释则将这种偏差缩小到最小的范围，保证教育法律实施的准确性。本章主要从法律解释的概念出发，引出教育法律解释的种类，继而强调了教育法律解释的原则和方法，并强调了其必要性。最后，引用几个相关案例对教育法律解释进行了具体的说明。

第一节 法律解释的概念

一、法律解释的理解

法律解释是对法律规范意义的说明，目的是为了更好地理解法律规范的精神实质和内容，以保证法律规范的准确实施。任何法律在实际使用当中都面临着通过解释以明确其"含义"的问题。法律解释的对象不限于狭义的"法律"，宪法、法律、法规和所有规范性文件在使用中都需要理解和解释。简单地说，法律解释就是指一定的人或者组织用自己对法律文本的理解进行解释和说明。

每一个接触到法律的人都在解释法律，而对法律的理解与对法律的解释是分不开的。法学中的法律解释专门指特定的人、组织或者国家机关对法律的解释，法律解释的主体不同，所作解释的结果也不同。从法律解释是否有约束力来看，法律解释可以分为正式解释和非正式解释。正式解释又称法定解释、有权解释、有效解释或者官方解释，是指由法律规定的、拥有法律解释权的国家机关、官员或其他人依照法律的权限，对法律、法规作出具有法律约束力的解释。在我国，由于正式解释法律的国家机关不同，法定解释又可以分为立法解释、司法解释、行政解释三种，它们都具有不同的法律效力。非正式解释又称无权解释、无效解释或者非官方解释，是指较具有权威的法学著作或法学家以及某些社会团体对法律规定的意义所作出的解释。这种解释未得到国家的授权，一般没有法律上的约束力，它可以分为学理解释和任意解释两种。

"任何解释都是在理解基础上的关于法律规范的意义说明，明确'法律规范的意义'，是一切法律解释活动的首要的、也是根本的目标。围绕这一根本目标所形成的法律解释学说，主要有原意说，文本说和折中说三种。"①

原意说认为，法律解释的目的在于探求立法原意，即立法者制定该法律当时的意图和目的。因此，原意说在为法律解释时带有浓厚的主观主义色彩。原意说又可以分为语义原意说、历史原意说和理性原意说。文本说认为，法律解释的目标在于探求法律文本本身的合理意义。这一论点的观点是法律一经制定后，便与立法者分离而成为一种独立的存在。法律的意志不完全是立法者的意志，而是公意的反映，法律文本是独立的东西。折中说认为，法律解释的过程，既不是完全从客观的角度，也不是完全从主观的角度，应该将客观和主观结合起来共同解释。现在我们认为，法律解释应该立足于法律文本，但不应该完全按照文本的字面意义解释，而应该以法律的目的为指导方向，并且考虑到法律的整个体系结构、法律的历史材料以及现实社会的需要，最终确定其意义。

法律解释具有鲜明的阶级性。任何的法律解释都是以统治阶级的政策、立法思想和法律意识为主导的，都是为了统治阶级的利益而服务的。在封建社会，君主具有至高无上的权力，于是在司法上也形成垄断，这就决定了他们的法律解释完全经由自己的意志，可以随意解释法律，具有很大的随意性和专断性，目的是为了维护自身的特权和整个统治阶级的利益。在资本主义国家由于提倡法制原则要求法律的解释要遵守合法性原则，不能脱离法律本身的轨道。但是，资本主义法律的形式与内容常常相互分离，原则与实践没有一致性，所拥有的法律条文掩盖法律实质是为资产阶级服务的。通常在形式上规定了适用于一切人而实际上没有给劳动人民兑现的权利和自由，而这些权力和自由往往通过统治阶级所赋予解释权的组织或者个人对法律进行解

---

① 葛洪义主编：《法理学教程》，中国政法大学出版社2004年版，第209页。

释，结果造成了它们在实际运用中受到限制直至最后化为乌有。

我国的社会主义法律解释，是以全国人大常委会为主体的分工合作的体制，忠实于体现人民的意志，以人民的意志为基础，有助于人们正确、科学地理解法律规范的内容和含义，立足于法律的基本准则，适应现实社会的需要。使之更有效地发挥法律的作用为社会主义公民服务，维护广大人民的利益，维护和巩固社会主义社会的社会关系和社会秩序。

二、法律解释的必要性

（一）正确实施和适用法律的需要

任何的法律规范都是抽象的、概括的行为规则，只有经过解释，才能成为具体的行为规范。虽然法律规范在制定的过程中力求精确、周密，但是适用法律规范的各种具体条件，包括时间、空间、使用对象等总是千差万别的，总是在不断变化的。一旦将抽象的、概括的行为规范运用到具体的实践活动中，就必须将这些行为规范根据具体的情况进行正确的、有权威性的说明和解释，才能适用于具体的案件。

（二）准确理解法律术语的需要

法律规范不仅是抽象的、概括的行为规则，而且法律规范的各种条款中使用了大量的专业术语和专用概念，具有很强的专业性，这些专业性的词语与社会生活的一般用语有时不同，不容易被一般人所理解。这时候就需要法律解释在按照法律原则解释法律，帮助人们理解法律、认识法律。

（三）保持法律相对稳定性的需要

法律规范是相对稳定的行为规则，但是社会的政治、经济状况又是在不断变化着的。如果我们用不变的法律规范来规定不断变化的社会生活必然会产生种种矛盾，而且可能出现法律规范不能正确处理现实生活的问题的状况。但是法律是不能朝令夕改的，它是稳定的。在某些法律规范不能适应现实的需要，而法律规范在一定时期内不能作出修改时，这就需要法律解释能够作出权威性的解释以便适应新的、变化的情况，以适应社会发展变化的需要。

（四）协调法律内部关系的需要

一个国家的法律体系是由不同的部门法、法律制度和法律规范相互结合组成的，因此它们之间是相互联系、相互作用的一个统一体。但是由于在实践的过程中，各种法律都有一定的相对适应性，因此它们之间必然会出现矛盾，甚至出现相互抵触的状况，或者两者、多者之间的界限模糊的状况，这就需要法律解释能够协调好各种法律之间的关系，使之并行不悖。

第二节　教育法律解释的种类

"教育法律解释是指由特定的国家机关、社会组织或个人根据法学、立法或法律条文的逻辑、文字，科学地阐明教育法律规范的内容和含义，从而使国家机关、公职人员和公民准确地理解教育法律规范的精神实质和具体内容，以保证教育法律规范的正确实施。"[1]

对于法律解释，各国都按照不同的原则或者标准进行不同的分类。

一、按照法律解释的主体和效力分类

用这一标准可以将法律解释分为法定解释和学理解释两大类。

（一）法定解释

法定解释又可以称为正式解释、有权解释、官方解释和有效解释，是指法律确定的国家机关和人员依据宪法或者法律的授权，按照法定程序对教育法律所作的解释，具有法律的效力。法定解释的特点是：（1）解释的主体是由法律规定的，而不是任意决定的。在古代，解释的主体包括国家机关和个人，而在现代，法定的解释主体是国家机关，包括立法机关、司法机关和行政机关。（2）所进行的解释具有法律效力。其程度一般与所解释的法律具有同等法律效力，不能将法律解释当做所解释法律的附属品。根据所解释的机关不同，法律解释分为立法解释、司法解释和行政解释三种。

立法解释：指有权制定法律、法规的国家机关或者其授权机关，在职权范围内，对自己制定的法律、法规所作的解释。"在我国，根据宪法和有关的法律规定，立法解释包括全国人大常委会对宪法所作的解释，以及对需要进一步明确界限或者作补充规定的法律所作的解释；国务院及其主管部门对自己制定的、需要进一步明确解释或者作补充规定的行政法规所作的解释；省、自治区、直辖市人大常委会对自己制定的需要进一步明确界限或者作补

---

[1] 河南省教师资格管理办公室组织编写：《教育法规基础》，河南大学出版社2005年版，第106页。

充规定的地方性法规所作的解释。"①

司法解释：指国家司法机关依照法定权限，在适用法律规范时应用法律、法规对审判和检查的相关问题所作的解释。在我国，包括审判解释、检查解释以及审判、检查联合解释三种。审判解释是最高人民法院对具体法律判决所作的解释，是指导性的解释，对下级人民法院的法律判决具有指导意义；检查解释是最高人民检察院对具体法律问题的执行决定、应用法律所作的解释，它对下级人民检察院具有约束力；审判、检查联合解释是指最高人民法院和最高人民检察院对于具体法律、法规中共同性的问题所作的联合性解释。

行政解释：国家行政机关对不属于审判和检查工作中的其他法律、法规如何具体应用的问题所作的解释。在我国，省、自治区、直辖市和其他有权制定地方政府规章的地方人民政府主管部门对地方性法律法规也有制定权，同时也有解释权限，但是这种解释也只能在所在辖区内发生约束力，同时还必须符合宪法、法律和行政法律的各种规定。

（二）学理解释

学理解释可以称为非正式解释、无权解释、任意解释，是指未经国家授权的国家机关、社会团体、法学工作者以及报刊等对有关法律、法规的内容和含义所做的学理性、知识性和说明性的解释。其形式主要有发表文章、出版专著、举办讲座、实行案例分析等。这种解释的特点是不具有法律约束力。虽然如此，这种解释仍然是十分必要的，它对正确理解法律和实施法律、推动法学的发展、提高广大干部和人民群众的法律意识、增强法制观念以及加强社会主义法制具有不可忽视的作用，并且可以为司法工作者正确运用法律提供理论参考。

二、按照法律解释的方法和尺度不同分类

用这一标准可将法律解释分别划分为语法解释、逻辑解释、历史解释、系统解释以及字面解释、扩充解释、限制解释等，本章第三节将对此再作说明。

---

① 蒋晓伟：《法理学》同济大学出版社1999年版，第374页。

第三节 教育法律解释的原则和方法

一、教育法律解释的原则

法律解释的原则着重于对各种解释方法所共有的、最根本的东西的考察，寻求法律解释活动的本质。我国社会主义法律解释必须以宪法为根本，坚持社会主义法治原则，为社会主义建设服务。这是法律解释总的基本原则。另外，我国的教育法律解释还应当遵循以下几个原则：

（一）合法性原则

"合法性原则是基于合法正义观念的法律解释原则，要求教育法律解释必须符合现行教育法律规范的基本规定和精神。"① 因为，在法治社会，法律解释对法学的发展、法律的实施都是一项重要的、有实际意义的法律活动，但是它不能随意解释。教育法律解释就必须在现行教育法秩序的框架内根据有效法律规范而为之。对于教育法律来说，国家实在法律一般会对教育法律解释的主体，解释主体的解释权限，进行教育法律解释的程序以及教育法律法律解释的内容，将通过立法方式或者其他的方式予以规范。

（二）合理性原则

合理性原则要求教育法律解释在符合合法性原则的前提下，还必须尽量考虑到要符合社会主义道德，体现社会主义的价值观，合乎社会公理。合理性原则要求，使用法律手段的调控要在不损害教育法律的严肃性和完整性的前提下，注意同一种法律解释前后的内容必须协调一致，不能前后矛盾，同时要尽量注意协调教育法律规范与其他社会规范之间的关系，保持各种社会关系的和谐。

（三）客观性原则

教育法律解释的客观性原则要求有两点：一是在教育法律解释的过程中，解释的主体必须将个人的情感意气，先见以及价值等主观因素抛在一边，从客观方向出发。二是对可能渗透在教育法律解释中的价值判断，不仅要经得起客观法律解释规则的检验，也必须经得起在具体的实践活动中的评价，即能够经受得住时间和社会变化发展的检验。

---

① 葛洪义：《法理学教程》，中国政法大学出版社2004年版，第214页。

二、教育法律解释的方法

解释法律的方法不同,对法律的理解也就不同,其含义也会因之而变化。所以了解解释法律的方法,对正确执行法律也至关重要。法律解释的方法可分为一般解释方法和特殊解释方法。

(一) 一般解释方法

1. 语法解释

又被称作文法解释、文义解释,指从法律条文的语言结构、文字排列、上下文关系出发来说明法律条文的含义。语法解释通常不考虑立法意图,不能单从字面意思理解,应当把握法的精神实质,联系全文进行理解,并且在使用时可以和其他一些解释方法结合起来使用,例如与逻辑解释、历史解释、目的解释等结合起来,以防止过于片面的解释问题。

2. 逻辑解释

"是运用形式逻辑的方法分析法律规范的结构、内容、适用范围的逻辑联系来说明法律规范的内容、目的和要求,达到对法律规范的统一理解。"[①] 逻辑解释注重各法律规范之间的联系,全面地理解法律。

3. 历史解释

将新制定的法律与历史上同类的法律产生的历史背景、发展过程作比较研究,来说明该法律的内容和含义。这种解释的特点是将立法意图、历史的背景和法律发展史结合起来,有利于人们从历史的角度把握法律的精神实质,更能深刻全面地理解法律的内容和含义。

4. 系统解释

利用系统的方法将某一法律、条文或者规范置于整个法律体系中进行分析和比较,是法律解释方法中的以文本为基础并在审判实践中应用的方法,这一方法要求从其在整个法律体系中的地位、作用、相互配合等方面来理解该法律、条文或者规范的内容和含义,它与所存在的环境形成整体与部分的关系,在其存在的环境中分析以便于得到更全面、准确的理解。

5. 目的解释

以法律规范的目的为根据解释法律。这种解释在执行中,不拘泥于法律

[①] 李龙:《法理学》,武汉大学出版社1996年版,第66页。

条文的字面含义，而是从适应现时的需要为目的出发，思考法律制度和法律规则的目的，对法律进行解释。目的解释有利于法律在解释中得到进一步发展，既有助于严格法治，又使法律体现灵活性，有利于法律能够适应新的需要。

（二）特殊解释方法

解释法律的尺度不同，对法律的理解也就不同，其含义也会因之而变化。按照解释法律的尺度不同，法律解释一般来说有两种：严格解释和自由解释。

1. 严格解释

严格解释又称为限制解释，是指法律所规定的项目不仅是授权而且也是对权力的限制，不能扩张某些条文的适用范围。例如：对于教育经费权利所作规定的法律一般来说应该进行严格解释，教育法律解释职能按照法律所列出的项目进行理解，不能超出法律条文没有列出项目的范围，也就是说，教育机关只能在法律条文列出的项目内使用教育经费。

2、自由解释

自由解释又称为扩张解释，是指对法律的解释应当有利于实现法律的目的，当法律条文的意义过于狭窄，不足以表现立法者的立法意图时，对法律规范所做的广于字面含义的解释。例如：对于规定义务教育年限的法律解释一般采用自由解释的方法，法律规定义务教育的年限为九年，而地方各级人民政府所规定的义务教育年限可以根据地区的实际情况作出更长时间的年限安排，也就是说地方各级人民政府的义务教育年限可以超过法律规定，需要注意的是年限可以长于法律的规定，而不能短于法律的规定。

对法律的解释并不是固定不变的，必须随着形势的不断变化，法律规范本身也是在不断变化的，因此随之而来的法律解释也是不断变化的。解释的变化是为了保持法律本身的稳定性。世界各国的法律解释都不是一成不变的，都必须要随着形势的变化而改变。有的国家表面上看法律条文没有多大改变，但是实际上经过法律解释，在适用范围和意义上已经发生了很多的变化。例如：美国的宪法两百年来基本上没有什么改变，只是增加了二十六条修正案，它就是依靠对于法律的解释来维持自身法律的稳定性的，其实在具体应用的过程中，法律条文的含义经过法院的解释而发生了许多变化，只是条文的文字并没有变。美国正是通过法院的解释，虽然制定宪法的年代久远，但是仍然适应了今天现实生活的需要，因此我们在执行法律时要重视法律解释的作用。①

第四节　教育法律解释的必要性

一、我国教育法律解释现状

我国现在的教育法律解释制度对于正确地实施教育法律，弥补教育立法的不足方面的确发挥了积极的作用，为我国教育法制建设做出了一定的贡献。我国的教育法律解释具有我国自身的特色，表现为解释主体的多元化、解释分工的复杂化等特点。具体表现为：

（一）教育法律解释主体的多元化

我国教育法律解释主体具有多元性，它包括全国人大常委会、最高人民法院、最高人民检察院、国务院及其职能部门以及省、自治区、直辖市人大常委会。全国人大常委会所做的解释为立法解释，不包括对法律的具体应用的解释；最高人民法院和最高人民检察院所做的解释为司法解释；国务院及其职能部门以及省、自治区、直辖市人大常委会所做的解释一般称为行政解释。

（二）教育法律解释分工的复杂化

我国教育法律解释分工十分明确，在中央和地方之间层级性比较强，全国人大常委会居于主导地位，省、自治区、直辖市人大常委会只对地方性的教育法律法规进行解释；立法机关和执行机关区分明显，全国人大常委会是立法机关，一般不对法律的具体应用进行解释，省、自治区、直辖市人大常委会是地方性的立法机关；最高人民法院和最高人民检察院、国务院及其职能部门是执行机关，它们所做的解释一般是关于法律的具体应用的解释。

二、教育法律解释的必要性

教育法律解释是特定的人或组织对教育法律或法规的解释。它是对抽象的、概括的法律规范条文在适用于具体情况时所作的理解。教育法律在实际

---

① "教育法律的解释方法"主要参照钟华：《教育法学》，中南大学出版社 2003 年版，第 165～167 页。

运用的过程中必须进行法律解释才能做到尽善尽美，具体理由如下：

（一）正确理解与适用教育法律的需要

教育法律是一般性的，是一种抽象、概括的规定，它针对教育活动中的一般人或者事件，而不针对具体的人或者事。在内容的使用上，它使用了大量的专业词汇和术语。这种一般性的规定在适用于具体的、千差万别的教育活动中，常常由于人们对法律规范的理解不同而发生使用上的差异。为了能够正确地理解法律、运用法律，维护教育法制的统一性，使之又不失立法的本意，因此很有必要根据教育法律的基本原则对教育法律规范的含义进行解释。

（二）维护教育法律的统一和公正的需要

教育法律作为一种教育活动的行为规则，要求教育活动中的人必须严格遵守，人们身处教育活动中必然对教育活动有着自己的看法，相应的会做出自己的解释。同时各司法机关、执法人员也会对教育法律有着自己的解释。这些解释不可能一致，也常常相互矛盾，造成在执行的过程中发生困难，形成不公正的行为。为了解决这些问题，维护教育法律的统一性和公正性，就有必要由特定的教育机关对教育法律做出权威性的解释。

（三）适应社会关系变化和发展

教育法律作为一种相对稳定的行为规范，在社会关系千变万化的过程中也是应该不断发展的。教育法律实施的过程中，所面对的时间、空间、事件等具体情况是千差万别的，既要适应社会关系发展变化的需要，又要保持法律本身的稳定性和严肃性，就需要法律解释赋予法律规范新的内容和含义，否则教育法律就是一潭死水，没有生机和活力，不能够适应不断变化的社会关系的需要，更不可能得到发展。

（四）协调法律部门差异与地区差异

整个法律体系是一个相互联系的整体，教育法律与其他法律之间有着千丝万缕的联系，并不能孤立存在。在教育法律执行的过程中，与其他部门法律产生矛盾时，这就需要教育法律解释进行适当的解释，以解决和协调各法律之间的关系。我国幅员广阔，各地区之间差异比较大，各个地区、民族的政治、经济、文化发展很不平衡，存在很大差异，教育法律在实施的过程中需要因地制宜，在保证法律规范执行的前提之下，又能兼顾到各地区和民族的不同，也就是原则性和灵活性的统一，这就要借助教育法律解释来灵活地处理各种类型的教育法律问题。

（五）改正教育法律的缺陷

进行教育立法是一项十分复杂艰巨的工作，教育法律的篇幅有限，而所要规定的对象是无限的，因此教育法不可能也不应该对有关的事物作出详尽无遗的规定，经过漫长的工作往往也难以做到尽善尽美。教育法律在制定之后也会出现某些方面的规范不够，或者没有作出相应的规定，甚至前后相互矛盾的状况，由于这些原因就可能造成守法和执法的不一致，对违法还是合法，重罪还是轻罪等问题的看法产生分歧，这些问题是法律运行过程中不可避免的问题。但是，法律在制定之后就应该保持相对的稳定性，不能随意更改，教育法律也同样如此。这时候，教育法律解释就成为了查漏补缺，维护整个教育法律体系和谐发展的重要方法和手段。

三、案例展示

案例1：陈设于公共场所的艺术作品录像制成产品电视广告播放不属合理使用侵权案[①]

【案　　情】

原告：自贡市公共交通总公司。

被告：自贡市五星广告灯饰公司。

1987年底，原告自贡市公共交通总公司（以下简称自贡公交公司）自筹资金，采用电动、声控技术，自行设计、制作完成了题名为《希望之光》的立体造型大型艺术灯组。原告以此灯组参加了1988年第二届中国自贡国际恐龙灯会展出，并被自贡市人民政府于同年6月评为一等奖，选送到北京参加了北海公园龙年灯会展出，展出结束后，该灯组运回原告处存放。1993年以来，被告自贡市五星广告灯饰公司（以下简称五星广告公司）未经原告自贡公交公司许可，将《希望之光》灯组录像镜头自制成电视广告，作为本公司"五星"版霓虹灯产品的广告片，同时在自贡市及市辖区的电视台上播放。该广告片中未指明所用灯组的名称和作者姓名，五星广告公司亦未向自贡公交公司支付报酬。

[①] 本案例引自：找法网，http://www.findlaw.cn/Info/case/zscqal/2004311111828.htm.

1994年8月31日，自贡公交公司向自贡市中级人民法院提起诉讼，称：被告五星广告公司为推销自己产品的营利目的，未经本公司许可，也未向本公司支付报酬，擅自将《希望之光》灯组复制在自己的商业广告中，在市、区电视台上长期播放，此行为侵害了本公司对该灯组享有的著作权。要求法院根据我国著作权法第四十五条、第四十六条的规定，判令五星广告公司承担停止侵害、公开赔礼道歉和赔偿损失的民事责任。被告五星广告公司答辩称：原告自贡公交公司制作的《希望之光》灯组是设置在室外公共场所的美术作品。我公司自制的广告片中，只是录下了原告公开展出的该灯组镜头，灯组名称和作者名称也赫然在目。我公司的这种行为应属著作权法第二十二条第（二）、（十）项所指的合理使用行为，故"可以不经著作权人许可，不向其支付报酬"，该行为并不侵犯原告对灯组享有的著作权。要求驳回原告的诉讼请求。

【审判结果】

自贡市中级人民法院经审理认为：原告自贡公交公司设计、制作的《希望之光》大型灯组，是以线条、色彩、灯光等要素表达主题并具有独创性的美术作品。该作品是专门为参加灯会创作的，灯会结束后即运回存放，不另在公共场所设置或陈列。被告五星广告公司未经原告许可，在自制的商业性电视广告中使用《希望之光》美术作品，不属于著作权法规定的"合理使用"行为，侵犯了原告的著作权，应当承担侵权的民事责任。依照《中华人民共和国著作权法》第十条、第十一条、第四十五条第（六）项之规定，该院于1997年2月15日判决如下：

一、被告五星广告公司立即停止侵害，并公开向原告自贡公交公司赔礼道歉。

二、被告五星广告公司一次性赔偿原告自贡公交公司损失15000元，限本判决生效后15日内履行完毕。

宣判后，双方均服判，未上诉。

【评　析】

通过这一案件，我们看到了对于著作权法第二十二条第（二）、（十）项所指的合理使用行为的正确理解是十分重要的。

相关链接 8-1：

不经著作权人许可的合理使用行为
——《中华人民共和国著作权法》摘录

第二十二条 在下列情况下使用作品，可以不经著作权人许可，不向其支付报酬，但应当指明作者姓名、作品名称，并且不得侵犯著作权人依照本法享有的其他权利：

（一）为个人学习、研究或者欣赏，使用他人已经发表的作品；

（二）为介绍、评论某一作品或者说明某一问题，在作品中适当引用他人已经发表的作品；

（三）为报道时事新闻，在报纸、期刊、广播、电视节目或者新闻纪录影片中引用已经发表的作品；

（四）报纸、期刊、广播电台、电视台刊登或者播放其他报纸、期刊、广播电台、电视台已经发表的社论、评论员文章；

（五）报纸、期刊、广播电台、电视台刊登或者播放在公众集会上发表的讲话，但作者声明不许刊登、播放的除外；

（六）为学校课堂教学或者科学研究，翻译或者少量复制已经发表的作品，供教学或者科研人员使用，但不得出版发行；

（七）国家机关为执行公务使用已经发表的作品；

（八）图书馆、档案馆、纪念馆、博物馆、美术馆等为陈列或者保存版本的需要，复制本馆收藏的作品；

（九）免费表演已经发表的作品；

（十）对设置或者陈列在室外公共场所的艺术作品进行临摹、绘画、摄影、录像；

（十一）将已经发表的汉族文字作品翻译成少数民族文字在国内出版发行；

（十二）将已经发表的作品改成盲文出版。

以上规定适用于对出版者、表演者、录音录像制作者、广播电台、电视台的权利的限制。

［资料来源］《中华人民共和国著作权法》，http：//www.angelaw.com/weblaw/c_weblaw39.htm。

第二项中提到的"为介绍、评论某一作品或者说明某一问题，在作品中适当引用他人已经发表的作品"指出了，如果要合理使用作品应该符合几个条件：一、引用他人的作品，应该是他人已经发表的作品。本案中灯组作品创作完成后，参加灯会展出，就是以将作品陈列于公共场所，所以，案涉《希望之光》灯组作品属已发表的作品。二、"适当引用"，也就是对引用他人作品提出量的要求。如果原告的灯组作品只是偶尔出现在被告的电视广告片中，而不是一而再、再而三的出现在被告作品中，成为被告的电视广告片中的主要构成素材，则并不违反法律条文。三、"为介绍、评论某一作品或者说明某一问题"。被告的电视广告片并不是为了介绍、评论原告的灯组作品，也不是为了说明原告灯组的某一问题，而是为了自己的"五星"牌霓虹灯产品作广告，这是不符合法律规定的。

第十项中提到的"对设置或者陈列在室外公共场所的艺术作品进行临摹、绘画、摄影、录像"指出对陈列在室外公共场所的艺术作品进行摄影、录像是符合法律要求的。因此，被告的摄影或者录像行为应该可以说是一种合理使用的行为。但是由于录像后，被告将录像资料作为自己的作品表现则侵犯了他人的著作权，超出了法律所规定的限度。

从被告的表现来看，他混淆了在现场的录像和录像后对录像的使用的概念，形成了对于法律条文的误解，因此，我们可以看出正确的法律解释对于公民来说是十分重要的。

案例2：父母应否承担子女的职业教育费用①

【案　　情】

原告：王女

被告：王女之父（下文提到的王父）

王女（1988年1月生）自1999年9月父母离婚起跟随母亲一起生活，其父亲按照离婚协议每月给付其生活教育费100元。2005年，王女初中毕业考入当地广播电视大学（三年制职业中专）。根据该校的录取通知，王女上学报到时应缴纳入学三年期间的3840元学费（该收费标准获当地政府批准）。为能够继续上学，王女以母亲下岗无力承担学费，父亲拒绝支付为理

---

① 本案例引自金建飞：《本案父母应否承担子女的职业教育费用》，http://www.chinacourt.org/public/detail.php?id=201476.

由，起诉至法院，请求其父亲增加给付生活教育费。

法院受理案件后查明，王父系建筑工人，现在外施工，具有支付能力。

【审判结果】

法院在审理中对王父是否应该支持王女就读职业中专的学费存在不同的意见：

第一种意见认为，王女的学费请求不应支持。因为该职业教育不属于国家规定的九年制义务教育范围，王女报考职业中专前也未取得其父同意，故王父没有义务支付该费用，王女上学费用应由其自理。

第二种意见认为，王父应承担其女的部分学费，即王女18周岁前上学期间的学费。因为王女未满18周岁，属未成年人，根据我国婚姻法第21条的规定，王父负有给付抚育费的义务；而王女年满18周岁后，属于成年人，可以参加劳动，能够独立生活，其父母不再有支付子女非义务教育费用的义务。

第三种意见认为，王父应承担其女就读职业中专的全部学费。因为在法律规定的范围内父母对子女的抚养教育是一项法定的义务，不以父母同意为前提。另外根据最高人民法院《关于适用〈中华人民共和国婚姻法〉若干问题的解释（一）》第21条的规定，"不能独立生活的子女"，是指尚在校接受高中及其以下学历教育，或者丧失或未完全丧失劳动能力等非因主观原因而无法维持正常生活的成年子女。而王女就读的职业中专性质上属于婚姻法规定的"高中"范围，所以王女作为不能独立生活的子女有要求父母给予和交付抚育费的权利，王女告诉请求其父交付的生活教育费是必要的，也是合理的，依法应予支持。

【评　析】

1. 从王女的年龄来看

在法律概念上，子女成人的标准应该具备两个条件：一是成年，也就是年满18周岁；二是具有完全民事行为能力，这里指的"完全民事行为能力"的人指16周岁以上不满18周岁的公民，以自己的劳动收入为主要生活来源的人。因此我们可以知道，除子女已满16周岁并已参加工作能以自己的劳动收入独立维持自己的正常生活以外，子女届满18周岁前以及子女已满18周岁，但是未能有工作不能独立生活时，父母仍然负有抚养和教育的义务。

2. 从王女受教育的阶段看

根据我国的教育制度，按教育层次可以分为学前教育、初等教育、中等教育和高等教育，其中中等教育又分为初级中等教育和高级中等教育。按教育性质可以分为普通教育和职业教育，普通教育实施一般的文化科学知识教育，为他们在德、智、体等方面的发展奠定普通科学文化知识的基础；职业教育实施教育突出职业性、行业性的特点，为社会培养各种技术人员，具有很强的应用性。我国在高中阶段分为普通高中和职业高中两个类别，两者是属于同一层次。上文中提到的《关于适用〈中华人民共和国婚姻法〉若干问题的解释（一）》中指出"尚在校接受高中及其以下学历教育"，其中的"高中"也就是属于"普通高中和职业高中"。王女考入当地广播电视大学是三年制的职业中专属于高中阶段。高中阶段的教育虽然已不属于《义务教育法》规定的范围，但是我国未成年人保护法第9条规定，父母应当尊重未成年子女接受教育的权利，因此，父母应当为子女接受教育提供必要的条件。王父具有支付能力，应当给予子女正常教育的保证和支持。

有人提出王女毕业时已超过18周岁的问题。按照我国教育制度的安排，王女三年制的职业中专的课程应该是一个整体，具有不可分割性。而且，就算王女已超过18岁，由于她仍然处于学生阶段，没有工作也没有独立生活的能力，父母同样应该负有抚养和教育的义务，因此，王父应该主动承担王女的职业教育费用。

案例3：毕业证加注"专科起点"学生状告湖南大学①
【案　　情】

原告：蒲简、文灿丰、雷刚、刘芝冰（4人系湖南大学2001级专科直升本科学生）

被告：湖南大学

四原告蒲简、文灿丰、雷刚、刘芝冰同系被告湖南大学2001级专科直升本科学生，其中蒲简初始入读湖南大学计算机科学与技术专业专科，文灿丰、雷刚入读湖南财经高等专科学校，刘芝冰入读湖南大学通信工程专业专科。2003年，四原告经考核转为湖南大学本科学籍，接受本科教育。2005年6月24日，四原告经毕业考试以及考核合格后，获得湖南大学颁发的毕

---

① 本案例引自：《曹陆军、柳晓寒、赵蓓：毕业证加注"专科起点"学生状告湖南大学》，人民法院报，http：//www.chinaedulaw.com/detail.asp?id=2179。

业证和学位证，但此证比全日制本科毕业生毕业证和学位证上多加了"专科起点"的说明。原告认为，标有"专科起点"字样所表明的内容没有法律、法规作为依据，同时不具有社会公信力，给原告的求职、考研等各方面带来不利的影响和障碍。原告完成的是普通本科教育，要求学校将专科直升本科学生与普通本科毕业学生同等对待，应当取得与本科学生无区别的毕业证和学位证，请求法院撤销被告对其颁发的原毕业证和学位证，重新颁发证书。被告湖南大学辩称，学校给原告颁发的毕业证是国家承认的全日制本科学历，并已经电子注册，学位证也同样具有法律效力。至于证书上标有"专科起点"字样，被告方表示，学校是严格按照教育部和湖南省教育厅的相关文件来发放毕业证书和学位证书的。

【审判结果】

岳麓区法院审理后认为，湖南大学确实严格按照教育部和湖南省教育厅的相关文件进行颁发毕业证书和学位证书的。岳麓区人民法院当庭作出一审判决：维持被告湖南大学于2005年6月24日向四位原告颁发的学历证书和学位证书。

【评　析】

被告所依据的教育部教育〔2002〕15号文件以及湖南省教育厅湘教通〔2003〕139号、217号等规范性文件虽不属于正式的法律渊源，但上述文件的编制来源于教育法、高等教育法，因此并不与教育法、高等教育法相冲突，而且可以说是一脉相承的。教育法以及高等教育法的规定中，并未就毕业证与学位证的内容进行确定性的规定，如何具体操作属于教育行政部门的职权范畴。也就是地方的教育法律法规，根据教育法和高等教育法内容，并且按照地方的实际情况重新进行了解释，制定了相关的教育法律规范文件，同样是具有法律效力的。教育部及湖南省教育厅根据教育法第十五条①的规定，有权制定高校学历证书管理规范性文件，上述文件中明确规定了"专本沟通"学生颁发的毕业证格式内容。因此，被告依据上述文件给原告颁发学历证书和学位证书，与事实是相符，并不违反法律规定。原告认为此两

---

① 《中华人民共和国教育法》第十五条：国务院教育行政部门主管全国教育工作，统筹规划、协调管理全国的教育事业。县级以上地方各级人民政府教育行政部门主管本行政区域内的教育工作。县级以上各级人民政府其他有关部门在各自的职责范围内，负责有关的教育工作。

证不具有社会公信力，给原告求职、考研带来难度，这也许在一定程度上确实存在，但这是由于社会对于专科学历的偏见，而不应该将这种自身获得的不公平心理转嫁到学校身上，因此原告上诉的理由不充分。

【本章小结】

　　法律解释的对象广泛，目的在于明确"法律规范的意义"。教育法律解释主要涉及教育法律规范，目的是使国家机关、公职人员和公民准确地理解教育法律规范的精神实质和具体内容，以保证教育法律规范的正确实施。根据法律解释的主体和效力不同，可分为法定解释和学理解释；依据法律解释的方法和尺度不同，又可将法律解释分别划分为语法解释、逻辑解释、历史解释、系统解释和字面解释、扩充解释、限制解释。教育法律解释的原则与法律解释原则存在着共性，对我国的教育法律解释来说，应该遵循合法性原则，合理性原则，客观性原则。一般来说解释教育法律的方法有一般解释和特殊解释两大种类，这其中又包含了很多细小的解释方法，在不同的形势之下，法律的解释应该随不同形势而改变。由于教育法律规范的对象纷繁，而教育法律规范本身的有限性，在不同情况下不同的教育法律解释，有利于在实践的过程中发展教育法律规范，使之更加完善。在此基础上，正确的解释教育法律规范是非常必要的，只有正确的解释教育法律，才能正确的使用教育法，维护教育法律的公正，进一步改善教育法律的不足之处，适应社会的变化和发展。

【思考题】

1. 什么是法律解释？原意说、文本说和折中说主要观点是什么？
2. 什么是教育法律解释，教育法律解释的种类有哪些？
3. 教育法律解释应该遵循哪些原则？
4. 分别举例说明在哪种情况下使用严格解释和自由解释。
5. 论述教育法律解释的必要性。

【参考文献】

1. 葛洪义：《法理学教程》，中国政法大学出版社 2004 年版。
2. 河南省教师资格管理办公室组织编写：《教育法规基础》，河南大学出版社 2005 年版。
3. 郝庆堂：《教育法律案例与思考》，辽宁大学出版社 1990 年版。
4. 孙国华：《法理学》，中央广播电视大学出版社 1999 年版。
5. 钟华：《教育法学》，中南大学出版社 2003 年版。
6. 黄才华：《依法治教概论》，教育科学出版社 2002 年版。
7. 闫国智：《法理学》，山东大学出版社 2003 年版。
8. 李瑜青：《法理学基础教程》，上海大学出版社 2002 年版。
9. 蒋晓伟：《法理学》，同济大学出版社 1999 年版。
10. 黄建武，邓伟平，彭娟：《法理学教程》，广东高教出版社 2002 年版。
11. 周旺生：《法理学》，人民法院出版社 2002 年版。
12. 张文显：《法理学》，高等教育出版社 2003 年版。
13. 郭学德：《法理学简明教程》，九州出版社 2002 年版。
14. 孙国华：《法理学》，中央广播电视大学出版社 1999 年版。
15. 郑成良：《现代法理学》，吉林大学出版社 1999 年版。
16. 张志铭：《法理学操作分析》，中国政法大学出版社 1999 年版。
17. 李龙：《法理学》，武汉大学出版社 1996 年版。
18. 周书霞：《中国法律解释制度的现状及完善》，《河北科技大学学报》，2000 年第 12 期。
19. 柴方胜：《完善我国法律解释体制的政策建议》，《青岛行政学院学报》，2001 年第 3 期。

第九章 教育法律的监督

为了保证教育法律的实施，必须加强对法律实施的监督，这是完善教育法制建设的必要一环。我国已经初步形成了一个通过国家法律制度的制定和运用，来制约和督促社会各个方面执法守法的法律监督体制。这一监督体制包括权力机关的法律监督和工作监督、行政机关的行政监督、司法机关的司法监督以及党的监督和人民群众的社会监督等方面。

第一节 法律监督概说

一、法律监督的含义与特征

（一）法律监督的含义

广义的法律监督是指社会生活中各种维护法制、监督国家宪法和法律以及行政法规实施的一种活动，其主体包括一切国家机关、社会组织和公民。

狭义的法律监督是指法定的国家机关按照法定职权和程序对于法律的实际贯彻和执行活动的监督。

从宪法和法律的有关规定看，法律监督是指运用国家权力，依照法定程序，检查、督促和纠正法律实施过程中严重违法的情况，以维护国家法制的统一和法律正确实施的一项专门工作。

相关链接 9-1：

法律监督的基本含义

1. 法律监督是对法律实施中严重违反法律的情况所进行的监督

法律监督不包括对立法活动的监督，而只是对法律实施情况的监督，并且是以监督严重违反法律的情况为主。

从法律的有关规定看，检查机关的法律监督，在内容上受到严格的限制，即对法律执行情况的监督只限于对国家工作人员职务活动中构成犯罪的行为进行立案、侦察和公诉，对法律遵守情况的监督只限于对严重违反法律以至构成犯罪的行为进行追诉，对法律适用情况的监督只限于对三大诉讼活动中确有错误的判决、裁定以及违反法定程序的情况进行监督。

2. 法律监督是一种专门性的监督

法律监督的专门性突出表现在两个方面：一是法律监督权作为国家权力的一部分，由人民检查院专门行使，法律监督是检查机关的专门职责。检查机关如果放弃对严重违反法律的行为进行监督，就是失职。因而它不同于其他一切社会活动主体都能进行的一般性监督。二是法律监督的手段是专门的。按照宪法和法律的规定，检查机关进行法律监督的手段是由法律特别规定的。如对职务犯罪立案侦察、对刑事犯罪提起公诉，以及对诉讼过程中违反法律的情况进行监督等，都是只有检查机关才有权使用的监督手段。

3. 法律监督是一种程序性的监督

法律对检查机关的法律监督规定了一定的程序规则，这些程序规则可能因监督的对象不同而有所不同。如对职务犯罪立案侦察有立案侦察的程序，对刑事犯罪提起公诉有提起公诉的程序，对人民法院已经生效的判决、裁定提起抗诉有提起抗诉的程序，纠正违法有纠正违法的程序。

程序性的另一层含义是法律监督的效果在于启动追诉程序或者救济程序。对于严重违法构成犯罪的，法律监督的功能是启动追诉程序，提请有权审判的法院进行审判；对于构成违法的，法律监督的功能是提请对行为人有管辖权的主体追究责任；对于违反法律的判决、裁定或决定，法律监督的功能是提请作出决定的机关启动救济程序以纠正已经出现的错误。

4. 法律监督是一种事后性的监督

只有当法律规定的属于法律监督的情形出现以后，检查机关才能启动法律监督程序，实施监督行为。并且司法活动、行政活动、国家工作人员的职务活动中可能出现的各种违法行为，在程度上是不同的，只有

> 在违法行为达到一定程度之后,检查机关才能启动法律监督程序实施监督。
>
> [资料来源]《检察日报》,http://www.bww.net.cn/Article_Print.asp?ArticleID=5407.

中国古代的法律监督在实质上是人治原则下的法律监督,是在专制集权基础之上的法律监督。当代中国法律监督的实质是:以人民民主为基础,以社会主义法治为原则,以权力的合理划分与相互制约为核心,依法对各种行使公共权力的行为和其他法律活动进行监视、察看、约束、控制、检查和督促的法律机制。

我国按照宪法的规定,专门的法律监督机关是人民检察院。

(二) 法律监督的特点

在我国的社会主义监督体系中,除了检察机关的法律监督之外,还有党内监督、人大监督、民主监督、行政监督、舆论监督和人民群众监督等。这些不同主体、不同类型的监督构成了我国权力运作的监督机制。在这个监督机制中,检察机关的法律监督具有特殊的性质和功能,与其他类型的监督相比,检察机关的法律监督主要有以下特点:

1. 国家性

在现代法治国家,社会生活的任何一个主体即"一切国家机关、社会团体和组织、公民"都有监督国家法律正确实施的权利。体现了民主权利之一,但是监督法律的实施并不一定就等于法律监督,尽管这两个概念之间存在着紧密的关系。法律监督本身是一种法律行为,不应以权利为基础,而应以权力为基础。它的基础是宪法和法律赋予监督者的权力。法律监督权作为国家权力的一部分,是通过立法的形式,由国家最高权力机关授权人民检察院行使的。它意味着法律监督是一种法定职责,是权力与责任的结合;同时,它渊源于国家最高权力,是国家监督权的组成部分。

2. 专门性

确认法律监督是以权力为基础的,那么法律监督的主体就不可能是泛指的享有监督法律实施权利的"一切国家机关、社会团体和组织、公民",而只能是法律赋予其享有法律监督权的特定的国家机关。从我国宪法的规定看,只有检察机关是宪法规定的"国家的法律监督机关",因此,只有检察机关的监督才具有法律监督的性质。人民检察院以法律监督为专职专责。在人民代表大会制度中，国家权力机关享有一定的监督权，但是它的主要职责是行使国家立法权；行政监察部门是专门行使监督权的机关，但是它监督的范围局限于政纪的执行情况，而且从属于各级行政机关，不具有独立的法律地位；只有检察机关是专门行使国家法律监督权并具有独立法律地位的国家机关。要依法治国就必须树立法律的权威，包括执行和适用法律活动的权威性。因此，对违法的提出和纠正也必须要有一定的严肃性和权威性，而由特定的机关通过一定的程序提出才能体现和保障这种权威性和严肃性。法律监督就是适应法治建设的这种特殊需要产生的。

人民代表大会的性质是国家权力机关。人民代表大会掌握的是国家的统治权，检察机关只是根据它的意志和制定的法律，进行具体的执法活动。检察机关只是执行国家权力，人民代表大会则只执掌国家权力，而不具体执行国家权力。人大作为国家的权力机关，其在国家权力结构中的地位决定了人大对宪法和法律实施情况的监督必然是一种宏观的、决策性质的监督。这种监督，确切地说是一种权力监督，而不是法律监督。假如说检察机关的监督是法律监督，人大的监督也是法律监督，这样就把检察机关与人大相提并论，这在逻辑上是讲不通的。

3. 规范性

指的是法律监督的对象、范围、程序、手段等均由法律规定。法律监督是运用国家权力实施的行为，它就必须受到国家权力分配的严格限制。法律监督机关只能在国家权力机关授权的范围内按照法律规定的程序和方式进行监督。法律监督的对象、范围、程序、手段等都是由法律明确规定的。检察机关的执法活动必须以事实为根据、以法律为准绳。合法性是检察机关履行法律监督职能的基本标准，保障法律的统一正确实施则是检察机关履行法律监督职能所要实现的基本目标。检察机关只能对于法律规定的监督对象，运用法律规定的手段，并依照法定程序进行监督，不得任意扩大监督的范围。这也是检察机关的法律监督与执政党的监督和人大监督的重要区别。

4. 程序性

指的是检察机关实行法律监督必须遵循法定的程序，同时监督的效力也主要是启动相应的司法程序。法律监督职能中除了极小一部分消极处分权（如撤案、不起诉等）以外，一般不具有实体性的处分权，更没有行政处分权和司法裁决权。正因为法律监督职能的这种程序审查和程序启动功能，令它与国家的其他职能形成一定的监督制约关系，而这种监督制约关系不具有凌驾于行政、审判等国家职能之上的可能性。

5. 强制性

指的是检察机关的法律监督具有法律效力，以国家强制力为保证。法律监督要在"以法治国"中发挥保障作用，就必须具备有效性，检察机关的法律监督，按照法律的规定要产生一定的法律效果。这是法律监督与其他监督的显著区别之一。检察机关在履行法律监督职能过程中，依法作出的决定或采取的法律措施是严肃的执法活动，必须产生相应的法律后果。这也是法律监督与其他形式监督的一个重要区别。

二、法律监督的构成

（一）法律监督的主体

在我国，法律监督的主体包括三类：国家机关、社会组织和人民群众。

国家机关。作为法律监督主体的国家机关通常指国家权力机关、行政机关和司法机关。这三种国家机关在不同国家的法律监督体系中的地位与作用不完全相同。国家机关的法律监督由宪法和法律明确加以规定其权限和范围，并且严格按照法定程序进行监督，具有法律效力。国家机关的监督在法律监督体系中居于核心地位。

社会组织。作为法律监督主体的社会组织，通常包括中国共产党的各级组织、人民政协、各民主党派、群众团体以及企事业组织。因我国是中国共产党领导的社会主义国家，所以这类监督主体具有广泛的代表性。其特点是不以国家名义进行，不具法律效力。

人民群众。人民群众作为法律监督的主体，具有主观能动性，在社会主义国家，人民群众是国家的主人，由群众选举自己的代表行使管理国家的权力。因此它是法律监督的基石。

（二）法律监督的客体

法律监督的客体是指法律监督权所针对的对象，是指监督谁或者谁被监督。对法律监督的客体，在我国法学界有两种不同的观点：一种观点认为法律监督的客体泛指国家机关、社会组织和公民所从事的各种法律活动。另一种观点认为法律监督的客体仅指立法机关、司法机关和行政机关及其公职人员执行公务的活动。重要的是，即使前一种观点，也把国家机关及其公职人员执行公务的活动作为法律监督的重点。

我国法律监督的客体在民主政体下，公民在法律面前一律平等，不允许有不受法律约束的特殊公民。简而言之，我国公民都必须接受监督。所有国家机关、政党、社会团体、社会组织、大众传媒和公民既是监督的主体，也是监督的客体。

（三）法律监督的内容

"法律监督的内容即法律监督对象法律活动的合法性。广义上的法律监督的内容包括三个方面：对国家机关制定规范性法律文件的合法性的监督，我们称为立法监督；对国家行政机关和司法机关执法活动合法性的监督，我们称为执法监督；对社会组织和公民法律活动合法性的监督，我们称为守法监督（限定意义）。狭义上的法律监督的内容是对国家机关及其公职人员执行公务活动的合法性的监督。具体包括两个方面：一是对立法机关和行政机关制定规范性法律文件活动合法性的监督；二是对国家行政机关、司法机关及其公职人员公务活动和司法活动合法性的监督。"① 在我国法律监督的内容中，对国家机关制定法律、法规的活动，对行政机关的执法活动，对司法机关的司法活动等是否合法的监督是重中之重。

第二节 教育法律监督的含义

一、教育法律监督的含义

教育法律的监督是指有关国家机关、社会组织和公民个人对教育立法、执法和守法等法律活动进行的监察和督导。一方面它是一种机制、制度；另一方面它也是一种行为、活动。教育法律的监督是我国法制监督的重要环节，主要是对宪法有关教育的条款、基本教育法律、教育行政法规和教育规章在全国范围内的规范统一、合理运用和遵守实行的监督。经过二十多年的不段发展与完善，我国目前基本上形成了一套较为系统的教育法律监督系统。

二、教育法律监督的构成

教育法律监督的构成要素，主要包括三个方面：教育法律监督的主体、教育法律监督的客体和教育法律监督的内容。通常我们可以看作由谁来监

---

① 李龙：《法理学》，武汉大学出版社，1996年版，第394~396页。

督、监督谁和监督什么三个问题。这三个要素相辅相成，一起组成教育法律监督的完整的概念，缺少其中任何一个要素都不能构成教育法制监督。

（一）教育法律监督的主体

教育法律监督的主体，是指行使教育法制监督权的实施者，它主要是解决由谁来监督的问题。根据宪法及有关法律的规定，教育法律监督的主体主要分为国家机关、社会组织和人民群众三大类。

1. 国家机关

作为教育法律监督主体的国家机关，一般可以分为国家权力机关、国家行政机关和国家司法机关。国家机关的法律监督权限和范围由宪法和法律来加以确定。这类监督都是依照一定的法定程序以国家名义进行，具有很强的国家强制力，被监督者必须接受监督，并做出某种相应的行为。在我国，国家权力机关的监督作用首先表现在对其所制定和颁布的宪法、法律、地方性法规、自治条例和单行条例的实施情况进行监督。

相关链接 9-2：

教育部发布《高等学校境外办学暂行管理办法》

为促进中国教育对外交流与合作，规范高等学校境外办学活动，教育部近日颁布《高等学校境外办学暂行管理办法》（以下简称《办法》），并将于 2003 年 2 月 1 日起施行。

《办法》指出，高等学校境外办学是指高等学校独立或者与境外具有法人资格并且为所在国家（地区）政府认可的教育机构及其他社会组织合作，在境外举办以境外公民为主要招生对象的教育机构或者采用其他形式开展教育教学活动，实施高等学历教育、学位教育或者非学历高等教育。

《办法》强调，高等学校境外办学应当坚持积极探索、稳步发展、量力而行、保证质量、规范管理、依法办学的方针，符合中国的相关规定，遵守所在国家（地区）的法律、法规，并取得相应的合法资格，独立承担相应的法律责任。

《办法》要求，高等学校境外办学应当优先举办具有中国高等教育

> 比较优势或者特色的学科，并充分考虑所在国家（地区）的需求及发展特点。国家鼓励高等学校在更为广泛的学科领域开展境外办学活动。高等学校境外办学授予中国学历、学位的，其专业设置、学制应当符合中国有关规定，切实维护中国高等教育的质量标准和信誉。
>
> 《办法》还明确了高等学校境外办学的申请和审批程序。规定高等学校境外办学实施本科或者本科以上学历教育的，按隶属关系由省、自治区、直辖市人民政府或者学校主管部门审核后，报教育部审批。高等学校境外办学实施专科教育或者非学历高等教育的，按隶属关系由省、自治区、直辖市人民政府或者学校主管部门审批。审批机关应当自批准之日起15日内，将批准文件报送教育部备案。
>
> 《办法》的颁布，使多年来不断发展的高等学校境外办学活动有章可循，纳入规范化管理的轨道。同时，对更好地适应我国加入WTO新形势的要求，促进我国教育的对外交流与合作，提高我国高等教育的国际竞争力也将起到积极作用。
>
> 据了解，近年来，我国高等学校境外办学活动逐步发展，越来越多的高等学校走出国门，主动参与教育的国际竞争与合作。目前经教育部批准，全国共有近20个大学和机构到境外开展办学活动。这对于扩大教育的国际交流与合作，宣传我国改革开放和教育科技的发展成果，弘扬中华文化，提高我国的国际地位和声誉具有十分重要的意义。
>
> ［资料来源］《中国教育报》，2003年1月8日第1版。

2. 社会组织

作为教育法律监督主体的社会组织，主要包括政党、政治团体、群众组织等。这类监督不具有国家强制力，不能直接产生相应的法律后果。只有在来自这方面的监督意见被有关国家机关采纳，以国家的名义去处理时，方可获得法律效力，从而产生相应的法律后果。这种监督主体具有广泛的代表性，是整个教育法律监督体系中的一支重要的生力军。例如，我国地处西南部地区的云南，兼具民族地区和贫困地区的特点，实现义务教育均衡发展的任务更为艰巨。在过去的几年之中，宁夏根据民族贫困地区的特点，分层次分阶段地推进义务教育均衡发展，取得了一些实实在在的成果，与此同时也存在着部分潜在问题。新修订的《中华人民共和国义务教育法》规定，"国务院和县级以上地方人民政府应当合理配置教育资源，促进义务教育均衡发展，改善薄弱学校的办学条件，并采取措施，保障农村地区、民族地区实施义务教育，保障家庭经济困难的和残疾的适龄儿童、少年接受义务教育。"①国家以立法的形式促进义务教育均衡发展有着非常积极的现实意义。教育机会均等是建立和谐社会最基本的指标，是实现社会公平最重要的前提条件，也是教育战线实践"三个代表"重要思想，落实科学发展观，体现执政为民理念的重要标志。促进教育机会均等首先要均衡公平地办好义务教育，从而为每个自然人向社会人的发展，由潜在劳动力向现实劳动力转化提供基础发展的均等机会，为提高国民整体素质奠定坚实的基础。

3. 人民群众

在我国人民群众作为教育法律监督的主体，具有广泛的代表性，是人民群众管理国家教育的民主权利的重要体现，它能够直接反映人民群众的愿望和要求。

(二) 教育法律监督的客体

教育法律监督的客体，是指教育法制监督权所指向的对象，即受监督者，是解决监督谁的问题。教育法律监督对象的范围比较广泛，但主要包括以下几个方面：一是国家机关（主要指政府、教育行政部分和有关部门）及其工作人员；二是各级各类学校及其他教育机构；三是教师及其他教育工作者（含辅修人员、管理人员）；四是受教育者及其他参与教育活动的社会组织和公民。

(三) 教育法律监督的内容

教育法律监督的内容，是指教育法律监督主体对监督对象的监督活动的内容，有广义和狭义之分。从狭义上讲，教育法律监督的内容，是对国家机关及其工作人员的立法、司法和执法活动的合法性的监督，包括两个方面：

1. 对立法机关和行政机关制定教育法律规范性文件活动的合法性的监督。

2. 对国家行政机关、司法机关及其工作人员执法和司法活动的合法性的监督。

例如，1991年，全国人民代表大会组织义务教育法检查组，对18个

---

① 引自：《中华人民共和国义务教育法》第一章第六条，1986年4月12日第六届全国人民代表大会第四次会议通过，2006年6月29日第十届全国人民代表大会常务委员会第二十二次会议修订。

省、自治区、直辖市实施义务教育法 5 年来的情况进行了检查，这也是权力机关职权范围内的一种法律监督。权力机关的监督作用还表现在它对行政机关、审判机关和检察机关的工作监督。这些机关对同级人民代表大会及其常委会负责并报告工作。国家权力机关还可以通过人民代表行使质询权和视察工作，对这些国家机构进行监督。对重大的问题，还可组织调查委员会进行调查处理。

从广义上讲，教育法律监督的内容包括四个方面①：

1. 对国家机关规范性制定教育法律法规文件的合法性的监督，即立法监督。

2. 对政府、教育行政部门、学校及其他教育机构及其工作人员，依照法定权限和程序，讲教育法律、法规适用于各种具体的与教育有关的人和组织的专门活动的合法性的监督，即执法监督。

3. 对国家司法机关解决教育教学活动中有关争议、纠纷活动的合法性的监督，即司法监督。

4. 对政府、教育行政部门、有关部门及其工作人员，学校及其他教育机构，教师和其他教育工作者，受教育者及其他社会组织和公民进行与教育教学有关的活动的合法性的监督，即守法监督。在我国，教育法律监督的客体应当是从广义上来讲的。

我国于 1982 年开始建立行政诉讼制度，人民法院可以受理法律规定可以起诉的行政案件。特别是 1990 年 10 月 1 日生效实施的《中华人民共和国行政诉讼法》全面统一地规定了我国的行政诉讼制度，这就使法院的受案范围除了民事案件和刑事案件外，还包括了行政诉讼案件，从而扩大了司法机关对教育行政管理的监督职能。根据行政诉讼法的规定，行政机关的具体行政行为属于行政诉讼的范围，这就对行政机关采取行政措施提出了严格的法律要求。教育行政机关作出的行政决定，凡涉及公民、法人和其他组织的人身权、财产权的，如规定各种学校收费、印发学历证书、取消考试资格等，都应与有关法规的规定一致，否则在行政诉讼中将处于被动地位。

---

① "教育法律监督"部分主要参照颜三忠等：《教育法学》，武汉大学出版社 2003 年版，第 79~81 页。

第三节 教育法律监督的作用

一、保障教育发展的首要战略地位

《教育法》明确规定,"教育是社会主义现代化建设的基础,国家保障教育事业优先发展",以国家法律的形式确立了教育的战略地位和优先发展教育的基本原则。

"教育法律以其权威性和约束力表现教育方面的国家主权,保证国家对教育事业的管理。教育法律所确立的国家教育方针、发展教育事业的指导思想,对受教育者进行爱国主义、集体主义、社会主义教育等学校德育工作的准则,高等学校实行党委领导下的校长负责制,以及保障公民享有平等的受教育权利等基本原则,反映了我国教育的社会注意方向和本质要求。在教育法律的统领下,我国已依法规范和实施了从学前教育到高等教育的学校教育制度、义务教育制度、学业证书制度和学位制度,以及教育督导和学校教育评估制度等教育基本制度;明确了基础教育、职业教育、高等教育的管理体制、投入体制,中央与地方在管理教育事业中的职责与权限;确立了各类教育活动主体的行为准则及权利义务,在教育的各个重要方面、各个重要环节上都形成了较为完善的制度规范。这些制度规范将我国教育改革的重要成果和成功经验上升为普遍遵循的行为准则,形成了我国教育体制的基本框架,同时也成为推动和保障教育改革的重要制度资源,为构建面向21世纪充满生机的有中国特色社会主义教育体系奠定了坚实的基础。"①

相关链接 9-3:

关于切实加强和改进教育督导工作的意见

实行教育督导制度是我国教育法规定的一项教育基本制度,是落实教育在社会主义现代化建设中的战略地位,保障教育事业优先发展,实现教育改革与发展目标的有效保障机制。教育督导机构代表人民政府及

---

① 潘世钦等:《教育法学》,武汉大学出版社2003年版,第8~9页。

其教育行政部门依法行使教育督导职能。教育督导作为现代教育管理体系中决策、执行、监督三大环节中的后继环节，对于保证教育质量、提高教育水平具有不可替代的重要作用。

党的十六大提出了"决策、执行、监督相协调"的要求，这对加强教育管理中的教育督导环节，深化教育行政管理体制改革具有重要的指导意义。实践证明，教育督导作为教育行政管理的重要组成部分，是政府及其教育行政部门实施依法治教和依法行政的重要环节，是贯彻落实国家教育法律法规和政策方针的重要手段。因此，必须从全面落实科学发展观，加强执政能力建设的高度出发，进一步提高对教育督导重要性的认识，按照加快实施科教兴市和人才强市战略的要求，切实加强和改进我市教育督导工作，真正实现教育的公平和公正。各级政府一定要将这项工作纳入重要的议事日程，加强领导、配强机构，依据相关法律法规认真履行职责。

教育督导工作的基本任务是：围绕教育的重点、热点和难点问题，认真履行"监督、检查、评估、指导"的职能，实行督政与督学相结合，建立督促各级政府依法履行教育责任、各类学校全面贯彻教育方针的有效机制。教育督导要做到"五个坚持"、"五个保障"：即坚持"以县为主"的农村义务教育管理体制，保障农村义务教育"治本之策"落到实处；坚持高标准、高质量普及九年义务教育，保障"两基"成果的巩固、提高；坚持区域教育均衡发展，保障人民群众平等接受教育的权利；坚持全面贯彻党的教育方针，保障素质教育的全面实施；坚持依法治教、依法治校，保障教育事业的健康、稳定发展。

教育督导的主要职责是：研究制定本地教育督导的指导性文件、工作制度和指标体系；对本行政区域、下级人民政府及其有关职能部门履行教育职责的情况，以及对中等和中等以下各类教育机构进行监督、检查、评估和指导；履行本级人民政府及其教育行政部门授权的其他职责，保障素质教育的实施和教育目标的实现。

[资料来源]《关于切实加强和改进教育督导工作的意见》，苏府（2005）132号。

二、规范了教育权力的有效运行

"教育权力为国家教育权力,国家教育权力既是国家的一种统治权力,也是国家举办和发展教育这种社会事业和对教育这种社会活动进行管辖的权力,它通过确定教育目的、原则及其结构组织形式来实现。教育权力的行使要通过国家教育机关来实现,并最终落实到具体的社会个体身上。在宏观上主要是指国家教育部和地方各级政府所属的教育行政组织的权力配置,在我国教育权力主要表现为行政管理权力,在微观上指学校内部的权力配置。"[1]

现代法治体现的是一切权力皆出自于法,都应在法律控制下行使。我们知道行政权在职责内容上主要是管理权,其运行总是积极主动地影响着人们的社会活动和私人生活,故它具有相当大的扩张性。所以行政权的控制更应引起重视。行政权力不仅与公民权利之间的强度差异悬殊,而且非常容易直接影响甚至侵犯公民权利。教育行政权是国家教育权最经常的存在和表现形式,加之教育的行政立法数量远超过国家权力机关的教育立法,人们更多地直接接触的也是行政立法、行政措施和行政行为。与此同时,教育行政权在我国虽然存在着司法机关对教育行政机关依法行政的监督职能,但基本上缺乏经常性的监督机制,特别是缺少由国家权力机关作为授权主体的监督。故上述的错误观念和行为惯性,不仅根深蒂固地潜藏于人们的思想观念中,而且在实际中也从各个方面体现出来。例如少数教育行政机关的行政行为往往不注意依法办事,而且在教育行政机关大量制发各种规范性文件时也忽略是否合乎法律的问题。所以,教育行政权的运行应该进一步受到法律的规范和调整,解决授权过于宽泛的问题,使国家教育行政权的行使能够给办学主体留有更多的自觉执法的空间,使其能够在法律规定的范围内自主解决问题,把过去大量通过审批才能解决的问题简化为照章办事,而教育行政机关则更多地依法进行检查和监督。总而言之,教育法律对于规范教育权力,防止行政机关滥用权力,保护相对人合法权益,具有十分重要的作用。在我国教育管理中,教育法律的健全,就是要使得对教育管理能依法进行,在教育行政权受到法律的规范和调整中确保教育权力的有效运行,防止行政机关滥用权力,保护相对人的合法权益。

---

[1] 《教育公平:教育权利与教育权力》,《现代教育科学》,2005年第5期。

三、实现教育管理科学化

在我国,教育管理一直以行政手段为主,"尽管以行政手段为主的教育管理有其有利的方面,如它对教育活动中问题的处理具有及时、针对性强和富有灵活性等优势,但其弊端也是十分明显的。第一,它较难处理教育发展的区域差异性问题。在教育管理中以行政手段为主,往往与中央教育行政部门的集中、直接指挥的特点相并行,强调服从上级教育行政机关的指令。而我国国土辽阔,区域差异性极大。如果行政指令过于笼统,它们便不能反映地区差异,如果行政指令过于详细,以至于分别直接指挥各地的教育管理工作,就容易造成盲目指挥,这也是形成教育管理中官僚主义作风的一个重要原因。第二,它很难处理教育活动中的学术问题。教育活动中有许多问题属于学术性质,而学术性质的问题需要通过一定时间的自由争鸣才能逐步接近真理。学术问题是不宜采用行政手段强行扬此抑彼的,不恰当的运用行政手段干预教育活动中的学术问题,会阻碍教育领域的学术繁荣。第三,它容易削弱学校必要的自主性,侵犯学校合法权益。因为行政权力具有扩张性,有被滥用的可能。第四,它容易出现不稳定性和不规范性,造成职责不清,相互推诿,朝令夕改等严重官僚作风。第五,在教育管理中以行政手段为主,意味着教育事务无论大小都有相应的机构和人员去处理,容易导致机构庞大,人员臃肿,这也是我国多次实行机构精简而始终成效不大的原因之一。现代教育的一个重要特点是教育活动的日益复杂化和有序化。复杂的教育运行过程要做到有序化、科学化,仅靠个人努力是远远不够的,它要求教育工作必须依照法律,体现国家的整体利益,才能保证教育目标和方向的正确以及教育教学活动的连续性和稳定性,尊重教育规律,保证教育管理决策的科学化、有序化。现代化的教育应当是以法治为基础的教育,依法治教是依法治国的必然要求和重要内容。"① 改变过去以行政手段为主的教育管理,而以尊重教育规律,保证教育管理决策的科学化、法制化,走依法治教的道路,更好地促进我国教育事业的发展。

四、保障教育者与受教育者的合法权益

《教育法》第32、33条规定:"教师享有法律规定的权利,履行法律规

---

① 潘世钦等:《教育法学》,武汉大学出版社2003年版,第10~11页。

定的义务,忠诚于人民的教育事业。""国家保护教师的合法权益,改善教师的工作条件和生活条件,提高教师的社会地位。"依法保障公民受教育权,是我国教育社会主义性质的体现。"从本质上说,受教育权是指公民作为权利主体,依照法律规定,为接受教育而要求国家依法作出一定行为或履行一定义务的权利。学生人身安全和意外伤害事故是家长、学生、学校乃至全社会都十分关注的重要问题,各地学生伤害事故处理中出现过不少纠纷。一些学校甚至因为害怕出现安全事故而取消学生的课外活动,甚至取消一些传统的体育项目。去年6月,教育部颁布了《学生伤害事故处理办法》并于9月1日正式实施,正式为处理学生伤害事故提供了法律规范。"①

如1999年审结的北京科技大学一本科生田某诉其母校拒绝颁发毕业证和学位证。案件的起因是学生田某在参加一次补考时,随身携带一张与考试有关的纸条,在考试中被发现,但田未参看过纸条。按照学校的规定,田某被认为是作弊,按退学处理。事后,由于学校管理的失误,并未为其办理退学手续,相反,田某参加了其后所有课程的学习与考试,并取得了良好的成绩,其毕业论文被评为优秀论文。但是,临近毕业分配的时候,学校发现了问题,拒绝为田某颁发毕业证及学位证。于是田某提起诉讼。此案经北京海淀区人民法院一审、北京第一中级人民法院二审,以行政诉讼方式审结,主要以学校处罚过重,超出权限范围,没有法律依据以及程序违法,判决原告胜诉。②

在现代社会,受教育权的实现程度不仅直接关系到个人的发展,而且影响到其他多项公民权利的行使,无疑应该成为公民的一项必须得到保障的基本权利。为实现作为现代社会普遍公民权利的受教育权,国家必须承担相应的教育职责或义务,保证教育的普及和教育条件与教育机会的均等,这也是联合国《儿童权利公约》规定的儿童权利保护的重要国际法律准则。公民受教育的权利,要求形式上代表社会整体利益的国家,必须依法履行它的教育职责,举办和发展教育事业,满足和实现公民的受教育权利。只有在教育法律的规范和调整下,才能保证国家正确履行自己的教育职责,防止教育行政机关和政府职能部门越权或失职,教育者与受教育者的合法权益才有坚实而可靠的保障。

---

① 《中国教育报》,2003-03-10,第5版。
② 本案例引自:《中华人民共和国最高人民法院公报》,1999年第4期。

五、深化教育改革，使其有法可依

党的十五大提出了"依法治国，建设社会主义法制国家"的奋斗目标，在九届人大二次会议上又将这一目标载入了宪法，使其成为具有最高权威的宪法原则，这标志着我国社会主义民主法治建设进入了一个新的历史时期。1999年7月，国务院召开了全国依法行政工作会议，11月发布了《关于全面推进依法行政的决定》，要求各级政府和政府各部门增强依法行政的自觉性，不断提高依法行政的能力和水平。在教育领域落实依法治国方略，全面实行依法治教，已成为21世纪教育改革与发展的迫切要求。当前，随着我国改革开放的深入和社会主义市场经济制度的建立和完善，教育领域正在发生深刻变革。21世纪的来临，为教育提供了新的机遇，也提出了新的挑战，教育在国力竞争中的基础地位愈来愈重要，对知识创新、高素质人才的要求比以往任何时候都显得更为迫切。在市场经济条件下，教育领域不断扩大，教育活动主体不断增加，学校与社会的联系日益密切。"公民依法保护自身权益的意识不断提高，对公民受教育权利的保障，越来越受到国家、个人和社会各界的关心与重视，教育发展中出现的新情况、新问题不断增多。只有实行依法治教，建立起以法治为基础的教育新体制和运行新机制，才能规范复杂的教育活动，更好地保护公民的受教育权，保障素质教育的实施和高素质人才的培养，为科教兴国战略提供法律制度的保障。"[①]

各级政府要从实际出发，加强教育督导机构建设，配备相应的专职督学，提供所需的支持，进一步加快教育督导的信息化建设，在实践中提高各级教育督导机构履行职责的能力。教育督导机构履行督政和督学的双重职能，可确定为人民政府教育督导机构，并对本级人民政府负责，如果条件具备，可以采取与教育行政部门合署办公或独立办公的形式。

各级教育督导机构的人员编制、领导职数和结构比例要科学合理，有利于工作的开展和职责的履行。教育督导机构的主任督学、副主任督学可由人民政府任命，兼职督学和特约督学由人民政府聘请。应逐步建立督学资格审查和准入制度，严格按照督学的任职条件选配督导人员，并面向社会招贤纳士，为督学队伍补充新鲜血液，决不能把教育督导部门作为安置干部、解决待遇的场所。

---

① 刘小干等：《教育法学》，武汉大学出版社2003年版，第11~12页。

加强督导队伍建设，努力建立一支高素质、足数量、优化年龄结构、行政管理型和专家型相结合的教育督导队伍，推进督导队伍的专业化进程。采取多种多样的方式，组织督学参加各级各类培训和学习考察，不断提高督学的政治素养和业务水平。提供更多的信息交流，开展教育督导理论与实践的科学研究。

规范教育督导行为，坚持依法督导，一切从实际出发，实事求是的科学态度，做到督导评价与指导紧密结合，切实提高教育督导的实效性和权威性。"教育督导人员在履行工作职责过程中要坚持原则，廉洁自律；要查清事实真相，说实话，反对教条主义和经验主义；要勇于创新，解放思想，努力进取。"①

在我国市场经济条件下，教育领域不断扩大，进而教育活动主体不断增加。随着依法治国国策的贯彻，公民依法维护自身教育权利的意识也日趋渐强，教育发展中出现的许多新问题在依法治教，建立以法治为基础的教育新体制和运行新机制，才能规范复杂的教育活动，才能更好地保护公民的受教育权，培养出更多的人才。

第四节　教育法律监督的体系

为了保证教育法律的实施，必须加强对法律实施的监督，这是完善教育法律制度建设的必要一环。长久以来，我国已经初步形成了一个通过国家法律制度的制定和运用，来制约和督促社会各个方面执法守法的法律监督体制。这种自上而下的监督体制包括：权力机关的法律监督和工作监督、行政机关的行政监督、司法机关的司法监督以及党的监督和人民群众的社会监督等方面。

一、权力机关的法律监督和工作监督

在我国，国家的一切权利属于人民，人民行使国家权力的机关是全国人民代表大会和地方各级人民代表大会。国家行政机关、审判机关和检查机关

---

① 《教育督导》，http://www.szedu.com/Goverment.

都由国家权力机关产生，对它负责，受它监督。国家权力机关的监督作用首先表现在对其所制定和颁布的宪法、法律、地方性法规、自治条例和单行条例的实施情况进行监督。全国人民代表大会及其常委会可以依照宪法规定，追究一切违宪行为。全国人民代表大会可以改变或撤销全国人民代表大会常委会的不适当的决定。全国人民代表大会常委会可以撤销国务院制定的同宪法和法律相抵触的行政法规、决定和命令，撤销省、自治区、直辖市等国家权力机关制定的同宪法、法律和行政法规相抵触的地方性法规和决议。县级以上人民代表大会可以改变或撤销本级人民代表大会常委会的不适当的决议，撤销本级人民政府的不适当的决定和命令。县级以上人民代表大会常委会可以撤销下一级人民代表大会及其常委会的不适当的决议，撤销本级人民政府的不适当的决定和命令。这样一个制约的机制使法律的遵守得到了有效的监督。此外，国家权力机关还可以就某项法律、法规的实施情况在自己所辖范围内进行检查。

权利机关的监督作用还表现在它对行政机关、审判机关和检查机关的工作监督。这些机关对同级人民代表大会及其常委会负责并报告工作，对这些国家机构进行监督。对重大的问题，还可以组织调查委员会进行调查处理。

目前应加强法律监督和工作监督，在督促"一府两院"依法行政，公正司法中发挥作用。"要认真履行宪法赋予的监督职能，加强法律监督，督促宪法、法律法规在本行政区域内得到贯彻执行，依法办事，促进各项事业的健康发展。通过检查监督，善于发现和解决在本行政区域内法律法规实施中涉及构建和谐社会全局，带普遍性、倾向性的矛盾和问题。在加强法律监督的同时，要坚持不懈地开展工作监督，建立和完善重大事项、重点工程项目报告制度，在人大及其常委会作出决议决定批准后，政府再付诸实施。进一步完善受理申诉、控告、检举制度，加强对行政诉讼、行政复议工作的监督，督促政府及其工作人员依法行政，文明执法。督促政府实行政务公开，推行阳光作业，兑现服务承诺，依法行政，公正司法，做到有法必依，执法必严，违法必究，为构建和谐社会提供良好的法治保障。"①

---

① "权力机关的法律监督和工作监督部分"主要参照教育部人事司编：《高等教育法规概论》，北京师范大学出版社 2000 年版。

相关链接 9-4：

个 案 监 督

在我国人大对司法机关实行个案监督，对于推动司法改革、促进司法公正、推进社会主义民主与法制进程，发挥了积极的作用。人大个案监督亟需规范，具体应做到五要：

（一）个案监督的范围要明确

"个案监督"应当指各级人大对法院、检察院两家司法机关及其工作行为的合法性进行监督，而不是对其查明的事实和适用法律的过程进行监督。因此，"个案监督"的范围应包括所有司法程序都已进行完毕的个案。换言之，正在司法程序中进行的个案，不属"个案监督"的范围。"个案监督"的目的是为了防止司法过程中，审判、检察人员程序违法、徇私、徇情、贪赃枉法现象的发生。故违纪不在监督之列。

（二）对两院独立行使审判权、检察权的职能要尊重和保护

宪法赋予人民法院、人民检察院独立行使审判权、检察权的权力，这就决定了人大所行使的监督权是事后监督或案后监督，如果允许人大把监督的触角伸进事中、案中，则所谓审判权、检察权的独立性将不复存在。因此，任何时候，都不能以监督权来代行审判权或检察权。就个案而言，即使因为业务水平问题而出现宣告无罪、改判、发回或被确认为错案，也只能由两院依法重新处理。人大监督个案，依法追究有关法官、检察官违法责任的结果，并不必然导致两院重新处理个案。

（三）个案监督要实行回避原则

公务回避是世界各国的通例，也是现代法治文明的体现。我国的三大诉讼法均规定，与案件或当事人有利害关系的法官、检察官等人应当回避。作为权力机关，在行使监督权时，与案件有利害关系的人大常委会委员或人大代表，同样应实行回避原则，这是为了防止监督权的滥用，保证个案监督客观、公正的需要，也是不轻易启动"个案监督"程序的需要。

（四）个案监督权要由人大常委会集体行使

"个案监督"是人大及其常委会的一项职权，而非人大代表的职权，人大代表对两院工作有监督权，但这种监督并非个案监督，人大代表的监督只有通过人大及其常委会依程序启动"个案监督"程序,才能转化为个案监督,故有的地方制定《关于接受人大代表监督的若干规定》是不妥当的。人大常委会应明确内务司工委为"个案监督"的事务性办理机构,而启动个案监督程序必须经人大常委会集体讨论研究决定,个案征询必须以人大常委会的名义发出,任何以人大常委会主任、委员、代表及其工作人员个人名义作出的关于个案的"批示"、"指示"、"意见"、"建议",一律不具有法律效力,两院应不予理睬。

(五)个案监督的程序要向社会公开

这种公开应包括以下几个方面:一是向个案监督对象公开。监督的对象名义上是个案,实际上是与个案办理有关的检察官、法官,因此,当专门工作班子开始进行个案调查时,就应当听取承办法官、检察官的意见,人大常委会研究讨论是否启动个案监督程序时,应当听取承办法官、检察官的申辩;监督结果应及时告知法官、检察官;二是向新闻舆论公开。从人大常委会听取个案监督专门工作班子的个案情况调查,研究讨论是否进入个案监督程序起,应当邀请、允许新闻舆论进行全程报道,一方面宣传个案监督这种人大监督形式,另一方面,把个案监督置于社会监督之下;三是向公民公开。监督个案的会议,应设立旁听席,允许每一个守法公民旁听。要求发言的公民只要在会议前规定时间内到人大办公室进行预约登记,即可获得发言资格,其他公民亦可用信函向人大常委会反映自己的看法;四是接受上级人大的监督。如果下级人大的个案监督意见被上级人大及其常委会撤销,则下级人大及其常委会应予以解散,重新进行选举。

[资料来源] 东方法眼,http://www.dffy.com.

二、司法机关的司法监督

司法机关的司法监督主要包括检查机关对公安机关、法院等司法机关的司法监督和法院对行政机关的司法监督两方面。对于教育法律来说,主要是后者。对行政机关的司法监督是指法院依法对特定行政机关及其公职人员的特定行政行为是否违法、越权、侵权、失职、不当进行审理和判决。"随着国家普遍强化政府职能的进程,国家行政管理的范围和种类也愈来愈广泛,由此也带来了日益增多的行政纠纷和日益复杂的行政法律关系,因此建立行政诉讼制度已成为历史的需要。我国于1982年开始建立行政诉讼制度,人民法院可以受理法律规定可以起诉的行政案件。根据行政诉讼法的规定,行政机关的具体行政行为属于行政诉讼的范围,这就对行政机关采取行政措施提出了严格的法律要求。教育行政机关作出的行政决定,凡涉及公民、法人和其他组织的人身权、财产权的,如规定各种学校收费、印发学历证书、取消考试资格等,都应与有关法规的规定一致,否则在行政诉讼中将处于被动地位。"①

三、行政机关的行政监督

行政机关的行政监督包括上下级行政机关的相互监督和特设的行政监察机关对行政的监督。行政系统上下级机关之间的监督表现为国务院有权改变或撤销各部、委发布的不适当的命令、指示和规章,改变或撤销地方各级国家行政机关的不适当决定和命令。县级以上地方各级人民政府有权改变或撤销所属各工作部门和下级人民政府的不适当的决定。行政监督的另外一个重要方面是国家行政监察机关对国家行政机关及其公职人员执行法律、法规和政策的情况以及违反政纪的行为的监察。国家行政监察机关有检查权、调查权、建议权,并有一定的行政处分权。

相关链接9-5:

加强行政监督工作
《教育部关于全面推进依法行政工作的实施意见》摘录

17. 加强行政复议工作。严格落实《行政复议法》,依法明确教育行政复议的范围,规范行政复议程序,对符合法律规定的行政复议申请,必须依法受理。加强复议机构和队伍建设,依法履行行政复议职责的地(市)以上教育行政部门从事行政复议工作的专兼职人员不得少于2人。对违反《行政复议法》规定的行为,特别是不执行行政复议决定的被申请复议主体,要采取适当方式进行通报批评;影响恶劣的,要依法追究有关责任人员的法律责任。

18. 完善和规范层级监督机制。上级教育行政部门应当健全和完善

---

① "司法机关的司法监督"参照教育部人事司编:《高等教育法规概论》,北京师范大学出版社2000年版。

> 重大行政处罚备案、重大行政许可备案、行政执法督查、行政执法统计等制度,强化对下级教育行政机关具体行政行为的监督,充分发挥法制工作机构对行政执法活动的监督职能。
>
> 19. 自觉接受行政监督、司法监督和社会监督。教育行政机关要自觉接受监察、审计等专门监督机关的监督活动。对人民法院受理的教育行政案件,教育行政部门应当积极出庭应诉、答辩。对人民法院依法作出的生效的行政判决和裁定,教育行政部门应当依法履行。对监察机关的监察建议、审计机关的审计意见以及司法机关的司法建议书,要及时研究处理,并将处理意见和结果通报有关机关。进一步完善群众举报、新闻曝光案件追查等制度,对反映的问题教育行政部门应当及时调查、核实,并依法予以处理。
>
> [资料来源] 教育部:教政法,[2005] 3号。

在教育系统内,还有一种特殊的对教育工作的行政监督,称为督导制度。根据规定,教育督导职权由国家教育部行使,地方县以上均设教育督导机构。教育督导的主要任务是对下级人民政府的教育工作,下级教育行政部门和学校的工作进行监督、检查、评估、指导,保证国家有关教育的方针、政策、法规的贯彻执行和教育目标的实现。教育督导可分为综合督导、专项督导和经常性检查,由教育督导机构根据本级人民政府、教育行政部门或上级督导机构的决定实施。督导机构和督导人员根据国家有关的方针、政策、法规进行督导,并具有以下职权:列席被督导单位的有关会议;要求被督导单位提供与督导事项有关的文件并汇报工作;对被督导单位进行现场调查。总而言之教育督导制度的建立,使教育法的行政监督有法可依、日趋完善。

四、执政党的监督

我国宪法已经规定了中国共产党的领导地位,作为执政党,中国共产党有权对教育法律的实施进行监督,这是完善教育法律制度建设的必要一环。如1996年3月18日中共中央政治局通过的《中国共产党普通高等学校基层组织工作条例》对高等学校党委的领导地位,又作了明确的规定。该条例规定高等学校实行党委领导下的校长负责制,校党委除统一领导学校工作,支持校长按照教育法和高等教育法的规定积极主动、独立负责地开展工作,保证教学、科研、行政管理等各项任务的完成之外,还必须监督学校各部门贯彻执行党的路线、方针、政策和决议的情况以及教育法律的实施情况。

此外，教育法律的监督体系还包括人民的监督。人民的监督是一种社会监督，通过社会对国家管理活动所进行的监督是我国国家生活中的一项基本原则，这种监督的基本方式是批评、建议、检举、控告和申诉等。这种监督对教育法律的实施也具有重要的保证作用，而要强化人民群众的监督作用，最基本的必须落实好人民群众对教育法律实施情况的知情权、评议权、检举权。

【本章小结】

教育法律的监督是教育体系能良性运作的保障。教育法律监督是指有关国家机关、社会组织和公民个人对教育立法、执法和守法等法律活动进行的监察和督导。其主要脉络体系包括：权力机关的法律监督和工作监督；司法机关的司法监督；行政机关的行政监督；执政党的监督；人民的监督。在教育法律监督的体系运行中，我们可以看到它所起的作用是：保障了教育优先发展的战略地位；规范教育权力运行；实现教育管理科学化；保障教育者与受教育者的合法权益；深化教育改革，推进依法治教进程。我国现在把科教兴国摆在第一战略地位，教育发展的同时所不断产生出来的新问题需要我们不断地完善和发展教育法律的监督，以确保我国的教育事业稳步前进。

【思考题】

1. 法律监督的特点有哪些？
2. 什么是教育法律监督、教育法律监督的主体、教育法律监督的客体？
3. 试简述教育法律监督的基本内容。
4. 结合我国实际，试论述教育法律监督的作用。
5. 教育法律监督的体系由哪几部分组成？

【参考文献】

1. 教育部人事司组编：《高等教育法规概论》，北京师范大学出版社2000年版。

2. 潘世钦，刘小干，颜三忠：《教育法学》，武汉大学出版社 2003 年版。
3. 张乐天：《教育政策法规的理论与实践》，华东师范大学出版社 2002 年版。
4. 劳凯声，郑新蓉等：《教育管理与法律》，中国铁道出版社 1997 年版。
5. 张文显：《法理学》，北京大学出版社 1999 年版。
6. 张乐天：《教育法规导读》，华东师范大学出版社 2000 年版。
7. 李小燕：《教育法学》，武汉工业大学出版社 1990 年版。
8. 王国炎：《教育法概论》，江西人民出版社 2001 年版。
9. 周永坤，范忠信：《法理学——市场经济下的探索》，南京大学出版社 1994 年版。

第十章 教育法律责任

随着依法治教的理念逐渐深入人心，我国的教育立法进程也不断加快。特别是近几年，一系列教育法律法规的制定和出台，教育法制建设取得了显著成绩。但与此同时，违反教育法规的行为又时有发生，究其原因，就在于执法不严，违法者没有依法受到应有的惩罚。只有使其承担相应的法律责任，在违法行为受到应有的惩罚前提下，才能真正树立起法律的尊严。

法律责任是由法律关系主体的违法行为引起的，应当依法承担的惩罚性法律后果。依法追究违法主体的法律责任是教育法规实施的重要保证。本章内容主要阐述了教育法律责任的含义、特征和归责要件，分析了教育法律关系主体中行政机关、学校、教师、学生、社会在教育领域活动中，违法侵权行为的法律责任等。

第一节 法律责任的概说

一、法律责任的含义与特点

（一）法律责任的含义

法律责任，是指由于公民（自然人）或法人违反了法律的行为而应承担的法律后果。简而言之，法律责任就是由于违法行为所承担的法律后果，它的含义与日常汉语中责任的含义有着密切的联系。

在古代汉语中，"责任"由"责"、"任"两字组成。责的意思是："（1）责任，负责；（2）谴责，诘问，责备；（3）处罚，责罚，加刑；（4）求，索取；（5）要求，督促。"任"的含义很多，其中包括：（1）任用；（2）

职位；(3) 责任，职责；(4) 担当，承担；等等。"①

在现代汉语中，责任一词有两个彼此联系的含义："(1) 分内应作的事，如尽责任、岗位责任、职责；(2) 没有作好分内的事，因而应当承担的过失，如追究责任。"②

法律责任与现代汉语中责任一词的含义密切联系，但又有所区别。在有些场合，法律责任的含义与责任的第一个含义相对应，相当于义务。在多数场合，法律责任的含义与责任的第二种含义相近，指的是行为人做某种事或不做某种事所应承担的后果。比如，当我们说："应当追究有关人员的法律责任"，或者说要"实行执法责任制"的时候，都是指行为人做某种事（或不做某种事）应当承担的法律后果。欠债还钱，杀人偿命，是人们对法律责任的最通俗的解释。"还钱"、"偿命"对责任人来说，都是不利的法律后果。此处所讲的法律责任，是在它的第二种含义上使用的，即行为人由于违法行为、违约行为或者由于法律规定而应承受的某种不利的法律后果。

(二) 法律责任的特点

我们可以看出，法律责任具有以下两个特点：

(1) 法律责任是由公民（自然人）或法人的违法行为引起的法律后果，在法律上有明确、具体的规定。

(2) 法律责任具有强制性。它表现在以国家权力为后盾的强制（包括行政权力和司法权力等）来保证实施。较为普遍的国家主要通过两种途径来强制保证法律的实施：第一，对法律的执行情况监督和检查；第二，对不执行法律的行为加以惩办。根据违法行为的性质和情节轻重的不同，法律责任可以分为三种不同的类型。依照违法行为所违反的法律规范的部门属性和情节轻重来划分，法律责任可相应地分为民事法律责任、行政法律责任和刑事法律责任。

违法行为与法律责任存在两种情况下的关系：一是违法行为是法律责任产生的前提，这是两者关系的一般情形或多数情形。二是法律责任的承担不以违法的构成为条件，而是以法律规定为构成条件，这是两者关系的特殊情况。

---

① 《辞海》（缩印本），上海辞书出版社 1980 年版，第 1220 页和第 219 页；《辞源》（第四册），商务印书馆 1983 年版，第 2951 页。

② 中国社会科学院语言研究所词典编辑室编：《现代汉语词典》，商务印书馆 1985 年版，第 1444 页。

（三）承担法律责任的原因

1. 违法行为

广义的违法行为指所有违法法律的行为，包括犯罪行为和广义的违法行为，狭义的违法行为是指一般的侵权行为，包括民事侵权行为和行政侵权行为，指除犯罪外所有侵犯他人人身权、财产权、政治权、精神权或知识产权的行为。大量的法律责任是由违法行为产生的。

违法行为的构成要素：

（1）违法行为是以违反法律为前提；
（2）违法行为必须是某种违反法律规定的行为；
（3）违法行为必须是在不同程度上侵犯法律所保护的社会关系的行为；
（4）一般必须有行为人的故意或过失；
（5）必须有法定的责任能力和法定的行为能力。

2. 违约行为

违约行为，即违反合同约定，没有履行一定法律关系中作为的义务或不作为的义务。

3. 法律规定

法律规定成为产生法律责任的原因，是指从表面上看，责任人并没有从事任何违反行为，也没有违反任何契约义务，仅仅由于出现了法律所规定的法律事实，就要承担某种赔偿责任，如产品致人损害。

二、法律责任与权力、权利与义务的关系

法律责任确实与法律权力有着密切的联系。一方面，责任的认定、归结与实现都离不开国家司法、执法机关的权力（职权）。另一方面，责任规定了行使权力的界限以及越权的后果。

权利是指国家通过宪法和法律规定的公民从事某种行为的可能性。我国公民的基本权利包括：平等权；政治权利和自由；宗教信仰自由；人身自由；社会经济权利；文化教育权利和自由；保护妇女、儿童、老人的权利；保护华侨的正当权益和归侨、侨眷的合法权益。义务是指国家通过宪法和法律规定的公民从事某种行为的必要性。我国公民的基本义务包括：维护国家统一和民族团结；遵守宪法和法律，保守国家秘密，爱护公共财产，遵守劳动纪律，遵守公共秩序，尊重社会公德；维护祖国的安全、荣誉和利益；依照法律服兵役和参加民兵组织；依照法律纳税等。

法律责任与法定权利与义务有密切的联系。首先，法律责任规范着法律关系主体行使权利的界限，以否定的法律后果防止权利行使不当或滥用权利；其次，在权利受到妨害以及违反法定义务时，法律责任又成为救济权利，强制履行义务或追加新义务的依据；再次，法律责任通过否定的法律后果成为对权利、义务得以顺利实现的保证。总之，法律责任是国家强制责任人做出一定行为或不做出一定行为，救济受到侵害或损害的合法利益和法定权利的手段，是保障权利与义务实现的手段。

三、法律责任的目的与功能

为什么违法侵权或违约，或仅仅由于法律规定，就要使当事人承担不利的法律后果？这是法律责任的目的问题。我们生活在同一个社会中，一方面每个人都追求自身的特殊利益，另一方面，大家都有共同的社会、国家或集体的利益。在我们的日常生活中，法律要求人们在追求自己利益的同时尊重他人利益，并共同维护和促进社会、国家和集体的利益。因此，法律对应当维护的利益加以认定和规范，并以法律上的权利、义务、权力作为保障这些利益的手段。法律责任的目的就在于：通过使当事人承担不利的法律后果，保障法律上的权利、义务、权力得以生效。在它们受到阻碍，且法律所保护的利益受到侵害时，通过适当的救济，使对侵害发生有责任的人承担责任，消除侵害并尽量减少未来发生侵害和可能性。

法律责任的目的是要通过法律责任的功能来实现。法律责任的功能是：惩罚、救济、预防。这三个功能同时也是对某人或某一组织施加法律责任的理由。

（一）法律责任的惩罚功能

法律责任的惩罚功能，就是惩罚违法者和违约人，维护社会安全与秩序。在社会生活中，侵害、纠纷、争议和冲突在所难免。"在人类历史的早期，以复仇或报复为形式的惩罚是主要的解决侵害、冲突和纠纷的方式；这种具有野蛮性、自发性的惩罚方式也是一种最古老的保护利益和维护权利的方式。"① 随着社会的不断发展，人们以公共权力为支持，由公民个人或国

---

① 英国法学家 Dennis Lloyd 认为，在原始社会，"'制裁'的主要目的并不在于惩罚违规的行为人以恢复旧有的状态，而是在维持社会秩序，因为违规行为有碍社会团结，这种团结必须予以恢复。"（Dennis Lloyd：《法律的理念》，张茂柏译，联经出版事业公司 1984 年版，第 224 页。）

家机关根据法律程序要求行为人承担不利的法律后果,以此惩罚违法侵权者和违约人,从而维护社会安全和秩序。法律责任的惩罚功能可以称为法律责任的首要功能。

刑事法律责任就是一种惩罚性的法律责任,惩罚是刑事责任的首要功能。刑事责任的内容包括限制、剥夺责任人的自由、财产、政治权利甚至生命。刑事责任"给行为人所带来的不利影响或后果远比其他法律责任严重"①,故是所有法律责任中最严厉的一种。刑事责任的内容充分地体现了刑事责任的惩罚功能。刑事责任的惩罚性与严厉性,取决于犯罪行为对社会的危害性程度。但是,刑事法律责任在法律责任之间的这种分工,是经过了一个演变过程的。根据英国学者梅因的研究,"古代社会的刑法不是'犯罪法';而是'不法行为'法,或用英国的术语,就是'侵权行为'法",因为,当时"被认为受到损害的是被损害的个人而不是'国家'"②。美国法学家庞德也指出:"以复仇或报复为形式的惩罚是一种最古老的保护利益和维护权利的方式。当罗马人想到对损害的赔偿时,他们所想到的是一种赔偿的刑罚。"③

民事法律责任主要不是一种惩罚责任,但它也执行惩罚的功能并达到目的,具有惩罚的内容。违约金本身就含有惩罚的意思。收缴进行非法活动的财物和非法所得、罚款、拘留等,都是以执行惩罚和预防功能为主的责任。为保护消费者的权利与利益,《中华人民共和国消费者权益保护法》第四十九条规定:"经营者提供商品或者服务有欺诈行为的,应当按照消费者的要求增加赔偿其受到的损失,增加赔偿的金额为消费者购买商品的价款或者接受服务的费用的一倍。"这一款虽然具有惩罚性,但是惩罚力度显然不够,既没有为广大消费者提供依法维护自己合法权益的足够动力,也没有形成对伪劣商品经营者的足够威慑力。

在美国侵权法中,法院可以对"蓄意害人"的侵权行为判处惩罚性赔偿金。这是作为惩罚被告的一种方式而给予原告的超过其实际损失的损害赔偿金。在传统的非商业故意侵权中,单独的补偿性赔偿金可以实现预防或威

---

① 张明楷:《论刑事责任》,《中国社会科学》,1993 年第 2 期。
② [英]梅因:《古代法》,商务印书馆 1984 年版,第 208-209 页。
③ [美]罗·庞德:《通过法律的社会控制法律的任务》,商务印书馆 1984 年版,第 114-115 页。

慑将来的侵权行为的效果，但是在与商业有关的侵权中，制造商可能会认为将补偿性赔偿金打入经营成本比采取措施避免损害更有利可图。

惩罚性赔偿金的一个主要目的就是威慑这种损人利己的公司政策。惩罚性赔偿金也向个人提供了一个实施法律规则的动力，并使他们得以补偿诉诸法律的成本，否则就无法补偿诉诸法律的开销。尽管法院并不轻易判付惩罚性赔偿金，但它也起着让人无法忽视的震慑作用。

（二）法律责任的救济功能

法律责任的救济功能，就是救济法律关系主体受到的损失，恢复受侵犯的权利。法律责任通过设定一定的财产责任，赔偿或补偿在一定法律关系中受到侵犯的权利或者在一定社会关系中受到损失的利益。救济，即赔偿或补偿，指把物或人恢复到违约或违法侵权行为发生前它们所处的状态。可以分为特定救济和替代救济两种。所谓特定救济，是指要求责任人作他应作而未作的行为，或撤销其已作而不应作的行为，或者通过给付金钱使受害人的利益得以恢复。例如，停止侵害、排除妨害、恢复原状、赔偿损失等。这种救济的功能主要用于涉及财产权利和一些纯经济利益的场合。替代救济是指，以责任人给付的一定数额的金钱作为替代品，弥补受害人受到的名誉、感情、精神、人格等方面的损害。这种救济功能主要用于精神损害的场合。精神损害与其他人身损害一样，都是受害人所遭受的实际损失。替代救济是以金钱为手段在一定程度上弥补、偿付受害人所受到的心灵伤害，尽最大可能恢复受害人的精神健康，如果不能恢复，也使受害人的心灵得到抚慰。

民事责任主要是一种救济责任。民事责任的功能主要在于救济当事人的权利，赔偿或补偿当事人的损失。所以民事责任主要是一种财产责任。当然，除财产责任以外，民事责任还包括其他责任方式。其中包括行为责任像停止侵害、排除妨碍、消除危险、恢复原状、修理、重作、更换等；精神责任，像训诫、具结悔过；人身责任，像拘留。

（三）法律责任的预防功能

法律责任的预防功能，就是通过使违法者、违约人承担法律责任，教育违法者、违约人和其他社会成员，预防违法犯罪或违约行为。法律责任通过设定违法犯罪和违约行为必须承担的不利的法律后果，表明社会和国家对这些行为的否定态度。这不仅对违法犯罪或违约者具有教育、震慑作用，而且也可以教育其他社会成员依法办事，不作有损社会、国家、集体和他人合法利益的行为。英国哲学家哈耶克从自由与责任密不可分的关系出发，指出责任的预防功能:"在一般意义上讲,有关某人将被视为具有责任能力的知识,将对他的行动产生影响,并使其趋向于可欲的方向。就此意义而言,课以责任并不是对一事实的断定。它毋宁具有了某种惯例的性质,亦即那种旨在使人们遵循某些规则的惯例之性质。"他同时指出,发挥责任的预防功能同时也是追究责任的理由:"课以责任的正当理由,因此是以这样的假设为基础的,即这种做法会对人们在将来采取的行动产生影响;它旨在告之人们在未来的类似情形中采取行动时所应当考虑的各种因素。"①

正是从刑事法律责任的惩罚功能和预防功能考虑,刑事责任基本上是一种个人责任。一般来说,只有实施犯罪行为者本人才能承担刑事责任。因为人是具有主观能动性或叫"自由意志"的,一个人如果从事了犯罪行为,国家就要以刑事责任对其行为做出否定性反应,除了对极个别罪大恶极者剥夺其生命外,对绝大多数犯罪者要进行惩罚、教育,使其不再危害社会。刑事责任也包括集体责任,有些国家称为"法人犯罪"的刑事责任,在中国称为"单位犯罪"的刑事责任。不管是惩处个人,还是惩处单位,都是为了惩罚犯罪者,救济被侵害的权利,预防犯罪的再发生。当代中国在反腐败过程中,虽然注意到对单位犯罪的惩处,然而,在处罚单位的同时,如果不能同时有效地处罚个人,就会由于处罚的"弥散化"而无法发挥处罚的功能。正如哈耶克所说:"欲使责任有效,责任还必须是个人的责任。在自由的社会中,不存在任何由一群体的成员共同承担的集体责任,除非他们通过商议而决定他们各自或分别承担责任。如果因创建共同的事业而课多人以责任,同时却不要求他们承担采取一项共同同意的行动的义务,那么通常就会产生这样的结果,即任何人都不会真正承担这项责任。"②

四、法律责任的种类

因为违法现象错综复杂,对法律责任就可以从不同的角度或按不同的标准,做出多种不同的分类。其中,最常见的分类按违法的性质和危害程度的不同来划分。依此标准,法律责任可分为刑事法律责任,民事法律责任,行

---

① [英]弗里德利希·冯·哈耶克:《自由秩序原理》,邓正来译,三联书店1997年版,第89~90页。

② [英]弗里德利希·冯·哈耶克:《自由秩序原理》,邓正来译,三联书店1997年版,第99~100页。

政法律责任，经济法律责任，违宪法律责任。

(一) 刑事责任

由于德、日大陆法系刑法理论将责任作为犯罪成立的条件之一，因而他们所说的刑事责任与我国及前苏联刑法理论中所说的刑事责任并不相同。如日本学者木村龟二认为："刑事责任指以实施了符合构成要件的违法行为为理由对行为人所作的社会性非难。"① 这对我们研究刑事责任固然参考价值，但毕竟不能适用于作为犯罪的法律后果的刑事责任。在我国和前苏联的刑法理论中，对什么是刑事责任，意见分歧很大。总的来说，主要有以下几种观点：(1) 法律后果（承担）说：认为刑事责任是行为人由于实施犯罪行为而引起的法律后果（或法律后果的承担）。如《中国大百科全书·法学》认为：刑事责任是"犯罪主体实施法律禁止的行为所必须承担的法律后果，这一责任只由实施犯罪行为的人承担"。② (2) 法律义务说：认为刑事责任是一种法律义务（或惩罚义务）。如有学者说："所谓刑事责任就是犯罪人因其犯罪行为根据刑法规定应向国家承担的体现着国家最强烈否定评价的惩罚义务。"③ (3) 否定评价（谴责）说：认为刑事责任是法院对犯罪行为和犯罪人的否定评价和谴责。如有学者说："所谓刑事责任，就是指犯罪人因其实施犯罪行为而应当承担的国家司法机关依照刑事法律对其犯罪行为及其本人所作的否定性评价和谴责。"④ (4) 法律关系说：认为刑事责任是一定法律关系的总和。如前苏联学者 A. H. 马尔采夫写道："刑事责任是刑事的、刑事诉讼的以及劳动改造的法律关系的总和。"⑤ (5) 法律责任说：认为刑事责任是一种特殊的法律责任。如有学者认为："刑事责任，就是实施违反刑法规范的行为人所承担的接受国家审判机关以刑罚处罚相威胁对其本人及其行为进行否定性评价的责任。"⑥ 在我国，大部分人较认同刑事责任是指行为人因其犯罪行为所必须承受的，由司法机关代表国家所确定的否定性法律后果。

---

① [日] 木村龟二：《刑法总论》（增补版），有斐阁译 1984 年版，第 301 页。
② 《中国大百科全书·法学》，中国大百科全书出版社 1984 年版，第 668 页。
③ 赵炳寿：《刑法若干理论问题研究》，四川大学出版社 1992 年版，第 11~12 页。
④ 何秉松：《刑法教科书》，中国法制出版社 1993 年版，第 353 页。
⑤ 《苏联刑法论文选》第一辑，西南政法学院编印 1983 年版，第 184 页。
⑥ 赵秉志：《刑法新探索》，群众出版社 1993 年版，第 212 页。

刑事责任所具有的特点是：第一，产生刑事责任的原因在于行为人行为的严重社会危害性；第二，与作为刑事责任前提的行为的严重社会危害性相适应，刑事责任是犯罪人向国家所负的一种法律责任；第三，刑事法律是追究刑事责任的惟一法律依据，罪行法定；第四，刑事责任是一种惩罚性责任，因而是所有法律责任中最严厉的一种；第五，刑事责任基本上是一种个人责任。

> **相关链接 10-1：**
>
> ### 刑事责任的性质
>
> #### 1. 刑事责任是一种法律责任
>
> "责任"在现代汉语中虽然有多种含义，但在这里的含义只是"没有做好分内应做的事，因而应当承担的过失"①。在社会生活中，没有做好分内应做的事，应当承担的责任是多种多样的，例如道德责任、法律责任、纪律责任等等。刑事责任是法律责任之一，与道德责任、纪律责任具有根本的区别。道德责任，需承担道德的谴责；纪律责任，需承担纪律的制裁；法律责任，需承担法律规定的强制后果，刑事责任是一种最严厉的法律责任。
>
> #### 2. 刑事责任是由于实施犯罪行为而产生的法律责任
>
> 实施犯罪行为是刑事责任产生的前提；没有实施犯罪行为、刑事责任就不可能产生。"无犯罪则无刑事责任"，是现代刑法公认的原则。刑事责任总是同犯罪行为联系在一起的。这里所说的犯罪行为，不只是犯罪客观方面的行为，而是犯罪的主客观要件的统一。只有实施了犯罪行为，才产生刑事责任。刑事责任是实施犯罪行为的必然结果。
>
> #### 3. 刑事责任是依照刑事法律承担的法律责任
>
> 刑事责任是由于实施犯罪行为而产生的，而犯罪是由刑法规定的。刑法既规定了犯罪，同时规定了构成犯罪应承担的刑事责任。实施犯罪行为，就应依照刑法规定承担相应的刑事责任。同时行为人的刑事责任，只有依照刑事诉讼法进行一定的诉讼程序才可能实际承担；不依照刑事

---

① 《现代汉语词典》，商务印书馆 1986 年版，第 1444 页。

诉讼法进行诉讼程序，犯罪人的刑事责任就不可能实现。

4. 刑事责任是由实施犯罪行为的人承担的法律责任

我国刑法坚持罪责自负、反对株连的原则，所以刑事责任是只有实施犯罪行为的人才承担的责任；没有参与实施犯罪，即使与犯罪人有这样或那样的社会关系，也谈不到刑事责任问题。我国刑法原来只规定自然人犯罪的刑事责任，随着商品经济、市场经济的发展，法人犯罪（单位犯罪）的现象日趋严重，因而我国单行刑事法律中陆续规定了一些法人犯罪的刑事责任。这里所说的实施犯罪行为的人，既指实施犯罪的自然人，也包括实施犯罪的法人。

5. 刑事责任是由代表国家的司法机关追究的法律责任

刑事责任是犯罪人向国家所负的责任，它表现了犯罪人与国家之间的关系，国家则由其司法机关代表它追究刑事责任。这里所说的司法机关，既指审判机关，也指检察机关。因为在我国，根据刑事诉讼法，"人民检察院可以免予起诉"，免予起诉是有罪宣告，也是追究刑事责任的一种形式。

6. 刑事责任是以接受刑事法规定的惩罚和否定的法律评价为内容的法律责任

刑事责任不是承担一般的惩罚，也不只是承担否定的道德评价，因为它说明不了刑事责任的特有性质。刑事责任是承担刑法规定的惩罚——主要是刑罚惩罚，也包括非刑罚处理方法的惩罚；同时也包括刑法和刑事诉讼法对犯罪行为和犯罪人的单纯的否定法律评价，即免予处罚和免予起诉。至于承担刑法规定的惩罚，自然也包含对犯罪行为和犯罪人的否定的法律评价。可以说接受刑事法规定的惩罚和否定的法律评价，是刑事责任的本质。

[资料来源] 马克昌：《论刑事责任与刑罚》，《刑法学》，1996年第2期。

（二）民事责任

民事责任是指由民事违法行为或特定的法律事实出现所导致的赔偿或补偿的法律责任，通常称为民事责任。

1. 民事责任的特点

第一，民事责任主要是基于民事违法行为而产生。主要包括违反合同的民事责任和侵权的民事责任。违反合同的民事责任，是指合同当事人违反合同的规定而应承担的财产责任。又分为因违反合同造成他方当事人财产损失而应承担的赔偿责任和根据合同双方的约定而应承担的违约责任。违反合同的形式表现为对合同所规定义务的不履行、不适当履行或迟延履行。侵权的民事责任,是指行为人因不法侵害他人财产权利或人身权利而应承担的财产责任或其他责任。又可分为一般侵权的民事责任和特殊侵权的民事责任。对这两种侵权民事责任,法律的要求不一样。对特殊侵权民事责任,违法者不一定非要具有故意或过失的主观心理状态。第二,民事责任主要是一种财产责任。民法主要是调整平等主体之间的财产关系和人身关系。其中,即使是因人身关系而导致的纠纷,如侵犯姓名权、名誉权等,其承担责任方式也可以是财产责任。第三,民事责任主要是一方当事人对另一方的责任,在法律允许的条件下,多数民事责任可以由当事人协商解决。违法者一般应主动承担责任,拒不履行时,才由受害者请求人民法院裁决。

2. 违约责任和侵权责任

民事责任一般分为违约责任和侵权责任。由违约行为(或不履行其他义务)而产生的违约责任;由民事违法行为,即侵权行为产生的一般侵权责任,由法律规定所产生的特殊侵权责任。违约责任和侵权责任存在以下三个方面的不同:

(1) 所违反的义务和所依据的法律不同。违约责任是行为人违反了约定的合同义务,侵权责任是行为人违反了法律规定的不得侵犯他人权利的法定义务。

(2) 受侵害的权利和利益的性质不同。违约行为侵害的是合同相对人的债权,属于相对权,侵犯的是特定的个人的利益;侵权责任侵害的是受害人的健康权、人格权、生命权以及财产权,属于绝对权,某些侵权行为侵害的是社会利益。

(3) 责任构成不同。违约责任以违约行为的存在为核心,一般侵权行为不仅要求有侵权行为,而且还存在损害事实,因果关系和主观过错。

3. 确定民事责任的原则

一般而言,确定民事责任的原则有三种:绝对责任、过错责任、严格责任。

绝对责任(absolute liability),"是指行为人的行为造成了危害结果,行为和结果之间存在着外部联系,就应承担责任。不法行为人的精神状态与行为结果之间的关系,行为人是否预料到或意图达到其行为的结果,都不影响责任的成立。西方学者认为,这种归责原则可以追溯到法律历史的原始阶段。"① 美国有些学者主张在产品责任领域实行绝对责任。

过错责任。过错,指行为人在实施行为时的某种应受责备的心理状态。在现代社会,对一般侵权行为,适用过错责任原则。它不仅实现了法律责任的救济与惩罚功能,而且兼有预防功能。

严格责任是指一种比过错责任标准更加严格的责任标准,不论责任人是否有过错,如果发生了应该避免的伤害事件就要承担责任。但它存在某些有限的对责任的抗辩,因此它不同于绝对责任。在古代社会,绝对责任与严格责任并无区别。它们满足了人们对法律责任救济功能和惩罚功能的需要。现代社会从过错责任到严格责任和绝对责任发展,有着深刻的社会原因。"第一,希望实现社会公正方面的原因;第二,希望提高效益方面的原因;第三,保险制度的支持。在现代社会,对于特殊侵权行为,如产品缺陷致人损害,严格责任执行着法律责任的救济功能、惩罚功能及预防功能。相似的道理,在合同领域中,严格责任也成为合同法的发展趋势。中国合同法采用严格责任原则。"②

(三) 行政责任

行政责任是指因违反行政法或因行政法规定而应承担的法律责任。这是一种伴随社会的法治化而出现的公法责任。由于产生行政责任的原因是行政主体和行政相对人的行政违法行为和法律规定的特定情况。所以,为了执行行政责任惩罚、救济、预防的功能,并与刑事责任和民事责任相区别,行政责任的承担方式是多样化的。

首先,行为责任是行政责任中数量很大的责任形式,像撤销违法的行政行为、履行职务或法定义务等;其次,精神责任在行政责任中所占的比重明显高于其他法律责任,像通报批评、赔礼道歉、承认错误;再次,财产责任仍然是行政责任的重要形式,像赔偿损失、罚款;最后,行政责任也包括人身责任,像拘留。

---

① [奥]凯尔森:《法与国家的一般理论》,中国大百科全书出版社1996年版,第65页;彼得·斯坦、约翰·香德:《西方社会的法律价值》,中国人民公安大学出版社1989年版,第152页。

② 本部分主要参照梁慧星:《从过错责任到严格责任——关于合同法草案征求意见稿》(第76条第1款),《民商法论丛》,第8卷。

行政责任的特点有以下3点：

"第一，行政责任是基于违反行政法律义务而产生，主要包括四个方面：（1）行政机关的行政责任。国家的行政机关应依照法定的授权，履行行政管理的职责。国家机关有进行管理的权力，但同时也有保障相对人合法权益的义务。滥用职权的懈怠义务将导致承担相应的法律责任。（2）国家行政工作人员的行政责任。国家行政工作人员滥用职权和违反职责的行为，表明他们的行为已超出法定的限度。为此他们将承担个人责任。（3）行政受托人的行政责任。公民和组织受行政机关委托进行一定的行政活动，必须在规定的授权范围内行使权利和承担义务，如果超出这个范围将承担一定的行政责任。（4）相对人的行政责任。行政机关在依法对相对人进行管理时，相对人应服从行政机关的命令和决定。否则，行政管理机关可以追求其行政责任。第二，行政责任应由有关的国家机关依照相关行政法规定的条件和程序予以追究。人民法院或有关行政机关依法拥有此项权利。第三，追究行政责任，除了适用诉讼程序外，还可适用行政程序。"①

（四）经济法律责任

"责任"一词在现代汉语中表示双重含义：一是指分内应做的事；二是没有做好分内应做的事，因而应承担责任的过失。美国法学家迈克尔·D.贝勒斯认为："对于我们研究的法律领域来说，'责任'有两个中心观念，即能力责任和因果责任。对能力责任的承认是作为理性人来尊重的一部分。"因而责任的双重含义中，前一种含义表示责任的积极方面，具有肯定性；后一种含义表示责任的消极方面，具有否定性。但它们两者又是相互联系的。法律责任虽然是责任中的一种，但其本身不具有责任中的积极含义，它属于消极责任。目前理论界对经济法律责任的概念认识不一，大致有法律后果说，应付代价说，强制义务说，后果、义务、措施说等。经济法律责任是指因违反经济法规或特定的法律事实出现而承担的法律责任，简称经济责任。经济责任是在纵向的经济关系中发生的，如国家与企事业单位之间等。

（五）违宪责任

违宪责任是指由于有关国家机关制定的某种法律和法规、规章，或者有关国家机关、社会组织或公民从事的与宪法规定相抵触的活动而产生的法律责任。

违宪责任主体不同于违法责任主体，前者是指国家机关或者带有公共属

---

① 劳凯声，郑新蓉等：《规矩方圆》，中国铁道出版社1997年版。

性的组织或者团体，其特点是涉及公权力或者具有公共权力性质的权力的行使；后者则是公民或者法人，其特点是具有"私人"与"私权"属性。如果是一个宪法诉讼，则违宪责任主体必须是公权力的机关或者组织，而公民个人是不可能成为违宪责任主体的。这是由宪法关系的性质决定的。

一种观点认为，公民也是违宪的责任主体。这一认识的根据是我国宪法序言和宪法第5条的规定。我国1982年宪法序言规定："全国各族人民、一切国家机关和武装力量、各政党和各社会团体，都必须以宪法为根本的活动准则，并且负有维护宪法尊严、保证宪法实施的职责。"宪法第5条规定："一切法律、行政法规和地方性法规都不得同宪法相抵触。""一切国家机关和武装力量、各政党和各社会团体、各企业事业组织都必须遵守宪法和法律。一切违反宪法和法律的行为，必须予以追究。""任何组织或者个人都不得有超越宪法和法律的特权。"将公民作为违宪责任主体与宪法学原理不符。宪法是控权法，控制公共权力的运行，公民属于"私人"，不掌握国家权力，也就不可能成为违宪的责任主体。即使公民违反宪法规定的义务，公民也不成为违宪责任主体。这是因为公民宪法上的义务通常都已经具体化了。如纳税、服兵役等，根据普通法律就可以制裁公民的这种违法行为。

另一种观点认为，从总体上来讲，公民的个人行为不属违宪审查的范畴，但要具体情况具体分析。如果公民担任国家和社会重要领导职务，其职务行为若对宪政秩序有重大影响，则应该属于违宪审查的对象范围。如意大利宪法法院审查"根据宪法规范对共和国总统和各部长所提出的控告案件"。[①] 这一认识有其局限性，不能将总统和部长作为违宪责任主体视为公民不构成违宪责任主体的一个例外，因为他们履行的是职务行为，而不是个人行为，对他们行为的合宪性审查依然是对公共权力的审查而不是对个人的审查。

第二节 法律归结与免除

一、法律责任的归责的含义和基本原则

归责，即法律责任的归结，是指国家相关或其他社会组织根据法律规

[①] "违宪责任"部分主要参照董和平，韩大元，李树忠：《宪法学》，法律出版社2000年版，第143~144页。

定，依照法定程序判断、认定、归结和执行法律责任的活动。归责是一个复杂的责任判断和责任归结过程，是由具有法定归责权的国家机关，如司法机关、行政机关进行认定和归结的。

归责原则在不同历史时期、不同国家存在差别。根据我国法律的规定，适用法律认定和归结法律责任一般应遵循以下原则：

（一）责任法定原则

这个原则是指法律责任作为一种否定的法律后果应当由法律规范预先规定，包括在法律规范的逻辑结构之中，当出现了违法行为或法定事由的时候，按照事先规定的责任性质、责任范围、责任方式追究行为人的责任。责任法定原则的内容包括："刑事法律是追究刑事责任的唯一法律依据，罪行法定；由特定的国家机关或国家授权的机构归责；反对责任擅断；反对有害追溯，不能以事后的法律追究在先行为的责任或加重责任；同时，允许人民法院运用判例和司法解释等方法，行使自由裁量权，准确认定和归结行为人的法律责任。要贯彻责任法定原则，第一，要由特定的国家机关或国家授权的机构归责。第二，要反对责任擅断。第三，要反对有害追溯。第四，责任法定一般允许人民法院运用判例和司法解释等方法，行使自由裁量权，准确认定和归结行为人的法律责任。"①

（二）公正原则

公正包括分配的公正与矫正的公正，实质公正和形式公正。在追究法律责任方面，第一，对任何违法、违约的行为都应依法追究相应的责任。这是矫正公正的要求。违法、违约行为是对存在于既有法律秩序中合法利益的否定。追究行为人的法律责任，使其承担不利的法律后果，是对这种否定行为的否定，是保护和恢复合法利益的必要措施。赵汀阳指出："放弃或忽视惩罚性公正，这种做法本身就是一种不公正，而且等于是一种分配上的不公正，因为如果不以正义的暴力去对抗不正义的暴力，不去惩罚各种作恶，就意味着纵容不正义的暴力和帮助作恶，也就等于允许恶人谋取不成比例的利益和伤害好人。"② 第二，责任与违法或损害相均衡。即要求法律责任的性质、种类、轻重要与违法行为、违约行为以及对他人的损害相适应。第三，公正要求综合考虑使行为人承担责任的多种因素，做到合理地区别对待。第

---

① 张文显：《法学基本范畴研究》，中国政法大学出版社1993年版，第204页。
② 赵汀阳：《论可能生活》，三联书店1994年版，第130页。

四,公正要求在追究法律责任时依据法律程序追究法律责任,非依法律程序,不得追究法律责任。第五,坚持公民在法律面前一律平等,对任何公民的违法犯罪行为,都必须同样地追究法律责任,不允许有不受法律约束或凌驾于法律之上的特殊公民,任何超出法律之外的差别对待都是不公正的。

(三) 效益原则

效益原则是指在追究行为人的法律责任时,应当进行成本收益分析,讲求法律责任的效益。这是实现惩罚违法,挽回损失,威慑预防违法的功能所必需的。效益原则的要求首先是,为了有效遏制违法和犯罪行为,必要时应当依法加重行为人的法律责任,提高其违法、犯罪的成本,以使其感到违法、犯罪代价沉重、风险极大,从而不敢以身试法或有所收敛。法律的经济分析是研究、确定法律责任的一个比较有用的理论工具。

(四) 合理性原则

合理性原则是指,在设定及归结法律责任时考虑人的心智与情感因素,以期真正发挥法律责任的功能。合理性原则是指,在设定及归结法律责任时考虑人的心智与情感因素,以期真正发挥法律责任的功能。哈耶克指出:"既然我们是为了影响个人的行动而对其课以责任,那么这种责任就应当仅指两种情况:一是他预见课以责任对其行动的影响,从人的智能上讲是可能的;二是我们可以合理地希望他在日常生活中会把这些影响纳入其考虑的范围。"① 值得一提的是,通过追究法律责任来实现法律责任的教育和预防功能也是合理性原则的内在要求。

上述四项归责的基本原则可以概括为合法、公正、有效、合理八个字。而合法、公正、有效、合理地归结法律责任,是正确、充分地发挥法律责任的功能,实现法的价值的必要条件,进而也是建设社会主义法治国家的重要保证。

二、法律责任的免除

法律责任的免除,也称免责,是指法律责任是由于出现法定条件被部分或全部地免除。这里的免责是法定的免责,不同于中国封建社会在分类外对法律责任的赦免,即"法外施恩"。有学者在谈到为分类所禁止的个人复仇

---

① [英] 弗里德利希·冯·哈耶克:《自由秩序原理》,邓正来译,三联书店 1997 年版,第 99 页。

的法律责任时指出:"伦理的概念和法律责任常处在矛盾的地位。最后,往往能得到标榜以孝治天下的皇帝的赦免。"这里的免责不同于"不负责任"或"无责任"。免责以法律责任的存在为前提,而后两者并不存在责任,如正当防卫和紧急避险行为,不负刑事责任。

法律责任作为一种义务需要通过责任主体的活动而得以履行。但这种义务的履行与第一性义务的履行不同,在履行第一性义务时国家强制力并不直接介入其中,只是作为潜在的可能的力量间接地发挥作用。而法律责任的履行则不同,除极少数民事责任外,一般都需要国家运用强制力加以迫使。所以,法律责任的实现,对责任主体来说,就是法律责任的履行;对国家来说,是国家强制责任主体履行法律责任,对此,人们称之为法律制裁。可见,法律责任的履行和法律制裁是同一事物的两个方面,法律责任的履行是从责任主体着眼的,带有责任主体自为的性质;法律制裁则是从国家的角度来看的,由有权的国家专门机关以国家的名义强制责任主体履行。之所以如此,是因为除少数民事法律责任外,绝大多数的法律责任主体一方面不可能自觉自愿的履行第二性义务(至少理论上可以这样假说),另一方面国家为达到追究法律责任的目的不愿意责任主体自为,例如不允许被判死刑的罪犯自杀。

免责条件即免除法律责任的条件,指当某行为或思想虽然具备上述某种归责基础,但却作为例外不令其承担法律责任时所必备的条件。在现代立法体系中,免责条件主要有:

1. 正当防卫

正当防卫,是指为了使公共利益,本人或者他人的财产、人身或者其他合法权益免受正在进行的不法侵害,而对不法侵害人所实施的不超过必要限度的行为。其构成要件包括:现实性;必要性;针对性;目的性;合理性。

2. 紧急避险

紧急避险,是指为了使公共利益,本人或者他人的财产、人身或者其他合法权益免受正在发生的危险,而不得已采取的致他人较小损害的行为。其构成要件包括:危险的紧迫性;避险措施的必要性;避险行为的合理性。

3. 受害人的过错

受害人的过错,是指受害人对侵权行为的发生或者侵权损害后果扩大存在过错。受害人过错对于侵害人责任的免除主要体现在两个方面:一是部分免除,即适用过错相抵规则,减轻侵害人的民事责任。对此《民法通则》

第131条明确规定:"受害人对于损害的发生也有过错的,可以减轻侵害人的民事责任。"此种减轻通常需要考虑双方的过错程度及其与损害之间的因果关系。二是全部免除,即只要受害人对于损害的发生存在过错或者故意,就全部免除行为人的责任。如高度危险作业致人损害,只有受害人具有故意,才能免除行为人的责任;饲养动物致人损害的侵权行为中,由于受害人的过错造成损害的,动物饲养人或管理人不承担民事责任。

4. 不可抗力

"不可抗力,是指不能预见、不能避免并不能克服的客观情况。因不可抗力造成他人损害的,一般不承担民事责任,但法律另有规定的除外。"① 而且不可抗力作为侵权行为的免责事由,以不可抗力是损害发生的惟一原因为条件。如果不可抗力只是造成损害后果扩大的原因,行为人对扩大之前的损害应当依其过错承担相应的民事责任。

法律责任是责任人与他人、或责任人与国家之间的一种特殊的法律关系,这种关系的存在是为了保障一般的权利义务关系的权威。所以,法律责任实现的实质是双重的。在第一层面上,法律责任的实现即实现了责任所产生的特殊权利义务;在第二层面上,实现法律责任即推动了一般权利义务关系的实现,是一般权利义务关系的"甲胄"功能的实现。因此可知法律责任的实现是法律实现的一个重要侧面,如果法律责任无法实现,法律也必难实现。

"法律责任的积极实现是责任人实际将法律责任的内容变为现实,所以它最符合自然本身的社会功能,因而是法律责任实现的主要形式,是大量的。法律责任的积极实现又可分为主动实现与被动实现两大类,法律责任的主动实现指国家强制力并未直接介入而自然主体主动履行了法律责任,从而使法律责任归于消灭。法律责任的被动实现就是法律责任的强制实现,即由国家机关通过判决或裁定、决定等形式强制自然主体接受惩罚或给予赔偿,它表现为有关国家机关有权处置责任人的人身、财产或责令责任人为一定行为,而责任人则在国家强制下必须为一定行为。如果责任主体逃避法律责任,则将招致新的法律责任。法律责任的消极实现即责任人并未实际承受责任,法律责任关系自行解除,这是法律责任实现的特殊形式。包括:(1)时效届满;(2)责任主体死亡;(3)告诉才处理的法律责任由于原告撤诉

---

① 《民法通则》,第107条。

而解除；(4) 某些法律责任因法律责任的相对人放弃追究责任的权利，则法律责任解除；(5) 经司法机关或其他有权国家机关通过判决或裁定免除法律责任时，法律责任消灭。"①

从我国的法律规定和法律实践看，主要存在以下几种免责形式：

第一，时效免责，即法律责任经过了一定的期限后而免除。

第二，不诉及协议免责，是指如果受害人或有关当事人不向法院起诉要求追究行为人的法律责任，行为人的法律责任就实际上被免除，或者受害人与加害人在法律允许的范围内协商同意的免责。

第三，自首、立功免责，是指对那些违法之后有立功表现的人，免除其部分和全部的法律责任。这是一种将功抵过的免责形式。

第四，因履行不能而免责，即在财产责任中，在责任人确实没有能力履行或没有能力全部履行的情况下，有关的国家机关免除或部分免除其责任。

第三节 教育法律责任概述

一、教育法律责任的概念和特征

(一) 教育法律责任的概念

完善的教育法律责任制度是教育法制化的重要内容。关于教育法律责任，有些学者称之为教育责任。我们则认为教育责任和教育法律责任是两个不同的概念，教育责任比教育法律责任的含义更广，除了包括教育法律责任，还包括教育政治责任、教育道德责任以及教育行政纪律责任。教育责任属于教育管理学的研究范围，而教育法律责任属于教育法学的研究范畴，二者不可混淆。教育法律责任指的是教育法律关系主体对自己教育违法行为所应承担的带有强制性的否定性法律后果。

第一，教育法律责任的主体须是特定教育法律关系的主体，也就是说具体参与教育活动并依据教育法律法规享有教育权利和承担教育义务的人。教育法律责任的主体既可以是公民，也可以是法人；既可以是教育者，也可以是受教育者；既可以是教育活动的实施者，也可以是教育活动的管理者。不

---

① 周永坤，范忠信：《法理学——市场经济下的探索》，南京大学出版社1994年版，第123~127页。

是教育法律关系的主体，就不可能成为教育法律责任的主体。

第二，教育法律责任以教育违法行为为前提。教育法律责任与教育违法行为密切相关。实施教育违法行为是承担教育法律责任的前提，也就是说，教育法律责任是因教育违法行为而产生的，只有在实施了教育违法行为之后才会导致承担教育法律责任这一法律后果。教育违法行为是指教育法律关系主体在行使教育权利和履行教育义务的过程中违反教育法律给社会造成危害的行为。表现为教育民事违法、教育行政违法和教育刑事违法（犯罪）。在教育实践过程中，教育违法行为多表现为教育民事违法和教育行政违法，只有少数严重的教育违法才构成教育刑事违法（犯罪）。

第三，教育法律责任是一种带有强制性的否定性法律后果。教育法律责任与国家强制力紧密相联，是国家对教育违法行为的不赞许态度，表现为一种否定性法律后果。其实质是国家运用强制性方式对教育违法行为所作的法律上否定性评价和谴责，是国家矫正教育违法行为，恢复被破坏的教育法律关系的秩序的手段，同时也是社会主义法制"违法必究"原则在教育法制领域的具体体现。

第四，教育法律责任不是一种独立的法律责任形式。教育法对作为教育法律责任基础的教育违法行为并没有规定特别的制裁方法，对教育法律责任的承担方式也无统一具体的规定，因此，教育法律责任不是一种独立的法律责任形式。

（二）教育法律责任的特征

教育法律调整的是教育活动和教育关系，这一广泛的调整对象决定了教育法律规范中权利义务规定的广泛性和复杂性，与之相适应的是，作为教育法律关系主体的教育违法行为所导致的教育法律责任具有其特殊性。

1. 教育法律责任具有综合性

教育法律关系主体在行使教育权利、履行教育义务、从事教育活动的过程中，其行为既可能违反民事义务，侵犯其他主体的民事权利，也可能违反行政法律法规规定的义务，还可能触犯刑法构成犯罪。针对以上不同性质的违法行为，教育法律分别规定了民事责任、行政责任和刑事责任，从而表现出教育法律在法律责任的规定上具有综合性。在教育法的领域中，教育法律责任作为一种非独立的法律责任形式，是民事法律责任、行政法律责任和刑事法律责任的综合运用，也就是说，对不同性质的教育违法行为分别采取不同的形式追究法律责任。

2. 教育法律责任具有引述性

根据教育法律关系的复杂性，教育法律关系主体的权利和义务并没有大量地规定在某个单行教育法律当中，因此，教育法中关于法律责任的规定也相应地散见于大量的单行教育法律当中。在某个单行教育法律中既无必要也不可能规定其法律责任的具体内容，就只能用引述性的条款加以规定。

二、教育法律责任制度的意义

（一）有利于树立和维护教育法律法规的权威

任何法律规范都由假定条件、行为准则和法律后果三个部分组成。这三个要素紧密结合、不可或缺。教育法律责任作为教育违法行为的否定性法律后果，是教育法律国家强制性的重要体现，如果没有这个规定，教育法律的逻辑结构就不齐全。目前社会上不少人之所以产生教育法律是"软法"的模糊认识，其中最主要的原因是我国目前教育法律责任制度还很不健全，导致有的情况下对教育违法行为难以追究或无法追究其法律责任，正因为如此，只有建立和健全教育法律责任制度，才可以使人们正确预见什么行为是法律所不允许的，形成一种意识形态，了解如果实施该项违法行为就要承担相应的法律后果，从而认识到教育法律的权威，继而在实际工作和生活中自觉遵守教育法律，如此，正常的教育法律秩序才能逐渐建立起来。

（二）有利于教育活动的法制化

实现国家教育发展的重要条件是教育法制化，它是时代的需求。在我国，尽管宪法和有关法律规定了国家教育活动的一系列原则和基本制度，但是，长久以来由于我们缺少明确具体的教育法律责任制度，致使在一定程度上，教育活动主体的法律责任和法律制约流于形式，教育违法现象屡禁不止。建立和健全教育法律责任制度，严格追究各种教育违法行为的法律责任可以切实地对教育活动主体起警惕和督促作用，防止和减少教育违法现象，使教育活动能有法可依，依法兴教。

（三）有利于充分保障公民的教育权利

我国是人民民主专政的社会主义国家，人民是国家的主人，这就决定了法律既应赋予广大人民群众以广泛的权利和利益，同时又必须提供法律上的具体措施来保障宪法和法律所规定的权益得以实现。各种教育违法行为直接影响着公民的教育权利和利益。建立和健全教育法律责任制度可以有效地控制教育行政权力的滥用，预防和减少教育侵权现象的发生，同时通过对教育违法的教育法律责任的彻底追究，切实保障公民已经遭受侵害的合法权益得以补救、恢复，从而从根本上保护公民的合法权益。

三、教育法律责任的种类

法律责任与违法行为直接联系，同理，教育法律责任也与教育违法行为相关联。由于违法行为因违反的法律的性质不同，主要分为民事违法行为、行政违法行为和刑事违法行为（犯罪），相应的法律责任亦有民事法律责任、行政法律责任和刑事法律责任三种。因此，我们可以依据教育违法行为的性质不同将教育法律责任划分为教育民事法律责任、教育行政法律责任和教育刑事法律责任。

（一）教育民事法律责任

教育民事责任是指教育法律关系主体违反民事义务或侵犯他人民事权利的所应承担的一种法律责任。民事责任的特点表现为：第一，民事责任基于民事违法行为而产生。主要包括违反合同的民事责任和侵权的民事责任。违反合同的民事责任，是指合同当事人违反合同的规定而应承担的财产责任。侵权的民事责任，是指行为人因不法侵害他人财产权利或人身权利而应承担的财产责任或其他责任。第二，民事责任主要是财产责任。民法主要是调整平等主体之间财产关系和人身关系。其中，即使是因人身关系而导致的纠纷，如侵犯姓名权、名誉权等，其承担责任方式也可以是财产责任。第三，一定条件下，民事责任可以由当事人协商解决。违法者一般应主动承担，拒不履行时，才由受害人请求人民法院裁决。第四，民事责任既有个人责任，也有连带责任或由相关人负替代责任。

《教育法》第81条对违反教育法的民事责任做了原则规定："违反本法规定，侵犯教师、受教育者、学校或者其他教育机构的合法权益，造成损失、损害的，应当依法承担民事责任。"在义务教育方面，根据《义务教育法》及其实施细则的规定，下列行为应当承担相应的民事责任："（1）侵占、破坏学校的场地、房屋和设备的；（2）侮辱、殴打教师、学生的；（3）体罚学生的；（4）将学校校舍、场地出租、出让或者移作他用，妨碍义务教育实施的。这些规定，为追究违反教育法行为的民事法律责任提供了依据。"

教育民事法律责任是教育法律关系主体不履行民事义务或侵犯他人民事权利时应承担的法律后果。当作为教育法律关系主体的公民或法人的行为违反了民事法律规范时,这样的行为就是民事违法行为。这种行为必然要引起相应的法律后果,这种法律后果就是教育民事法律责任。民事责任的承担方式主要有:(1)停止侵害;(2)排除妨碍;(3)消除危险;(4)返还原物;(5)恢复原状;(6)修理、重作、更换;(7)赔偿损失;(8)支付违约金;(9)消除影响、恢复名誉;(10)赔礼道歉等。

(二)教育行政法律责任

教育行政法律责任是指教育法律关系主体违反教育行政法律所应承担的法律责任。其包括教育行政机关公务人员和教育行政相对人(公民、法人或其他组织)的法律责任。

教育行政机关公务人员的教育行政法律责任的承担方式主要是教育行政处分。教育行政处分是一种最基本的惩戒性教育行政法律责任的承担方式,它是教育行政机关对其内部违法履行职务的公务人员追究法律责任所采取的制裁性措施,所以其又称内部教育行政法律责任的承担方式,根据现行的《国家公务员暂行条例》,教育行政处分的种类分为警告、记过、记大过、降级、撤职、开除。

教育行政相对人承担教育行政法律责任的主要方式是受到行政处罚。行政处罚是国家有关管理机关在管理活动中,对有关直接责任人员予以的警告、罚款、没收、停业停办、扣押或吊销许可证、拘留和劳动教养等涉及公民、法人及其他社会组织人身权、财产权及有关能力、资格方面的制裁措施。

行政责任的特征在于:第一,行政责任基于违反行政法律义务而产生。主要包括四个方面:(1)行政机关的行政责任。国家的行政机关应依照法定的授权,履行行政管理的职责。国家机关有进行管理的权力,但同时也有保障相对人合法权益的义务。滥用职权和不履行义务将导致承担相应的法律责任。(2)国家行政机关工作人员的行政责任。国家行政机关工作人员滥用职权和违反职责的行为,表明他们的行为已超出法定的限度,为此他们将承担个人责任。(3)行政受托人的行政责任。公民和组织受行政机关委托进行一定的行政活动,必须在规定的授权范围内行使权利和承担义务,如果超出这个范围将承担一定的行政责任。(4)相对人的行政责任。行政机关在依法对相对人进行管理时,相对人应服从行政机关的命令和决定。否则,行政管理机关可以追究其行政责任。第二,行政责任应由有关的国家机关依照相关行政法规定的条件和程序予以追究。人民法院或有关行政机关依法拥有此项权利。第三,追究行政责任,除了适用诉讼程序外,还可适用行政程序。例如,行政复议制度、教师申诉制度即是适用行政程序的制度。

(三) 教育刑事法律责任①

教育刑事法律责任是指教育法律关系主体对其触犯刑法并构成犯罪的行为所应承担的一种法律责任。刑事责任是一种惩罚最为严厉的法律责任。刑事责任的特点表现为:第一,承担刑事责任的依据是严重违法行为,即由犯罪行为引起,其社会危害性大。一般的违法行为,不触犯刑法的行为,不承担刑事责任。第二,认定和追究刑事责任的是审判机关,即只有人民法院按照刑事诉讼程序才能决定行为人是否应承担刑事责任。其他机关没有这项权力。第三,刑事责任具有可变性。根据犯罪和犯罪情节,可以对其加刑或减刑,以加重或减轻刑事责任的程序。

《教育法》在第71条、第72条、第73条、第77条对挪用、克扣教育经费、扰乱教育教学秩序、破坏校舍、场地及其他财产、招生中徇私舞弊的行为追究刑事责任做了规定。在《刑法》第138条和第418条中,针对教育犯罪特点,专门设置了"教育设施重大安全事故罪"和"招收公务员、学生徇私舞弊罪"。在义务教育方面,根据《义务教育法》第16条和《实施细则》第七章的规定,依法应当追究刑事责任的行为有以下6种:(1) 侵占、克扣、挪用义务教育经费的;(2) 扰乱实施义务教育学校教学秩序,情节严重的;(3) 侵占或者破坏学校校舍、场地和设备情节严重的;(4) 侮辱、殴打教师、学生情节严重的;(5) 体罚学生情节严重的;(6) 玩忽职守致使校舍倒塌,造成师生伤亡事故情节严重的。《教师法》第35条、第36条、第37条、第38条中也规定了违法情节严重,构成犯罪的行为要依法追究刑事责任。

以上各种违法行为中,大部分是以情节严重作为追究刑事责任的必要条件。不同行为中"情节严重"的含义是不同的。比如,体罚学生情节严重是指体罚学生的手段恶劣,或者致学生重伤等情况。又如,玩忽职守致使校舍倒塌,造成师生伤亡事故的"情节严重",是指明知是危险校舍而不向上

---

① "教育法律责任的种类"部分主要参照潘世钦、颜三忠等:《教育法学》,武汉大学出版社2003年版。

级报告或不采取措施处理而致使校舍倒塌，造成死亡1人以上或者重伤3人以上等情节。

承担教育刑事法律责任的方式是受到刑事法律制裁。刑事法律制裁是人民法院依照刑法的规定，对犯罪行为实施主体适用的刑罚，包括主刑和附加刑两种。主刑包括管制、拘役、有期徒刑、无期徒刑和死刑五种，附加刑包括罚金、剥夺政治权利和没收财产三种。

第四节　教育法律责任主体

教育法律责任，是指教育法律关系主体对自身教育违法行为所应承担的带有强制性的否定性法律后果。教育法律责任的主体必须是特定教育法律关系的主体，也就是说具体参与教育活动并依据教育法律法规享有教育权利和承担教育义务的人。其主体既可以是公民，也可以是法人；既可以是教育活动的实施者，也可以是教育活动的管理者；既可以是教育者，也可以是受教育者。

教育违法行为是教育法律责任的前提。它与教育违法行为密切相关。也就是说，教育法律责任是因教育违法行为而产生的，只有发生了教育违法行为之后才会导致承担教育法律责任这一法律后果。教育违法行为是指教育法律关系主体在行使教育权利和履行教育义务的过程中违反教育法律给社会造成危害的行为。其具体表现为教育民事违法、教育行政违法和教育刑事违法（犯罪）。在教育实践过程中，教育违法行为多表现为教育民事违法和教育行政违法，只有少数严重的教育违法才构成教育刑事违法（犯罪）。它是一种带有强制性的否定性法律后果。其与国家强制力紧密相联，是国家对教育违法行为的不赞许态度。其实质是国家运用强制性方式对教育违法行为所作的法律上否定性评价和谴责，是国家矫正教育违法行为，恢复被破坏的教育法律关系的秩序的手段，同时也是社会主义法制"违法必究"原则在教育法制领域的具体体现。

教育法律责任不是一种独立的法律责任形式。教育法对作为教育法律责任基础的教育违法行为并没有规定特别的制裁方法，对教育法律责任的承担方式也无统一具体的规定，所以，教育法律责任不是一种独立的法律责任形式。

一、行政机关违法时所应承担的法律责任

以行政机关为违法主体的违法行为大致可依承担责任的主体不同划分为两类：一类是行政机关越权或滥用职权侵犯相对人合法利益的违法，另一类是行政机关工作人员滥用职权、触犯法律的违法。前者的责任主体是行政机关，其承担方式有：通报批评、赔礼道歉、承认错误、恢复名誉、消除影响、恢复原状，停止违法行为，撤销违法决定、撤销违法的抽象行为、履行职务、纠正不法、行政赔偿等。后者的责任主体是国家机关工作人员，其责任承担方式有：同步批评、赔礼道歉、承认错误、退赔、恢复原状、停止违法行为、经济处罚、赔偿损失、行政处分、罢免等。两类违法并非截然分开，有时在追究完行政机关法律责任后，仍要追究行政机关有关负责人的法律责任。目前，以行政机关为违法主体的违法行为主要包括教育经费核拨、使用不当、拖欠教师工资、非法收取费用、在招生中和国家考试中徇私舞弊以及其他行政机关侵犯相对人合法权益的情形。

（一）教育经费的核拨与使用不当应承担的法律责任

教育经费核拨、使用不当的法律行为表现之一为不按预算核拨教育经费。所谓不按预算核拨教育经费是指，不按已经本级人民代表大会审查和批准的本级人民政府的预算内容向教育行政部门或其他教育机构核拨预算内容所要求的教育经费的情形。教育经费是发展教育的物质保证，不按照预算核拨教育经费是一种有害于教育事业发展的渎职行为，可能造成学校教学活动无法正常进行。各级财政预算核拨的教育经费包括：各级财政部门核拨的教育事业费、教育基本建设支出、各部门职业费和基本建设支出中用于学校的费用、各种专项奖金中用于教育的经费、学生课本价格补贴等。不按预算核拨教育经费的方式包括擅自调整、更改教育预算支出、不足额核拨教育经费、拒绝或拖延执行有关教育经费核拨的规定。

教育经费的各级财政预算内拨款是教育经费来源的主要渠道，它对教育事业的发展起着举足轻重的作用。因而不按预算核拨教育经费必须要承担相应的法律责任。《教育法》第七十一条对此作出了规定，即："违反国家有关规定，不按照预算核拨教育经费的，由同级人民政府限期核拨；情节严重的，对直接负责的主管人员和其他直接责任人员，依法给予行政处分。"这些行政处分可由本单位作出，也可以由上级主管部门作出。

教育经费核拨、使用不当的违法行为表现之二为挪用、克扣教育经费。

所谓挪用、克扣教育经费是指有关人员违反国家对财政预算内或预算外但仍具有财政性质的教育经费的核拨、征收、上缴、划分、分解使用等方面的财政管理制度，违反国家有关收支、核算、监督等方面的财务管理制度，利用工作或职务上的便利，使教育经费全部或部分收归个人或集体所有，或归个人或集体进行其他活动（非法活动）。所谓预算外但仍具有财政性质的教育经费包括社会对教育的投入，如社会集资、群众捐资、学生缴纳的学费杂费等。挪用、克扣教育经费的违法主体不仅包括行政部门的有关人员，与此同时，学校或其他教育机构，凡有权管理教育经费的人员，都有可能成为挪用、克扣教育经费的违法主体。

挪用、克扣教育经费将使本来已很紧张的教育资源更加匮乏，因而有必要对其进行规范。《教育法》第七十一条规定："违反国家财政制度、财务制度，挪用、克扣教育经费的，由上级机关责令期限归还被挪用、克扣的经费，并对直接负责的主管人员和其他直接负责人员，依法给予行政处分；构成犯罪的，依法追究刑事责任。"《义务教育法》、《义务教育法实施细则》和国务院办公厅转发的国家教育委员会、国家计划委员会、财政部、劳动人事部《关于实施〈义务教育法〉若干问题的意见》中规定，对侵占、克扣义务教育经费的，由主管部门对直接责任人员给予相应的行政处分，直至追究刑事责任。《幼儿园条例》第二十八条规定"对于克扣、挪用幼儿园经费的，由教育行政部门对直接责任人员给予警告或者罚款的行政处罚。"挪用、克扣教育经费行为严重的，则可能触犯刑律，构成挪用公款罪和贪污罪。所谓挪用公款罪是指有关负责核拨教育经费的工作人员，将款项挪归个人使用进行非法活动、营利活动或超过3个月未归还的行为，若进行非法活动的数额达到2千元以上，进行营利活动或超过3个月未归还的数额达5千元以上的，构成挪用公款罪。对违法者处5年以下有期徒刑或拘役，情节严重的，处5年以上有期徒刑。克扣、挪用教育经费构成贪污罪表现为有关责任人员直接将教育经费据为己有。若数额在5万元以上的，处10年以上有期徒刑，可以并处没收财产。情节特别严重的，处死刑，并处没收财产。数额在1万元以上不满5万元的，处5年以上有期徒刑，可以并处没收财产；情节特别严重的处无期徒刑，并处没收财产。数额在2千元以上不满1万元的，处1年以上7年以下有期徒刑；情节严重的，处7年以上10年以下有期徒刑。数额在2千元以上不满5千元的，犯罪后有自首、立功或者悔改表现、积极退赃的，可以减轻处罚或者免予刑事处罚，由单位或上级主管机关给予行政处分。数额不满 2 千元,情节较重的,处 2 年以下有期徒刑或者拘役,由其单位或上级主管机关酌情给予行政处分。"①

(二)拖欠教师工资应当承担的法律责任

拖欠教师工资是指有关部门或其他教育机构不按时发放教师的工资。拖欠教师工资有的是因为有关部门不按预算核拨教育经费,挪用、克扣教育经费造成的。由此看来,拖欠教师工资同样是教育经费核拨、行使不当的结果。但有些地区拖欠教师工资的确是由于财政困难或管理体制不合理造成的。

教师生活的基本来源是工资,也是教师能够安心本职工作的基本保证。拖欠教师工资的现象严重影响了教师教学的积极性,使教育教学质量无法得到保障。拖欠工资有经济的原因,但不仅仅是经济的原因。其根本原因是一些领导对教育工作不够重视,对教育优先发展的战略地位没有落实,对教育是说起来天下无敌,做起来有心无力。故对拖欠对象,除了要在教育行政管理体制上作出相应的措施,明确各级政府的责任,建立有效的监督机制之外,同时应对确有财政困难的进行补贴。还应认真追究有违法行为的责任者的法律责任。《教师法》第三十八条对此种行为的法律责任作了规定:"地方人民政府对拖欠教师工资的……应当责令期限改正。违反国家财政制度、财务制度,挪用国家财政用于教育的经费,严重妨碍教育教学工作,拖欠教师工资,损害教师合法权益的,由上级机关责令期限归还被挪用的经费,并对直接责任人员给予行政处分;情节严重,构成犯罪的,依法追究刑事责任。"对此,适用于教育经费核拨、使用不当所应承担的法律责任。

(三)乱摊派应承担的法律责任

乱摊派是指一些地区的有关部门或有关个人,在国家法律法规和有关收费管理规定之外,无依据或违反有关收费标准、范围、用途或程序的要求,向学校或其他教育机构尤其是社会力量所办的教育机构乱收费。合法的收费行为应符合下列几项条件:首先,收费要符合国家法律法规规定的收费项目;其次,收费要符合国家法律法规规定的收费标准;最后,收费要符合国家法律法规的收费程序。违反任何一项,都属于乱摊派行为。最近几年,因某些地区管理和监督体制的漏洞,加上部分执法人员素质不高,法制观念淡

---

① 劳凯声、郑新蓉等:《规矩方圆——教育管理与法律》,中国铁道出版社 1997 年版,第 389~390 页。

薄，不少单位违反国家有关规定，向学校或其他教育机构随意增加各种名目的收费项目，严重影响了学校办学的积极性。因而，要加强对有关部门和责任人员的责任追究。对此，除了可依据国家已发布的一系列规范乱摊派现象的政策和规定之外，《教育法》第七十四条也对此现象作出了承担法律责任的规定。

（四）在招生过程中徇私舞弊应承担的法律责任

在招生中的违法行为是指有关主管人员、直接从事和参与学校及其他教育机构招生工作的人员，违反有关招生管理的规定和要求，利用招生或与其相关的工作，实行歪曲事实、掩盖真相、以假乱真等行为，从而达到招收本不应该被录取的人员，并从中获得好处的目的。招生工作关节众多，包括调阅考生档案、思想品德考核审查、身体健康状况检查、新生入学复查、体检，还包括报名、命题、试卷印制、接送、保管、考场管理、评卷等工作，任何一个环节的工作人员徇私舞弊，都是违法行为。所以，在招生中徇私舞弊的违法行为不仅包括行政机关的工作人员还包括学校和其他教育机构的工作人员。

招生工作是培养现代化建设人才的重要前提条件之一也是关系考生前途命运的一项大事，因而，人们对招生中徇私舞弊行为非常痛恨。《教育法》第七十七条规定："在招收学生工作中徇私舞弊的，由教育行政部门责令退回招收的人员；对直接负责的主管人员和其他直接责任人员，依法给予行政处分；构成犯罪的，依法追究刑事责任。"《普通高等学校招生暂行条例》第五十五条规定："有下列行为之一的招生工作人员和其他有关人员，省、自治区、直辖市招生委员会或高等学校可撤销其招生工作职务，取消工作人员资格，或给予行政处分：1. 在出具、审定考生的户口、政治思想品德考核、身体检查、三好学生、优秀学生干部、体育竞赛的获奖名次及其他证明材料中弄虚作假；2. 纵容或伙同他人舞弊；3. 涂改考生志愿、试卷、考试分数及其他有关材料；4. 违反招生工作规定，给工作造成损失。"第五十六条规定："有下列行为之一的人员，由司法机关根据情节轻重，依据治安管理处罚条例和刑法，追究行政责任和刑事责任：1. 盗窃或泄露试题、参考答案、评分标准；2. 扰乱考场、录取场所秩序，威胁工作人员人身安全；3. 行贿受贿、敲诈勒索；4. 国家工作人员利用职权，徇私舞弊，妨碍招生工作；5. 其他破坏招生工作的行为。"在招生中，徇私舞弊，情节严重的，将构成渎职罪，具体来说，有可能构成受贿罪或泄露国家机密罪。所谓受贿罪,是指行政机关内负责招生工作的有关人员,利用职务上的便利,索要他人财物,或非法收受他人财物为他人谋取利益的。对犯受贿罪的,根据受贿所得数额及情节,将承担如前面因教育经费核拨、使用不当而导致贪污罪相同的法律责任。但如果受贿数额不满1万元,却使国家利益或集体利益遭受重大损失的,处10年以上有期徒刑;如果受贿数额在1万元以上,使国家利益或集团利益遭受重大损失的,处无期徒刑或死刑,并处没收财产。索贿的从重处罚。所谓泄露国家机密罪是指负责招生的有关工作人员违反国家保密法规,泄露国家重要机密,情节严重的行为。我国关于教育工作中国家秘密的有关规定中规定,地区(市)级以上政府教育行政部门及其所属考试机构组织各类高等及中等教育统一考试在启用之前的试题(包括副题)、参考答案和评分标准、命题工作及其人员的有关情况,属于国家秘密的具体范围。正因为高等教育和中等教育统一考试属于国家秘密,所以泄露统一考试的试题,就是泄露国家秘密。国家工作人员违反国家保密法规,泄露国家重要机密,情节严重的,处7年以下有期徒刑,拘役或者剥夺政治权利。在招生工作中徇私舞弊除了可能犯上述两种罪之外,也可能触犯其他的刑律,这要根据具体情况来分析。除此之外,如果徇私舞弊行为的方式和结果违反了《治安管理处罚条例》但尚不够刑事处罚的,还要接受公安机关的治安处罚。在招生中徇私舞弊的违法行为许多并不触犯刑法。对此,有关部门应给予相应的行政处分。"①

(五)漠视教育、教学设施的建设危险应承担的法律责任

许多学校及其他教育机构的教育教学设施,因维修、改造等资金跟不上,经常发生伤亡等事故。忽视教育教学设施危险的责任主题除学校外,还应包括:设计、建筑校舍及设计、生产教育教学设施的单位或个人以及教育和其他有关主管部门所涉及的当地人民政府的有关负责人等。我国20世纪80年代初,中央就有关于尽快解决中小学危房的政策指示,但至今危房仍然存在,有些部门和领导对此问题不给予足够的重视,致使有的学校和其他教育机构的教学设施仍存在隐患、危险。

"明知校舍或教育教学设施有危险,而不采取措施,造成人员伤亡事故的,对直接责任人员,处三年以下有期徒刑或者拘役;后果特别严重的,处

---

① 劳凯声,郑新蓉等:《规矩方圆——教育管理与法律》,中国铁道出版社1997年版,第392~393页。

三年以上七年以下有期徒刑。"① 对于"因忽视安全生产，管理不善；工作不负责任，违章指挥；玩忽职守，徇私舞弊等，对学生造成严重的人身、财产损害的，由其所在单位或上级主管部门，视具体情况对有关责任人员分别给予责令检查、赔偿损失、行政处分，直至依法追究刑事责任"。②

（六）其他违法行为应承担的法律责任

以行政机关为违法主体的违法行为除以上内容外，尚有其他内容。如对依法提出申诉、控告、检举的教师进行打击报复，以及其他侵犯学校、教师、学生或其他机构和人员的合法权益的行为等。所谓侵犯合法权益，主要包括以下方面：（1）拖欠教师工资；（2）侵犯教师、受教育者的生命健康权和人格权；（3）侵犯学校或者其他教育机构的名称权、名誉权、荣誉权；（4）侵占学校或者其他教育机构的校舍、场地或者损害学校或者其他教育机构、教师、受教育者的财产所有权；（5）侵犯教师、受教育者、学校或者其他教育机构的著作权、专利权、商标专用权、发现权、发明权和其他科技成果权。对于行政机关侵犯学校、教师、学生或者其他教育机构和人员的上述合法权益的，除承担部分民事责任外，还应依照《中华人民共和国赔偿法》承担相应的赔偿责任。

二、学校违法应承担的法律责任

以学校（包括教师）为违法主体的违法行为基本上可划分为两类：一类是学校（包括教师）权利行使不当，也可以说，或是滥用权力或是越权行为，导致侵犯了相对方的合法权益，其违法主体通常是出于故意的心理状态，即明知违法但仍坚持实施；另一类是学校或是教师未能很好地履行法律上规定的职责和义务，它主要是指学校未尽管理学生的职责，教师未尽监护学生的义务，其通常是处于过失的心理状态，即未能够预见违法后果的产生，或并不希望出现违法后果。所以，对这两类违法行为，在依法判处违法主体所应承担的法律责任时，应考虑违法主体所不同的主观心理状态。学校（包括教师）权力行使不当主要有：乱收费、招生中违法不当行为、体罚学生、违法颁发证书，私拆学生信件等。请看以下案例：

---

① 《中华人民共和国刑法》，第138条。
② 国家教委发布：《普通高等学校学生安全教育及管理暂行规定》（1991）。

案例1：

1994年开学不久，湖北恩施市××中学以整顿校园秩序、加强校园管理为由，报上级有关部门批准，成立学校保安室。由退伍军人赵××担任保安员。该校针对中考成绩较差，以及外来干扰和校内纪律混乱的情况，实行"全封闭式管理"。学生中出现的大小违纪行为都交给赵××处理。赵××对违纪的学生采取"治安式"惩罚性教育。主要形式有：办差生学习班；进行"惩罚性"军训；学生相互对打；夜间紧急集合等。该校体罚学生的形式多种多样，有罚站、罚跪、打手、脚踢、禁闭、晒太阳等；体罚的工具有竹片、木板、轧米机皮带、皮水管等。该案中，学校的出发点是好的。但学校不能以任何借口侵犯学生的合法权益。

该案中学校的行为已超出了教育管理的范围，严重违反了《未成年人保护法》和《义务教育法》，不仅如此，赵××的行为也已触犯了《刑法》。恩施市委作出如下处理决定：将此事通报全市，引以为戒；将当事人赵××移送司法机关处理；对负有责任的有关部门和新塘中学有关领导分别给予记过、记大过的行政处分。

案例2：

某小学三年级学生在操场上上体育课，学习打篮球。体育教师在给学生讲解完打球要点和有关安全注意事项后，把班上的同学分为几个组，练习投篮和抢篮板球。张某（10岁）和王某（10岁）分在一个组内。因地不平，张某在抢球时不慎摔倒在地，恰巧被奔跑上来的王某踏在腿上，致小腿骨折。此时，教师正在指导其他小组练球。张某住院三个月，共花医疗费3000余元，医疗费、护理费、营养费、张某父母误工误时费共6000元。

该案中，教师已尽到了职责，事前，教师讲解了安全注意事项；事故发生时，教师正在指导其他小组成员。但学校场地不平是致人损害的原因之一，对此，学校负有不可推卸的责任。就民事侵权行为构成要件来说，场地不平与学生受伤之间有因果关系。因此，学校有过失，它本应预见到场地不平有可能发生损害，但学校没有预见到，或预见到但轻信可以避免。学校应负一定的法律责任。另外，王某是造成张某受伤的直接原因，王某是无民事行为能力的人，《婚姻法》规定：未成年人对国家、集体或他人造成损害时，父母有赔偿经济损失的义务。因而，王某父母虽然不在事故现场，但仍需承担法律责任。总之，王某父母和学校都应承担法律责任，张某的经济损失由王某父母和学校共同承担。

三、受教育者违法应承担的法律责任

受教育者是教育的对象，也是教育法调整的社会关系的重要主体之一。对其不当行为应主要采取帮助教育的态度，但如果屡教不改或情节严重的，则应承担相应的法律责任。

（一）在考试中作弊应承担的法律责任

考生在考试中作弊，在学校内组织的一般考试中作弊的，应根据各学校的规章制度给予处分，若在全国统一考试中作弊的，则根据相关法规条例给予处分。

考试是一项很严肃的教育活动。它既是对学校教学质量的检查，又是对学生学习效果的测验，公正性是其存在的基础。因而，对考试中作弊的行为必须承担相应的责任。《高等学校招生全国统一考试管理处罚暂行规定》第七条规定："考生有下列情形之一的，扣除该科所得分的30%~50%：1.携带规定以外的物品进入考场的；2.开考信号发出前答题的；3.考试终了信号发出后继续答卷的；4.在考场内吸烟、喧哗或有其他影响考场秩序的行为，经劝阻仍不改正的；5.在试卷规定以外的地方写姓名、考号的；6.用规定以外的笔答题的。"第八条规定："考生在两科以上考试中有第七条所列情形之一的，所考科目的考试成绩无效。"第九条规定："考生有下列情形之一的，取消当年考试资格，情节严重的，不准参加下一年度的全国统一考试：1.交头接耳、互打暗号、手势的；2.夹带的；3.接传答案的；4.交换答卷的；5.抄袭他人答卷的；6.有意将自己的答卷让他人抄袭的；7.考试期间撕毁试卷或答卷的；8.将试卷或答卷带出考场的；9.在评卷中被认定为雷同卷的；10.有意在答卷中做其他标记的；11.有其他舞弊行为的。"第十条规定："考生有下列情形之一的，取消当年考试资格，并从下一年起两年内不准参加全国统一考试：1.扰乱报名站（点）、考场、评卷场及考试有关工作场所秩序的；2.拒绝、阻碍考试工作人员执行公务的；3.威胁考试工作人员安全或公然侮辱、诽谤、诬陷考试工作人员的；4.伪造证件、证明、档案以取得考试资格的。"第十一条规定："考生由他人代考的，或偷换答卷、涂改成绩的，取消当年考试资格，并从下一年起三年内不准参加全国统一考试。"第十二条规定："高等学校在校生代他人参加全国统一考试的，由其所在学校勒令退学或开除学籍；在校高中生代他人参加全国统一考试的，从该生毕业当年起两年内不准参加全国统一考试。"

（二）其他违法行为应承担的法律责任

学生应当遵守学校或者其他教育机构的管理制度。但有些学生由于受来自社会或家庭的不良影响，实施了违法行为，如偷窃，打架斗殴等。学校根据其违法行为的严重性，轻者给予批评教育，重者则移交司法机关依照《治安管理处罚条例》或《刑法》处理。在处理的过程中，应考虑学生的年龄因素，区别不同的责任年龄和不同的责任能力。根据我国刑法规定，刑事责任年龄划分为三个阶段：已满16岁的人犯罪，应当负刑事责任，为完全负刑事责任年龄；已满14岁不满16岁的人，犯杀人、重伤、抢劫、放火、惯窃或者其他严重破坏社会秩序之罪的，应当负刑事责任，为相对负刑事责任年龄；不满14岁的人，不管实施何种危害社会行为，都不负刑事责任，为完全不负刑事责任年龄。此外，已满14岁不满18岁的人犯罪，应当从轻或者减轻处罚。因而，受教育者触犯刑法时，其定罪量刑还应考虑年龄因素。

关于学校对学生的处理，有关法规给予了规定。譬如《中等专业学校学生学籍管理的暂行规定》中规定："对违反纪律和犯了错误的学生，应该耐心批评教育，帮助他们改正错误。对极少数确实犯了严重错误，或者犯有较大错误而又屡教不改的学生，可以给予警告、记过、留校察看直至开除学籍的处分。受上述处分的学生，除开除学籍者外，有显著进步表现的，可以撤销处分。受留校察看处分的学生，一年内经教育不改的，应令其退学。"以下所举案例，为全国首例委培大学生诉讼案：

案例①：

1988年1月18日，东港公司（简称）与山东大学签订了《东港实业有限公司委托山东大学开办市场营销专业的合同书》。合同约定：山东大学为东港公司定向培养市场营销专业人才，委培生毕业后回东港公司工作。东港公司付给山东大学基建设备费、培养费，计每位学生16750元。此后，1989年山东大学印制的招生简章上也注明，市场营销专业系为东港实业有限公司代培，面向山东省招生。1989年9月，包括本案7名大学生在内的59名学生经过高考录取到山东大学市场营销专业。1992年7月，山东大学及东港公司根据该59名学生的成绩，按照当初招生简章上载明的实行三二分流，有14人提前专科毕业，其余的45人继续本科深造，1993年6月，东港公司

---

① 本案例引自：中国教育法律在线，http://www.chinaedulaw.com。

与该45人签订了委培合同。合同约定，东港公司承担学生在校期间的校基建设备费、培养费，学生毕业后回东港公司工作，工作期限为8年。如不回去工作，必须赔偿上学期间东港公司为其支付的全部培养费用，并支付1~3倍的培养费作为违约金，其中工作不满四年的，每人赔偿67000元。当时有5名学生拒绝签订合同（包括本案中到庭）。1994年7月，上述45名学生毕业，被分回东港公司工作。山东省教委高等学校毕业生分配办公室签发了工作报到证，报到期限自1994年7月16日至7月31日止。

1994年7~8月份，泉城济南，酷暑灼人，东港公司的领导更是心急火燎，委培生有的迟迟不来报到，8月2日，东港公司向没有报到的学生发出催报函，要求履行合同。然而，仍有7名大学生不来报到，难道5年的心血，5年的期待，最后竟会是一场空？公司决策人经过慎重考虑，决定依靠法律，讨个"说法"。1994年9月5日东港公司向济南市西城区法院递交了起诉状，起诉该7名大学生的违约行为，要求被告履行合同，赔偿原告的经济损失。

被告方7名委培生认为：他们不是东港公司的委培生。并提出，他们1989年来山东大学上学时，并不知是为东港公司代培。1989年高考填报志愿时，未填报委培志愿，未填写委培保证书；高考的分数超过当年本科线；上大学前，原告未按国家教委（86）教学字002号文件的规定，与被告签订委培合同；1993年6月原告与被告签订的合同不合法，以不签合同不发毕业证作为要挟条件；原告与山东大学签订的代培合同，收费不合理，不符合有关规定，即使赔偿也只能按国家规定的5000元。

而东港公司则认为：

第一，被告系原告的委培生无疑。被告所持的入学通知书上，已经注明该专业要为东港公司代培，另外，山东省招生委员会盖章和山东大学负责人签定的《录取新生简明登记表》上都标明了市场营销专业为东港公司代培。此外，从有的被告的档案中，也可以看到被告人已填了委培志愿，填了原告的单位。"入学通知书"就是原告和山东大学对被告人实行委培上学的一种条约。被告凭此通知书到山东大学报到，就是对原告承诺。

第二，关于原告与被告签订委培合同的时间问题。被告提出应在上学前与原告签订合同的说法是不存在的。国家教委会（86）教学字002号文件及"山东省招生委员（86）鲁招委字3号文件"规定，应当在入学前签订委培合同的只能是"农场、牧场等地区的企事业单位等"。即国家教委在

1986年制定委培文件时，实行列举法，已列举出应提前签合同的地区和单位。而东港公司是合资企业，又在省会济南，不符合规定。

第三，关于1993年6月原告与被告签订委培合同的合法性问题。被告提出，双方所签合同，在签约时，原告方有欺骗、胁迫行为，并指出原告经办人以"不签合同就不发给毕业证"，强迫被告签字。但事实是，所有的学生在毕业时，都领到了山东大学的毕业证书，包括没有签合同的被告。

第四，关于高考的分数问题。据查，被告1989年的高考分数达到山东省的本科分数线。这是事实，但未达到山东大学的本科分数线。同时，他们填报的本科志愿都未被录取，在这种情况下才被录取到山东大学代培。

第五，关于赔偿数额问题，被告提出的即使赔偿也不应赔偿原告，应赔给山东大学，同时应按每名学生5000元的标准赔偿，是没有依据的。根据教育部、国家计委、财政部（84）教计字110号《高等学校接受委托培养学生的试行办法》及山东省教育厅、计委、财政厅（84）鲁教计字72号文件规定，"委托单位要负担为其培养的学生所需的基本建设投资和经营费"，"委托培养学生所需的经营费，可由委托培养学生的双方协商确定具体标准"。而原告正是依据上述规定，经双方协商，由原告支付山东大学每位委培生校建设备费8000元，培养费8750元，共计16750元。同时，被告在校期间已由原告安排外出实习过三次，吃、住、行等费用都由原告支付，平均每人3000多元。同时，按照山东省教委、财政厅、物价局鲁教配字（1992）6号文件规定"委托培养毕业生要求改派其他单位的，须经委托单位或其主管部门同意，并交还由单位支付的全部培养费"，被告违约，理应返还全部培养费。并且，根据原、被告双方签订的合同，被告要支付违约金。

除一名被告经法庭调解自行与原告和解外，人民法院作出判决，判决认为，该6名被告确系原告委托山东大学为其代培的委培生，有山东大学1989年招生简章、新生委托培养入学通知书、学生登记表、委培保证书及省教委的有关文件为证，被告的辩称理由不能成立。原告所诉事实清楚，证据充分，其请求应予支持。签于此，西城区人民法院一审判决6名被告每人返还原告经济损失3.35万元至4.35万元不等，案件受理费由被告承担。

四、社会违法应承担的法律责任

在这里，社会违法是指除行政机关、学校（包括教师）、学生以外的其他人员的违法行为。社会作为违法主体的情形复杂、种类繁多，现实生活中比较突出的如非法举办学校、违法颁发证书、扰乱学校治安的教学活动等。

（一）针对中小学生辍学其有关人员应承担的法律责任

观念、经济、社会、家庭、教育等多方面的因素是造成中小学生辍学的主要原因。而这种现象不会在短期内消失，所以我们要进一步增强抓好"控辍"工作的紧迫感、责任感，把它作为各地狠抓义务教育的工作重点，力争做到政府重视，社会配合，措施有效。要大力宣传，营造尽可能减少学生辍学的良性循环的社会环境。要从本质上转变广大干部和群众的观点，使不送被监护人入学就是违法的观念深入人心，形成良好的社会法制氛围。请看以下案例：

案例：

辽宁省某县，近几年中小学在校生失、辍学问题较为严重，一些农民出于经济利益考虑，不愿让孩子念书，致使一大批在校学生不得不回家替父母干活挣钱。1994年至1995年度，某乡中学就有61名。为此，乡政府成立了教育执法领导小组，并组成多个动员复学工作组。对61名辍学在家的初中生劝说复学。经过教育，有49名学生返校就学，另外12名学生仍然不返校，乡政府针对此种情况，作出罚款规定。但12户家长仍不执行。乡政府向人民法院申请行政执行，这12名家长才不得不交上所罚300元，并写下保证书，让辍学的学生重返校园。该案中，学生父母依法承担罚款的责任。

（二）针对非法举办学校或其他教育机构应承担的法律责任

学校或其他教育机构的合法成立意味着要有相应的教育经费、校舍、教学场地、财产、设施及教学人员等；另外还要符合国家和各地方的整体教育发展规划要求，不违背国家相应的禁止、限制、鼓励、支持等办学原则；必不可少的是要依法定程序成立。非法举办是指在不具备办学条件、不符合有关规定的情况下，弄虚作假、骗取主管机关批准或登记，或者主管机关徇私枉法予以批准，教学育人环境达不到要求，给受教育者带来物质和精神的损害。请看以下案例：

案例：

陕西某大学本是一所无权授予国家学历证书的助学性学校。1994年7月，在没有经过省教委批准的情况下，擅自更改校名，并私刻校印，制发虚假招生广告，自行跨省招生，并盗用多家高校名义印发招生简章，许诺可以"免试入学"、并在毕业时发给国家承认的毕业证书，还负责安置就业。在空头许诺之下，全国十多个省的数百名青年前来报到上学，在社会上引起了很大的反响。对此，省教委在了解情况后，作出决定：自1995年2月13日取缔该大学，对擅改校名、私刻校印、制发虚假招生广告、乱收费的责任者，将作出严肃处理。对违反有关规定与该大学签订联合办学协议的普通高校的二级学院、系、部，由所在学校查清情况，予以处理；对来该校报到的学生，除自愿返回者外，对愿留西安继续学习的384名学生，安排到有关院校举办的高教自学考试辅导班学习，并要求学校安排好这些学生的学习生活。该学校收取学生的98万元学费，已退还学生43万元。

（三）针对伪造文凭所应承担的法律责任

伪造文凭，是指社会上一些不法之徒，无视法律法规，利用各种违法手段，私刻印章，出售假文凭，以牟取暴利的违法行为。伪造文凭是一种伪造事业单位的公文、证件、印章的行为，因而构成伪造国家公文、证件、印章罪。依法应处3年以下有期徒刑、拘役、管制或者剥夺政治权利；情节严重的，处3年以上10年以下有期徒刑。

案例：

刘志刚，一个高考落榜的青年，为了实现自己的求学梦，边打工边在北京大学旁听计算机课程和经济学课程。2004年11月14日，在国家人事部举办的全国第六届高级人才洽谈会上，他拿出自己编造的"注水简历"，以北大在读博士生的身份出现，居然引起了郑州航空工业管理学院（以下简称郑州航院）招聘人员的青睐，被当作"高级人才"引进。郑州航院发现其假冒博士的情况后报了警。

2005年5月19日，这起全国首例因提供虚假简历被以涉嫌诈骗罪提起公诉的案件，在郑州市二七区法院公开审理。法庭当庭作出判决，假博士刘志刚被以诈骗罪判处有期徒刑3年6个月，并处罚金4000元，退还郑州航院支付给他的5370元工资。在法庭上，这个假博士不停地说："我没有罪！我虽然没有博士的学历，但我的能力和水平已经达到了博士的水平。不信，可以当场对我进行测试。"

目前，在各大中专院校，选人、用人、给待遇大都只认学历、职称，这必然使人们对象征身份的学历或职称求之若渴，甚至搞不正之风、弄虚作假。"这几年，高校的年轻老师竞相考博读博，就是被环境所逼。职称考试作弊屡禁不止、学术腐败愈演愈烈、论文缴费名正言顺、职场假文凭假简历层出不穷，无不缘于此。刘志刚博士头衔一戴，就可获得4万元安家费和

120平方米的住房，这也就是说，只要弄到博士文凭，就可享有这样的待遇，而不论有没有真才实学、业绩和贡献。学历和职称虽然与教育背景相关，是一个人综合素质的重要表现，但绝不应是评价人才和使用人才的唯一标准。从这一层面上说，刘志刚其实是高校用人体制造就的一个悲剧人物。"①

（四）针对结伙斗殴、寻衅滋事所应承担的法律责任

近几年结伙斗殴、寻衅滋事的事件时有发生，它扰乱和破坏了学校正常的教学秩序，严重影响了中小学生的身心健康发展，成为社会治安的一个重要问题。"结伙斗殴、寻衅滋事属于妨碍社会管理秩序的行为，对于实施该种行为，尚不够刑事处分的，由公安机关处15日以下拘留，200元以下罚款或者警告；如情节严重，则构成扰乱社会秩序罪，处5年以下有期徒刑、拘役、管制或剥夺政治权利。如果情节恶劣的，如斗殴人数多、规模大、社会影响恶劣、造成人身伤亡或其他严重后果的，则构成流氓罪，处7年以下有期徒刑、拘役、或者管制；流氓集团的首要分子处7年以上有期徒刑；流氓集团的首要分子或携带凶器进行流氓犯罪活动的，可以处无期徒刑，直至死刑。破坏学校及其他教育机构的校舍、场地及其他财产的行为属于侵犯公共财产的行为。对此种行为，尚不够刑事处罚的，处15日以下拘留或者警告，可以单处或并处200元以下罚款；情节严重的，构成故意毁坏公私财物罪，处3年以下有期徒刑、拘役或者罚金。并承担相应的赔偿等民事责任。"②

案例：

戴某为某中学高二学生，他平时经常违反学校纪律，一天上课，肆意破坏课堂纪律，任课老师批评了他，他竟辱骂老师，气得老师心脏病复发，住院治疗了一个月。学校为教育他，给予其警告处分。之后，他不但不改正，还怀恨在心，他不接受老师的教育，经常逃课并纠集了社会青年王某、李某、徐某，经常到学校捣乱，寻衅滋事，打架斗殴。校领导、老师制止他们的行为时，还遭到辱骂、威胁、殴打，扰乱了学校正常的教学工作秩序。校方向当地派出所报了案。当地派出所拘留了戴某、王某、李某、徐某。戴某

---

① 本案例引自：《今日安报》，http://epaper.hnby.com.cn/jrab/t20050520_102210.htm.

② 《教育法》，第七十二条。

由于破坏学校秩序被加重了处分,他并没有从前2次处分中吸取教训,反而串通一个曾因打架受处分的本校学生周某,在某晚,带着作案工具,爬墙进校,撬开教务处的门,砸毁了部分财物,然后往办公室的书籍上浇汽油,点着火后逃走。一座教学大楼被烧毁,经济损失达数百万元,学校2000多名学生被迫停课一个多月。

(五) 针对其他违法行为所应承担的法律责任

辱骂、殴打教师在社会作为违法主体的违法行为中常有发生。"侮辱、殴打教师的,根据不同情况,分别给予行政处分或者行政处罚;造成损害的,责令赔偿损失;情节严重,构成犯罪的,依法追究刑事责任。"① "对于造成轻微伤害的,公然侮辱教师,尚不够刑事处罚的,依《治安管理处罚条例》由公安机关处以15日以下拘留、200元以下罚款或者警告。情节严重,构成犯罪的,则可能构成侮辱罪或故意伤害罪。犯侮辱罪的,处2年以下有期徒刑、拘役或者剥夺政治权利。犯故意伤害罪的,处3年以下有期徒刑或者拘役。重伤的,处3年以上7年以下有期徒刑。直至7年以上有期徒刑或无期徒刑。同时,承担赔偿损失、赔礼道歉等民事责任。"②

【本章小结】

通过本章的学习,我们了解到法律责任和法律归结与免除的基本含义、功能、分类及原则。在此基础上有助于更好的研究教育法律责任。教育法律责任的概述主要涉及教育法律责任制度的意义和教育法律责任的种类。前者包含建立和健全教育法律责任制度有利于树立和维护教育法律法规的权威;建立和健全教育法律责任制度有利于教育活动的法制化;建立和健全教育法律责任制度有利于充分保障公民的教育权利。后者分为,教育民事法律责任、教育行政法律责任、教育刑事法律责任。通常教育法律责任主体分为4个部分:行政机关违法时所应承担的法律责任;学校(包括教师)违法时所应承担的法律责任;受教育者违法时所应承担的法律责任;社会违法时所应承担的法律责任。

---

① 《教师法》,第三十五条。
② 教育部人事司组编:《高等教育法规概论》,北京师范大学出版社2000年版,第309页。

【思 考 题】

1. 简述法律责任的功能。
2. 试述归责的基本原则。
3. 结合我国实际情况谈谈你对教育法律责任制度意义的理解。
4. 教育法律责任主体构成有哪些?

【主要参考文献】

1. 教育部人事司组编:《高等教育法规概论》,北京师范大学出版社 2000 年版。
2. 潘世钦,刘小干,颜三忠:《教育法学》,武汉大学出版社 2003 年版。
3. 张乐天:《教育政策法规的理论与实践》,华东师范大学出版社 2002 年版。
4. 劳凯声,郑新蓉等:《规矩方圆—教育管理与法律》,中国铁道出版社 1997 年版。
5. 张文显:《法理学》,北京大学出版社 1999 年版。
6. 张乐天:《教育法规导读》,华东师范大学出版社 2000 年版。
7. 李小燕:《教育法学》,武汉工业大学出版社 1990 年版。
8. 王国炎:《教育法概论》,江西人民出版社 2001 年版。
9. 周永坤、范忠信:《法理学——市场经济下的探索》,南京大学出版社 1994 年版。
10. 董和平,韩大元,李树忠:《宪法学》,法律出版社 2000 年版。

第十一章　教育法律制裁

上一章我们谈到了教育法律责任。教育法律关系中的行为应当遵守教育法律法规，当公民或社会团体的行为触犯教育法律法规时，相关个体或组织就应当承担相应的教育法律责任。若责任主体拒不承担法律责任，国家机关就要利用国家强制力对违法者或违法组织实施教育法律制裁。本章即针对教育法律制裁展开论述。

第一节　法律制裁概述

法律制裁的一个基本前提是法律关系中的主体违反了相关的法律法规，那么究竟如何界定一种行为的性质是守法还是违法呢？针对违法行为的具体性质，国家机关将如何制裁？作为国家机关的强制性行为，法律制裁和法律责任的关系是什么？是否可以用对法律责任的强调来代替强制性的法律制裁？本节即对相关问题进行详细的介绍。

一、守法与违法

当人类进入到法治社会之后，人们的行为便有守法与违法之分。立法机关创制法律的直接目的是法律的实行，要求人们遵守法律。正如我国清末法学家沈家本所讲的："法立而不行，与无法等，世未有无法之国而长安久治者也。"[①]

"徒法不足与自行。"任何一部法律的良好运行都要求人们普遍地遵守。这种对法律的自觉遵守就是我们所说的"守法"。而对法律的违背与抵触则构成"违法"。

---

① 沈家本：《历代刑法考》，《刑制总考三》，北京中华书局1985年版，第34页。

（一）守法的概念

守法，即遵守法律，公民的行为符合法律的规定，为法律所容许；违法，既违反法律，公民的行为不符合法律的规定，不为法律所容许。中国古代思想家管子所说的："夫生法者，君也；守法者，臣也；法于法者，民也。君臣上下贵贱皆从法，此谓为大治。"这段话的大意是：君主创制法，官员执行法，老百姓遵守，所以"君臣上下贵贱皆从法"①。

（二）违法的概念

一般而言，法律制裁是以违法者的违法行为为前提的，违法是一切违背现行法律规范所要求的，超出现行法律规范允许的范围的危害社会的行为。违法是不履行法定义务的行为，它有两种表现形式。作为和不作为。即做了法律所禁止做的行为或者不做法律所要求做的行为。

违法有广义和狭义之分。广义的违法包括一般违法和犯罪，犯罪是指违反了刑法、具有严重的社会危害性、应受刑法惩罚的行为；狭义的违法仅指一般违法，不包括触犯刑律的犯罪行为。我们这里讲的违法是广义上的违法。要确定行为人的行为是否违法，要从以下4个方面来衡量，即构成违法的四要素：

（1）违法必须是违反现行法律规范的行为。即行为人实施了违反法律、法规的行为。假若行为人的行为没有违法，他就不承担法律责任。行为违法也是构成教育法律责任的前提条件。这个条件包括两个方面的含义：一方面是指行为的违法性。只有行为违反了现行法律的规定才是违法行为。这种违反行为表现在教育领域可以是积极的作为，如考试作弊，殴打、侮辱教师、侵占学校财产；也可以是消极不作为，如不及时维修危房、拖欠教师的工资等。另一方面，违法行为必须是一种行为，而不能仅仅是一种思想。人的行为虽然受思想支配，但是如果思想不表现为行为，则并不构成违法。内在的思想，只有表现为外在的行为时，才可能构成违法。社会主义法制原则不承认思想违法。

（2）违法必须是侵犯了被法律保护的某种社会关系，并且具有一定的社会危害性。就教育而言，即行为人有侵害教育管理、教学秩序及从事教育教学活动的公民、法人和其他组织的合法权益的客观事实存在。这是构成教

---

① 沈宗灵：《论法律责任与法律制裁》，《北京大学学报》（哲学社会科学版），1994年第1期，第38页。

育法律责任的前提条件。违法对社会所造成的损害,有两种情况:一种是违法行为造成了实际的损害。如体罚学生致学生身体受到伤害;另一种是违法行为虽未实际造成损害,但已存在这种可能性。如有关部门明知学校房屋有倒塌的危险,却拒不拨款维修。违法行为造成的损害后果,表现为物质性的后果和非物质性的后果。物质性的后果具体、有形、能够计量。如挪用学校建设经费,其数额可以计算。非物质性的后果抽象、无形、难以计量。如教师侮辱学生,造成学生精神上、心理上长期的伤害,则无法计量。

(3)违法一般是行为人具有故意侵害或者过失,即行为人主观上有过错(法律特别规定者除外)。行为人有过错。所谓过错,是指行为人在实施行为时,具有主观上的故意或过失的心理状态。所谓故意的心理状态,是指行为人明知自己的行为会发生危害社会的结果,但希望或放任这种结果的发生。例如,招生办公室主任收受贿赂后,有意招收分数低的学生,而不招收分数高的学生,致使分数高的学生落榜。所谓过失的心理状态,是指行为人在本应避免危害结果发生时,但由于疏忽大意或者过于自信而没有避免,以致发生危害结果。例如,教师在教育方式不当对学生进行人格侮辱后,学生因不堪忍受而自杀,该教师的行为即有过失的因素。

(4)"违法行为的主体必须是具有法定责任能力者,即违法者必须是达到法定责任年龄和具有行为能力的人或组织。"① 从违法行为的构成要素来看,我们应注意违法行为与其他一些行为的区别。

首先,违法行为不同于仅违反道德的行为,很多违法行为,特别是犯罪行为,从道德上讲,也是应受谴责的,但有些违反道德的行为,却并不构成违法或犯罪行为,反过来,有些违法行为,并不涉及道德评价问题。

其次,违法行为与法律上无效行为的区别。有些行为在法律上是无效的,同时也是违法行为,但也有些行为,虽然在法律上是无效的,但却并不是违法行为。例如我国《民法通则》第 58 条规定:"下列民事行为无效:(一)无民事行为能力人实施的;(二)限制民事行为能力人依法不能独立实施的;(三)一方以欺诈、胁迫的手段或者乘人之危,使对方在违背真实意思的情况下所为的……以上所讲的三种行为,在法律上都是无效的,但第(一)、(二)种行为并不是违法行为,之所以无效是因为行为人缺乏民事行

---

① 沈宗灵:《论法律责任与法律制裁》,《北京大学学报》(哲学社会科学版),1994 年第 1 期,第 38 页。

为能力或这种能力受限制。第（三）种，即有欺诈行为的一方，不仅是无效行为，而且也构成了违法甚至犯罪行为。"

再次，违法行为与虽不违法但也不是合法的行为的区别。实际生活中，往往会遇到虽不违法但也并非合法的行为。例如，在某一地区，法律上并无禁止随地吐痰的规定，对随地吐痰这种行为当然不能称之为违法，但这种行为也决不是法律所支持的。

（三）违法的种类

违法行为按其性质、危害程度和法律制裁方式的不同，可分为以下3类：

1. 刑事违法

刑事违法即违反刑律构成犯罪的行为。一切违法行为都具有社会危害性，但只有犯罪的社会危害性已达到《刑法》所规定的程度才被认为是犯罪，有些行为虽也具有社会危害性，若情节显著轻微危害不大，则不认为是犯罪。如《教师法》第35条规定："侮辱、殴打教师的，根据不同情况，分别给予行政处分或者行政处罚；造成损害的，责令赔偿损失；情节严重，构成犯罪的，依法追究刑事责任。"由此可见，只有情节严重的危害社会的行为，才被认为是犯罪，没有社会危害性或者有社会危害性但没有达到《刑法》所规定程度的行为都不是犯罪。

2. 民事违法

民事违法即违反了民事法规，给国家机关、社会组织或公民个人造成某种权益损失的行为。民事法律责任是指由民事违法行为所导致的赔偿或补偿的法律责任，简称民事责任。民事责任的特点表现为：第一，民事责任是基于民事违法行为而产生。主要包括违反合同的民事责任和侵权的民事责任。违反合同的民事责任，是指合同当事人违反合同的规定而应承担的财产责任。侵权的民事责任，是指行为人因不法侵害他人财产权利或人身权利而应承担的财产责任或其他责任。第二，民事责任主要是财产责任。民法主要是调整平等主体之间财产关系和人身关系。其中，即使是因人身关系而导致的纠纷，如侵犯姓名权、名誉权等，其承担责任方式也可以是财产责任。第三，一定条件下，民事责任可以由当事人协商解决。违法者一般应主动承担，拒不履行时，才由受害者请求人民法院裁决。第四，民事责任既有个人责任，也有连带责任或由相关人负替代责任。

《教育法》第81条对违反教育法的民事责任做了原则规定："违反本法

规定,侵犯教师、受教育者、学校或者其他教育机构的合法权益,造成损失、损害的,应当依法承担民事责任。"在义务教育方面,根据《义务教育法》及其实施细则的规定,下列行为应当承担相应的民事责任:(1)侵占、破坏学校的场地、房屋和设备的;(2)侮辱、殴打教师、学生的;(3)体罚学生的;(4)将学校校舍、场地出租、出让或者移作他用,妨碍义务教育实施的。这些规定,为追究违反教育法行为的民事法律责任提供了依据。

3. 行政违法

行政违法即违反行政法规的行为。所谓行政法规是由最高国家行政机关国务院依法制订、修改的、有关行政管理和管理行政事项的规范性法文件的总称。教育法规类属于行政法规,违反教育法规的行为,一般属于行政违法。但当违法行为情节严重,触犯了民法或刑法的规范时,还应追究民事和刑事责任。如《教育法》第72条第2款规定:"侵占学校及其他教育机构的校舍、场地及其他财产的,依法承担民事责任。"第77条规定:"在招收学生工作中徇私舞弊的,由教育行政部门责令退回招收的人员;对直接负责的主管人员和其他直接责任人员,依法给予行政处分;构成犯罪的,依法追究刑事责任。"《教师法》第八章也有类似规定。

二、法律制裁

守法行为受到法律肯定性评价,违法行为受到法律否定性评价。

法律制裁在法律规则体系中处于十分重要的位置。从规范学的角度看,一个具体的法律规则由条件假设,行为模式和法律后果三部分构成。法律制裁属于法律后果的范畴。它集中体现了法律规则的强制性特征。从广义的角度看,法律上的义务,责任和制裁构成了一个完整链条。法律制裁是法律责任得以实现的最为重要的形式之一。在这里,我们将从法律制裁的概念、特征、种类及其与相近概念的区别等方面作一初步阐述。

(一)法律制裁的概念

从语言学的角度看,"制裁"一词有着十分丰富的含义。《现代汉语词典》中解释道:"制裁,用强力管束并处惩罚,使不得胡作非为。"①《汉语大词典》更为全面的对之做了四种解释,其中一项注释为"惩处,管束"。

---

① 中国社会科学院语言研究所词典编辑室编:《现代汉语词典》(2002年增补本),商务印书馆2002年版,第1622页。

《资治通鉴》："及安重诲。用事，稍以法制裁之。"①

制裁一词在英文中多被表述为 sanction。一般来说，指表明对行为的同意或不同意，并意在使行为与所要求的行为标准统一起来的任何反应；更具体地说，则是通过守法有奖或违法受罚来实施法律规则的要求。"在具体条文中，法律的每一要求或条款或禁止性规定，都要求制裁；没有制裁的规则是没有价值的。"② 拉丁语中的 sanction 翻译过来有"严厉的决定"、"批准"、"权利"、"权力来源"、"强制措施"的意思。像我们今天一样，拉丁语系的人常将制裁理解为法律规范的一部分。"但在某种意义上，制裁都被视为来自权威的想清除和禁止什么（不公正的）及相反，允许和鼓励什么的某种权力企图。"③

"著名的纯粹法学派代表人物凯尔森（Hans Kelsen）认为，制裁是由法律秩序所规定的促使实现立法者认为要有的一定的人的行为。"④ 我国法学界对"法律制裁"一词的具体表述多有不同。但一般认为，"法律制裁是由特定的国家机关对违法者依法追究法律责任而实施的强制性惩罚措施。"⑤

（二）法律制裁的特征

从法律制裁的概念，我们可以推演出法律制裁的基本特征。

1. 从该活动的实施主体上看，法律制裁是由特定的国家机关所实施的一种活动。只有国家机关才有正当的权力对社会成员实施强制性惩罚措施。正如新分析实证主义法学派代表人物哈特所举的例子，一个持枪抢劫者的强制命令并不构成任何义务或责任。这就是说，正是从实施主体上，我们才区分了强盗的强制性活动与国家机关所实施的强制性活动的根本不同。法律制裁的实施主体必须是特定的国家机关。抢劫者对他人实施的强制性活动根本不构成法律制裁。

2. "从该活动本身的特点上看，法律制裁是一种强制性的惩罚措施。

---

① 汉语大词典编纂处：《汉语大词典》，汉语大词典出版社 2000 年版，第 174 页。
② ［英］戴维·M.沃克：《牛津法律大辞典》，北京社会与科技发展研究所组织编译，光明日报出版社 1988 年版，第 187 页。
③ ［俄］B.B.拉扎列夫：《法与国的一般理论》，王哲等译，法律出版社 1999 年版，第 38 页。
④ ［奥］凯尔森：《法与国的一般理论》，沈宗灵译，中国大百科全书出版社 1995 年版，第 54 页。
⑤ 沈宗灵：《法理学》，北京大学出版社 1999 年版，第 420 页。

制裁者，对于破坏规范者所为之恶报也。"① 法律制裁体现了国家机关对违法行为人的一种否定性评价。违法行为人据此承担不利的法律后果。

3. 从该活动的实施依据上看，违法者实施违法行为的法律责任是国家机关实行法律制裁的依据。国家机关首先对违法者的违法行为进行否定性定量评价，据此明确法律责任，然后再处以法律制裁。

三、法律制裁的类型

法律制裁的种类可依据不同的标准进行分类。由于法律制裁是法律责任的一种最为重要的实现形式，所以对法律制裁种类的划分往往依赖于对法律责任的划分。"依据违法行为的性质，情节和社会危害结果，以及实施法律制裁的机关，方法不同，法律制裁一般可分为刑事制裁，民事制裁，行政制裁，违宪制裁等四种。"② 这种分法也与法律责任的划分较为匹配。

其实，法律制裁的种类划分也经历了一个历史的，动态的发展过程。纯粹法学派奠基人凯尔森指出，最初，只有一种法律制裁——刑事制裁，即狭义的惩罚。涉及生命、健康、自由或财产方面的惩罚。最古老的法律只是刑法。后来，制裁才有区分。除惩罚外，还出现了一种特定的民事制裁，民事执行，也就是对财富的强制剥夺。旨在提供赔偿，即补偿非法再承担损害，这样，除刑法外，民法也就发展起来。随着近代西方主权国家的出现，资产阶级革命的兴起，法治国思想逐渐融入到近代化国家的法理之中。行政法产生并得以发展。行政制裁亦在社会生活中扮演重要角色。19 世纪以来宪政运动的深入发展，特别是"二战"以后的宪政实践催生了一种崭新的法律制裁形式——违宪制裁。同时，随着国际政治的发展，国际法日益发挥重要的作用，国际法律制裁也逐渐被国际社会认可和接受。

（一）刑事制裁

刑事制裁是指国家审判机关依法对犯罪人根据其刑事责任所确定并实施的强制性惩罚措施。根据我国现行刑法（1997 年刑法）之规定，我国的刑事制裁包括刑法和非刑法处理方法两大类。

1. 刑罚

"刑法是国家最高权力机关在刑法中制定的赋予'刑罚'名称，用以惩

---

① 欧阳溪：《法学通论》，中国方正出版社 2004 年版，第 123 页。
② 李龙文：《法理学》，武汉大学出版社 1996 年版，第 387 页。

罚犯罪人，由人民法院依法判处并由特定机关执行的最严厉的强制方法。"①刑罚体现了国家对犯罪这种严重扰乱社会秩序、侵犯社会正义行为的一种强制性惩罚。同时从另一个角度上看，刑法的滥用又极易导致对公民基本权利的侵犯，故刑罚的发动又必须审慎的实现惩罚犯罪与保障人权的双向平衡。

根据《中华人民共和国刑法》第三十三条、第三十四条的规定，我国的刑罚体系由主刑和附加刑两大类构成。其中，主刑由轻到重依次为管制、拘役、有期徒刑、无期徒刑和死刑。附加刑由罚金、剥夺政治权利和没收财产三种构成。此外对外国人犯罪用驱逐出境这一特殊的附加刑。

主刑只能独立使用而不能附加使用，对一种犯罪只能适用一种主刑而不能使用两种或两种以上的主刑。附加刑中除没收财产不能单独适用外，在许多情况下，附加刑附随主刑适用。

刑罚	刑期一般情况	数罪并罚最高期限
管制	3个月~2年	3年
拘役	1个月~6个月	1年
有期徒刑	6个月~15年	20年
无期徒刑	剥夺受刑人终身自由	
死刑	剥夺犯罪人的生命	

其中，死刑的适用和执行问题最为复杂，包括死刑的存废及其合理性也成为近代化以来刑罚理论争论的焦点。死刑的执行制度分为死刑立即执行和死刑缓期执行两种。对于应当判处死刑的犯罪分子，如果不是必须立即执行的，可以在判处死刑的同时宣告缓期二年执行。

2. 非刑罚处理方法

"非刑罚处理方法，是指人民法院对犯罪人适用的刑罚方法以外的处理方法。非刑罚处理方法的特点是，以犯罪人未适用对象，但本身又不具有刑罚性质。"② 它主要包括判处赔偿经济损失与责令赔偿损失、训诫、责令具结悔过、赔礼道歉、由主管部门予以行政处罚或者行政处分。非刑罚处理方

---

① 高铭暄、马克昌：《刑法学》，北京大学出版社2000年版，第226页。
② 马克昌：《刑法学》，高等教育出版社2003年版，第252页。

法以行为人的能力构成犯罪为前提,体现了国家对犯罪人行为的否定性评价,只是不采用刑罚这种处理方法而已,但仍属于刑事制裁的范围。

(二) 民事制裁

民事制裁是指国家审判机关按照民事法律规范,对民事责任主体(包括自然人、法人和社会组织)所施加的强制性惩罚措施。

《中华人民共和国民法通则》第一百三十四条规定了民事责任承担的主要方式有以下十种,当国家审判机关对民事责任主体施以此十类惩罚时,它们立即构成民事制裁的十种方式:停止侵害、排除妨碍、消除危险、返还财产、恢复原状、修理、重做、更换、赔偿损失、支付违约金、消除影响、恢复名誉、赔礼道歉。这些民事制裁的方式可以单独适用,也可以合并适用。法院在审理案件时,除适用上述制裁措施外,还可以予以训诫、责任具结悔过、收缴进行非法活动的财物和非法所得,并可以依照法律对之处以罚款、拘留。

民事制裁的目的在于赔偿,所以更多体现的是一种财产责任。这一点可以从《中华人民共和国民法通则》所列举的民事责任承担方式中可以看出。民事制裁体现了国家对公民权利的救济性保障,也是司法秩序得以安定的保证。

(三) 行政制裁

行政制裁是指国家行政机关对违反行政规范的法人或其他组织根据其所应承担的行政法律责任所实施的一种强制性惩罚措施。从我国现行行政法律来看,结合我国行政法理论界的研究现状,行政制裁一般可分为行政处分、行政处罚、行政强制三大类。下面作简要介绍。

1. 行政处分

行政处分是行政主体对具有行政隶属关系并违反行政法规的国家工作人员所实施的一种惩罚措施。行政处分由受处分的国家工作人员所在的机关或其上级机关作出,包括警告、记过、记大过、降级、撤职留用察看和开除七种主要形式。

2. 行政处罚①

行政处罚是特定行政主体对违反行政法规但尚未构成犯罪的公民,法人或其他组织所给予的一种行政制裁。行政处罚的具体表现形式极为复杂,参

---

① 姜明安:《行政法与行政诉讼法》,北京大学出版社1999年版,第224页。

照《中华人民共和国行政处罚法》的规定，行政处罚大体可作如下分类：

（1）人身罚。亦称自由罚。是限制或剥夺违法者人身自由的行政处罚。人身罚主要有行政拘留、劳动教养、驱逐出境、禁止入境、限制出境。

（2）财产罚。是特定的行政机关或法定的其他组织强迫违法者缴纳一定数额的金钱或一定数量的物品，或者限制、剥夺其某种财产的处罚。财产罚包括罚款和没收两种。

（3）行为罚，亦称能力罚。是限制或剥夺违法者某些特定行为能力或资格的处罚。行为罚包括责令停止停业、暂扣或者吊销许可证、执照两种。

（4）申诫罚。包括警告和通报批评两种。

3. 行政强制①

行政强制是指行政主体为实现一定的行政目的，依法采取强制措施对相对人的人身或财产予以强制处置的行为。一般而言，行政强制包括即时性强制和执行性强制。即时性强制主要特点是紧迫性和即时性。执行性强制指行政主体依法强迫拒不履行行政义务的相对人履行其义务的强制性行为。

（四）违宪制裁

一般而言，宪法规范无制裁要素也无具体惩罚性。但随着宪政运动的发展，违宪责任频频出现。违宪制裁也进入到异国的政治法治生活中，"违宪制裁是指由特定国家机关对责任主体应负的违宪责任实施惩罚性强制措施。"② 违宪制裁主要的表现形式为弹劾国家主要领导人员，罢免地方官员，撤销同宪法相抵触的法律、行政规范、地方性法规，宣告无效，拒绝适用和取缔政治组织。《中华人民共和国宪法》第 5 条规定：一切违反宪法和法律的行为，必须予以追究。任何组织或者个人都不得有超越宪法和法律的特权。这一宪法规范为我国宪政实践中的违宪责任追究和违宪制裁实施提供了明确的最高法依据。

（五）国际法律制裁③

国际法律制裁是指国家法主体由于其国际不当行为而必须接受和承担某种不利后果的一种国际法意义上的法律制裁。国际法律制裁是人类文明进入现代化以后逐渐兴起的一种法律制裁方式。它的具体形式可以表现为限制主

---

① 周佑勇：《行政法导论》，中国方正出版社 2005 年版，第 317 页。
② 周叶中：《宪法》，高等教育出版社 2001 年版，第 411 页。
③ 周佑勇：《行政法导论》，中国方正出版社 2005 年版，第 317 页。

权、恢复原状、赔偿和道歉。

四、法律责任与法律制裁的关系

(一)法律责任与法律制裁的联系

在一个完整的法律规则体系中,权利与义务的配置、法律行为、法律后果、法律责任、法律制裁、法律救济构成了一个完整的法的运作的链条。

法律责任不同于政治责任、道义责任等。它是由法律规定,由一定国家机关依法追究,必要时以国家强制力保证实施。"一般而言,随着现代社会的发展,无过错责任及严格责任的产生,使得法律责任与法律制裁的产生并不一定依据违法者的违法行为。"[①] 无违法行为则不产生法律责任,亦不产生法律制裁。从这个角度看,法律制裁是对违法行为所导致的法律责任的承担。所以,法律责任实际上发挥着连接"违法行为"与"法律制裁"的桥梁作用。只有对违法行为从法律责任上进行评价和衡量之后,才可以对违法者施以相应的法律制裁。施以法律制裁必须以与之相对应的法律责任为其依据。

法律制裁是与义务、违法行为、法律责任密切联系的一个概念。泛指特定国家机关对违法者实行某种惩罚措施。法律制裁不同于一般所讲的违纪处分,也不同于道德或其他社会规范、规章中所讲的制裁。法律制裁的根据是法律。这种制裁是由国家机关(行政和司法机关)作出决定并实施的。在历史上,首先出现的制裁一般是刑事制裁,包括关于生命、肉体、自由或财产方面的惩罚。以后又出现了一种民事制裁,即强制剥夺财产以提供赔偿。以后又出现了要求恢复原状,停止侵害等形式。随着国家职能的日益扩展,行政制裁也随之发展。第二次世界大战后,对违宪责任的追究也逐渐形成。

(二)法律责任与法律制裁的区别[②]

法律制裁与法律责任二者存在明显的区别。法律制裁的根据在于法律责任。但法律责任的实现方式却不止于法律制裁。法律责任的实现既可以由法律责任主体主动承担,又可以由特定国家机关凭借其强力加以科处。例如,《中华人民共和国民法通则》第134条规定了10种承担民事责任的方式。

---

① 欧阳溪:《法学通论》,中国方正出版社2004年版,第123页。
② 本部分主要参照沈宗灵:《论法律责任与法律制裁》,《北京大学学报》(哲学社会科学版),1994年第1期,第42~46页。

其中之一为赔偿损失。通过责任主体主动赔偿对方的损失，那么这种法律责任的实现方式就不能叫做法律制裁。只有当特定国家机关借其强制力对法律责任主体科以处罚时，才能叫做法律制裁。

1. 民事责任与民事制裁

《民法通则》规定，"公民、法人违反合同或者不履行其他义务的，应当承担民事责任。公民、法人由于过错侵害国家的、集体的财产，侵害他人财产、人身的，应当承担民事责任。没有过错，但法律规定应当承担民事责任的，应当承担民事责任"（第106条）。

从以上可以看出，民事行为或承担民事责任的主体是公民（自然人）和法人。民事责任主体的权利能力与行为能力问题在《民法通则》中有专门规定。这里应特别注意，民事责任并不都是由于民事违法行为产生的，民事违法行为仅是导致民事责任的一种原因。为此应注意侵权行为与违约行为的区别。违约行为直接违反了当事人协议所规定的义务；侵权行为直接违反了法律所设定的义务，违约责任的目的旨在保护订约当事人的特定利益，而侵权责任的目的旨在保护法律所承认的各种不同利益。

我国民法也采用了无过错责任的原则，即没有过错，但法律规定应当承担民事责任的，应当承担这种责任。例如它规定因产品质量不合格造成他人财产、人身损害的，产品制造者、销售者应当依法承担民事责任。在传统的侵权法中，行为人在主观上对自己的行为所造成的损害必须有过错（故意或过失）时才承担责任。统称无过错不负责任的原则。随着工业化发展，工厂工人（被雇人）工伤事故增多，但受害人难以对雇佣人的过错提出证据（即承担举证责任），在这种情况下，无过错责任原则开始出现，即按照法律，行为人在特定情况下造成损害，即使无过错，也应承担赔偿责任，即免除受害人的举证责任。在西方法学中，与无过错责任相似的原则有严格责任、绝对责任等，一般地说这些原则代表了侵权法领域中较先进的原则。

民法中所规定的承担民事责任的方式包括了两种情况：一种是侵权行为的民事制裁，另一种是违约行为和无过错责任的法律后果。以上已讲到，侵权行为不同于违约行为。前者直接违反了法律所设定的义务，后者直接违反了当事人协议所定的义务。合同当事人不履行合同义务或履行合同义务不符合条件的，另一方有权要求履行或采取补救措施，并有权要求赔偿。此外，双方也可以在合同中约定，一方违反合同应向另一方支付一定数额违约金。如果违约一方根据对方要求履行合同义务，或采取补救措施，或向对方赔偿或支付违约金。对违约一方的这些行为，不能称之为民事制裁。同样地，在无过错责任的情况下，对承担这种责任的一方履行责任的行为，也不能称为民事制裁。

当然，如果违约一方或承担无过错责任一方拒不履行义务，经另一方向法院起诉后由法院判决违约一方或承担无过错责任一方应承担某种方式的民事责任，如赔偿损失时，这种判决才能称为被告的民事制裁。

2. 刑事责任与刑事制裁

我国刑法规定，故意犯罪应负刑事责任；过失犯罪，法律有规定的才负刑事责任，行为在客观上虽然造成了损害结果，但是不是出于故意或者过失，而是由于不能抗拒或者不能预见的原因所引起的，不认为是犯罪。因此，与以上所讲的民事责任不同，刑事责任不存在无过错责任问题，关于承担刑事责任的资格，即达到责任年龄、精力和智力正常者，在《刑法》中有专门规定。

根据我国《刑法》规定，刑事制裁，即刑罚分主刑和附加刑两类。像当代各国刑法一样，我国实行罪刑法定原则。但我国刑法又以严格控制的类推适用或比照适用作为补充。刑法第79条规定："本法分则没有明文规定的犯罪，可以比照本法分则最相类似的条文定罪判刑，但是应当报请最高人民法院核准。"

自20世纪80年代以来，社会上出现了很多新的且日趋严重的犯罪现象。为了与这些犯罪现象进行斗争，我国立法中采取了一些措施，主要是：第一，对1979年的《刑法》的一些条款作相应的补充和修改。例如1988年的《关于惩治走私罪的补充规定》、《关于惩治贪污罪贿赂罪的补充规定》等。第二，在一些民商法、经济法、行政管理法律中扩大了1979年刑法分则有关条款的适用范围。例如1984年《专利法》第63条规定："假冒他人专利的，依照本法第60条的规定处理；情节严重的，对直接责任人员比照刑法第127条的规定追究刑事责任。"刑法第127条的规定是："违反商标管理法规，工商企业假冒其他企业已经注册的商标的，对直接责任人员处3年以下有期徒刑、拘役或者罚金。"

我国刑事责任与刑事制裁近年来的另一个重大发展是法人（指国家机关、企事业、团体等）是否成为刑事责任主体，也即成为犯罪主体的问题。传统刑法是建立在个人责任基础上的，针对自然人犯罪。但自20世纪80年代以来，实际生活中却愈来愈多地出现法人犯罪，主要是在经济领域中犯罪的现象，如收受贿赂、走私、投机倒把等。因此，近年来的立法中已突破传统刑法的模式，肯定法人可以成为犯罪主体。例如1988年《关于惩治走私罪的补充规定》第5条："企业事业单位、机关、团体走私本规定第1条至第3条规定的货物、物品的，判处罚金，并对其直接负责的主管人员和其他责任人员，依照本规定对个人犯走私罪的规定处罚。"当然，对法人实行刑事制裁的形式，不可能像对自然人一样，只能处以没收非法所得、罚金等。

3. 行政责任与行政制裁

一般地说，在我国，行政责任是指因违反行政法而应承担的法律责任；行政制裁则指国家机关对行政违法行为的处罚。但行政责任中还包括了无过错责任。承担行政责任的行为大体可分为四类。

第一类是一般公民、法人（包括企事业组织、国家机关、团体等）违反一般经济、行政管理方面法律、法规的行为。例如《治安管理处罚条例》规定："扰乱社会秩序，妨碍公共安全，侵犯公民人身权利，侵犯公私财产，依照《中华人民共和国刑法》的规定构成犯罪的，依法追究刑事责任；尚不够刑事处罚，应当给予治安管理处罚的，依照本条例处罚。"（第2条）"机关、团体、企业、事业单位违反治安管理的，处罚直接责任人员，单位主管人员指使的，同时处罚该主管人员。"（第15条）对违反治安管理行为的处罚，即行政制裁。

我国还实行"劳动教养"的行政处罚制度。这是一种对有违法行为但不够追究刑事责任的、有劳动能力的人实行强制性教育改造的措施。劳动教养不同于劳动改造，后者是对判处剥夺自由刑罚的罪犯，凡有劳动能力者，强制其在劳动中改造自己成为新人的制度。通常所说的经济制裁，往往是指行政处罚中的罚款。罚款不同于罚金，它是刑罚的一种。以上讲的违法行为是"不够刑事处罚"的行为，仅追究行政违法责任。

第二类是承担无过错的行政责任的行为，即虽无过错但法律规定应承担行政责任。例如1984年的《水污染防治法》第41条规定，在一般情况下，行为人只要造成污染，引起损害，就应承担治理污染的赔偿损失的行政责任。就像无过错民事责任一样，对这类责任的不利后果不应简单地称为对承担责任者的制裁：除非他们拒不履行责任，经有关行政部门强制执行或由法院判决执行，才可以称为制裁。

第三类是行政机关工作人员违法失职行为（不是犯罪行为），其处罚统称行政处分，也即一种特定的行政制裁。这方面问题属于公务员法范畴。在我国，这种行政处分（又称"纪律处分"）有 6 种：警告、记过、记大过、降级、撤职、开除。

第四类是来自导致行政诉讼法律后果的行为。1982 年我国开始建立行政诉讼制度。至 1988 年中期已有 120 多个法律、法规规定公民和组织可以起诉的行政案件的范围。各级法院建立了 1400 多个行政审判庭。1987 年全国共审理一审行政案件 5200 多件。但总的来说，我国行政诉讼制度是在《行政诉讼法》实施之后才真正建立的。法院受理行政诉讼案件的范围首先是对 8 种列举的具体行政行为不服而提起的诉讼，例如第一种是"对拘留、罚款、吊销许可证和执照、责令停产停业、没收财物等行政处罚不服"。其次是除以上 8 种外，还受理法律法规规定可以提起诉讼的其他行政案件。《行政诉讼法》还规定了不受理公民、法人等对某些事项提起的行政诉讼，其中特别是第 2 项：行政法规、规章或者行政机关制定、发布的具有普遍效力的决定、命令。以上关于受理与不受理之分的一个关键是：法院仅审理具体行政行为是否合法，而不审理行政部门制定的行政法规、规章等是否合宪或合法。

按照《行政诉讼法》，如果提起行政诉讼的公民、法人（即原告）败诉，也就是说，法院判决有关具体行政行为证据确凿，适用法律、法规正确，符合法定程序，就判决维持原具体行政行为。在这种情况下，对原告（即败诉一方）来说，根据原具体行政行为所承担的行政责任以及因违法行为而生的行政制裁（行政处罚）也不变。除非有强制执行情况则是另一问题。如果法院判决被告（即作出有关具体行政行为的行政机关或行政工作人员）败诉，那么，这一行政机关及其行政工作人员就应承担因行政诉讼结果而产生的行政责任。

第二节 教育法律制裁

在教育法律实施的过程中，总会有一些组织或个人违反法律规范，侵犯他人的合法权益，只有对违法者进行法律制裁，才能维护教育法律的威信，有利于教育法律的顺利实施。谈到教育法律制裁，我们先来探讨一下什么是教育法律关系，从法律关系的层面来观察教育行为，从而界定教育领域中的违法行为，为教育法律制裁提供依据。

一、教育法律关系概述①

(一) 什么是教育法律关系

教育法律关系,是指由教育法律规范所确认和调整的、表现为教育法律关系主体之间权利和义务联系的社会关系。

教育法律关系是一种权利义务关系。法律调整社会关系的方法,就是通过规定法律关系主体可以做什么、不可以做什么以及应当做什么,同时规定实现这些权利义务的程序和方法来规范社会关系的,当然完整的法律规范还应当包括不履行义务所应当承担的法律责任。

(二) 教育法律关系的性质和类型

教育法律关系是指受法律规范确认和调整的国家机关、公民、法人或者其他组织之间的与教育相关的权利义务关系。

1. 教育法律关系的性质

首先,教育法律关系是教育关系,但不是普通的教育关系,两者的区别在于教育关系未经法律调整,只是一种事实社会关系,而教育法律关系是依据法律发生,或者虽非依据法律发生,但法律已对构成关系的双方当事人的权利义务作出了规定,双方关系的内容进入法律调整之中。

其次,教育法律关系是受法律规范确认和调整的关系。国家保证教育关系正常有序的方法和措施有多种,比如发布行政命令、制定教育政策等,但最有效、最稳定的手段则是法律。因此一旦法律作用于某一个教育关系时,就形成了教育法律关系。

2. 教育法律关系的类型

从我国《教育法》看,该法所调整的教育法律关系包括四类:

(1) 行政法律关系。这是该法中规定最多的教育法律关系。其特点是双方当事人之间存在着行政上的隶属关系,至少一方主体是国家行政机关或其授权单位;当事人之间教育行政关系是基于行政机关行使行政权力;其内容由行政机关单方面决定,行政管理相对人应予服从。

(2) 经济法律关系。即国家在协调经济运行过程中根据经济法、教育法的规定发生的权利和义务关系,主要涉及国家对教育的财政拨款、国家征

---

① 本部分主要参照李连宁,孙葆森:《教育法制概论》,教育科学出版社1997年版。

收教育费附加、国家对学校兴办产业及进行基本建设等采取优惠政策等。

（3）民事法律关系。教育活动中民事法律关系的特征是：双方当事人地位平等，基于当事人的自愿而发生，并在一定程度上体现等价有偿，如联合办学合同、委托培养合同、学校事故赔偿等。

（4）教育者与受教育者之间的特殊法律关系。在教育教学活动中，教育者与受教育者之间既非双方权利义务平等的民事关系，又非上下级之间的行政关系，而是一种传道授业、教学相长、尊师爱生的特殊关系。

二、教育法律关系主体①

（一）什么是教育法律关系主体

教育法律关系主体是指教育法律关系的参加者，即在教育法律关系中享有权利和承担义务者。亦称"教育权利主体"或"教育权义主体"。是教育法律关系的构成要素之一。可以成为教育法律关系主体的自然人和法人有：教育行政机关、其他国家机关、学校及其他教育机构、教育者、学生及其他受教育者、企事业单位、社会组织和其他公民等。在华的外国人、无国籍人、财团法人也可以成为我国教育法律关系的主体。

（二）权利能力和行为能力

作为教育法律关系的主体必须具有教育法上的权利能力和行为能力。

权利能力是教育法律关系的主体依法能够享受教育法律上的权利和履行教育法上的义务的一种资格或者能力。受教育者在教育法律上的权利能力不同于其民法上的权利能力，公民在民法上的权利能力始于出生、终于死亡，受教育者在教育法律上的权利能力则必须达到一定年龄或者具备某种资格才能取得。

行为能力是教育法律关系主体能够以自己的行为，依法行使教育法律上的权利和承担教育法上的义务的能力。教育者在教育法律上的行为能力，除必须具备完全的民事行为能力外，还应具有中华人民共和国国籍，是中华人民共和国公民，或经国务院教育行政主管机关特别许可的外国人或无国籍人，以及具有法定的相应学历并经国家教师资格考试合格，由国家教育行政机关认定。如果相对人不具备法定的相应学历或未通过国家教师资格考试，

---

① 本部分主要参照李连宁，孙葆森：《教育法制概论》，教育科学出版社 1997 年版。

即不能通过自己的行为来行使教育法上教育者的权利和履行教育法律上的教育者的义务时，他就不具备教育法律上的教育者的行为能力。

三、教育法律关系客体①

教育法律关系客体是指教育法律关系主体的权利义务所指向的对象，即教育法律关系客观化的表现形式。是教育法律关系构成的要素之一。一般包括物、行为和与人身相联系的精神财富（精神产品和其他智力成果）等。

（一）物

物又可分为不动产和动产两大类：

1. 不动产

包括场地、房屋和其他建筑设施以及场馆等。（1）场地，主要指学校或其他教育机构占用并用于教育教学活动的专用土地。依据我国宪法及有关法律规定，土地的所有权属于国家或集体。学校和其他教育机构的用地所有权均属国家或集体，学校和其他教育机构只拥有使用权。任何单位或个人都不能随意侵占教育用地。（2）房屋和其他建筑设施，指专门用于教育教学活动的教学、办公、实验用房及其必要的附属建筑物。（3）场馆，指学校的运动场、体育馆以及国家或地方政府及有关组织为发展公共教育事业而兴建的博物馆、图书馆、文化馆、科技馆、体育馆、美术馆、历史文化古迹和革命纪念馆等。这些场馆属公益性机构并兼有教育的功能。

2. 动产

包括资金、教学仪器设备等。（1）资金。指教育事业的经费，以国家财政拨款为主。国家对教育的拨款，旨在改善办学条件、教师待遇、提高教育质量，不允许任何机关或个人以任何借口将教育事业经费擅自挪作他用。企业事业单位、社会团体或公民个人为祖国的教育事业提供的捐助。（2）教学仪器、设备。包括语音室、电脑室、广播、电视多媒体教学设备等视听器材，各类动植物标本及其他用于教育教学的必需品。

（二）行为

行为是指教育法律关系主体实现权利义务的作为与不作为。主要包括：

1. 行政机关的行政行为

---

① 本部分主要参照李连宁、孙葆森：《教育法制概论》，教育科学出版社1997年版。

指国家行政机关为实现国家对教育事业的行政管理权而依法实施的,直接或间接产生行政法律后果的行为。它包括行政立法行为和行政执法行为。行政立法行为从狭义上讲,专指行政机关制定有关教育行政管理的行政法规、行政规章及其他规范性文件的活动。广义则指国家机关依照法定权限和程序制定有关国家教育行政管理工作的规范性文件的活动。行政执法行为,是国家行政机关及其授权的机关依法针对具体的人或事所施行的单方面的能直接产生教育法律效果的行为。如通知行为、批准与拒绝行为、许可行为、免除行为、处罚行为及委托给学校或其他教育机构颁发学历证书的授权行为等。

2. 学校和其他教育机构的管理行为

包括制定学校或教育机构内部管理规范的行为;具体组织教学科研活动的行为;决定给予违纪教育者或受教育者一定的纪律处分以及接受被处分者申诉的行为;决定给予工作出色、成绩优秀的教育者或受教育者一定的奖励行为;对修业期满,符合国家学历水平要求的受教育者发给毕业证书或学位证书的行为;对符合本教育机构自行规定的学业水平要求的受教育者发给教育机构的结业证书行为;其他内部管理行为。

3. 教育者与受教育者之间的教育教学行为

教育教学行为是维系教育关系最基本的行为,是教育法律关系赖以存在的重要条件。此外,还有学生、学生家长、各种社会组织参与、支持教育活动的各种行为。

(三) 知识产权

知识产权是智力的创造性活动的结晶,属于非物质财富。主要包括各种教材、著作、发明创造等精神产品和智力成果,各种具有独创性并行之有效的教案、教法、教具等的发明。是整个社会法制化建设不可或缺的重要一环。

四、教育法律关系内容[①]

教育法律关系内容,是指教育法律关系主体在依法成立的法律关系中享有的某种权利和应该承担的某种必须履行的义务。权利和义务是法律关系的

[①] 本部分主要参照李连宁,孙葆森:《教育法制概论》,教育科学出版社 1997 年版。

核心，它由法律规范所确认并由国家强制力保证实施，是教育法律关系的重要构成要素之一。这里所说的教育法律关系主体享有的某种权利，即教育法律对其能够作出或者不作出一定行为，以及可以要求他人相应作出或不作出一定行为的许可与保障，它由法律确认、设定，并为法律保护。

（一）权利

法律上的权利，是指法律关系主体依法享有的某种利益或资格，表现为权利享有者可以作出一定的作为或不作为，并能要求与该项权利相对的义务承担者实施一定的作为或不作为。权利具有以下特点：（1）权利享有者可以在法律许可的范围内，根据自己的意愿，作出或不作出一定行为。任何组织和个人都不能阻止这种行为。（2）权利享有者为了保证自己权利的实现，可以要求义务履行者作出或不作出一定行为。但是其要求不能超出法律所允许的范围，否则，那种权力将不受法律保护。（3）权利享有者因他人的行为妨碍自己权利的实现时，可以请求法律保护。国家法律机关必须对权力享有者实现其合法权利提供帮助。（4）私有权利可以自愿放弃，但不得非法剥夺或免除。公权不得放弃，放弃公权即是渎职。

（二）义务

法律上的义务，是指法律关系主体依法必须承担的责任。表现为义务承担者必须依法实施一定的作为或不作为。义务与权利是相互联系的，权利的一方总是依相应的义务一方而存在，权利一方权利的实现依赖于义务一方义务的履行，没有义务的权利是不存在的，没有权利的义务也是不存在的。义务与权利是相互对称的。法律上的义务有以下特点：（1）义务人必须在法律规定的要求和期限内作出或不作出某种行为，以使权利人实现自己的权利。如果义务人拒不履行，国家机关有权强制执行，甚至对其进行法律制裁。（2）义务人作出或不作出一定行为都是由法律所规范的，必须依法履行义务。（3）义务人不得放弃自己的义务，但可以依法免除义务。

五、教育法律关系的产生、变更和消灭[①]

教育法律关系的产生、变更和消灭，是指教育法律关系主体权利义务变化的三种现象。所谓教育法律关系的发生，是指在教育法律关系主体之间所

---

① 本部分主要参照李连宁，孙葆森：《教育法制概论》，教育科学出版社 1997 年版。

形成的权利义务关系。如因教师聘用合同的签定而产生的教师与学校之间的权利义务。

所谓教育法律关系的变更,是指教育法律关系构成要素的变更,即主体、客体或内容的变更。教育法律关系主体的变更的情况是:主体的增加、减少和改变。如学校与企业间的联合委托培养学生因某种原因变成单方培养,教育行政机关授权某学校颁发学历证书改为授权另一学校授予等。教育法律关系客观的变更,是指法律关系中权利和义务所指向的对象的变更。如某教育行政机关对侵占、破坏学校场地、房屋的组织给予责令限期清退,修复后又补充要求赔偿所造成损害。教育法律关系内容的变更,是指教育法律关系主体间的权利和义务的改变。如学校之间签订的协作合同,经过协商同意修改履行某些法定义务的期限或条件等。

所谓教育法律关系的消灭,是指教育法律关系主体、客体的消灭,主体间权利义务的终止。

最后应当指出,教育法律关系的产生、变更和消灭是需要一定条件或根据的。这里的条件或根据就是通常所说的教育法律事实。法律事实是我们分析法律现象时特别应注意之点。教育法律事实又表现为教育法律行为和教育法律事件两种形式。所谓教育法律行为,是指在教育活动中所发生法律效力的人们的意志行为,包括作为与不作为。如任命校长、给予违纪学生以处分(作为),教育行政机关放任学校违法招生、收费等行为(不作为)。显然,教育法律行为会导致一系列教育法律关系的产生、变更和消灭。所谓教育法律事件,是指在教育活动中能导致一定的法律后果,但又不以人的意志为转移的事件。如儿童达到接受法定义务教育年龄,地震等自然灾害造成学校财产损失等法律事件,亦会导致一系列教育法律关系的产生,变更和消灭。

六、教育法律制裁[①]

(一) 教育法律的遵守

教育法律的遵守是教育法律实施的一种基本方式,它是指国家机关及其工作人员、社会团体和公民自觉按照教育法律的要求去执行,从而使教育法律得到实施。教育法律的遵守是法的自律性实施,是教育法律关系主体自觉地运用教育法律去规范自己的行为。教育法律的遵守,不仅包括遵守宪法和

---

① 本部分主要参照谭细龙:《教育法学基础》,华中科技大学出版社2002年版。

教育法律，也包括遵守其他各个层次各种形式的法律规范。

> **相关链接 11-1：**
>
> ### 教育法遵守的保障
>
> **一、教育法遵守的外在保障**
>
> "守法"最基本的保障措施是外在的强制力和威慑力。教育守法的外在保障可分为：国家保障方式，即国家的强制力制裁及其威慑力，社会保障方式，即社会舆论得到的压力。外在强制力和威慑力发挥作用的前提是法律与社会之间一定程度的脱节或冲突。在理想的手法状态下，守法的外在保障措施将尽可能淡化甚至消除强制核威慑的事实与需要，这是教育法律的本质要求和逻辑规律。
>
> **二、教育法遵守的内在保障**
>
> 守法的内在保障是指主体的自觉自愿接受与维护、甚至对法律的虔诚信仰，而这种自觉接受、维护、信仰，就其本质而言，是源于人类对正义、安全、公平、幸福等终极价值的憧憬与追求。这是人类守法内驱力的源泉。人类之所以选择法律并遵守法律，根本因素是内在的需求，而非外在的强制。教育守法行为要从外在的规范和制度转化为守法者的内在需求和自觉意识，转化为公民的自觉行为，需要借助遵守教育法律的心理驱力，是公民理性的抑制非法欲望，这种抑制力量主要来源于：道德修养，对法律的好感，环境感染、模仿，获得社会尊重和他人信任的愿望，功利的考虑等。
>
> [资料来源] 黄崴：《教育法学》，广东高等教育出版社 2002 年版，第 291 页。

（二）教育法律的违反

"从当前的状况看，我国教育法律所调整的社会关系仍以行政法律关系为主，现行的教育法律就是以此为出发点来对违反教育法律的行为作出惩罚性规定的。"[①] 按照本章内容关于违法概念的界定，教育法律类属于行政法规，违反教育法律的行为，一般属于行政违法。但当违法行为情节严重，触

---

① 劳凯声：《变革社会中的教育权与受教育权：教育法学基本问题研究》，教育科学出版社 2003 年版，第 44 页。

犯了民法或刑法的规范时,还应追究民事和刑事责任。如《教育法》第72条第2款规定:"侵占学校及其他教育机构的校舍、场地及其他财产的,依法承担民事责任。"第77条规定:"在招收学生工作中徇私舞弊的,由教育行政部门责令退回招收的人员;对直接负责的主管人员和其他直接责任人员,依法给予行政处分,构成犯罪的,依法追究刑事责任。"《教师法》第八章也有类似规定。

(三)教育法律制裁的含义

现代教育涉及的领域极为广泛,教育与社会的关系相当复杂,要在这极其广泛而又复杂的社会生活领域实施教育法律,使纷繁复杂的社会关系都能按照教育法律得到调整,使教育事业能平稳和谐地发展,仅靠公民内心的自省自觉,教育法律的实施是有相当大的难度的。为了保证教育法律的有效实施,必须借助国家强制力的外部强制对违反教育法规的人和组织依法进行制裁,如果没有对违法者的制裁,教育法律就会是一纸空文,不能发挥应有的效力。

教育法律制裁是指特定国家机关对违法的教育法律关系主体依照相应的教育法律追究其教育法律责任而实施的强制性惩罚措施。教育法律制裁必须做到公正、合法。化解教育法律关系主客体之间的纠纷,实现依法治教。

教育法律制裁以违法者的违法行为和应承担的法律责任为前提,是追究违法者法律责任的直接后果。法律制裁由特定的国家机关实施,包括法律规定授权或委托的机关、组织,其他国家机关、组织或者个人无权实施法律制裁。

(四)教育法律制裁的方式

对违法行为实施法律制裁,是保证教育法律顺利实施的重要手段。由于违法行为的性质、情节差异,违法者所承担的法律责任也各不相同,从而所实施的制裁方式也不一样。教育法律制裁主要有行政制裁、民事制裁和刑事制裁3种方式:

1. 民事制裁

民事制裁是指对违反民事法规,损害他人民事权益而应承担民事责任的人所采取的强制措施。如对侵占学校财产、破坏学校设施、设备、侵占学校土地等违法行为的处罚是"返还财产"、"恢复原状"、"赔偿损失"等民事制裁方式。《教育法》第72条第2款规定:"侵占学校及其他教育机构的校舍、场地及其他财产的,依法承担民事责任。"第81条规定:"违反本法规定,侵犯教师、受教育者、学校或者其他教育机构的合法权益,造成损失、损害的,应当依法承担民事责任。"这些都从法律上规定了违反教育法律的民事制裁方式。

2. 刑事制裁

刑事制裁是对于违反刑事法律规范的犯罪分子依其所应承担的刑事责任而实施的刑罚。刑事制裁总是与犯罪相联系,犯罪是实施刑事制裁的前提,刑事制裁是犯罪的法律后果。

(1) 犯罪的概念

一切违法行为都具有社会危害性,但只有犯罪的社会危害性已达到《刑法》所规定的程度才被认为是犯罪,有些行为虽也具有社会危害性,若情节显著轻微危害不大,则不认为是犯罪。如《教师法》第35条规定:"侮辱、殴打教师的,根据不同情况,分别给予行政处分或者行政处罚;造成损害的,责令赔偿损失;情节严重,构成犯罪的,依法追究刑事责任。"由此可见,只有情节严重的危害社会的行为,才被认为是犯罪,没有社会危害性或者有社会危害性但没有达到《刑法》所规定程度的行为都不是犯罪。

(2) 刑事制裁的方式

刑事制裁主要是通过刑罚的方式进行的。刑罚是《刑法》规定的对于违犯刑律的犯罪分子依其所应承担的刑事责任而实施的惩罚。刑罚与其他制裁方式相比,具有以下特征:刑法是一种最严厉的制裁方式,它不仅可以剥夺犯罪分子的财产、政治权利和人身自由,甚至可以剥夺其生命;刑罚只能对犯罪分子适用,对没有构成犯罪的人不能适用;刑罚只能由人民法院依法判处,任何其他国家机关均不得适用。

3. 行政制裁

行政制裁是指由特定的国家行政机关或企业事业组织对违反有关行政法规的行为而应追究其行政法律责任的人所采取的一种强制措施。根据处分主体和违法情节的不同,行政制裁可分为行政处分和行政处罚两种方式:

(1) 行政处分。行政处分是国家机关、企业事业单位按照行政隶属关系,给予犯有轻微违法违纪失职行为、尚不够刑事处分的所属人员的一种惩罚措施。国家教育行政机关对其工作人员,学校及其他教育机构对其工作人员所给予的纪律处分,以及其他国家机关、企业事业组织对其工作人员违反教育法律行为的纪律处分都属于行政处分。行政处分的形式有警告、记过、记大过、降级、降职、撤职、开除留用察看、开除等。

(2) 行政处罚。行政处罚是特定的行政机关或法定的授权组织对违反特定的行政管理法规，但尚未构成犯罪的个人和组织的惩罚措施。行政处罚的方式很多，哪种行政违法行为应给予哪种方式的行政处罚，由哪一行政机关或授权的组织实施，均在行政管理法规中做了明确的规定。如公安机关有权对违反《治安管理处罚条例》的人实施处罚；卫生行政部门有权对违反《学校卫生工作条例》的行为实施处罚；教育行政部门有权对违反《教育法》、《教师法》、《教师资格条例》等教育法律的行为实施处罚。根据1996年3月17日八届人大第四次会议通过的《中华人民共和国行政处罚法》第8条规定，行政处罚的形式有以下7种："①警告；②罚款；③没收违法所得、没收非法财物；④责令停产停业；⑤暂扣或者吊销许可证、暂扣或者吊销执照；⑥行政拘留；⑦法律、行政法规规定的其他行政处罚"。从以上处罚形式来看，行政处罚可分为4类："第一类属于申诫罚，是最轻微的处罚，如警告；第二类是财产罚，主要是罚款、没收非法所得，如上款②、③；第三类是行为罚，是限制或剥夺违法者某种行为能力的一种惩罚，如上款④、⑤属于行为罚；第四类是人身罚，是限制或剥夺违法者人身自由的处罚，是最严厉的一种处罚，如行政拘留即属于人身罚。"以上4类行政处罚既可单独适用，也可以并处。

第三节 教育法律制裁的目的

一、我国教育法律的实施现状

(一) 初步实现有法可依

1985年，中共中央根据当时我国经济、社会发展对教育的要求，在《关于教育体制改革的决定》中提出，到20世纪末在全国实行九年义务教育，为了推行义务教育，1986年就颁布实施了《义务教育法》。90年代初期，教师的待遇普遍偏低，侵犯教师的权益屡有发生，尤其是一些地方拖欠教师工资的状况普遍存在，这不仅影响了教师队伍的稳定和教师事业的发展，而且也侵犯了教师获得劳动报酬的正当权利。为此，1993年颁布实施了《教师法》。党的十二、十三、十四大一再强调把教育摆在优先发展的战略地位，并把这一举措视作实现我国现代化的根本大计。但是，在实际工作中，一些地区和部门未完全落实教育优先发展的战略地位，出现教育投入不足、办学条件落后、教师工资和待遇差，教育内部也存在乱收费、学生课业负担过重、办学指导思想偏离教育方针、办学质量和效益不高等一系列问题。因此，1995年颁布实施了《中华人民共和国教育法》，从而解决了当时教育面临的突出问题。

(二) 教育法律对教育法律行为约束乏力

如上所述，尽管立法机关针对教育宏观和微观领域出现的问题制定了相应的法律，初步做到了有法可依。但是教育行政执法有法不依、执法不严、违法不究现象时有发生。直接表现就是：教育司法是司法机关查处教育违法案件和解决教育纠纷的专门活动。主要由人民检察院和人民法院行使。对违反相关教育法律的涉案主体进行制裁。近年来，司法机关受理涉教案件数目逐年增加，案件情况复杂，形式多样。具体表现为以下几个方面。

1. 教育行政机关执法不严

教育行政执法要求行政机关严格按照法定职权和程序，正确适用法律，做到有法必依、执法必严、违法必究。然而，一些地方却大量存在有法不依、执法不严、违法不究的现象。如《教育法》规定地方政府用于教育的财政拨款要做到"三个增长"，但不少省、县多年来一直没有依法执行，却没有受到任何制裁。又如《教师法》规定，对拖欠教师工资的，地方政府应当责令其限期改正，但《教师法》公布施行以来，有些地方政府仍在拖欠教师工资，就是限期后仍不改正者，也没有追究法律责任。究其原因，一是行政机关工作人员教育法律意识薄弱，权大于法的观念依然存在，依法治教的行为还不自觉。二是不少教育法律没有明确的法律责任，没有明确的罚则。尤其是某些教育法律在具体执行中涉及多个部门时，因法律条文规定不明确具体，造成执法主体之间互相推诿，互不负责。

2. 教育司法制度十分薄弱

与我国司法制度的总体状况相比，目前我国教育司法制度还相当薄弱。表现在：一是各级教育行政部门虽然实际上具有一定的处理教育违法行为的行政惩戒职能，但仍缺乏以法律形式明确规定的行政司法仲裁权。二是我国没有独立的行政司法制度，对包括教育行政在内的行政违法行为不设独立的行政仲裁机构。三是我国民事司法制度尚欠发达。由于传统儒家思想的影响以及法院诉讼功能还不健全的实际情况，教育在很长时期内主要表现为教师、学生、家长或监护人等私人之间的事情，调整相互之间的关系靠的是私人自由交往所形成的"自律性"。致使公民及单位回避诉讼的现象相当普遍。即在涉及同行政部门的争议时，公民往往惧怕使用司法手段，其结果是导致某些行政违法现象屡禁不止。

3. 教育法制监督力度不够

当前，我国教育法制监督主要有各级人大监督、行政监督、执政党监督和社会监督。从目前情况来看，教育法制监督乏力。一是有关监督的法律规定，实体性规范较多，而程序性规范较少。二是法律对某些监督内容的规定过于抽象，如《教育法》、《义务教育法》、《学位条例》、《教师法》对于"监督"的法律规定，原则性较多，缺乏详细的实施细则，难以操作。三是人民参与监督的性质、地位、作用、基本原则和方法、途径缺乏系统的法律依据和法律保障，人民监督处于软弱无力的地位。四是我国各级人大的教科文卫委员会和教育行政主管部门均无专设监督机构，监督工作显得零打碎敲，缺乏系统性和计划性。五是实践中产生的行之有效的监督形式尚未被法律确认并加以规范化。

二、教育法律制裁的目的

由以上分析可以看出，在现代社会，教育涉及的领域极为广泛，这就使得教育与社会的关系相当复杂，要在这极其广泛而又异常复杂的领域中保证教育法的有效实施，使教育事业能平稳和谐地发展，仅依靠公民内心的自省自觉和法律法规的宣传，以及各级各类机构的监督是不够的。教育司法机关要依据法律条款，对违法者进行相应的法律制裁。法律制裁的目的就在于：

（1）规范教育行政执法行为，不断解决日益增多的教育纠纷。这是教育法律制裁的直接目的。近年来，各类学校乱收费，违背教育精神按照分数对学生进行分流，强行规劝义务教育阶段的学生退学，甚至教师强奸、猥亵女学生案件频繁出现在各类媒体中，使人感到某些教育工作者真是"无法无天"！我们要警醒和反思的问题是：执法不严、违法不究造成了多么大的危害！加强立法、执法、司法和法律监督，尤其是利用法律的强制力对违法者进行严厉的制裁，又是何等重要和紧迫！

> **相关链接 11-2:**
>
> **校园里的猥亵案**
>
> 江苏省句容市后白镇的一所小学内,发生了一件令人震惊的事,2003年5月20日,中午1:00多的时候,班上同学都在睡午觉。恍惚中,14岁的叶子姑娘被学校食堂的刘义祥老师叫醒了。说是有事请让她帮忙。小叶子迷迷糊糊被刘义祥老师带到了食堂隔壁的一间办公室,没想到可怕的事情就这样发生了……事发后,无知的小叶子得到了刘义祥老师给的一元钱。逃离魔掌的小叶子回到教室后,趴在桌子上哭了,哭声惊动了班主任老师,班主任了解情况后,立刻报告了校长,然而校长了解后,并没有当回事,只是简单地处理了一下,扣除了刘义祥当月的津贴。学校似乎又恢复了往日的平静。
>
> 然而,事情在小镇上不胫而走。小叶子一家的生活被打乱了……终于,惊动了当地的公安机关。刘义祥被逮捕。让人痛惜的是,刘交代他曾对数名女学生进行过猥亵。条件就是给每名女生一元钱。无知的女孩子们虽然感觉到这不是什么好事,却不敢告诉父母和老师。默默地隐瞒下来,拿着这一元钱去买了零食……
>
> 2003年8月份,国家教育部,公安部,司法部,就此类恶性犯罪案件发出联合通报,强调对事情的相关责任人要严惩,对推卸责任,延缓上报的学校,要追究学校领导的责任,对知情不报的教师永不录用。
>
> [资料来源]《校园里的猥亵案》,《今日说法》,http://www.lib.whu.edu.cn.

(2)通过对违法行为进行相应的制裁,使教育管理者依法行政的观念逐步形成。依法行政观念的养成对我国教育事业的良性运转有至关重要的作用。守法行为的内在推动力是良好的守法观念。一种观念的形成又是建立在个人的知识素养基础之上的,无论是学校的校长还是教育行政部门的领导,都应该具有明确的依法治教观念,这种观念的养成不能仅仅依靠个人的觉悟,更重要的是国家机关要创造井然的社会秩序,对违背教育精神、违反教育法的行为加以制止,乃至运用国家强制力进行法律制裁。

(3)借助国家强制力的外部强制作用对违反教育法规的人和组织依法进行制裁,保证教育法的有效实施。如果没有对违法者的制裁,教育法规就会是一纸空文,不能发挥应有的效力。在当代社会,教育事业的良性运行需要教育法的保障,而教育法的有效实施却需要国家机关对违法个人和组织进行制裁。对犯罪分子进行惩处之外,还能达到以儆效尤的目的。

第四节 教育法律制裁的意义和作用

一、教育法律制裁的意义

(一) 建立和健全教育法律制裁制度有利于树立和维护教育法律法规的权威

任何法律规范都由假定条件、行为准则和法律后果三个部分组成。这三个要素紧密相连、缺一不可。教育法律制裁作为教育违法行为的否定性法律后果,是教育法律国家强制性的重要体现,没有这个规定,教育法律的逻辑结构就不完备。当前不少人之所以产生教育法律法规是"软法"的模糊认识,一个重要原因就是我国目前的教育法律制裁对违法行为仍很乏力,对教育违法行为难以追究或无法追究法律责任的情况时有发生,正是因为追究教育法律责任的法律制裁制度尚不健全、法律依据尚不充分。只有建立和健全教育法律责任制度,才可以使人们正确预见什么行为是法律所不允许的,如果作了该项违法行为就要承担相应的法律后果,受到法律制裁。从而认识到教育法律的权威,在实际工作和生活中自觉遵守教育法律,这样,正常的教育法律秩序才能逐渐建立起来。

(二) 有效的教育法律制裁有利于教育活动的法制化

教育法制化是实现国家教育发展的重要条件和时代需求。在我国,尽管宪法和有关法律规定了国家教育活动的一系列原则和基本制度。但是,长期以来由于我们缺少明确具体的教育法律制裁制度,致使在一定程度上,教育活动主体的法律责任和法律制约流于形式,教育违法现象屡禁不绝。建立和健全教育法律制裁制度,严格追究各种教育违法行为的法律责任可以切实地对教育活动主体起警醒和督促作用,防止和减少教育违法现象,做到严格依法办事,依法兴教。

(三) 对违法者实施教育法律制裁有利于充分保障公民的教育权利

我国是人民民主专政的社会主义国家,人民是国家的主人,这就决定了法律既应赋予广大人民群众以广泛的权利和利益,同时又必须提供法律上的具体措施来保障宪法和法律所规定的权益得以实现。各种教育违法行为直接影响着公民的教育权利和利益。对违法者的严厉制裁可以有效地控制教育行政权力的滥用，预防和减少教育侵权现象的发生，同时通过对教育违法的教育法律责任的彻底追究，切实保障公民已经遭受侵害的合法权益得以补救、恢复，从而从根本上保护公民的合法权益。

二、教育法律制裁的作用

（一）直接作用

法律制裁的直接作用在于通过制裁违法行为，恢复或补救被破坏的法律关系。已被破坏的法律关系（即受到侵犯的权益）都是具体的，有一定的程度、范围和数量，因而法律制裁（它必须与受侵害的权益对等）必须是量化的或能够量化的，而只有规则才是量化的或比较量化的。因此，教育法律制裁就是通过规则对教育法律关系中的主客体进行约束。对违法行为进行制裁，以保证教育事业的良性运转。保障教育法律关系中主客体的正当权益不受非法侵犯。

（二）间接作用

（1）在教育法律实施的过程中，总会有一些组织或个人违反法律规范，侵犯他人的合法权益，只有对违法者进行法律制裁，才能维护教育法律的威信，有利于教育法律的顺利实施。如亚里士多德所言，邦国虽有良法，要是人们不能遵守，仍然不能实行法治。国家如何保障教育法律实施的有效性，除了加大宣传，提高人们的守法意识外，重要的一点就是对违法行为进行制裁。

（2）教育法律是体现统治阶级在教育方面意志，由国家制定或认可，并以国家强制力实施的保证教育活动的行为规则。它对解决教育面临的突出问题具有不可低估的作用，同时也将推动教育法制建设。国家机关借助其强制力对违反教育法的行为进行制裁，有助于强化人们的法律观念。教育法律制裁在实施的过程中，必定会遇到各种各样的情况，制裁的同时，也可以使立法机关逐步熟悉教育领域内的各种特殊情况，因此，在制定相关教育法律的实施细则方面，可以更加灵活多样，以贴近具体的教育实际。

（3）教育法律制裁是法律规范得以贯彻实施的国家强制力的保证。有利于对违反法律规范者实施准确的打击，维护国家法律的严肃性。对违法行为实施法律制裁，是保证教育法律顺利实施的重要手段。

在人们的传统观念中，往往只是片面地认为违反刑法、民法才算是违法，相比而言，人们对教育法的概念还相当模糊。大家普遍认为教育和受教育是个人的事情，无需法律规范。造成这种现象有历史缘由，更有现实原因，那就是我们的司法机关对违反教育法法律的行为执法不严，对不执行或违反教育法律的行为，教育法律显得软弱无力。一方面，不少教育法律没有明确法律责任，出现责任空白，使违法者逍遥法外；另一方面，已明确法律责任的对违法行为制约不够。有法不依的现象强化了一些人藐视法律的心态，降低了人们对法律的信任度，危及到教育法律的权威性。教育法律某些条款对法律责任的规定不够明确和具体，也影响到人们的教育守法意识。在全国范围内屡禁不止的义务教育阶段学生辍学现象，中学的学生分流组班现象就说明了这一点。

三、案例展示

"考试作弊一律开除"的合法性遭遇拷问①

大学的"慧眼"难容考试作弊的学生。新华社2005年1月23日报道，武汉大学日前公示了对13名考试作弊的学生的处理决定，其中3人被开除学籍，4人被记过，两人被严重警告，4人被留校察看。与这种有所区分的处分不同的是，早些时候，中央民族大学7名学生因在考试中夹带纸条或将资料内容抄在课桌上面等而一律被开除学籍，并被要求在48小时内离校。

一张纸条引发的错误，使学生为自己的前途付出巨大代价。中央民族大学"严惩不贷"的做法在社会上、在网络媒体上引起很大的争议。

一、作弊者就该一棒子打死吗

一名叫"小山"的网友在个人博客上表达了心中的不安："开除学生，毁掉的是他们的未来，还有他们整个家庭的幸福。"他将开除称为"绝对是所有教育方法中最坏的一种"。"这不是科学的管理，过于简单粗暴。"小山这样说。

第十届全国人大代表、华中师范大学教育学院副院长周洪宇教授认为，从警告到开除学籍，是一个逐步严厉的过程，这一过程恰恰给了学生接受教育改正错误的机会。"处罚考试作弊，很有必要，它是维持正常教学秩序、保证教育公平的需要。但如果不加区分地对作弊学生一律开除，就惩罚过度

---

① 《中国青年报》，2006-02-07，第A06版；《中国消费者报》，2006-02-17，第A07版。

了，也与教育的目标相违背"。"大学在社会的文明建设中起着很重要的表率作用，一举一动都被各界所注意，因此，采取处罚措施也应特别谨慎，要做到纠正歪风和教育学生有机结合。"周洪宇说，"作为强势的学校要防止过度使用权力"。

只要有考试，就会有作弊的可能，对考试作弊学生一律开除，"杀一儆百"，确能起到较大的震慑作用，但难以得到广大老师内心的认同。西南政法大学的张治中老师尽管不能接受学生的作弊行为，但他坦言："如果抓到作弊学生，我不会送到学校去处理，毕竟是自己的学生，要保护，而不是把他的前途给毁了。"他认为，对考试作弊的学生，处分手段能达到"吓唬"的目的就够了，比如可以采取轻一点的处分，像记过或留校察看。

二、作弊威胁到教育诚信和学术诚信

也有人为这种做法叫好。"学生作弊与小偷行窃在本质上是同一的，都是通过不正当手段将不属于自己的东西据为己有。"一名网友认为，严惩作弊有助于培养学生健全的人格、有助于形成恪守诚信的社会道德风尚。

在一些大学的负责人看来，考试作弊已经威胁到了教育诚信和学术诚信，只有严厉惩罚了个别学生的这种不诚信行为，才能使更多的学生享受公正，这与以人为本的教育并不矛盾。

中央民族大学教务处一位老师表示，期末考试前学校已向每名学生下发了印有作弊处分办法的《学生手册》，各班班主任对此也曾反复强调，校园内还放置了各种宣传板和横幅。因此，学校是在充分教育和宣讲作弊处分的前提下，依照教育部规定和校规校纪进行处理的，有规可循，理由充分。

同样，武汉大学教务部副部长刘明建也认为，学校做出开除作弊学生的决定并通报全校，目的就是让其他学生引以为戒，诚信应考。学生考试作弊确实是严重错误，不整肃考风考纪，就会影响学风校风，就会有更多的学生铤而走险。

许多教师对开除作弊学生的做法表示认同。在记者采访中，中央民族大学一名老师表示，学生作弊很难管，屡禁不止，这次开除学籍的处分虽然有点重，但严惩是为了更好地严肃考场纪律，教会学生诚信做人。"去年被发现作弊的学生有几十个，这次考试公示处分后就再没发现了，效果显而易见。"

也有一些在校大学生表达了类似的观点。中央民族大学一位网友在该校BBS上说："开除学籍，是考试前就通告大家的了，就像合同一样，你要参加考试就要遵守考试规定。既然作弊，那就得付出代价。这一次学校严厉打击作弊之事，目的不在于开除几个同学。风气很重要，环境很重要。站在这个角度，学校没有错。"

针对有人认为学校开除作弊学生侵犯学生受教育权的问题，北京智达律师事务所律师高强表示，因考试作弊被开除学籍不能说侵犯了学生的受教育权。学校根据自己的实际情况制定学生需遵守的规则，并让学生了解这些规则，每一名学生在进入学校时都承诺遵守这些规则，所以说，这对每位同学都是公平公开的，不存在侵犯学生受教育权的问题。

但高律师同时又表示，学校"一棒子打死"的做法，没有给犯错的学生以纠错的机会。开除学籍等同于断其后路，有违学校育人为本的一贯主张。如果被开除学生认为处分不公，除了找有关单位申诉外，也可选择行政诉讼的方式来维护自己的权利。

针对有人认为学校开除作弊学生侵犯学生人格权和隐私权的说法，北京市天坛律师事务所律师宋绍富称，在《民法》相关条款中规定了公民的人格权和隐私权受法律保护。学生还有权申请复议，复议结果未定之前就将处罚决定公布于众，这是不可取的。即使学生因作弊被开除成为事实，学校也应尊重学生，否则对学生的伤害远远大于事件本身。

三、教育法律制裁的合法性

1. 制裁机构的合法性

考试作弊，一经发现便开除学籍或勒令退学，这是许多高校由来已久的做法。但多年来，这一措施却很难赢得社会各界大范围的认同。但是大家反对的原因却仅仅是出于感情上的不愿接受，认为这种惩罚措施没有给犯错的学生以纠错的机会，"一棒子打死"的做法违背了教育的精神和目标。而很少从法律层面质疑学校这种教育机构实施惩罚的合法性。

众所周知，法律制裁由特定的国家机关实施，包括法律规定授权或委托的机关、组织，其他国家机关、组织或者个人无权实施法律制裁。那么，为什么我国却普遍存在高校单方面对学生进行惩罚的这种现象呢？究其原因，是因为教育法对学校范围内的违纪行为缺少明确的法律制裁条款，2005年教育部出台的《普通高等学校学生管理规定》就作弊行为的惩戒问题，只是做了原则性的规定。例如："对学生的处分要'程序正当、证据充足、依据明确、定性准确、处分恰当'。给予学生的纪律处分，应当与学生违法、违规、违纪行为的性质和过错的严重程度相适应"。这种模糊的语言表达无意中把惩罚学生的权力全部给了高校。在这种情况下，学校就依据党的教育方针，结合自身对教育规律的认识对违纪学生进行惩罚，但是，学校往往忽略了一个事实：本校制定的各种规章制度仅仅可以作为在校生的行为规范，而不具备法律效力，不能当作法律条款来制裁学生。因此，在学校和学生发生纠纷时，学校的制裁措施往往被法律否定。

面对这种情况，我们不得不反思这样一些问题：学校是否拥有任意裁决在校学生的合法权力？学校的惩罚措施是否具备法律效力？同时拥有学生和公民双重身份的在校大学生，他们在学校范围内的违纪行为，究竟谁是法律制裁的合法主体？学校制定的行为规范是否可以等同于学校和学生之间的合同？这些问题如果不能取得教育界和法学界的共识，学生在校违纪行为的制裁权就不能简单的由学校独家垄断！

四川师范大学教育系李江源教授在全国教育科学"十五"重点课题《社会转型时期的教育制度研究》中提出这样一种观点："人们对教育制度的认同、遵从必须有起码的自觉性和自愿性。"每个教育工作者都明白，学校的宗旨在育人，学校应该围绕"如何育人"这个中心安排工作。作为一个自主运行的组织，学校确实需要通过管理来提高效率，但是决不能仅仅为了提高效率，就忽略了学校育人的本质。那些谈论"大学生是成年人，理应对自己的行为有约束能力……"的教育工作者是不负责任的。大学生作弊现象的屡禁不止除了学生本身的因素外，高校教师对授课质量和学生听课效果的漠不关心更应该引起学校管理者的注意。若是高校教师们心怀教育，牢记教书育人的道理，认真对待课堂教学，对学生的学习严格要求，那么考试前就不会有那么多怀疑自己及格能力的学生！同时，考试方式是否科学合理也是值得各类学科的教师深刻反思的，学生为什么会夹带？为什么会把题目写在课桌上？为什么那么多学生如此信任手中暗藏的那几张纸条？毋庸置疑，那几张纸条就能涵盖考试内容！考试题目若是开放性的，学生们无从准备，那么我们的考场上就不会出现那么多纸条！也不会有那么多学生交头接耳，左顾右盼！

2. 惩罚力度的合法性

2005年3月29日，在经过了数十次易稿之后，重新修订的《普通高等学校学生管理规定》（简称《规定》）正式颁布。学生的权利在其中得到进一步的明确和保护。《规定》强调，对学生的处分要"程序正当、证据充足、依据明确、定性准确、处分恰当"。"给予学生的纪律处分，应当与学生违法、违规、违纪行为的性质和过错的严重程度相适应。"《规定》还对可以给予开除学籍处分的考试作弊行为作出了明确的限定：由他人代替考试、替他人参加考试、组织作弊、使用通讯设备作弊及其他作弊行为严重的。

《规定》颁布后，有些高校随后制定了相应的实施细则。中央民族大学实施的《中央民族大学关于考试作弊处理的若干规定》第一条称，"学生在考试中下列行为均属作弊，一律给予开除学籍处分"，所列作弊行为包括夹带纸条、左顾右盼、交头接耳等。

该校一位学法律的同学小姜说，根据教育部的《普通高等学校学生管理规定》，由他人代替考试、替他人参加考试、组织作弊、使用通讯设备作弊及其他作弊行为严重者，可以被给予开除学籍处分。但据《中央民族大学关于考试作弊处理的若干规定》，第一条为"学生在考试中的下列行为均属作弊，一律给予开除学籍处分"，下面一共列举了11条，前面10条几乎囊括了所有作弊手段，最后一条为"有其他考试作弊行为者"，这说明所有作弊行为一律给予开除学籍处分。"夹带纸条、将资料内容抄在课桌上，能被视为'作弊行为严重'吗？"显然，中央民族大学对几位作弊学生的处理违背了《规定》的精神和具体条款。

从法理角度讲，可以开除作弊学生是学校的公权力，而公权力是"法无授权不可为"。现行法律法规并没有规定，任何作弊行为都一律开除。因此，学校没有可以开除一切作弊学生的公权力。中央民族大学按照《规定》给予所有作弊学生开除学籍的处分，并没有充分的法律依据。一旦作弊则一律给予开除学籍的处分，没有考虑到作弊的严重程度。应该像其他学校一样，根据作弊的严重程度而有处分的区别。

《规定》中还明确学生在对处分决定有异议时，可以提起申诉，学生申诉处理委员会应当由学校负责人、职能部门负责人、教师代表、学生代表组成。2005年1月11日，有媒体报道，中央民族大学驳回了被开除学生的申诉，维持原处分。有学生家长表示，将考虑通过法律程序保留孩子的学籍。

这种不分情节轻重全部开除的做法不仅缺少足够的法律依据，而且也不符合教育的精神。教育旨在育人，人是教育的中心、教育的目的；人是教育的出发点，也是教育的归宿。一切教育制度都必须以人为本，这是教育制度应确立的基本伦理道德价值。针对学生的违纪行为，学校制定相关惩罚措施，这是无可非议的。但是，有一点必须明确，那就是惩戒措施只能作为育人的辅助手段,而不能借惩罚条款否定违纪学生的就读资格。也就是说,惩罚措施的实施客体是违纪行为,而不是违纪者。而违纪行为也不能简单归咎于学生。

解决这一问题的有效措施除了我们一直强调的教育育人的途径外,国家机关需要在遵循教育基本规律的前提下,针对在校生的在校违纪行为类型,制定相关的法律,各级各类学校以此作为实施惩罚措施的法律依据。同时,学校自身制定的规章制度既不能违背教育精神,更不能与国家的法律相抵触。另外,在学校和学生之间发生类似的冲突时,也可以请仲裁机构来协调。最后,法律工作者和教育学者之间要加强学术交流,用法律来武装教育,在法律的框架内实现教书育人。

相关链接 11-3:

2005 年部分高校作弊学生处理结果

2005 年 1 月,南京林业大学南方摄影学院大二学生李某夹带与考试有关的纸条进入考场被发现,该科考试成绩被计零分。后被学校以违反考试纪律和校规为由,对她做出开除学籍、勒令退学的处分。李某遂将学校告上法庭。2005 年 5 月 26 日,有关法院审理认为,李某作弊的行为没有构成"情节严重",学校做出开除学籍、勒令退学的处罚决定不符合相关法律法规,并当庭判决,撤销南方摄影学院的处罚决定。

2005 年 6 月,大庆石油学院学生王某在学校组织的英语二级考试中作弊,被学校开除学籍。王某对处分不服,将母校告上法庭。2005 年 12 月 16 日,大庆市萨尔图区人民法院对此案做出一审判决,因为学校做出开除学籍处分的主要证据不足,学校适用的法律、法规错误,判决学校败诉,撤销学校开除王某学籍的处分决定。

2005 年 9 月,四川西华大学发文,对该校何某等 48 名考试作弊的学生给予勒令退学的处分。此次处分学生人数之多为该校建校以来之最,在全国高校中也属罕见。

2005 年 10 月,四川电力职业技术学院举行补考,8 名学生请另外 8 名学生代考,这 8 对"搭档"后来被学校认定为作弊。10 月 8 日,该校

> 决定，给予违纪学生自动退学机会。这16名学生是教育部学生管理新规定施行以来，国内高校因考试作弊而自愿申请退学的学生。
>
> [资料来源] 何春蕾：《2005年部分高校作弊学生处理结果》，《中国消费者报》，2006-2-17，第A07版。

【本章小结】

本章详细论述了教育领域内的法律制裁问题。法律制裁就是由特定的国家机关对违法者依法追究法律责任而实施的强制性惩罚措施。法律责任是法律制裁的前提，法律制裁的根据在于法律责任。

根据违法行为的不同性质，国家机关采用不同的法律制裁方式，基本可分为：刑事制裁、民事制裁、行政制裁、违宪制裁和国家法律制裁五种。教育法律制裁是指特定国家机关对违法的教育法律关系主体依照相应的教育法规追究其教育法律责任而实施的强制性惩罚措施。区别于社会生活的其他领域，教育领域的特殊性质决定教育法律制裁只包括民事制裁、刑事制裁和行政制裁三种。

教育法律制裁可以恢复或补救被破坏的法律关系。这将有利于充分保障公民的教育权利，也有利于教育活动的法制化，更有助于树立和维护教育法律法规的权威。通过及时有效的教育法律制裁，将强化教育领域的依法行政观念。

最后，本章利用高校开除考试作弊学生引发巨大社会争议这一案例为着眼点，着重探讨了教育领域内的法律制裁问题。

【思考题】

1. 如何理解构成违法行为的四要素？
2. 详细论述法律制裁与法律责任的关系。
3. 教育法律制裁的方式有哪些？
4. 教育法律制裁的目的是什么？为什么国家机关要加大教育法律制裁？
5. 试分析我国教育领域执法不严的原因并提出相关对策。

【参考文献】

1. 沈宗灵：《论法律责任与法律制裁》，《北京大学学报》（哲学社会科学版），1994年第1期。
2. 肖远军、李春玲：《我国教育法制建设的回顾与反思》，《重庆大学学报》（社科版），2000年第2期。
3. 谭细龙：《教育法学基础》，华中科技大学出版2002年版。
4. 劳凯声：《教育法论》，江苏教育出版社1993年版。
5. 李连宁、孙葆森：《教育法制概论》，教育科学出版社1997年版。
6. 黄崴：《教育法学》，广东高等教育出版社2002年版。

第十二章 教育法律救济

法律救济就是赔偿或补偿法律关系主体受到的损失，通过这种赔偿或补偿，指把物或人恢复到违约或违法侵权行为发生前它们所处的状态，恢复受侵犯的合法权利。《牛津法律大辞典》将救济的解释为"是纠正、矫正或改正在发生或业已造成伤害、危害、损失或损害的不当行为"。救济是与权利紧密相关的，救济是因为法律关系主体的权利遭到侵害、受到损失而引起的。如果没有权利也就没有了救济，相反，如果没有了救济权利也就难以实现而失去其现实意义。所以，英国有句法谚，叫做"没有救济就没有权利"，反之亦然。

教育领域中同样存在着救济问题，而且随着教育功能的增加，教育与社会的关系更为广泛而复杂，其所形成的法律关系也相应地变得复杂起来。伴随着这种法律关系的增多和过程的复杂化，教育活动中的权利遭受侵害和损失的几率也随之增加，因而教育的法律救济问题也就成为必然。

就我国目前的教育法律关系看，教育法律救济的途径主要包括行政救济（申诉制度、行政复议和行政诉讼）、民事救济和刑事救济。本章主要分析这几种救济在教育领域中的运用。

第一节 教师和学生的申诉制度

一、申诉制度的内涵

所谓申诉是指公民和国家机关工作人员对国家机关做出的涉及个人权益的处理决定不服，依法向原处理机关或其上级机关或法定的其他专门机关声明不服、述说理由并请求复查和重新处理的行为。是公民和国家工作人员维护个人合法权益的重要救济手段。申诉权是我国宪法确认的公民的基本政治权利,《宪法》第 41 条规定：中华人民共和国公民"对于任何国家机关和国家工作人员的违法失职行为，有向有关国家机关提出申诉、控告或者检举的权利，但是不得捏造或者歪曲事实进行诬告陷害。""对于公民的申诉、控告或者检举，有关国家机关必须查清事实，负责处理。任何人不得压制和打击报复。"《中华人民共和国教育法》、《中华人民共和国教师法》也是在宪法的指导下，针对教师和学生的申诉权作了法律规定，从而构成了我国的教师申诉制度和学生申诉制度。所以，教育申诉制度可从学校教师与学生两个方面来理解。

二、教师的申诉制度

教师申诉制度是由《中华人民共和国教师法》确立的一项保障教师与教育教学有关的权利的法律救济手段。《中华人民共和国教师法》第 39 条规定："教师对学校或者其他教育机构侵犯其合法权益的，或者对学校或者其他教育机构做出的处理不服的，可以向教育行政部门提出申诉，教育行政部门应在接到申诉的 30 日内，做出处理。""教师认为当地人民政府有关行政部门侵犯其根据本法规定享有的权利的，可以向同级人民政府或者上一级人民政府有关部门申诉，同级人民政府或者上一级人民政府有关部门应当做出处理"，以及第 36 条"对依法提出申诉、控告、检举的教师进行打击报复的，由其所在单位或者上级机关责令改正；情节严重的，可以根据具体情况给予行政处分"。

教师申诉制度的程序包括下面三个方面：

（一）提出申诉

教师应当提出申诉书，其内容主要有：（1）申诉人的姓名、性别、年龄、住址等。（2）被申诉人（指教师所在学校或其他教育机构、以及当地人民政府的有关行政部门）的名称、地址、法定代表人的姓名、性别、职务等。（3）申诉要求。要写明申诉人对被申诉人因侵犯其合法权益或不服对申诉人的处理决定而要求受理机关进行处理的具体要求。（4）申诉理由。主要写明被申诉人侵害其合法权益；或不服被申诉人处理决定的事实依据，针对被申诉人的侵权行为或处理决定的错误，提出纠正的法律、政策依据，并就其陈述理由。（5）附项。写明并附交有关的物证、书证或复印件等。

（二）对申诉的处理

主管的教育行政部门接到申诉书后，应对申诉人的资格和申诉的条件进行审查，做出不同处理：(1) 对于符合申诉条件的应予以受理。(2) 对于不符合申诉条件的，答复申诉人不予以受理。(3) 对于申诉书未说明申诉理由和要求的，要求重新提交申诉书。

(三) 对申诉作出处理决定

行政机关对受理的申诉案件，应当根据不同情况，及时做出如下处理：(1) 学校或其他教育机构的管理行为符合法定权限和程序、适用法律法规正确、事实清楚的，可以维持原处理结果。(2) 对于被申诉人不履行法律、法规和规章规定的职责的，可以责令其限期改正。(3) 学校管理行为部分适用法律、法规和规章错误的，或处理决定事实不清的，可变更不适用部分或责令学校重新处理。(4) 学校管理行为违反法律法规的，可撤销其原处理决定，其所依据的内部规章制度与法律、法规及其他规范性文件相抵触的，可责令学校进行修改或废止。(5) 对学校和其他教育机构提起的申诉，主管教育行政部门应在收到申诉书的次日起30天内进行处理。主管教育部门逾期未作处理的，或者久拖不决的，其申诉内容直接涉及人身权、财产权以及属于其他行政复议、行政诉讼受案范围的，申诉人可依法提起行政复议或行政诉讼。(6) 行政机关作出申诉处理决定后，应当将申诉处理决定书发送申诉当事人。申诉处理决定书自送达之日起发生效力。申诉当事人对申诉处理决定书不服的，可向原处理机关隶属的人民政府申请复议。其申诉内容直接涉及人身权、财产权内容的，可依法提起行政诉讼。

三、学生的申诉制度

学生申诉制度是学生在接受教育的过程中，对学校给予的处分不服，或认为学校和教师侵犯了其合法权益而向有关部门提出要求重新作出处理的制度。它是依据《教育法》第42条有关学生申诉权的规定建立起来的。在性质上也具有法定性、专门性和非诉讼性的特点。

(一) 学生申诉的程序

首先，学生要提出申诉；等待主管机关的受理审查；听取对申诉的处理结果。不服申诉的，学生还可以向法院提起诉讼。提出申诉可以以口头或书面形式。以口头形式提出的要讲明被申诉人的自然状况，申诉的理由和事件发生的基本事实经过，最后提出申诉要求。书面形式的申诉要求：写明申诉人的年龄、性别、住址、与被申诉人的关系等；写明被申诉人的名称、地址、法定代表人的姓名、性别、职务等；写明申诉要求，主要写明申诉人对被申诉人因侵犯其合法权益或对某个具体行为的实施，要求受理机关重新处理或撤销决定的具体要求；申诉理由和事实经过，要求写明被申诉人侵害申诉人合法权益的事实经过和处理决定的事实与法律政策依据，并陈述理由。只要认为是受侵害，都可提出申诉。

（二）对学生申诉的处理

主管机关受理申诉后，应该对事件进行调查核实，根据实际情况作出正确处理：如果学校、教师或其他教育机构的行为或决定符合法定权限或程序，适用法律规定正确，事实清楚，可以维持原来的处分决定和结果；如果处分或决定违反相关的法律法规规定，侵害申诉人合法权益，可以撤销原处理决定或责令被申诉人限期改正；具体处分决定或具体行为决定的一部分适用法律、法规或规章错误、或事实不清的，可责令退回原机关重新处理或部分撤销原决定；处理或决定所依据的规章制度或校纪校规与法律、法规及其他规范性文件相抵触时，可撤销原处理决定；如果是对侵犯人身权、财产权等而进行的申诉，学生对申诉处理结果不服，可依法向法院起诉。

第二节 教育行政复议制度

一、行政复议的概念

按照我国《行政复议法》规定，行政复议，在我国是指公民、法人或者其他组织认为具体行政行为侵犯其合法权益，依照法定的条件和程序，向法定的机关提出重新审议的申请，受理申请的行政机关依法对该具体行政行为是否合法、适当进行审查并作出决定的活动。学校的教师、学生以及作为法人的学校都可以依法提出行政复议。

行政复议具有如下特征：行政复议以具体行政行为的存在和行政争议的存在为前提；行政复议以作为行政相对方的公民、法人或其他组织为申请人，以一定的行政主体为被申请人；行政复议是特定行政机关主持的活动；行政复议的审查对象是具体行政行为。但是，公民、法人或者其他组织认为行政机关的具体行政行为所依据的行政规范性文件不合法，在对具体行政行为申请行政复议时，可以一并向行政复议机关提出对该规范性文件进行审查；行政复议以被复议具体行政行为的合法性、适当性为审查和裁决的内容；行政复议的结果以行政机关决定的形式表现出来；行政复议是按照法定程序进行的活动。

二、申请复议的范围

根据我国《行政复议法》第6条的规定，行政相对方对下列11类具体行政行为不服的，可以申请行政复议：

（1）行政处罚案件，包括警告、罚款、没收违法所得、没收非法财物、责令停产停业、暂扣或吊销许可证、执照及行政拘留。

（2）行政强制措施案件，包括限制人身自由的行政强制措施和限制财产流通的行政强制措施。限制人身自由的行政强制措施包括劳动教养、妇女教养和强制戒毒、扣留、强制遣送、强制隔离等。限制财产流通的行政强制措施包括查封、扣押、冻结等。

（3）变更、中止、撤销有关许可证、执照、资质证、资格证等证书的案件。

（4）行政机关确认自然资源所有权或使用权的案件。

（5）侵犯合法经营自主权的案件。

（6）变更或废止农业承包合同的案件。

（7）行政机关违法集资、征收购物、摊派费用或者违法要求履行其他义务的案件。

（8）申请、审批、登记行政许可案件。

（9）未履行保护人身权利、财产权利、受教育权利法定职责的案件。

（10）发放抚恤金、社会保险金、最低生活保障费的案件。

（11）侵犯行政相对方合法权益的其他具体行政行为引起的行政案件。

学校的教师、学生以及作为法人的学校如果在自己工作、学习和管理活动中发生以上情况，都可以依法提出重新审议的申请。

三、行政复议的管辖

在我国行政复议的管辖通常分为一般管辖和特殊管辖两个方面：

（一）一般管辖

根据《行政复议法》的规定，一般管辖主要包括以下几种：（1）对县级以上地方各级人民政府工作部门的具体行政行为不服的行政复议，该部门的本级人民政府或者上一级主管部门均有管辖权，总的原则是由申请人选择管辖。（2）对海关、金融、国税、外汇管理等实行垂直领导的行政机关和国家安全机关的具体行政行为不服的，应向上一级主管部门申请行政复议。(3) 对省级人民政府和国务院各部门的具体行政行为不服的，向作出原具体行政行为的行政机关申请复议，对复议决定不服的，可以向国务院申请裁决，也可以向人民法院提起诉讼，国务院依法作出的裁决是最终裁决。(4) 申请人对省级以下的地方各级人民政府作出的具体行政行为不服的，应向其上一级的人民政府申请复议。(5) 对于省、自治区人民政府依法设立的派出机关，即行政公署所属的县级人民政府的具体行政行为不服的，向该派出机关申请复议，对于该派出机关所属的县级人民政府的工作部门的具体行政行为不服的，除了该县人民政府有管辖权外，该派出机关也有管辖权。

（二）特殊管辖

行政复议的特殊管辖，是指行政复议管辖上的特殊情况，即不能按照一般管辖的原则来确定的特殊管辖。主要有以下几种：(1) 对县级以上地方人民政府依法设立的派出机关的具体行政行为的复议管辖。(2) 对政府工作部门依法设立的派出机构的具体行政行为的复议管辖。(3) 对法律、法规授权的组织的具体行政行为的复议管辖。(4) 对接受行政委托的组织或个人的具体行政行为的复议管辖。(5) 对法律、法规规定需要逐级批准的具体行政行为的复议管辖。(6) 对共同行政行为的复议管辖。(7) 对被撤销的行政机关在撤销前所作出的具体行政行为的复议管辖。

我国教育机构大多都在县级以上地方政府的管辖之下，所以，上述行政复议的管辖范围同样适用于教师、学生、学校以及其他教育机构。

四、行政复议程序

一般来说，行政复议程序基本上包括申请、受理、审理、决定、执行几个环节。

（一）申请

1. 申请复议的条件

根据《行政复议法》的规定，申请复议应当具备以下条件：(1) 申请人是认为具体行政行为直接侵犯其合法权益的公民、法人或者其他组织；(2) 有明确的被申请人；(3) 有具体的复议请求和事实根据；(4) 属于申请复议范围；(5) 属于受理复议机关管辖；(6) 法律、法规规定的其他条件。以上六条必须同时具备，缺一不可。

2. 申请复议的方式

申请复议必须递交复议申请书，即复议申请必须采取书面形式。申请书应包括以下内容：（1）申请人的基本情况；（2）被申请人的名字、地址；（3）申请复议的要求和理由；（4）提出复议申请的日期。提出复议申请的日期应是向复议机关提交复议申请书的日期，而不是写出复议申请书的日期。

3. 复议申请的期限

申请行政复议有严格的时间限制，超出规定时间则申请复议的权利就不复存在了。目前，各法律、法规对行政复议申请的时间期限规定不统一，但一般以 15 日为最普通。

（二）受理

复议机关应当在收到复议申请 10 日内作出处理，处理形式有三种：（1）符合法定条件的应当受理；（2）不符合申请条件的不予受理；（3）复议申请书未载明应当载明的内容的，应责令申请人限期补正。

（三）审理

它是复议的中心阶段，主要内容包括调查收集证据，审查证据，查清事实，对具体行政行为作合法性与合理性审查。

（四）决定

复议机关对复议案件经过审理后，应根据不同的情况作出如下复议决定：（1）具体行政行为适用法律、法规、规章和具有普遍约束力的决定、命令正确，事实清楚，符合法定权限和程序的，决定维持；（2）具体行政行为有程序上不足的，决定被申请人补正；（3）被申请人不履行法律、法规和规章规定的职责的，决定其在一定期限内履行；（4）具体行政行为有下列情形之一的，决定撤销、变更，并可以责令被申请人重新作出具体行政行为：一是主要事实不清的；二是适用法律、法规、规章和具有普遍约束力的决定、命令错误的；三是违反法定程序影响申请人合法权益的；四是超越或者滥用职权的；五是具体行政行为明显不当的。

（五）执行

复议决定生效后，申请人如果对复议决定不服，可以在收到复议决定书之日起 15 日内，或者法律、法规规定的其他期限内向人民法院起诉，但复议决定不停止执行。如果申请人逾期不起诉又不履行决定的，强制执行。

第三节 教育行政诉讼

一、行政诉讼的概念

行政诉讼是指人民法院审理行政纠纷案件的活动。行政诉讼与刑事诉讼、民事诉讼相比较，具有以下5个方面特征：行政诉讼是因行政纠纷而引起的。行政诉讼的纠纷当事人必有一方是行政机关或者是法律、法规授权的组织。行政诉讼中的双方当事人，以行政机关为被诉一方，以公民、法人或者其他组织为原告。行政诉讼是法院依行政相对方诉讼请求而进行的活动。行政诉讼是在法院主持下，依照法定程序和方式进行的活动。教师、学生、教育机构以及教育相关人员和机构，在对行政申诉和行政复议不服的情况下，可以提起行政诉讼。

二、行政诉讼的范围

根据我国《行政诉讼法》第2条的规定："公民、法人或者其他组织认为行政机关和行政机关工作人员的具体行政行为侵犯其合法权益，有权依照本法向人民法院提起诉讼。"1999年11月24日最高人民法院发布的《关于执行〈中华人民共和国行政诉讼法〉若干问题的解释》（简称《若干解释》）又作如下说明：即公民、法人或者其他组织对具有国家行政职权的机关和组织及其工作人员的行政行为不服，依法提出诉讼的，属于人民法院行政诉讼的受案范围。

根据我国《行政诉讼法》第11条的规定，行政诉讼的具体受案范围是：行政相对方对拘留、罚款、吊销许可证和执照、责令停产停业、没收财物等行政处罚行为的；行政相对方对行政机关限制人身自由或者查封、扣押、冻结财产等行政强制措施不服的；行政相对方对行政机关非法干涉、限制、或剥夺其经营自主权不服的；行政相对方对行政机关拒绝颁发许可证和执照或者对行政许可不予答复不服的；行政相对方认为行政机关不履行保护其人身权、财产权的法定职责的；行政相对方认为行政机关没有依法发放抚恤金的；行政相对方认为行政机关违法要求履行义务的；行政相对方认为行政机关侵犯其他人身权、财产权的；法律、法规规定可以起诉的其他行政案件。

三、行政诉讼的管辖

行政诉讼的管辖,是人民法院系统内受理第一审行政案件的权限分工。即明确当事人在哪一个人民法院起诉、由哪一个人民法院受理的法律制度。一般有三种管辖方式:级别管辖、地域管辖和裁定管辖。

级别管辖。《行政诉讼法》第13条规定:"基层人民法院管辖第一审行政案件。"根据《行政诉讼法》第14条的规定,中级人民法院管辖的案件包括以下三类:(1)确认发明专利权的案件和海关处理的案件。(2)对国务院各部门或者省一级政府所作出的具体行政行为提起诉讼的行政案件。(3)本辖区内重大、复杂的案件。

地域管辖。又称区域管辖、土地管辖。它确定同级人民法院之间受理第一审行政案件的分工和权限。《行政诉讼法》规定的地域管辖,通常可以概括为:一般地域管辖和特殊地域管辖两种。

裁定管辖。依照我国《行政诉讼法》的规定,遇到某些特殊情况,由人民法院自行确定的管辖,叫裁定管辖。裁定管辖分为移送管辖、指定管辖和管辖权的转移三种类型。

相关链接 12-1:

诉讼管辖的分类

一、管辖在法律上的分类

我国《刑事诉讼法》、《民事诉讼法》和《行政诉讼法》都在各自的法律条文中对管辖作了专门规定,三类诉讼法均将管辖分为级别管辖、地域管辖、移送管辖、指定管辖四大类,其中,地域管辖又进一步分为四小类,即一般地域管辖、特殊地域管辖、专属管辖和共同管辖。需要特别强调的是:

(1)民事诉讼法、行政诉讼法中的管辖只解决人民法院系统内受理第一审民事、行政案件的权限分工,而刑事诉讼中的管辖除了要解决各人民法院之间的审判管辖之外,还要解决公、检、法三机关之间立案受理刑事案件的职权分工,即刑事诉讼中的职能管辖。因此,我国的刑事诉讼管辖除了上面提到的四大类审判管辖外，还包括职能管辖。职能管辖将部分刑事案件的立案、受理、侦查权交给公安机关和检察院。但是，对这些刑事案件的审判权还是在人民法院。公安机关和人民检察院在侦查完毕后，认为应当追究刑事责任的，应将刑事案件交给有管辖权的人民法院进行审判。

（2）民事诉讼、行政诉讼中的当事人对某些案件的管辖有一定的选择权。因此，在其地区管辖中，除了上面提到的四小类外，还包括协议管辖和选择管辖。这两类管辖是"当事人意思自治原则"在民事诉讼、行政诉讼领域的运用，这意味着充分尊重当事人的意愿，使他们能够寻求最为信赖的人民法院进行诉讼，有利于纠纷的彻底解决。但刑事诉讼中无论是公诉案件还是自诉案件，当事人对案件管辖都不具有选择权和处分权，这是由刑事诉讼追究、惩罚犯罪的活动特点所决定的。

二、管辖在诉讼理论上的分类

1. 法定管辖和裁定管辖

根据管辖的确定是否由法律规定为标准，可以将管辖分为法定管辖和裁定管辖。

（1）法定管辖。是法律明确规定哪些案件由哪一级人民法院中的哪一个法院行使管辖权。因此，在法定管辖中，依据法院对案件的纵横管辖关系的不同，又可以分为级别管辖和地域管辖。

（2）裁定管辖。是由享有相应权限的法院作出裁定或决定，以确定具体的管辖法院。在裁定管辖中，依据管辖的决定方式不同，又可以分为指定管辖、移送管辖和管辖权的转移。

从法定管辖和裁定管辖的关系来看，法定管辖是针对诉讼管辖的一般情形作出的，而裁定管辖则是针对特殊政策情形而规定的。设定裁定管辖，或者是为了落实法定管辖的规定，或者是为了对法定管辖进行个别调整。

2. 专属管辖和协议管辖

以管辖是否由法律强制规定，是否允许当事人协议变更为标准，可以将管辖分为专属管辖和协议管辖。

（1）专属管辖。是指法律规定某类案件只能由特定的人民法院管辖，其他法院无管辖权，当事人也不得以协议方式变更管辖。

（2）协议管辖。是指尽管法律已经对管辖作出了规定，但同时法律又允许当事人以书面协议方式选择其他管辖法院，人民法院在确定案件纠纷的管辖权时，以当事人的约定为先。

3. 共同管辖和合并管辖

根据诉讼主体、诉讼客体与法院辖区之间的关系不同，可以将管辖分为共同管辖和合并管辖。

（1）共同管辖。是指两个以上的人民法院对同一案件都有管辖权。对共同管辖的诉讼，法律要求只能作单一的选择，即选择管辖，共同管辖与选择管辖实际上是一个问题的两个方面，只是选择管辖在不同的诉讼法中有不同的表现。在民事诉讼法和行政诉讼法中，这个选择权在原告一方，由原告方在有管辖权的人民法院范围内自由选择。但在刑事诉讼法中，这个选择权已由法律作了决定，即由最先受理案件的人民法院审判。

（2）合并管辖。亦即牵连管辖，是指对某一案件有管辖权的人民法院，因为另一案件与该案件存在着牵连关系，而对两个案件一并管辖和审理。其实质是对某案件有管辖权的人民法院基于牵连关系而对另一原本无管辖权的案件并归自己管辖。如果人民法院对另一诉讼案件原本就有管辖权的，则不发生合并管辖问题。

[资料来源] 中华税网，http://www.chinesetax.com.cn/Article/Class703/200502/40021.html.

四、行政诉讼的程序

（一）起诉和受理

起诉是公民、法人和其他组织依法向人民法院提出诉讼请求的诉讼行为，将产生一定的法律后果，因此，必须符合法定的起诉条件，起诉条件是原告认为行政机关的具体行政行为侵犯了其合法权益的公民、法人和其他组织；有明确的被告；有具体的诉讼请求和事实依据；属于人民法院受案范围和受诉人民法院管辖。对于当事人的起诉，人民法院经审查，应当在接到起诉状之日起7日内立案或裁定不予受理，当事人对不予受理的裁定不服，可以提起上诉。

（二）审理和判决

我国行政诉讼实行两审终审，二审作出的判决和裁定为终审的判决裁定，案件到此为止最后审结，如果发现确有错误，可以再经审判监督程序予以纠正。

在审理依据上，根据《行政诉讼法》的规定，人民法院审理行政案件，依据法律和行政法规、地方性法规，参照行政规章。所谓"参照"，是指有条件的适用规章。人民法院在审理行政案件时，首先要对行政规章的合法性加以确定，合法的予以适用，不合法的不予以适用。但对不予适用的规章，人民法院无权撤销。人民法院如果认为部委之间的规章或地方规章与部委规章有不一致的，由最高人民法院报请国务院作出解释或裁决。

人民法院对行政案件作出审理后，根据不同情况作出不同判决：（1）维持判决。对具体行政行为证据确凿，适用法律、法规正确，符合法定程序的，人民法院作出维持具体行政行为的判决。（2）撤销判决。撤销判决即判决撤销或部分撤销被告的具体行政行为，并可以判决被告作出新的具体行政行为。适用的前提条件是：具体行政行为主要证据不足，适用法律、法规错误，违反法定程序，超越职权，滥用职权。（3）履行职责判决。对于被告不履行或拖延履行法定职责的，人民法院可以判决其在一定期限内履行职责。（4）变更判决。人民法院经审查，认为被告作出的行政处罚行为显失公正，可以直接加以变更。

（三）执行

执行程序，是诉讼活动的最后阶段，人民法院对发生法律效力的判决裁定，在义务人逾期不执行时，有权依法采取强制措施，迫使其履行义务。

行政诉讼的执行有两种情况。一种是当公民、法人或其他组织拒不履行判决、裁定时，行政机关可以向人民法院申请强制执行；另一种是当行政机关不履行判决、裁定时，根据另一方当事人的申请，人民法院依法强制执行。对行政机关主要的强制执行措施有：通知银行从行政机关的账户内划拨、对行政机关按日处以50~100元的罚款、向行政机关提出司法建议，追究主管人员和直接责任人员的刑事责任。

教育领域活动中，如果出现属于行政法律范围内的诉讼，在进行行政诉讼的过程中，可以依照上述范围和程序进行。

相关链接 12-2：

什么是诉讼？

诉讼就是通常所说的打官司，是通过国家审判机关解决争议的过程。我国有三部诉讼法，分别是民事诉讼法、刑事诉讼法和行政诉讼法，相应的，诉讼也分为民事诉讼、刑事诉讼和行政诉讼。

诉讼有以下几个特点：

第一，依法性。诉讼活动必须严格依照诉讼法律规范所确立的诉讼程序和规则进行，违反诉讼程序的诉讼活动应认为无效。

第二，阶段性。如起诉阶段、审判阶段、执行阶段等，每个阶段都是相对独立和完整的，有自身的任务和形式。

第三，顺序性。各阶段的活动既相互联系，又互相依赖，前一阶段的活动是后一阶段活动的基础，后一阶段活动又是前一阶段活动的发展和继续或结果。

第四，时限性。诉讼活动是国家的司法活动，诉讼法都对各种诉讼活动的时限作了明确规定。

第五，强制性。正因为诉讼活动是一种依法进行的司法活动，所以司法机关在诉讼活动中作出的裁判及其他处理决定，当事人必须严格履行，如拒绝履行，司法机关有权强制执行。

我国实行二审终审制，即一个案件经过两级法院的审理所作出的判决就是生效的判决，不可以再上诉。

[资料来源] 北京翰林居知识产权事务所网，http://www.hanlinju.com/Article/ShowArticle.asp? ArticleID = 117.

五、案例展示

田永诉北京科技大学拒绝颁发毕业证、学位证行政诉讼案[①]

原告：田永，男，北京科技大学应用科学学院物理化学系94级学生。

委托代理人：马怀德，北京市大通——正达律师事务所律师。

---

① http://www.court.gov.cn/popular/200304010050.htm.

委托代理人：孙雅申，北京市通正律师事务所律师。
被告：北京科技大学。法定代表人：杨天钧，校长。
委托代理人：张锋，中国政法大学副教授。
委托代理人：李明英，北京科技大学校长办公室主任。

原告田永认为自己符合大学毕业生的法定条件，被告北京科技大学拒绝给其颁发毕业证、学位证是违法的，遂向北京市海淀区人民法院提起行政诉讼。

原告诉称：我一直以在校生身份在被告北京科技大学参加学习和学校组织的一切活动，完成了学校制定的教学计划，并且学习成绩和毕业论文已经达到高等学校毕业生水平。然而在临近毕业时，被告才通知我所在的系，以我不具备学籍为由，拒绝给我颁发毕业证、学位证和办理毕业派遣手续。被告的这种做法违背了法律规定。

请求判令被告：

一、为我颁发毕业证、学位证；

二、及时有效地为我办理毕业派遣手续；

三、赔偿我经济损失3000元；

四、在校报上公开向我赔礼道歉，为我恢复名誉；

五、承担本案诉讼费。

被告辩称：原告田永违反本校《关于严格考试管理的紧急通知》（以下简称068号通知）中的规定，在补考过程中夹带写有电磁学公式的纸条被监考教师发现，本校决定对田永按退学处理，通知校内有关部门给田永办理退学手续。给田永本人的通知，也已经通过校内信箱送达到田永所在的学院。至此，田永的学籍已被取消。由于田永不配合办理有关手续，校内的一些部门工作不到位，再加上部分教职工不了解情况等原因，造成田永在退学后仍能继续留在学校学习的事实。但是，校内某些部门及部分教师默许田永继续留在校内学习的行为，不能代表本校意志，也不证明田永的学籍已经恢复。没有学籍就不具备高等院校大学生的毕业条件，本校不给田永颁发毕业证、学位证和不办理毕业派遣手续，是正确的。法院应当依法驳回田永的诉讼请求。

北京市海淀区人民法院经审理查明：1994年9月，原告田永考入被告北京科技大学下属的应用科学学院物理化学系，取得本科生学籍。1996年2月29日，田永在参加电磁学课程补考过程中，随身携带写有电磁学公式的纸条，中途去厕所时，纸条掉出，被监考教师发现。监考教师虽未发现田永有偷看纸条的行为，但还是按照考场纪律，当即停止了田永的考试。北京科技大学于同年3月5日按照"068号通知"第三条第五项关于"夹带者，包括写在手上等作弊行为者"的规定，认定田永的行为是考试作弊，根据第一条"凡考试作弊者，一律按退学处理"的规定，决定对田永按退学处理，4月10日填发了学籍变动通知。但是，北京科技大学没有直接向田永宣布处分决定和送达变更学籍通知，也未给田永办理退学手续。田永继续在该校以在校大学生的身份参加正常学习及学校组织的活动。

1996年3月，原告田永的学生证丢失，未进行1995～1996学年第二学期的注册。同年9月，被告北京科技大学为田永补办了学生证。其后，北京科技大学每学年均收取田永交纳的教育费，并为田永进行注册、发放大学生补助津贴，还安排田永参加了大学生毕业实习设计，并由论文指导教师领取了学校发放的毕业设计结业费。田永还以该校大学生的名义参加考试，先后取得了大学英语四级、计算机应用水平测试BASIC语言成绩合格证书。田永在该校学习的4年中，成绩全部合格，通过了毕业实习、设计及论文答辩，获得优秀毕业论文及毕业总成绩全班第九名。北京科技大学对以上事实没有争议。

被告北京科技大学的部分教师曾经为原告田永的学籍一事向原国家教委申诉，原国家教委高校学生司于1998年5月18日致函北京科技大学，认为该校对田永违反考场纪律一事处理过重，建议复查。同年6月5日，北京科技大学复查后，仍然坚持原处理结论。

1998年6月，被告北京科技大学的有关部门以原告田永不具有学籍为由，拒绝为其颁发毕业证，进而也未向教育行政部门呈报毕业派遣资格表。田永所在的应用学院及物理化学系认为，田永符合大学毕业和授予学士学位的条件，由于学院正在与学校交涉田永的学籍问题，故在向学校报送田永所在班级的授予学士学位表时，暂时未给田永签字，准备等田永的学籍问题解决后再签，学校也因此没有将田永列入授予学士学位资格名单内交本校的学位评定委员会审核。

被告北京科技大学为此案向法院提交的证据有：1. 原告田永于1996年2月29日写下的书面检查和两位监考教师的书面证言，这些证据能够证明田永在考试中随身携带了写有与考试科目有关内容的纸条，但没有发现其偷看的事实；2. 原国家教委《关于加强考试管理的紧急通知》、校发（94）

第068号《关于严格考试管理的紧急通知》、原国家教委有关领导的讲话，这三份材料不属于《中华人民共和国行政诉讼法》第五十三条规定人民法院审理行政案件时可以参照的规章范畴；3. 北京科技大学教务处关于田永等三人考试过程中作弊按退学处理的请示、期末考试工作简报、学生学籍变动通知单，以上书证能够证明北京科技大学于1996年4月10日作出过对田永按退学处理的决定，但不能证明该决定已经直接送达给田永，也不能证明该决定已经实际执行；4. 原国家教委高校学生司函、北京科技大学对田永考试作弊一事复查结果的报告，这些书证能够证明北京科技大学部分教师、原国家教委高校学生司对田永被处分一事的意见，以及北京科技大学在得知这两方面意见后的态度；5. 北京科技大学的《关于给予北京科技大学学生王斌勒令退学处分的决定》一份、《期末考试工作简报》7份，以上书证与本案没有必然联系，不能成为本案的证据。此外，北京科技大学在诉讼期间，未经法院同意自行调取了唐有兰等教师的证言、考试成绩单、1998届学生毕业资格和学士学位审批表、学生登记卡、学生档案登记单、学校保卫处户口办公室书证、学籍变动通知单第四联和第五联等书证交给法院，这些证明由于不符合行政诉讼法第三十三条关于"在诉讼过程中，被告不得自行向原告和证人收集证据"的规定，不能作为认定本案事实的根据。

原告田永提交的证据有：1. 1996年9月被告北京科技大学为田永补办的学生证（学号为9411026），能够证明北京科技大学不仅从1996年9月为田永补办了学生证，并且还逐学期为田永进行了学籍注册，使其具有北京科技大学本科学生学籍的事实；2. 献血证、重修证、准考证、收据及收费票据、英语四级证书、计算机BASIC语言证书、田永同班同学的两份证言、实习单位书证、结业费发放书证，以上证据能够证明田永在北京科技大学的管理下，以该校大学生的资格学习、考试和生活的相关事实；3. 学生成绩单，能够证明田永在该校四年的学习成绩；4. 加盖北京科技大学主管部门印章的北京地区普通高校毕业生就业推荐表，能够证明北京科技大学已经承认田永具备应届毕业生的资格；5. 北京科技大学应用科学学院的证明，证实田永已经通过了全部考试及论文答辩，其掌握的知识和技能已具备了毕业生的资格，待田永的学籍问题解决后就为其在授予学位表上签字的事实。

在庭审中，法庭对双方当事人提交的上述证据均进行了质证。

北京市海淀区人民法院认为：在我国目前情况下，某些事业单位、社会团体，虽然不具有行政机关的资格，但是法律赋予它行使一定的行政管理职权。这些单位、团体与管理相对人之间不存在平等的民事关系，而是特殊的行政管理关系。他们之间因管理行为而发生的争议，不是民事诉讼，而是行政诉讼。尽管《中华人民共和国行政诉讼法》第二十五条所指的被告是行政机关，但是为了维护管理相对人的合法权益，监督事业单位、社会团体依法行使国家赋予的行政管理职权，将其列为行政诉讼的被告，适用行政诉讼法来解决它们与管理相对人之间的行政争议，有利于化解社会矛盾，维护社会稳定。《中华人民共和国教育法》第21条规定："国家实行学业证书制度。""经国家批准设立或者认可的学校及其他教育机构按照国家规定，颁发学历证书或者其他学业证书。"第二十二条规定："国家实行学位制度。""学位授予单位依法对达到一定学术水平或者专业技术水平的人员授予相应的学位，颁发学位证书。"《中华人民共和国学位条例》第八条规定："学士学位，由国务院授权的高等学校授予。"本案被告北京科技大学是从事教育事业的法人，原告田永诉请其颁发毕业证、学位证，正是由于其代表国家行使对受教育者颁发学业证书、学位证书的行政权力时引起的行政争议，可以适用行政诉讼法予以解决。原告田永没有得到被告北京科技大学颁发的毕业证、学位证，起因是北京科技大学认为田永已被按退学处理，没有了学籍。教育法第二十八条规定的学校及其他教育机构行使的权力中，第（四）项明文规定："对受教育者进行学籍管理，实施奖励或者处分。"由此可见学籍管理也是学校依法对受教育者实施的一项特殊的行政管理。因而，审查田永是否具有学籍，是本案的关键。

原告田永经考试合格，由被告北京科技大学录取后，即享有该校的学籍，取得了在该校学习的资格，同时也应当接受该校的管理。教育者在对受教育者实施管理中，虽然有相应的教育自主权，但不得违背国家法律、法规和规章的规定。田永在补考时虽然携带写有与考试有关内容的纸条，但是没有证据证明其偷看过纸条，其行为尚未达到考试作弊的程度，应属于违反考场纪律。北京科技大学可以根据本校的规定对田永违反考场纪律的行为进行处理，但是这种处理应当符合法律、法规、规章规定的精神，至少不得重于法律、法规、规章的规定。国家教育委员会1990年1月20日发布的《普通高等学校学生管理规定》第十二条规定："凡擅自缺考或考试作弊者，该课程成绩以零分计，不准正常补考，如确实有悔改表现的，经教务部门批准，在毕业前可给一次补考机会。考试作弊的，应予以纪律处分。"第二十九条规定应予退学的十种情形中，没有不遵守考场纪律或者考试作弊应予退学的规定。北京科技大学的"068号通知",不仅扩大了认定"考试作弊"的范围,而且对"考试作弊"的处理方法明显重于《普通高等学校学生管理规定》第十二条的规定,也与第二十九条规定的退学条件相抵触,应属无效。另一方面,按退学处理,涉及被处理者的受教育权利,从充分保障当事人权益的原则出发,作出处理决定的单位应当将该处理决定直接向被处理者本人宣布、送达,允许被处理者本人提出申辩意见。北京科技大学没有照此原则办理,忽视当事人的申辩权利,这样的行政管理行为不具有合法性。北京科技大学实际上从未给田永办理过注销学籍,迁移户籍、档案等手续。特别是田永丢失学生证以后,该校又在1996年9月为其补办了学生证并注册,这一事实应视为该校自动撤销了原对田永作出的按退学处理的决定。此后发生的田永在该校修满四年学业,还参加了该校安排的考核、实习、毕业设计,其论文答辩也获得通过等事实,均证明按退学处理的决定在法律上从未发生过应有的效力,田永仍具有北京科技大学的学籍。北京科技大学辩称,田永能够继续在校学习,是校内某些部门及部分教师的行为,不能代表本校意志。鉴于这些部门及部分教师的行为,都是北京科技大学的职务行为,北京科技大学应当对该职务行为产生的后果承担法律责任。

国家实行学业证书制度。原告田永既然具有北京科技大学的学籍,在田永接受正规教育、学习结束并达到一定学历水平和要求时,北京科技大学作为国家批准设立的高等学校,应当依照教育法第二十八条第一款第五项及《普通高等学校学生管理规定》第三十五条的规定,给田永颁发相应的学业证明,以承认其具有的相当学历。

国家实行学位制度。原告田永是大学本科生,在其毕业后,按照《中华人民共和国学位条例》第四条的规定,可以授予学士学位。被告北京科技大学作为国家授权的学士学位授予机构,应当依照《中华人民共和国学位条例暂行实施办法》第四条、第五条规定的程序,组织有关人员对田永的毕业成绩、毕业鉴定等材料进行审核,以决定是否授予其学士学位。关于高等院校毕业生派遣问题。《毕业生就业派遣报到证》,是各省、自治区、直辖市主管毕业生调配的部门按照教育行政部门下达的就业计划签发的。普通高等学校根据《普通高等学校毕业生就业工作暂行规定》第九条的规定,应当履行将毕业生的有关资料上报所在地的教育行政主管部门的职责,以供当地教育行政部门审查和颁发毕业派遣证。原告田永取得大学毕业资格后,被告北京科技大学理应履行上述职责。

《中华人民共和国国家赔偿法》第三条、第四条规定的行政赔偿范围，只包括违法行政行为对受害人人身权或者财产权造成的实际侵害。

目前，国家对大学生毕业分配实行双向选择的就业政策，并非学生毕业后就能找到工作，获得收入。因此，被告北京科技大学拒绝颁发证书的行为，只是使原告田永失去了与同学同期就业的机会，并未对田永的人身权和财产权造成实际损害。故田永以北京科技大学未按时颁发毕业证书致使其既得利益受到损害为由提出的赔偿经济损失主张，不能成立。原告田永在考试中有违反考场纪律的行为，被告北京科技大学据此事实对田永作出的按退学处理的决定虽然不能成立，但是并未对田永的名誉权造成损害。因此，田永起诉请求法院判令北京科技大学在校报上向其赔礼道歉，为其恢复名誉，不予支持。

综上，北京市海淀区人民法院于1999年2月14日判决：

一、被告北京科技大学在本判决生效之日起30日内向原告田永颁发大学本科毕业证书；

二、被告北京科技大学在本判决生效之日起60日内召集本校的学位评定委员会对原告田永的学士学位资格进行审核；

三、被告北京科技大学于本判决生效之日起30日内履行向当地教育行政部门上报原告田永毕业派遣的有关手续的职责；

四、驳回原告田永的其他诉讼请求。第一审宣判后，北京科技大学提出上诉。

理由是：1. 田永已被取消学籍，原判认定我校改变了对田永的处理决定，恢复了其学籍，是认定事实错误；2. 我校依法制定的校规、校纪及依据该校规、校纪对所属学生作出处理，属于办学自主权范畴，任何组织和个人不得以任何理由干预；3. 我校向一审提交的从教学档案中提取的证据，不属于违法取证，法院应予采信。请求二审撤销原判，驳回田永的诉讼请求。

北京市第一中级人民法院经审理认为，原判认定事实清楚、证据充分，适用法律正确，审判程序合法，应当维持。上诉人北京科技大学认为被上诉人田永已不具有该校学籍，与事实不符，不予采纳。学校依照国家的授权，有权制定校规、校纪，并有权对在校学生进行教学管理和违纪处理，但是制定校规、校纪和据此进行的教学管理和违纪处理，必须符合法律、法规和规章的规定，必须保护当事人的合法权益。北京科技大学对田永按退学处理，有违法律、法规和规章的规定，是无效的。北京科技大学在诉讼中提交的从教学档案中调取的证据，虽然不属于行政诉讼法第三十三条规定的被告不得在诉讼过程中自行向原告和证人收集证据的情况，但是由于无法证明这些证据是在作出按退学处理的决定时形成的，故法院不予认定。据此，北京市第一中级人民法院依照行政诉讼法第六十一条第（一）项的规定，于1999年4月26日判决：驳回上诉，维持原判。

第四节 教育民事诉讼

随着教育规模的扩大，其介入社会的程度也越来越深入，这就意味着在今后的教育活动过程中，出现民事纠纷的可能性也随之增加。学校、教师、学生以及与学校有关的附属机构和组织也会因此经常出现需要通过民事救济解决的法律问题。因此，教育管理过程中的民事救济是一个十分重要的法律问题，教育的管理机构及其相关人员要特别关注这个问题。民事救济主要通过民事诉讼来实现的。

一、民事诉讼的概念

民事诉讼是三大诉讼之一，又是法律救济的一种重要形式。民事诉讼是指法院、当事人和其他诉讼参与人，在审理民事诉讼案件的过程中所进行的各种诉讼活动，以及由这些活动所产生的各种诉讼关系的总和。它是公民、法人为解决民事纠纷，保护自己的合法权益依法向人民法院提起诉讼，由人民法院进行审理并作出判决的制度。

民事诉讼是通过法律手段管理教育手段之一，在整个救济制度中的民事救济对教育的作用有这样三个方面：第一，通过民事诉讼，可以使受害者如教师、学生或学校的财产权得以充分的恢复。我国在财产权的救济制度中，采取赔偿实际损失的原则。第二，通过民事诉讼，可以使受害者如教师、学生的人身权得到一定程度的补救。我国人身权中的许多权利具有的特点是：一旦权利被侵害，永远无法恢复原状。因此，法律救济的基本原则是采取实事求是的原则，一方面给受害者财产补偿，另一方面给予精神安慰，如知识产权问题、著名教师的名誉问题以及学校的校名问题等。第三，通过民事诉讼，可以使受害者如教师、学生的社会保障权、劳动权得以实现。民事诉讼的胜诉判决所具有的强制力足以使侵权者采取相应的措施，修正自己的错误行为，保证受害者的权利。

二、民事诉讼的管辖

根据《中华人民共和国民事诉讼法》（1991年4月9日第七届全国人民代表大会第四次会议通过）的规定，民事诉讼的管辖分为三个方面：

（一）级别管辖

基层人民法院管辖第一审民事案件，但本法另有规定的除外。中级人民法院管辖下列第一审民事案件：重大涉外案件；在本辖区有重大影响的案件；最高人民法院确定由中级人民法院管辖的案件。高级人民法院管辖在本辖区有重大影响的第一审民事案件。最高人民法院管辖下列第一审民事案件：在全国有重大影响的案件；认为应当由本院审理的案件。

（二）地域管辖

对公民提起的民事诉讼，由被告住所地人民法院管辖；被告住所地与经常居住地不一致的，由经常居住地人民法院管辖。对法人或者其他组织提起的民事诉讼，由被告住所地人民法院管辖。同一诉讼的几个被告住所地、经常居住地在两个以上人民法院辖区的，各该人民法院都有管辖权。两个以上人民法院都有管辖权的诉讼，原告可以向其中一个人民法院起诉；原告向两个以上有管辖权的人民法院起诉的，由最先立案的人民法院管辖。

（三）移送管辖和指定管辖

人民法院发现受理的案件不属于本院管辖的，应当移送有管辖权的人民法院，受移送的人民法院应当受理，受移送的人民法院认为受移送的案件依照规定不属于本院管辖的，应当报请上级人民法院指定管辖，不得再自行移送。有管辖权的人民法院由于特殊原因，不能行使管辖权的，由上级人民法院指定管辖。人民法院之间因管辖权发生争议，由争议双方协商解决；协商解决不了的，报请它们的共同上级人民法院指定管辖。上级人民法院有权审理下级人民法院管辖的第一审民事案件，也可以把本院管辖的第一审民事案件交下级人民法院审理。下级人民法院对它所管辖的第一审民事案件，认为需要由上级人民法院审理的，可以报请上级人民法院审理。

三、民事诉讼的程序

民事审判程序比较复杂。在诸多的程序中，普通程序是最能显示民事诉讼特色、同时也是人民法院审理民事纠纷使用最多的程序，我们这里主要介绍这一制度。

普通程序基本的过程是：

（一）起诉

基本条件是：原告是与本案有直接利害关系的公民、法人和其他组织；有明确的被告；有具体的诉讼请求和理由；属于人民法院收案范围和受诉人民法院管辖。

（二）开庭审理

开庭审理是人民法院在当事人和诉讼参与人参加下，对案件进行审理的诉讼活动过程。基本的阶段有：法庭调查、法庭辩论、法庭调解、合议庭评议和宣判。

准备开庭：根据民事诉讼法的规定，开庭审理前，书记员应当查明当事人和其他诉讼参与人是否到庭，宣布法庭纪律。开庭审理时，由审判长核对当事人，宣布案由，告知当事人有关的诉讼权利和义务。

法庭调查：本阶段是开庭审理的中心环节，是对案件进行实体审理的主要阶段，其任务是核实各种诉讼证据，对案件进行直接、全面的调查。

法庭辩论：当事人就如何认定事实和适用法律进行辩论。基本顺序：第一，原告以及其诉讼代理人发言；第二，被告及其诉讼代理人答辩；第三，第三人其诉讼代理人发言或答辩；第四，互相辩论。法庭辩论终结，由审判长按照原告、被告、第三人先后顺序征询各方最后意见。

（三）法庭调解

法庭辩论终结，应当依法作出判决。判决前能够调解的，还可以进行调解，调解不成的，应当及时判决。

（四）合议庭评议

评议实行少数服从多数的原则。

（五）宣判

合议庭评议完，应制作判决书，宣告判决一律公开。当庭宣判的，应当在10日内发送判决书。定期宣判的，宣判后立即发给判决书。宣告判决时，必须告知当事人上诉权利、上诉期限和上诉的人民法院。

四、案例展示

陈兴良诉数字图书馆著作权侵权纠纷案①

原告：陈兴良，男，45岁，北京大学法学院教授，住北京市海淀区。

被告：中国数字图书馆有限责任公司。住所地：北京市海淀区。

法定代表人：张彦博，该公司董事长。

原告陈兴良因与被告中国数字图书馆有限责任公司（以下简称数字图书馆）发生著作权侵权纠纷，向北京市海淀区人民法院提起诉讼。

原告诉称：被告未经原告同意，在自己的网站上（网址为http：//www.d-library.com.cn）使用原告的三部作品。读者付费后就成为被告网站的会员，可以在该网站上阅读并下载网上作品。被告这一行为，侵犯了原告的信息网络传播权。诉请判令被告立即停止侵权，并赔偿原告的经济损失40万元，以及原告为制止被告的侵权行为而支出的合理费用8000元。

原告提交了四份证据：1. 三部作品的版权页复印件；2. 公证书及读书卡；3. 读书卡收据；4. 发票。

被告辩称：被告基本属于公益型的事业单位。为适应信息时代广大公众的需求，被告在网上建立了"中国数字图书馆"。图书馆的性质，就是收集各种图书供人阅览参考。原告所称的三部作品都已公开出版发行，被告将其收入数字图书馆中，有利于这三部作品的再次开发利用，不能视为侵权。况且被告一直十分重视对版权的保护，现正在投入资金开发版权保护系统。这套系统开发出来后，一方面能保护著作权人的利益不受侵犯，另一方面又能发挥数字图书馆的作用，使图书馆更好地为公众服务。请法院根据"中国数字图书馆"目前的实际情况，结合我国国情，对本案纠纷作出裁判。

被告提交了四份证据：1. 文化部关于申请成立"中国数字图书馆有限责任公司"的公函；2. 关于在"数字图书馆有限责任公司"前冠以"中国"字头的请示；3. 关于在数图公司前冠以"中国"字头的批示；4. 国家计委关于审批"数图"工程的通知。

北京市海淀区人民法院经审理，确认如下案件事实：

一、《当代中国刑法新视界》1999年4月由中国政法大学出版社出版第

---

① 本案例来源于：中华人民共和国最高人民法院公报2003年第2期（总第82期），http：//www.court.gov.cn/popular/200312220036.htm.

1 版。该书 754 千字，印刷 3 000 册，定价 45 元；《刑法适用总论》1999 年 6 月由法律出版社出版第 1 版。该书 1 170 千字，印刷 5 000 册，定价 96 元；《正当防卫论》1987 年 6 月由中国人民大学出版社出版第 1 版。该书 206 千字，印刷 1 万册，定价 1.7 元。原告陈兴良为这三本书的作者，其提交的证据 1 可证明以上事实。

二、被告数字图书馆于 2000 年 1 月 17 日成立，企业性质为有限责任公司，经营范围为计算机软件的技术开发、技术转让、电子商务（未取得专项许可的项目除外）、制作发布网络广告等。2002 年 3 月 11 日，该公司进行了工商年检登记。该公司所设的"中国数字图书馆"网站，以搜集、整理和发布他人作品为主。数字图书馆提交的证据 1 至 4 以及营业执照可证明以上事实。

三、"中国数字图书馆"网站的访问方式为：使用联网主机启动 IE 浏览器 5.5 版，在地址栏中键入 www.d-library.com.cn，可进入"中国数字图书馆"主页，主页上注明"版权所有：中国数字图书馆有限责任公司"；点击该页面中"下载标准版浏览器"，新网页中显示"中国数图浏览器 Beta1.01 版是中国数字图书馆有限责任公司为网上图书馆开发的专用浏览器，读者通过它足不出户即可方便地进入网上图书馆读书借阅，同时以独特的方式对网上著作权进行了保护"；同时提示："读者浏览、借阅图书需办理读书证——利用网上或卡式方式付费，并通过用户注册获得用户名和密码"。原告陈兴良提交证据 2 中的公证书可证明以上事实。

四、在"中国数字图书馆"网站的主页上，使用"高级检索"系统，检索词语为"陈兴良"，检索途径为"责任者"，检索结果就包括涉及本案的《当代中国刑法新视界》、《刑法适用总论》、《正当防卫论》三部著作，同时包括这三部著作的有关信息。如，关于《当代中国刑法新视界》的信息是：题名责任者为"《当代中国刑法新视界》陈兴良著"；出版发行者为"北京：中国政法大学出版社，1999"；载体形态为"897 页；20cm"；主题词为"刑法—研究—中国"等。原告陈兴良提交证据 2 中的公证书可证明以上事实。

五、2002 年 3 月，案外人张庆方以用户名"张呆"，身份证号码 370602730301353，感兴趣的图书要目是"法律"等信息，注册成为"中国数字图书馆"的用户，注册号码为 459757，使用期限是 2002 年 3 月 13 日至 2002 年 6 月 11 日。同年 3 月 15 日，张庆方使用其注册号码，在"中国数字图书馆"网站阅读了与本案有关的三部著作,并对其中的部分网页进行了现场打印。原告陈兴良提交的证据2、3,可证明以上事实。

六、因此次诉讼,原告陈兴良支付了律师费8 000元,此即陈兴良诉称为制止侵权行为支出的合理费用。陈兴良提交的证据4,可证明以上事实。

上述事实,还有庭审笔录证实。

北京市海淀区人民法院认为:

第一,《中华人民共和国著作权法》(以下简称著作权法)第二条规定:"中国公民、法人或者其他组织的作品,不论是否发表,依照本法享有著作权。"第十一条第一款规定:"著作权属于作者,本法另有规定的除外。"第二款规定:"创作作品的公民是作者。"根据著作权法第十条第一款第(十二)项的规定,著作权包括"信息网络传播权",即以有线或者无线的方式向公众提供作品,使公众可以在个人选定的时间、地点从信息网络上获得作品。

著作权是法律赋予作者享有的专有权利,作者有权据此限制他人未经许可使用其作品。这种限制,只有在社会公众接触作品的范围扩大到足以影响作者行使著作权时作者才能行使。原告陈兴良依法享有《当代中国刑法新视界》、《刑法适用总论》、《正当防卫论》三部作品的著作权,有权许可他人使用自己的作品。在没有相反证据的情况下,目前只能认定陈兴良允许有关出版社以出版发行的方式将这三部作品固定在纸张上提供给公众。被告数字图书馆未经陈兴良许可,将这三部作品列入"中国数字图书馆"网站中,势必对陈兴良在网络空间行使这三部作品的著作权产生影响,侵犯陈兴良对自己作品享有的信息网络传播权。

著作权法第四十七条第一项规定,"未经著作权人许可,复制、发行、表演、放映、广播、汇编、通过信息网络向公众传播其作品的",侵权人"应当根据情况,承担停止侵害、消除影响、赔礼道歉、赔偿损失等民事责任"。被告数字图书馆应当依照法律的规定承担侵权的民事责任。

第二,图书馆是搜集、整理、收藏图书资料供人阅览参考的机构,其功能在于保存作品并向社会公众提供接触作品的机会。图书馆向社会公众提供作品,对传播知识和促进社会文明进步,具有非常重要的意义。只有特定的社会公众(有阅览资格的读者),在特定的时间以特定的方式(借阅),才能接触到图书馆向社会公众提供的作品。因此,这种接触对作者行使著作权的影响是有限的,不构成侵权。

被告数字图书馆作为企业法人，将原告陈兴良的作品上载到国际互联网上。对作品使用的这种方式，扩大了作品传播的时间和空间，扩大了接触作品的人数，超出了作者允许社会公众接触其作品的范围。数字图书馆未经许可在网上使用陈兴良的作品，并且没有采取有效的手段保证陈兴良获得合理的报酬。这种行为妨碍了陈兴良依法对自己的作品行使著作权，是侵权行为。数字图书馆否认侵权的辩解理由，不能成立。

第三，《中华人民共和国民事诉讼法》第六十四条第一款规定："当事人对自己提出的主张，有责任提供证据。"著作权法第四十八条第一款规定："侵犯著作权或者与著作权有关的权利的，侵权人应当按照权利人的实际损失给予赔偿；实际损失难以计算的，可以按照侵权人的违法所得给予赔偿。赔偿数额还应当包括权利人为制止侵权行为所支付的合理开支。"第二款规定："权利人的实际损失或者侵权人的违法所得不能确定的，由人民法院根据侵权行为的情节，判决给予五十万元以下的赔偿。"原告陈兴良主张被告数字图书馆的侵权行为给其造成40万元的经济损失，并使其支出8 000元律师费，要求赔偿。但是，陈兴良没有举证证明自己的实际损失或者侵权人的违法所得相当于诉讼请求赔偿的数额，也没有举证证明支出8 000元律师费的合理性。因此，只能依侵权行为的情节确定数字图书馆的赔偿数额，不能全额支持陈兴良诉讼请求赔偿的数额。

据此，北京市海淀区人民法院于2002年6月27日判决：

一、自本判决生效之日起，被告数字图书馆停止在其"中国数字图书馆"网站上使用原告陈兴良的作品《当代中国刑法新视界》、《刑法适用总论》、《正当防卫论》；

二、自本判决生效之日起10日内，被告数字图书馆赔偿原告陈兴良经济损失8万元及因诉讼支出的合理费用4 800元；

三、驳回原告陈兴良的其他诉讼请求。

案件受理费8 660元，由被告数字图书馆负担。

宣判后，双方当事人均未上诉。

第五节 教育刑事诉讼

近年来，因教育活动而发生的刑事案件也屡屡发生，如教师和学生在教学、学习或科研过程中的纠纷引发的刑事案件。这就要求教育活动中的相关法律关系主体通过获得刑事救济的途径维护自己的合法权益，使犯罪分子得到应有的惩罚。

一、刑事诉讼的内涵

刑事诉讼是特定机关代表国家追诉犯罪，实现国家的刑罚权。刑事司法机关（包括公安机关、检察机关、审判机关、监狱管理机关以及对特定案件具有侦查权的军队保卫部门）及其工作人员在刑事诉讼中作出的决定和实施的行为，是代表国家为实现刑罚权而实施的，体现的是国家意志。根据谁侵权，由谁承担责任的原则对刑事诉讼动态平衡进行救济的主体应当是国家。《中华人民共和国刑事诉讼法》（1979年7月1日第五届全国人民代表大会第二次会议通过，根据1996年3月17日第八届全国人民代表大会第四次会议《关于修改〈中华人民共和国刑事诉讼法〉的决定》修正）规定："中华人民共和国刑事诉讼法的任务，是保证准确、及时地查明犯罪事实，正确应用法律，惩罚犯罪分子，保障无罪的人不受刑事追究，教育公民自觉遵守法律，积极同犯罪行为作斗争，以维护社会主义法制，保护公民的人身权利、财产权利、民主权利和其他权利，保障社会主义建设事业的顺利进行。"概括来说，就是三项任务：其一，准确及时惩罚犯罪；其二，保证无罪者不受追究；其三，教育公民遵守法制。

这说明，所有有关人身权利、财产权利、民主权利和其他权利等权利在遭受严重侵害构成犯罪的情况下，均可以通过刑事诉讼得到救济，而且刑事诉讼可以附带民事诉讼，这样除了公民在得到刑事救济的同时还可以获得民事救济。

二、刑事诉讼的管辖

关于刑事诉讼的管辖，《中华人民共和国刑事诉讼法》作了如下规定：

（1）刑事案件的侦查由公安机关进行，法律另有规定的除外。贪污贿赂犯罪，国家工作人员的渎职犯罪，国家机关工作人员利用职权实施的非法拘禁、刑讯逼供、报复陷害、非法搜查的侵犯公民人身权利的犯罪以及侵犯公民民主权利的犯罪，由人民检察院立案侦查。对于国家机关工作人员利用职权实施的其他重大的犯罪案件，需要由人民检察院直接受理的时候，经省级以上人民检察院决定，可以由人民检察院立案侦查。自诉案件，由人民法院直接受理。

(2) 基层人民法院管辖第一审普通刑事案件，但是依照本法由上级人民法院管辖的除外。

(3) 中级人民法院管辖下列第一审刑事案件：反革命案件、危害国家安全案件；可能判处无期徒刑、死刑的普通刑事案件；外国人犯罪的刑事案件。

(4) 高级人民法院管辖的第一审刑事案件，是全省（自治区、直辖市）性的重大刑事案件。最高人民法院管辖的第一审刑事案件，是全国性的重大刑事案件。上级人民法院在必要的时候，可以审判下级人民法院管辖的第一审刑事案件；下级人民法院认为案情重大、复杂需要由上级人民法院审判的第一审刑事案件，可以请求移送上一级人民法院审判。刑事案件由犯罪地的人民法院管辖。如果由被告人居住地的人民法院审判更为适宜的，可以由被告人居住地的人民法院管辖。

(5) 几个同级人民法院都有权管辖的案件，由最初受理的人民法院审判。在必要的时候，可以移送主要犯罪地的人民法院审判。上级人民法院可以指定下级人民法院审判管辖不明的案件，也可以指定下级人民法院将案件移送其他人民法院审判。专门人民法院案件的管辖另行规定。

三、刑事诉讼的程序

在我国，刑事诉讼主要包括五个阶段：立案、侦查、起诉、审判和执行。

(1) 立案是指公安机关、人民检察院、人民法院对报案、控告、举报和犯罪人的自首等方面的材料进行审查，判明是否有犯罪事实并需要追究刑事责任，依法决定是否作为刑事案件交付侦查或审判的诉讼活动。《中华人民共和国刑事诉讼法》规定：公安机关或者人民检察院发现犯罪事实或者犯罪嫌疑人，应当按照管辖范围，立案侦查。任何单位和个人发现有犯罪事实或者犯罪嫌疑人，有权利也有义务向公安机关、人民检察院或者人民法院报案或者举报。被害人对侵犯其人身、财产权利的犯罪事实或者犯罪嫌疑人，有权向公安机关、人民检察院或者人民法院报案或者控告。公安机关、人民检察院或者人民法院对于报案、控告、举报，都应当接受。对于不属于自己管辖的，应当移送主管机关处理，并且通知报案人、控告人、举报人；对于不属于自己管辖而又必须采取紧急措施的，应当先采取紧急措施，然后移送主管机关。

（2）侦查是指由特定的司法机关为收集、查明、证实犯罪和缉获犯罪人而依法采取的专门调查工作和有关的强制性措施。公安机关对已经立案的刑事案件，应当进行侦查，收集、调取犯罪嫌疑人有罪或者无罪、罪轻或者罪重的证据材料。对现行犯或者重大嫌疑分子可以依法先行拘留，对符合逮捕条件的犯罪嫌疑人，应当依法逮捕。公安机关经过侦查，对有证据证明有犯罪事实的案件，应当进行预审，对收集、调取的证据材料予以核实。

（3）起诉有两种，包括公诉和自诉。凡需要提起公诉的案件，一律由人民检察院审查决定。人民检察院审查案件的时候，必须查明：犯罪事实、情节是否清楚，证据是否确实、充分，犯罪性质和罪名的认定是否正确；有无遗漏罪行和其他应当追究刑事责任的人；是否属于不应追究刑事责任的；有无附带民事诉讼；侦查活动是否合法。

自诉案件包括下列案件：告诉才处理的案件；被害人有证据证明的轻微刑事案件；被害人有证据证明对被告人侵犯自己人身、财产权利的行为应当依法追究刑事责任，而公安机关或者人民检察院不予追究被告人刑事责任的案件。

（4）审判是指人民法院在控、辩双方及其他诉讼参与人参加下，依照法定的权限和程序，对于依法向其提出诉讼请求的刑事案件进行审理和裁判的诉讼活动。

（5）执行则是指刑事执行机关为了实施已经发生法律效力的判决和裁定所确定的内容而进行的活动，在我国，刑事执行的主体主要是人民法院、公安机关和监狱等。

四、案例展示

北京市海淀区人民法院审理王红星、赵坤侵犯著作权案刑事判决书①

公诉机关：北京市海淀区人民检察院。

被告人：王红星，男，1973年1月26日出生，汉族，出生地陕西省大荔县，大学文化程度，原系北京亿维视数字技术有限公司职员，现暂住北京市西城区安德路112号西2门1121室，户籍地为天津市北辰区果园新村街阿尔斯通公司集体宿舍。因涉嫌犯侵犯著作权罪，于2003年3月12日被羁

---

① （2003）海法刑初字第2343号，http：//www.court.gov.cn/popular/200502050015.htm。

押，同年 4 月 18 日被逮捕，现押于北京市海淀区看守所。

辩护人：肖汇源，北京市众朋律师事务所律师。

辩护人：赵嗣颖，北京市众朋律师事务所律师。

被告人：赵坤，男，1977 年 10 月 15 日出生，汉族，出生地山东省菏泽市，大学文化程度，原系北京亿维视数字技术有限公司职员，现住北京市丰台区云岗三部甲 3 楼 2 单元 14 号，户籍地为北京市海淀区羊坊店派出所有色院院区家委会复兴路 12 号 20 栋 5 层 1 号。因涉嫌犯侵犯著作权罪，于 2003 年 3 月 12 日被羁押，同年 4 月 18 日被逮捕，现押于北京市海淀区看守所。

辩护人：张旗，北京市众朋律师事务所律师。

北京市海淀区人民检察院以（2003）京海检经诉字第 621 号起诉书指控被告人王红星、赵坤犯侵犯著作权罪，向本院提起公诉，本院于 2003 年 11 月 3 日立案，并依法组成合议庭，公开开庭审理了本案。北京市海淀区人民检察院指派代理检察员王健松出庭支持公诉，被告人王红星及辩护人肖汇源、赵嗣颖，被告人赵坤及其辩护人张旗到庭参加诉讼。现已审理终结。

北京市海淀区人民检察院起诉书指控，2002 年 3 月，被告人王红星伙同被告人赵坤从北京雷石世纪数字技术有限公司辞职后，密谋做盗版软件生意。自 2002 年 3 月至 2003 年 1 月间，二被告人以营利为目的，在未经版权方北京雷石世纪数字技术有限公司许可的情况下，非法盗取该公司享有版权的"雷石 KTV 宽带服务系统"软件，经复制后向西安云志电子科技发展有限公司、杭州新时空数字科技有限公司、北京伍俱娱乐城、北京时尚街区餐饮有限公司、北京金宇泰科贸有限公司等 7 家公司销售该软件复制品，违法所得额为人民币 247 000 元。2003 年 3 月 12 日，被告人王红星、赵坤被抓获。

针对上述指控，公诉机关提供了相关证据材料，认为被告人王红星、赵坤的行为触犯了《中华人民共和国刑法》第二百一十七条之规定，构成侵犯著作权罪，提请本案对其给予刑事处罚。

被告人王红星对检察院指控的部分事实提出异议，辩称在出售给北京时尚街区餐饮有限公司等 7 家单位的软件中，确实有雷石公司的软件，但也有自己与赵坤共同开发的软件，该软件著作权应属其本人与赵坤所有，因此检察院认定的违法所得数额与事实不符；其辩护人肖汇源、赵嗣颖的辩护意见为，被告人王红星销售给西安云志公司、杭州新时空公司、北京金宇泰公司的软件的复制的雷石KTV点歌系统软件。因此，被告人王红星违法所得数额应属于较大，而非巨大。建议法院对其从轻处罚，并宣缓刑。被告人赵坤对检察院指控的部分事实提出异议，其辩护意见与王红星基本相同；其辩护人张旗的辩护意见为，被告人赵坤销售自己与王红星自主开发的软件并不构成犯罪，销售雷石公司软件的行为应考虑认定为侵犯商业秘密罪，且被告人赵坤在共同犯罪中起次要作用，系从犯，建议法院对其从轻处罚。

经审理查明，被告人王红星、赵坤原系北京雷石世纪数字技术有限公司职员，负责软件的开发工作。2002年3月，二人从雷石公司辞职后，带走了雷石公司KTV点歌系统软件的源代码，欲继续从事该系统软件的开发和销售活动。2002年3月至2003年1月间，二被告人以营利为目的，将"雷石KTV宽带服务系统"软件稍加修改后复制安装盘，先后向西安云志电子科技发展有限公司、杭州新时空数字科技有限公司、北京伍俱娱乐城、北京时尚街区餐饮有限公司、北京金宇泰科贸有限公司等7家公司销售该软件复制品，违法所得额共计人民币119 295元。被告人王红星、赵坤于2003年3月12日被抓获。

上述事实，有检察机关提交，并经法庭质证、认证的下列证据在案为证：

1. 证人杨俊涛（北京时尚街区餐饮有限公司董事）的证言及销售合同、收据，证明2003年1月12日，其代表北京时尚街区餐饮有限公司与王红星签订了一份合同，由王红星所在的亿维视公司提供一套KTV点歌系统软件，价格为人民币75 000元，另外还提供84台机顶盒。在合作过程中，赵坤主要负责软件的安装、调试。由于软件还没有完全调试好，所以仅支付了机顶盒的货款，75 000元的软件款尚未支付的事实；

2. 证人刘彬（北京伍俱娱乐城法人代表）的证言及销售合同、收据，证明2002年10月31日，北京伍俱娱乐城与王红星签订了一份合同，由王红星、赵坤所在的公司提供一套KTV点歌系统软件，价格为人民币75 000元，另外还提供97台机顶盒，总价款为人民币302 950元，现已支付王红星、赵坤人民币195 500元，其中点歌系统软件款为人民币30 295元的事实。

3. 证人张盛（西安云志电子科技发展有限公司法定代表人）的证言及交通银行太平洋卡存款单，证明2002年3、4月间，其与王红星联系做KTV点歌系统软件，共付给王红星软件货款人民币22 000元。在合作过程中，王红星负责出面谈合作、谈价格、收款，赵坤负责调试软件并升级的事实。

4. 证人郭全林（北京金宇泰科贸有限公司经理）的证言、扣押物品清单，证明2002年10月间，其得知王红星在做EVOD视频点歌系统软件，就找他谈合作，并先后从王红星处购进了4套EVOD视频点歌系统软件，共支付货款11 000元的事实。

5. 证人徐学华（杭州市新时空数码科技有限公司经理）的证言及交通银行太平洋卡存款单，证明2002年10月至11月间，其所在公司向王红星、赵坤购买了9套亿维视视频点歌系统软件，其中有4套是与机顶盒配套购进的，共支付软件货款为人民币44 000元，主要存入到王红星提供的太平洋卡上的事实。

6. 张红日（大连日日圆酒店经理）的证言，证明2002年7月，该酒店购买了一套雷石公司的视频点歌系统软件，价格为8万余元，卖方的经办人是刘丽，其没有从王红星、赵坤处购进点歌系统软件的事实。

7. 李秀峰（西安文卓科贸有限公司经理）的证言，证明2002年12月间，王红星给其打电话说，他在北京注册成立了亿维视数字技术有限公司，经营点歌系统软件，如果有业务可以找他合作。后其联系了两家单位，由王红星寄来EVOD点歌系统软件的安装盘和加密锁，其付给王红星货款人民币12 000元，入到了王红星的太平洋卡上的事实。

8. 王川（北京雷石世纪数字技术有限公司法定代表人）的证言及计算机软件著作权登记证书等证明材料，证明雷石公司发现王红星、赵坤盗版该公司享有合法著作权的点歌系统软件并对外销售，遂向北京市版权局报案，后又向公安机关报案的事实。

9. 张雷芳（被告人王红星之妻）的证言及北京亿维视数字技术有限公司营业执照、股东名单，证明王红星、赵坤在2002年12月18日成立了北京亿维视数字技术有限公司，由其担任法定代表人，股东是其与赵坤的妻子常晓航，但她们并不参与经营的事实。

10. 中国科学技术法学会华科知识产权司法鉴定中心司法鉴定书及所附鉴定专家组名单，证明鉴定人将惠普笔记本电脑（被告人赵坤所有）中所载亿维视软件的源程序代码与雷石KTV宽带服务系统软件的源程序代码进行比对、分析，得出结论：亿维视（EVOD）软件的源代码与雷石KTV系统的源代码相同，大约80%的相似度，亿维视（EVOD）软件是在雷石KTV系统的基础上进行少量开发完成。鉴定人将IBM笔记本电脑（被告人王红星所有）中所载亿维视软件的源程序代码与雷石KTV宽带服务系统软件的源程序代码进行比对、分析，得出结论：两个软件所涉及的目录和文件，程序逻辑流程完全一致，有95％的代码内容完全一致。

11. 赃物照片，证明从王红星、赵坤处查获了雷石KTV点歌系统软件源代码的复制盘、安装盘，以及用于储存上述信息的两台笔记本电脑的事实；

12. 被告人王红星持有的太平洋信用卡账单，证明王红星、赵坤销售盗版软件后的收款情况；

13. 抓获经过，证明2003年3月12日，公安机关接到举报后，将被告人王红星、赵坤抓获的经过。

被告人王红星、赵坤及其辩护人主要对华科知识产权司法鉴定中心出具的司法鉴定书提出异议，王红星、赵坤认为其笔记本电脑中既存有雷石公司的软件，也有自己开发的软件；且该鉴定结论不能证明其所鉴定的软件即为销售给客户的软件。二被告人的辩护人认为，该司法鉴定书所鉴定的对象是二被告人笔记本电脑中载有的软件，并非实际销售给客户的软件，因此鉴定对象错误；且该鉴定结论只有鉴定组组长签字，没有所有鉴定人的签字，故认为该鉴定结论不科学，不能作为定案的依据。对其他控方证据没有提出实质性异议。

对于以上质证意见，法庭认为，计算机软件是指计算机程序及有关文档。我国《计算机软件保护条例》第3条规定，计算机程序是指为了得到某种结果而可以由计算机等具有信息处理能力的装置执行的代码化指令序列，或者可被自动转换成代码化指令序列的符合化指令序列或者符号化语句序列。计算机程序包括源程序和目标程序。源程序是指用高级语言或汇编语言编写的程序；目标程序是指源程序经编译或解释加工以后，可以由计算机直接执行的程序。而文档则是用来描述程序内容、功能及使用方法的文字资料和图表。由此可见，对于任何计算机软件来说，源程序代码都是其最核心的内容。现控方证据已经清楚地证实，王红星、赵坤所谓自主开发的软件，实际上是在雷石KTV软件基础上进行少量改动而完成的，尽管二者的界面外观、局部功能有所不同，但源程序代码基本相同，可以确认亿维视软件是对雷石KTV软件的复制。而且，被告人王红星、赵坤一直供认其根据笔记本电脑中所储存的软件内容制作安装盘对外销售，尽管侦查机关没有对具体用户所安装的软件进行逐一鉴定，但依据现有证据足以认定王红星、赵坤所销售的亿维视软件均源自其笔记本电脑中所储存的源程序。故被告人及其辩护人对鉴定结论的实质要件所提出的异议,不能成立。另外,华科知识产权司法鉴定中心系经司法部批准设立,具有权威的鉴定资质;且参与鉴定的三位专家在鉴定书附件2的专家组名单上已经签字,该附件作为鉴定书的一部分已一并提交法庭,即应视为专家对鉴定结论的认可。故辩护人对司法鉴定书的形式要件所提出的异议,法庭不予支持。上述控方证据形式及来源合法,且内容相互印证,具有证明效力,本院予以确认。

本院认为,被告人王红星、赵坤以营利为目的,未经著作权人许可,复制发行其计算机软件,违法所得数额较大,其行为均已构成侵犯著作权罪,应予惩处。北京市海淀区人民检察院对被告人王红星、赵坤犯有侵犯著作权罪的指控罪名成立,但认定二被告人违法所得数额巨大证据不足。根据最高人民法院有关司法解释规定,违法所得额是指行为人的获利金额,而非销售金额。本案证据显示,被告人王红星、赵坤销售给北京时尚街区餐饮有限公司、北京伍俱娱乐城的软件,购货方尚未支付或完全支付货款,大连日日圆酒店则明确证明软件不是从王红星、赵坤处购买,以上三套软件所涉及的金额共计人民币127 705元不应认定为王红星、赵坤的违法所得额。被告人王红星、赵坤及其辩护人对此提出的异议,本院予以采纳。但被告人王红星、赵坤及其辩护人关于本案存在其自主开发的软件,销售该软件不应认定为犯罪的意见,与权威部门所作出的鉴定结论不符,本院不予支持。在共同犯罪中,被告人王红星、赵坤均积极参与并从中获利,不存在主从犯问题。但鉴于被告人赵坤在犯罪中所起作用略小于王红星,对其在量刑时应有所体现。本院依照《中华人民共和国刑法》第二百一十七条第(一)项、第二十五条第一款、第五十三条、第六十四条之规定,判决如下:

一、被告人王红星犯侵犯著作权罪,判处有期徒刑一年零六个月,罚金人民币五千元。(刑期从本判决执行之日起计算。判决执行以前先行羁押的,羁押一日折抵刑期一日,即自2003年3月12日起至2004年9月11日止;罚金限自本判决生效之次日起三个月内缴纳)。

二、被告人赵坤犯侵犯著作权罪,判处有期徒刑一年,罚金人民币三千元。(刑期从本判决执行之日起计算。判决执行以前先行羁押的,羁押一日折抵刑期一日,即自2003年3月12日起至2004年3月11日止;罚金限自本判决生效之次日起三个月内缴纳)。

三、继续向被告人王红星、赵坤追缴违法所得人民币119 295元,予以没收;扣押在案的IBM笔记本电脑1台、惠普笔记本电脑1台、电脑光盘

20 张、台式电脑主机 1 台、显示器 1 台、传真机 1 台、电视机 1 台、打印机 1 台、机顶盒 13 台、印章 7 枚、点歌键盘 7 个系与犯罪有关物品，予以没收。

如不服本判决，可在接到判决书的第二日起十日内，通过本院或者直接向北京市第一中级人民法院提出上诉。书面上诉的，应提交上诉状正本一份，副本二份。

【本章小结】

本章主要介绍了教育领域中的几种法律救济的途径和方式，旨在为教育活动中的相关法律关系的主体如学校、教师和学生等提供法律救济的线索。实际上，其中很多法律救济的内容非常丰富，如刑事救济、民事救济、国际民事救济等，但限于篇幅，只介绍了非常浅显的一部分。具体救济方式还需要查阅有关法律，或者向有关法律专门工作者咨询。

【思考题】

1. 为什么要进行法律救济？
2. 教育法律救济有哪几种？
3. 什么是行政复议？
4. 什么是行政诉讼？
5. 何谓教育民事诉讼？
6. 何谓教育刑事诉讼？

【参考文献】

1. 《中华人民共和国民法通则》，1986 年 4 月 12 日第六届全国人民代表大会第四次会议通过。
2. 《中华人民共和国民事诉讼法》，1991 年 4 月 9 日第七届全国人民代表大会第四次会议通过。
3. 《中华人民共和国刑事诉讼法》，1979 年 7 月 1 日第五届全国人民代表大会第二次会议通过，根据 1996 年 3 月 17 日第八届全国人民代表大会第四次会议《关于修改〈中华人民共和国刑事诉讼法〉的决定》修正。
4. 《中华人民共和国行政处罚法》，1996年3月17日第八届全国人民代表大会第四次会议通过，1996年3月17日中华人民共和国主席令第63号公布，自1996年10月1日起施行。
5. 《中华人民共和国行政复议法》，1999年4月29日第九届全国人民代表大会常务委员会第九次会议通过。
6. 《中华人民共和国行政诉讼法》，1989年4月4日第七届全国人民代表大会第二次会议通过，1989年4月4日中华人民共和国主席令第16号公布，自1990年10月1日起施行。
7. 《最高人民法院关于适用〈中华人民共和国民事诉讼法〉若干问题的意见》，1992年7月14日，最高人民法院审判委员会第528次会议讨论通过，法发〔92〕22号。
8. 《最高人民法院关于执行〈中华人民共和国刑事诉讼法〉若干问题的解释》法释〔1998〕23号，1998年6月29日最高人民法院审判委员会第989次会议通过；自1998年9月8日起施行。
9. 《中华人民共和国教育部与澳大利亚联邦教育、科学与培训部关于教育与培训的合作谅解备忘录》。

后　记

本书是 2005 年由武汉大学研究生院立项并资助的研究生系列教材之一，其体系和部分章节的内容是在本人近几年来给硕士研究生授课的讲义基础上修改后成稿的。

全书从选题的确定到章节内容的基本要求是由本人设计完成的。在书稿的撰写过程中，作为本书的主编，本人不仅与各章的作者进行交流，而且对写作进行了具体指导，提出规范性的要求和修改意见。在送交出版社之前，各章节的内容共进行四次修改，最后由本人完成统稿任务。当然，由于各章作者的专业知识背景不尽一致，书中难免有不妥之处，恳请专家学者和广大读者批评指正。

全书共 12 章，以下是各章的作者：

黄明东：序言、第五章　教育政策管理、第十二章　教育法律救济。

罗志敏：第一章　导论、第二章　教育政策的运行过程。

汪　萍：第三章　教育政策制定。

杜玉萍：第四章　教育政策实施。

郭　梅：第六章　教育政策评估。

严　希：第七章　教育法律原理、第八章　教育法律的解释。

单晓欣：第九章　教育法律的监督、第十章　教育法律责任。

赵春燕：第十一章　教育法律制裁。

本书在出版过程中得到武汉大学研究生院和出版社部分领导和老师的热情帮助。研究生院常务副院长周叶中教授、张民宪副院长和郭重奎副处长等在本课题的立项和书稿的撰写过程中始终给予热情的关注；曾经担任研究生院副院长的李斐教授（现为发展规划与学科建设办公室主任）也为本书的撰写提出了宝贵的建议；武汉大学出版社陈君良主任、舒刚编辑为本书的出版付出了艰苦的劳动。在此对他们表示衷心感谢！

在书稿送交出版社以后，本人便在国家留学基金委的资助下前往加拿大多伦多大学教育研究院（OISE/UT）做留学访问学者，故书稿的后期修改工作是由我的博士生罗志敏同学按照编辑提出的修改意见完成的，在此一并表示谢意！

黄明东

2007 年 3 月于加拿大多伦多